"INCREDIBLY INSPIRING! A BOOK PERFECT FOR LEARNERS." - Times of India.

5000+ DAILY USE ENGLISH SENTENCES

ये बुक नहीं, ये कोर्स है।

KANCHAN KESHARI

Published by:

Invincible Publication PVT. LTD

201A, SAS Tower, Sector 38, Gurugram, Haryana – 122003
Phone: +91-124-4034247, +91 9599066061
Website : www.invinciblepublishers.com

Sales Office : - 4760-61/23, Basement, Pratap Street, Ansari Road,
Daryaganj, New Delhi - 110002
Phone: +91-11-40198405
Email: invinciblepublishers@gmail.com

ISBN : 978-93-94200-50-0

Book Name : 5000+ Daily Use English Sentences

First Edition : February 2023

"English Connection"
Presents

5000+ Daily Use English Sentences
(5000+ रोजाना प्रयोग में आने वाले वाक्य)

By

Kanchan Keshari

Now get a Free Audiobook for the Correct Pronunciation Practice along with this book.

Instructions to learn with Audiobook:

1. *Scan the QR code below & download the English Connection App.*
2. *Click on the Tab "English Courses"*
3. *Click on the "Audiobook"*
4. *Scratch the Scratch Card on your Physical Book.*
5. *Type the scratched CODE on your AudioBook (On the App) & you're done!*

Note: You can also join the other courses at an additional discount using the code "DUESOT"

Let's start learning! Break a Leg!

Follow us on YouTube & Instagram

EC QR Code / Scan Here

Use Your Google Lens

English Connection App & Social Media Profile

Dedicated to

My parents,
Mr. Shyam Narayan Keshari & Mrs. Usha Keshari
My parents-in-law,
Mr. Girdhari Lal Keshari & the late Vidya Devi
My husband & daughter,
Mr. Rupesh Keshari & Adwita Keshari
My entire team &
20 Million + Subscribers and Students

Preface

Kanchan Keshari *is known for educating millions of learners that aspired to learn fluent English, through interactive methods. An initiative to further the English learning with simplicity and ease – this book provides a panoramic learning of English that people intend to use every day. The author has provided translation of more than five thousand Hindi sentences into English as well as a compact dictionary to ease the learning process.*

The book has SMS language as well to ease your understanding. The book is planned out in six parts and in sections of 125 lessons with interactive 25 exercises, with the goal of effortless gradual learning.

Table of Contents

ONE-WORD SENTENCES

Dear reader, It's your 1st day today. And on your first day, I am giving you the shortest sentences ever; that are **ONE-WORD SENTENCES**. So that you can start speaking in complete sentences from the very first day as well as expand your vocabulary. All you need to do is read one lesson daily.

I wish you the best of luck!

– Kanchan ma'am

प्रिय पाठक, आज आपका पहला दिन है। और आपके पहले दिन, मैं आपको अब तक के सबसे छोटे वाक्य दे रही हूँ; जो कि एक शब्द के वाक्य हैं। ताकि आप पहले दिन से ही वाक्यों में बोलना शुरू कर सकें और साथ ही अपनी शब्दावली का विस्तार कर सकें। आपको बस इतना करना है कि रोजाना एक पाठ पढ़ना है।

मेरी शुभकामनाएँ आपके साथ हैं!

- कंचन मैम

- Day 1 -

In today's lesson you are learning the Action Verbs that you can use either to command or request somebody.
आज के इस पाठ में आप उन क्रियाओं को सीख रहे हैं जिनका उपयोग आप किसी को आदेश देने या अनुरोध करने के लिए कर सकते हैं।

1. आओ। (Aao.) Come.
2. जाओ। (Jaao.) Go.
3. सुनो। (Suno.) Listen.
4. बोलो। (Bolo.) Say. / Speak.
5. पूछो। (Poochho.) Ask.
6. बताओ। (Bataao.) Tell.
7. वादा? (Vada?) Promise?
8. वादा। (Vada.) Promise.
9. फूँको। (Phoonko.) Blow.
10. चूसो। (Chooso.) Suck.
11. फेंको। (Phenko.) Throw.
12. पकड़ो। (Pakdo.) Catch.
13. खाओ। (Khaao.) Eat.
14. पियो। (Piyo.) Drink.
15. मारो। (Maaro.) Hit.
16. पीटो। (Peeto.) Beat.
17. चले जाओ। (Chale jaao.) Leave.
18. ठहरो। (Thahro.) Stay.
19. भुगतान करो। (Bhugtaan Karo.) Pay.
20. वापस करो। (Vaapas karo.) Return.
21. दिखाओ। (Dikhaao.) Show.
22. देखो। (Dekho.) See.
23. भेजो। (Bhejo.) Send.
24. ले आओ। (Le aao.) Bring.
25. सो जाओ। (So jaao.) Sleep.
26. ले लो। (Le lo.) Take.
27. दे दो। (De do.) Give.

28. पहनो।
(Pahno.)
Wear.

29. उतारो।
(Utaaro.)
Remove.

30. खरीदो।
(Khareedo.)
Buy.

31. बेचो।
(Becho.)
Sell.

32. चढ़ो।
(Chadho.)
Climb.

33. खोलो।
(Kholo.)
Open.

34. बंद करो।
(Band karo.)
Close.

35. रोओ।
(Roo.)
Cry.

36. हँसो।
(Hanso.)
Laugh.

37. मुस्कुराओ।
(Muskuraao.)
Smile.

38. नाचो।
(Naacho.)
Dance.

39. गाओ।
(Gaao.)
Sing.

40. सपना देखो।
(Sapna dekho.)
Dream.

41. प्रवेश करो।
(Pravesh karo.)
Enter.

42. छुओ।
(Chhuo.)
Touch.

43. घुमाओ।
(Ghumaao.)
Turn.

44. बाहर निकलो।
(Baahar niklo.)
Exit.

45. मदद करो!
(Madad karo!)
Help!

46. उछलो।
(Uchhlo.)
Jump.

47. पैर से मारो।
(Pair se maaro.)
Kick.

48. उठाओ।
(Uthaao.)
Lift.

49. गिरा दो।
(Gira do.)
Drop.

50. हाँ में सिर हिलाओ।
(Haan me sir hilaao.)
Nod.

51. धक्का दो।
(Dhakka do.)
Push.

52. खींचो।
(Kheencho.)
Pull.

53. खेलो।
(Khelo.)
Play.

54. पढ़ाई करो।
(Padhaai karo.)
Study.

55. पढ़ो।
(Padho.)
Read.

56. लिखो।
(Likho.)
Write.

57. रुको।
(Ruko.)
Stop.

58. चलो।
(Chalo.)
Move.

59. शुरू करो।
(Shuru karo.)
Begin. /
Start.

60. जल्दी करो!
(Jaldi karo!)
Hurry!

61. साइकिल / स्कूटर चलाओ।
(Cycle / Scooter chalaao.)
Ride.

62. कार चलाओ।
(Car chalaao.)
Drive.

63. दौड़ो।
(Daudo.)
Run.

64. चलो।
(Chalo.)
Walk.

65. चीखो।
(Cheekho.)
Shout. / Yell.

66. इंतज़ार करो।
(Intzaar karo.)
Wait.

67. बात करो।
(Baat karo.)
Talk.

68. सोचो।
(Socho.)
Think.

69. करो।
(Karo.)
Do.

70. काम करो।
(Kaam karo.)
Work.

71. प्रेरित करो।
(Prerit karo.)
Inspire.

72.. प्रोत्साहित करो।
(Protsaahit karo.)
Motivate.

73. विश्वास करो।
(Vishvaas karo.)
Believe.

74. सराहना करो।
(Saraahna karo.)
Appreciate.

75. क्षमा करो।
(Kshama karo.)
Forgive.

76. प्यार करो।
(Pyaar karo.)
Love.

77. आशीर्वाद दो।
(Aasheerwad do.)
Bless.

78. जीतो।
(Jeeto.)
Win.

79. हारो।
(Haaro.)
Lose.

80. सफ़ल हो जाओ।
(Safal ho jaao.)
Succeed.

81. कल्पना करो।
(Kalpana karo.)
Imagine.

82. ख़्वाब / सपना देखो।
(Khvaab / Sapna dekho.)
Dream.

83. उड़ो।
(Udo.)
Fly.

84. साँस लो।
(Saans lo.)
Breathe.

85. ध्यान लगाओ।
(Dhyaan lagaao.)
Meditate.

86. ध्यान केंद्रित करो।
(Dhyaan kendrit karo.)
Focus.

87. मुकाबला करो।
(Mukaabla karo.)
Compete.

88. आशा करो।
(Aasha karo.)
Hope.

89. गले लगाओ।
(Gale lagaao.)
Cuddle. / Hug.

90. गौर से देखो / पढ़ो / सुनो।
(Gaur se dekho / padho / suno.)
Observe.

- Day 2 -

Today again, you are learning ONE-WORD SENTENCES. You just need to mug up these sentences, so that you can use them whenever you get the chance to.

आज फिर आप एक शब्द के वाक्य सीख रहे हैं। आपको बस इन वाक्यों को रटने की ज़रूरत है, ताकि जब भी मौका मिले आप इनका उपयोग कर सकें।

1. क्यों?
(Kyon?)
Why?

2. कहाँ?
(Kahaan?)
Where?

3. कैसे?
(Kaise?)
How?

4. कब?
(Kab?)
When?

5. जो कुछ भी।
(Jo kuchh bhi.)
Whatever.

6. जो कोई भी।
(Jo koi bhi.)
Whoever.

7. क्या?
(Kya?)
What?

8. कौन?
(Kaun?)
Who?

9. बिल्कुल सही है।
(Bilkul sahi hai.)
Perfect.

10. यूँ ही!
(Yoon hi!)
Just!

11. शायद।
(Shayad.)
Maybe.

12. निश्चित रूप से।
(Nishchit roop se.)
Certainly.

13. फिर सोच लो।
(Fir soch lo.)
Reconsider.

14. वास्तव में।
(Vaastav me.)
Indeed.

15. आराम से।
(Aaraam se.)
Easy.

16. आराम करो।
(Aaraam karo.)
Relax.

17. बधाई हो!
(Badhaai ho!)
Congratulations! / Congrats!

18. बिल्कुल सही।
(Bilkul sahi.)
Exactly.

19. छिः!
(Chhih!)
Disgusting! / Yuck!

20. सच में?
(Sach me?)
Really?

21. सच में।
(Sach me.)
Really.

22. कभी नहीं।
(Kabhi nahi.)
Never.

23. कुछ नहीं।
(Kuchh nahi.)
Nothing.

24. ठीक है।
(Theek hai.)
OK.

25. किसी तरह से।
(Kisi tarah se.)
Somehow.

26. किसी भी तरह से।
(Kisi bhi tarah se.)
Anyhow.

27. उसी बीच।
(Usi beech.)
Meanwhile.

28. हालाँकि।
(Haalaanki.)
However.

29. माफ़ी माँगो।
(Maafi maango.)
Apologize.

30. हल्का सा।
(Halka sa.)
Slight.

31. शानदार!
(Shaandaar!)
Admirable! / Magnificent! / Splendid! / Superb!

32. तिस पर भी। / फिर भी।
(Tis par bhi. / Fir bhi.)
Nevertheless.

33. प्रशंसनीय!
(Prashansneey!)
Appreciable!

34. अविश्वसनीय।
(Avishvasaneey.)
Incredible.

35. अद्भुत।
(Adbhut.)
Amazing.

36. प्रतिभाशाली।
(Pratibhaashaali.)
Brilliant.

37. शानदार ढंग से।
(Shaandaar dhang se.)
Brilliantly.

38. आया। आई। आ रही हूँ।
(Aaya. / Aayi. / Aa rahi hoon.)
Coming.

39. हाँ, ठीक है।
(Haan, theek hai.)
Agreed.

40. ठीक है।
(Theek hai.)
Alright.

41. हाल ही में।
(Haal hi me.)
Recently.

42. पास।
(Paas.)
Near.

43. दूर।
(Door.)
Far.

44. सुंदर।
(Sundar.)
Pretty. / Beautiful.

45. प्यारा।
(Pyaara.)
Cute.

46. बहुत प्यारा।
(Bahut pyaara.)
Adorable.

47. अच्छा है।
(Achchha hai.)
Nice.

48. दयालु।
(Dayaalu.)
Kind.

49. खुश।
(Khush.)
Happy.

50. भव्य।
(Bhavy.)
Gorgeous.

51. भद्दा।
(Bhadda.)
Ugly.

52. आसानी से।
(Aasaani se.)
Easily.

53. नरमी से।
(Narmi se.)
Softly.

54. शिष्टता से। / हल्के से।
(Shishtataa se. / Halke se.)
Gently.

55. शांति से।
(Shaanti se.)
Calmly.

56. अच्छी तरह से।
(Achchhi tarah se.)
Nicely.

57. जल्दी से।
(Jaldi se.)
Quickly.

58. तेज़ी से।
(Tezi se.)
Rapidly.

59. आत्मविश्वास से।
(Aatmavishvaas se.)
Confidently.

60. ध्यान से।
(Dhyaan se.)
Carefully.

61. सावधानी से।
(Saavadhaani se.)
Cautiously.

62. मुश्किल से।
(Mushkil se.)
Barely.

63. सुखपूर्वक।
(Sukhpoorvak.)
Happily.

54. यह।
(Yah.)
This.

65. वह।
(Vah.)
That.

66. यहाँ।
(Yahaan.)
Here.

67. वहाँ।
(Vahaan.)
There.

68.. हर जगह।
(Har jagah.)
Everywhere.

69. कहीं।
(Kaheen)
Somewhere.

70. कहीं नहीं।
(Kaheen nahi.)
Nowhere.

71. जहाँ कहीं भी।
(Jahaan kaheen bhi.)
Wherever.

72. मेरा।
(Mera.)
Mine.

73. हमारा।
(Hamaara.)
Ours.

74. तुम्हारा।
(Tumhaara.)
Yours.

75. उसका। / उसकी। / उसके।
(Uska. / Uski. / Uske.)
His.

76. उसका। / उसकी। / उसके।
(Uska. / Uski. / Uske.)
Hers.

77. उनका। / उनकी। / उनके।
(Unka. / Unki. / Unke.)
Theirs.

78. हाँ।
(Haan.)
Yes.

79. नहीं।
(Nahi.)
No.

80 नमस्ते।
(Namaste.)
Hi. / Hello.

81. ओह।
(Oh.)
Oh.

82. अति उत्कृष्ट।
(Ati utkrisht.)
Excellent.

83. बहुत बढ़िया!
(Bahut badhiya!)
Great!

84. बकवास।
(Bakvaas.)
Nonsense.

85. कृपया।
(Kripya.)
Please.

86. बेहतर।
(Behtar.)
Better.

87. बदतर। / अधिक खराब।
(Badtar. / Adhik kharaab.)
Worse.

Write down your learning so far

Write down your learning so far

Write down your learning so far

Write down your learning so far

TWO-WORD SENTENCES

Well done! You completed your two days in a flash, I hope you enjoyed that too. Today, we're going to take one step forward, as we're adding one more word to our sentences. Now you'll practice TWO-WORD SENTENCES. You'll do great!

बहुत बढ़िया! आपने अपने दो दिन पलक झपकते ही पूरे कर लिए, मुझे आशा है कि आपने इसका आनंद भी लिया होगा। आज, हम एक कदम आगे बढ़ने जा रहे हैं, क्योंकि हम अपने वाक्यों में एक और शब्द जोड़ रहे हैं। अब आप दो शब्दों के वाक्यों का अभ्यास करेंगे। आप बहुत अच्छा करेंगे!

- Day 3 -

1. खुश रहो।
(Khush raho.)
Be happy.

2. खुश हो जाओ!
(Khush ho jaao!)
Cheer up!

3. कुछ भी ले लो।
(Kuchh bhi le lo.)
Take anything.

4. कुछ भी करो।
(Kuchh bhi karo.)
Do anything.

5. और कुछ?
(Aur kuchh?)
Anything else?

6. और कुछ नहीं।
(Aur kuchh nahi.)
Nothing else.

7. कोई ख़ास बात?
(Koi khaas baat?)
Anything special?

8. कुछ ख़ास नहीं।
(Kuchh khaas nahi.)
Nothing special.

9. कुछ चाहिए?
(Kuchh chaahiye?)
Anything required?

10. कुछ नहीं चाहिए।
(Kuchh nahi chaahiye.)
Nothing required.

11. कुछ छिपा रहे हो?
(Kuchh chhipa rahe ho?)
Hiding something?

12. कुछ भी तो नहीं।
(Kuchh bhi to nahi.)
It's nothing.

13. कौन सी बात?
(Kaun si baat?)
What thing?

14. कुछ भी बोलो।
(Kuchh bhi bolo.)
Say anything.

15. कुछ करो।
(Kuchh karo.)
Do something.

16. बाहर आओ।
(Baahar aao.)
Come out.

17. अंदर जाओ।
(Andar jaao.)
Go in.

18. अंदर आओ।
(Andar aao.)
Come in.

19. बाहर जाओ।
(Baahar jaao.)
Go out.

20. निकल जाओ।
(Nikal jaao.)
Get out.

21. क्या चल रहा है?
(Kya chal raha hai?)
What's up?

22. कुछ ख़ास नहीं।
(Kuchh khaas nahi.)
Nothing much.

23. रोओ मत।
(Roo mat.)
Don't cry.

24. क्या हुआ?
(Kya hua?)
What happened?

25. मुझे चोट लग गई।
(Mujhe chot lag gayi.)
I'm hurt.

26. क्या हो गया?
(Kya ho gaya?)
What's wrong?

27. मैं बीमार हूँ।
(Main beemaar hoon.)
I'm sick. /
I'm ill.

28. ऊपर आओ।
(Oopar aao.)
Come upstairs.

29. नीचे आओ।
(Neeche aao.)
Come downstairs.

30. ऊपर जाओ।
(Oopar jaao.)
Go upstairs.

31. नीचे जाओ।
(Neeche jaao.)
Go downstairs.

32. दौड़कर ऊपर जाओ।
(Daudkar oopar jaao.)
Run upstairs.

33. दौड़कर नीचे जाओ।
(Daudkar neeche jaao.)
Run downstairs.

34. आगे जाओ।
(Aage jaao.)
Go ahead.

35. जल्दी जाओ।
(Jaldi jaao.)
Go faster.

36. पीछे जाओ।
(Peechhe jaao.)
Go back. /
Step back. /
Move back.

37. एक तरफ़ हो जाओ।
(Ek taraf ho jaao.)
Step aside. /
Move aside.

38. कौन सा?
(Kaun sa?)
Which one?

39. कितना (मात्रा में)?
(Kitna {maatra me}?)
How much?

40. ज़्यादा नहीं।
(Zyada nahi.)
Not much.

41. बहुत ज़्यादा।
(Bahut zyada.)
Too much.

42. कितने? (संख्या में)
(Kitne {sankhya me}?)
How many?

43. बहुत सारे नहीं।
(Bahut sare nahi.)
Not many.

44. बहुत सारा।
(Bahut sara.)
A lot.

45. किसकी चाल?
(Kiski chaal?)
Whose move?

46. तुम्हारी चाल।
(Tumhaari chaal.)
Your move.

47. आगे बढ़ो।
(Aage badho.)
Move forward.

48. पीछे की तरफ़ जाओ।
(Peechhe ki taraf jaao.)
Move backward.

49. मेरा विश्वास करो।
(Mera vishvaas karo.)
Believe me. /
Trust me.

50. ये असर / काम करता है।
(Ye asar / kaam karta hai.)
It works.

51. मैं खुश हूँ।
(Main khush hoon.)
I'm glad / happy.

52. मैं दुःखी हूँ।
(Main dukhi hoon.)
I'm sad.

53. खींचो इसे।
(Kheencho ise.)
Pull it.

54. धकेलो इसे।
(Dhakelo ise.)
Push it.

55. खोलो इसे।
(Kholo ise.)
Open it.

56. बन्द करो इसे।
(Band karo ise.)
Close it.

57. चिल्लाओ मत।
(Chillaao mat.)
Don't shout.

58. चीखो मत।
(Cheekho mat.)
Don't yell.

59. ज़रूर आना।
(Zaroor aana.)
Do come.

60. ज़रूर जाना।
(Zaroor jana.)
Do go.

- Day 4 -

1. ये करो।
(Ye karo.)
Do it. /
Do this.

2. वो करो।
(Vo karo.)
Do that.

3. हाँ बोलो।
(Haan bolo.)
Say yes.

4. ना बोलो।
(Naa bolo.)
Say no.

5. हेलो बोलो।
(Hello bolo.)
Say hello.

6. उनका अभिवादन करो।
(Unka abhivaadan karo.)
Greet him / her.

7. सुबह हो गई।
(Subah ho gayi.)
It's morning.

8. शाम हो गई।
(Shaam ho gayi.)
It's evening.

9. फिर से।
(Fir se.)
Once more. /
Again.

10. फिर से कोशिश करो।
(Fir se koshish karo.)
Try again.

11. झाँको मत।
(Jhaanko mat.)
Don't peep.

12. ठीक ढंग से काम करो।
(Theek dhang se kaam karo.)
Work properly.

13. सही से चलो। / ठीक से चलो।
(Sahi se chalo. / Theek se chalo.)
Walk properly.

14. इसे खाओ।
(Ise khaao.)
Eat it.

15. खाते रहो।
(Khaate raho.)
Keep eating.

16. आहिस्ता खाओ।
(Aahistaa khaao.)
Eat slowly.

17. अच्छे से चबाओ।
(Achchhe se chabaao.)
Chew well.

18. ऊपर देखो।
(Oopar dekho.)
Look up.

19. नीचे देखो।
(Neeche dekho.)
Look down.

20. दायें मुड़ो।
(Daayen mudo.)
Turn right.

21. बायें मुड़ो।
(Baayen mudo.)
Turn left.

22. फिर से देखो।
(Fir se dekho.)
Look again.

23. फिर सोच लो।
(Fir soch lo.)
Think again.

24. फिर से पढ़ो।
(Fir se padho.)
Read again.

25. फिर से बोलना / बोलो।
(Fir se bolna / bolo.)
Come again.

26. थूक दो।
(Thook do.)
Spit out.

27. फ़ाड़ दो।
(Phaad do.)
Tear up.

28. पलट दो।
(Palat do.)
Turn over.

29. रास्ता दो। / जगह दो।
(Rasta do. / Jagah do.)
Make way.

30. फ़ोड़ दो इसे।
(Phod do ise.)
Burst it. / Pop it.

31. एक लो।
(Ek lo.)
Take one.

32. खड़े हो जाओ।
(Khade ho jaao.)
Stand up.

33. बैठ जाओ।
(Baith jaao.)
Sit down.

34. खड़े रहो।
(Khade raho.)
Keep standing. / Remain standing.

35. बैठे रहो।
(Baithe raho.)
Keep sitting. / Remain seated.

36. चुप रहो।
(Chup raho.)
Keep quiet. / Keep silent.

37. मुँह बन्द रखो!
(Muh band rakho!)
Shut up! / Keep mum!

38. दूर रहना।
(Door rahna.)
Keep away. / Stay away.

39. स्वस्थ रहें!
(Svasth rahen!)
Stay healthy! / Remain healthy!

40. सुरक्षित रहें!
(Surakshit rahen!)
Stay safe!

41. मजे में रहो!
(Maje me raho!)
Stay well!

42. हिम्मत बनाये रखो!
(Himmat banaaye rakho!)
Stay strong!

43. एक और लो।
(Ek aur lo.)
Take another.

44. मुझे दो।
(Mujhe do.)
Give me.

45. ठीक करो।
(Theek karo.)
Fix up.

46. उसे ठीक करो।
(Use theek karo.)
Fix that.

47. ऊँचा बोलो।
(Ooncha bolo.)
Speak up.

48. बोल दो!
(Bol do!)
Speak up!

49. आपको भी।
(Aapko bhi.)
You too.

50. मुझे भी।
(Mujhe bhi.)
Me too.

51. रुको! / वेट करो!
(Ruko! / Wait karo!)
Hold on! / Hang on!

52. असल में।
(Asal me.)
In fact.

53. अंदर ही रहना।
(Andar hi rahna.)
Stay in. / Stay inside.

54. चुप रहना।
(Chup rahna.)
Stay quiet.

55. वहीं रहो।
(Vaheen raho.)
Stay there.

56. जागते रहो।
(Jaagate raho.)
Stay up.

57. इसे रख दो।
(Ise rakh do.)
Put it.

58. नीचे रख दो।
(Neeche rakh do.)
Put down.

59. उठाओ।
(Uthaao.)
Pick up.

60. पहनो।
(Pahno.)
Put on.

61. उतारो।	62. इसे पहनो।	63. इसे हटाओ। / इसे उतारो।
(Utaaro.)	(Ise pahno.)	(Ise hataao. / Ise utaaro.)
Take off.	Wear this.	Remove this.

दीवारों के भी कान होते हैं।

(Deevaaron ke bhi kaan hote hain.)

Walls have ears.

#BetterYourself

- Day 5 -

1. हल्का सा। / थोड़ा।
(Halka sa. / Thoda.)
A bit.

2. कुछ।
(Kuchh.)
A few.

3. थोड़ा बहुत।
(Thoda bahut.)
A little.

4. सारी रात।
(Sari raat.)
All night.

5. कोई समस्या?
(Koi samasya?)
Any problem?

6. कोई और?
(Koi aur?)
Anybody else?

7. कसम से।
(Kasam se.)
I swear.

8. हर शनिवार।
(Har shanivaar.)
Every Saturday.

9. हर हफ़्ते।
(Har hafte.)
Every week.

10. यह स्वादिष्ट है!
(Yah svaadisht hai!)
It's delicious!

11. ठीक है।
(Theek hai.)
It's OK.

12. चलो साझा करें।
(Chalo saajhaa karen.)
Let's share.

13. वह सुंदर है।
(Vah sundar hai.)
She's pretty.

14. ये उचित है।
(Ye uchit hai.)
That's fair.

15. कोई बात नहीं।
(Koi baat nahi.)
That's fine.

16. सही बात है।
(Sahi baat hai.)
That's right.

17. वह कौन है?
(Vah kaun hai?)
Who's she / he?

18. तुम कमाल हो!
(Tum kamaal ho!)
You're awesome!

19. आप ख़ूबसूरत हैं।
(Aap khoobsoorat hain.)
You're beautiful.

20. विश्वास रखो।
(Vishvaas rakho.)
Have faith.

21. अच्छा काम किया!
(Achchha kaam kiya!)
Good job!

22. शांत रहो।
(Shaant raho.)
Keep calm.

23. बस विश्वास करो।
(Bas vishvaas karo.)
Just believe.

24. ध्यान केंद्रित किये रहो।
(Dhyaan kendrit kiye raho.)
Stay focused.

25. सौभाग्य हो!
(Saubhaagya ho!)
Good luck!

26. सबको अलविदा।
(Sabko alvida.)
Goodbye, everybody.

27. शादी की सालगिरह की शुभकामनाएँ!
(Shaadi ki saalgirah ki shubhkaamnaayen!)
Happy anniversary!

28. जन्मदिन की शुभकामनाएँ!
(Janmdin ki shubhkaamnaayen!)
Happy birthday!

29. व्यापार कैसा है?
(Vyaapaar kaisa hai?)
How's business?

30. मैं भूल जाता हूँ।
(Main bhool jata hoon.)
I forget.

31. मुझे याद है।
(Mujhe yaad hai.)
I remember.

32. मैं समझता हूँ।
(Main samajhta hoon.)
I understand.

33. मैं भुगतान करूँगा।
(Main bhugtaan karoonga.)
I'll pay.

34. यह यहाँ है।
(Yah yahaan hai.)
It's here.

35. यह वहाँ है।
(Yah vahaan hai.)
It's there.

36. कभी एहसास नहीं हुआ।
(Kabhi ehsaas nahi hua.)
Never realized.

37. मुझे बताओ।
(Mujhe bataao.)
Tell me.

38. इसे आजमाओ।
(Ise aajmaao.)
Try it.

39. हमें देर हो गई है।
(Hame der ho gayi hai.)
We're late.

40. क्या बकवास है!
(Kya bakvaas hai!)
What nonsense!

41. कौन बुला रहा है?
(Kaun bula raha hai?)
Who's calling?

42. आप मजाक कर रहे हैं।
(Aap majaak kar rahe hain.)
You're joking.

43. आपका स्वागत है।
(Aapka svaagat hai.)
You're welcome.

44. पहले सोचो।
(Pahle socho.)
Think first.

45. दो बार सोचो।
(Do baar socho.)
Think twice.

46. तुमसे प्यार है।
(Tumse pyaar hai.)
Love you.

47. तुम्हारी याद आती है।
(Tumhaari yaad aati hai.)
Miss you.

48. इसे भूल जाओ।
(Ise bhool jaao.)
Forget this.

49. ज़रा कल्पना करो।
(Zara kalpana karo.)
Just imagine.

50. मैं ऊब गया हूँ।
(Main oob gaya hoon.)
I'm bored.

51. मेरा पेट भरा हुआ है।
(Mera pet bhara hua hai.)
I'm full.

52. मैं खुश हूँ।
(Main khush hoon.)
I'm happy.

53. मैं खो गया हूँ।
(Main kho gaya hoon.)
I'm lost.

54. मैं अविवाहित हूँ।
(Main avivaahit hoon.)
I'm single.

55. मैं शादीशुदा हूँ।
(Main shaadishuda hoon.)
I'm married.

56. मेरा अपना काम है।
(Mera apna kaam hai.)
I'm self-employed.

57. मैं ठीक हूँ।
(Main theek hoon.)
I'm OK.

58. मुझे माफ़ कर दो।
(Mujhe maaf kar do.)
I'm sorry.

59. यह मेरा है।
(Yah mera hai.)
It's mine.

60. यह उसका है।
(Yah uska hai.)
It's his. / It's hers.

61. पैदल।
(Paidal.)
On foot.

62. टेलीविज़न पर।
(Television par.)
On television.

63. यहाँ पर।
(Yahaan par.)
Over here.

64. वहाँ पर।
(Vahaan par.)
Over there.

65. किसलिए?
(Kisliye?)
What for?

66. कौन सा साइज़?
(Kaun sa size?)
What size?

67. बस मैं।
(Bas main.)
Just me.

68. वास्तविक बने रहो।
(Vaastvik bane raho.)
Be yourself.

69. वास्तव में।
(Vaastav me.)
For real.

70. मौका मत छोड़ो।
(Mauka mat chhodo.)
Take chances.

71. फिर कब?
(Fir kab?)
Then when?

72. लक्ष्य ऊँचा रखो।
(Lakshya ooncha rakho.)
Aim high.

73. वहाँ पहुँच रहा हूँ।
(Vahaan pahunch raha hoon.)
Getting there.

74. यहाँ इंतज़ार कर रहा हूँ।
(Yahaan intzaar kar raha hoon.)
Waiting here.

75. तुम्हारे लिए।
(Tumhaare liye.)
For you.

जाको राखे साइयाँ मार सके ना कोय।

(Jaako raakhe saaiyaan maar sake na koy.)

He whom God steers sails safely.

#BetterYourself

MAKING CONNECTIONS

EXERCISE - 1

Question 1: Match the words with their opposite meanings.
(शब्दों का उनके विपरीत अर्थों से मिलान कीजिए।) - {Reference Day 1}

Come	Give
Throw	Leave
Take	Go
Open	Catch
Stay	Close

Question 2: Find the hidden words.
(छिपे हुए शब्दों को खोजिये।) - {Reference Day 1}

C	B	N	T	W	W	Q	F	H
F	D	A	B	E	A	T	S	C
T	R	U	N	O	L	I	F	T
N	O	D	P	T	K	N	T	T
H	P	E	X	F	D	F	C	H
J	S	F	R	E	T	U	R	N
S	G	A	A	S	A	W	Y	U
N	Y	W	O	R	K	R	E	E
L	R	L	A	L	E	A	V	E
A	Q	X	S	L	Q	O	P	M

Question 3: Unscramble – Rearrange the letters to form the correct word.
(सही शब्द बनाने के लिए अक्षरों को सही क्रम में रखिये।) - {Reference Day 2}

a. ziamagn ....

b. tlrliainb ....

c. elfaylcru ....

d. nocdenyltif ....

e. youcatsliu ....

Question 4: Translate the following sentences into Hindi.
(नीचे दिए गए वाक्यों का हिंदी में अनुवाद करिए।) - {Reference Day 3}

a. Hiding something? ....

b. Do something. ....

c. Go out. ....

d. Trust me. ....

e. I'm glad. ....

Question 5: Translate the following sentences into English.
(नीचे दिए गए वाक्यों का अंग्रेजी में अनुवाद करिए।) - {Reference Day 4 and Day 5}

a. उनका अभिवादन करो। (Unka abhivaadan karo.) ....

b. अच्छे से चबाओ। (Achchhe se chabaao.) ....

c. सबको अलविदा। (Sabko alvida.) ....

d. कोई समस्या? (Koi samasya?) ....

e. ध्यान केंद्रित किये रहो। (Dhyaan kendrit kiye raho.) ....

f. मैं भूल जाता हूँ। (Main bhool jata hoon.) ....

g. मैं खो गया हूँ। (Main kho gaya hoon.) ....

h. यहाँ पर। (Yahaan par.) ....

i. दो बार सोचो। (Do baar socho.) ....

j. चलो साझा करें। (Chalo saajhaa karen.) ....

- Day 6 -

1. कितना सुन्दर है!
(Kitna sundar hai!)
How beautiful!

2. कितना प्यारा है!
(Kitna pyaara hai!)
How adorable!

3. कितना बड़ा है!
(Kitna bada hai!)
How big!

4. कितना छोटा है!
(Kitna chhota hai!)
How small!

5. कितने दुःख की बात है!
(Kitne dukh ki baat hai!)
How sad!

6. ध्यान से!
(Dhyaan se!)
Be careful!

7. बहुत ध्यान से!
(Bahut dhyaan se!)
Be cautious!

8. सतर्क रहो!
(Satark raho!)
Be alert!

9. धैर्य रखो।
(Dhairya rakho.)
Be patient. /
Have patience.

10. सकारात्मक रहो।
(Sakaaraatmak raho.)
Be positive.

11. उदार बनो।
(Udaar bano.)
Be generous.

12. दयालु बनो।
(Dayaalu bano.)
Be Kind.

13. अच्छे बनो।
(Achchhe bano.)
Be nice.

14. ईमानदार बनो।
(Eemaandaar bano.)
Be honest.

15. विनम्र बनो।
(Vinamra bano.)
Be humble.

16. कृतज्ञ बनो।
(Kritagya bano.)
Be thankful.

17. निडर बनो।
(Nidar bano.)
Be fearless.

18. मेरी इज़्ज़त करो।
(Meri izzat karo.)
Respect me.

19. ख़ुद की इज़्ज़त करो।
(Khud ki izzat karo.)
Respect yourself.

20. ख़ुद को स्वीकार करो।
(Khud ko sveekaar karo.)
Accept yourself.

21. शांत हो जाओ।
(Shaant ho jaao.)
Be quiet. / Be calm.

22. गम्भीर हो जाओ।
(Gambheer ho jaao.)
Be serious. / Get serious.

23. संक्षेप में बोलना / लिखना।
(Sankshep me bolna / likhna.)
Be brief.

24. सौम्य बनो।
(Saumya bano.)
Be gentle.

25. नम्र बनो।
(Namra bano.)
Be polite.

26. तैयार हो जाओ।
(Taiyaar ho jaao.)
Be ready. / Get ready.

27. पक्का कर लो।
(Pakka kar lo.)
Make sure.

28. तैयारियाँ कर लो।
(Taiyaariyaan kar lo.)
Make preparations.

29. और नुकीला करो।
(Aur nukeela karo.)
Make sharper.

30. नाश्ता बनाओ।
(Naashta banaao.)
Make breakfast.

31. बहुत दूर।
(Bahut door.)
Too far.

32. बहुत बेकार।
(Bahut bekaar.)
Too bad.

33. बहुत बड़ा।
(Bahut bada.)
Too big.

34. बहुत छोटा।
(Bahut chhota.)
Too small.

35. बहुत देर।
(Bahut der.)
Too late.

36. साइकल से।
(Cycle se.)
By bicycle.

37. बस से।
(Bus se.)
By bus.

38. बाय करो।
(Bye karo.)
Wave goodbye.

39. बाय बोलो।
(Bye bolo.)
Say goodbye.

40. अलविदा।
(Alvida.)
Bye bye.

41. मैं जाग रही हूँ।
(Main jaag rahi hoon.)
I'm up. / I'm awake.

42. मुझे भूख लगी है।
(Mujhe bhookh lagi hai.)
I'm hungry.

43. मैं भूख से मरा जा रहा हूँ।
(Main bhookh se mara ja raha hoon.)
I'm starving.

44. मेरे पेट में चूहे कूद रहे हैं।
(Mere pet me choohe kood rahe hain.)
I'm famished.

45. मैं थक गया हूँ।
(Main thak gaya hoon.)
I'm tired.

46. मैं थक कर चूर हो गया हूँ।
(Main thak kar choor ho gaya hoon.)
I'm exhausted.

47. मुझे ठंड लग रही है।
(Mujhe thand lag rahi hai.)
I'm cold.

48. मुझे डर लग रहा है।
(Mujhe dar lag raha hai.)
I'm afraid.

49. मुझे कुछ भी चलेगा।
(Mujhe kuchh bhi chalega.)
I'm easy.

50. मैं व्यस्त हूँ।
(Main vyast hoon.)
I'm busy.

51. ये तो होना ही है।
(Ye to hona hi hai.)
It's inevitable.

52. ये गम्भीर बात है।
(Ye gambheer baat hai.)
It's serious.

53. ये ज़रूरी है।
(Ye zaroori hai.)
It's urgent. / It's important.

54. मैं जा रहा हूँ।
(Main jaa raha hoon.)
I'm going. / I'm leaving. / I'm off.

55. मैं भाग्यशाली हूँ।
(Main bhaagyashaali hoon.)
I'm fortunate.

56. मैं योग्य हूँ।
(Main yogya hoon.)
I'm worthy.

57. मैं चलती हूँ।
(Main chalti hoon)
I'll leave.

58. मेरा हो गया।
(Mera ho gaya.)
I'm done.

59. मैं यहाँ हूँ।
(Main yahaan hoon.)
I'm here.

60. मैं अच्छी हूँ।
(Main achchhi hoon.)
I'm good.

61. और आप?
(Aur aap?)
And you?

62. ये गर्म है।
(Ye garm hai.)
It's warm.

63. ये ठंडा है।
(Ye thanda hai.)
It's cold.

64. ये आकर्षक है।
(Ye aakarshak hai.)
It's attractive.

65. यह बहुत बुरा है।
(Yah bahut bura hai.)
It's awful.

66. ये पर्याप्त है।
(Ye paryaapt hai.)
It's sufficient.

67. यह मुश्किल है।
(Yah mushkil hai.)
It's difficult.

68. यह आसान है।
(Yah aasaan hai.)
It's easy.

69. ये जाम है।
(Ye jaam hai.)
It's jammed.

70. ये हिल रहा है।
(Ye hil raha hai.)
It's moving.

71. ये कमाल का है।
(Ye kamaal ka hai.)
It's amazing.

72. ये बेकार है।
(Ye bekaar hai.)
It's useless.

73. ये काम का है।
(Ye kaam ka hai.)
It's useful.

74. ये जमा हुआ है।
(Ye jama hua hai.)
It's frozen.

75. ये पिघल रहा है।
(Ye pighal raha hai.)
It's melting.

76. ये हो गया।
(Ye ho gaya.)
It's done.

77. ये मजेदार है।
(Ye majedaar hai.)
It's fun.

78. ये गलत है।
(Ye galat hai.)
It's unfair.

79. ये ख़त्म हो गया।
(Ye khatm ho gaya.)
It's over.

80. यह महत्वपूर्ण है।
(Yah mahatvapoorn hai.)
It's crucial.

81. यह स्पष्ट है।
(Yah spasht hai.)
It's obvious.

अपना-अपना होता है, पराया-पराया।

(Apna-apna hota hai, paraya-paraya.)

Blood is thicker than water.

#BetterYourself

- Day 7 -

1. बुरा मत मानो।
(Bura mat maano.)
Don't mind.

2. ढोंग मत करो।
(Dhong mat karo.)
Don't ṣham.

3. डींगें मत हाँको।
(Deengen mat haanko.)
Don't boast.

4. खड़े मत हो।
(Khade mat ho.)
Don't stand.

5. बैठो मत।
(Baitho mat.)
Don't sit.

6. हिलो मत।
(Hilo mat.)
Don't move.

7. बिगाड़ो मत।
(Bigaado mat.)
Don't spoil.

8. ख़राब मत करो।
(Kharaab mat karo.)
Don't ruin.

9. कुर्बानी मत दो।
(Kurbaani mat do.)
Don't sacrifice.

10. दोष मत दो।
(Dosh mat do.)
Don't blame.

11. देर नहीं करना।
(Der nahi karna.)
Don't delay.

12. बीच में मत बोलो।
(Beech me mat bolo.)
Don't interrupt.

13. बक-बक मत करो।
(Bak-bak mat karo.)
Don't prattle.

14. मत जाओ।
(Mat jaao.)
Don't go.

15. हिचकिचाओ मत।
(Hichkichaao mat.)
Don't hesitate.

16. छोड़ो मत।
(Chhodo mat.)
Don't quit.

17. परेशान मत हो।
(Pareshaan mat ho.)
Don't bother.

18. मत पूछो।
(Mat poochho.)
Don't ask.

19. लड़ो मत।
(Lado mat.)
Don't fight.

20. बहस मत करो।
(Bahas mat karo.)
Don't argue.

21. घबराओ मत।
(Ghabraao mat.)
Don't panic.

22. बर्बाद मत करो।
(Barbaad mat karo.)
Don't waste.

23. डराओ मत।
(Daraao mat.)
Don't scare.

24. दख़ल मत दो।
(Dakhal mat do.)
Don't interfere.

25. झूठ मत बोलो।
(Jhooth mat bolo.)
Don't lie.

26. बुदबुदाओ मत।
(Budbudaao mat.)
Don't mumble.

27. बात मत करो।
(Baat mat karo.)
Don't talk.

28. मत बोलो।
(Mat bolo.)
Don't say. /
Don't speak.

29. विश्वास मत करो।
(Vishvaas mat karo.)
Don't believe.

30. विरोध मत करो।
(Virodh mat karo.)
Don't oppose.

31. माफ़ी मत माँगो।
(Maafi mat maango.)
Don't apologize / apologise.

32. चिन्ता मत करो।
(Chinta mat karo.)
Don't worry.

33. चिन्ता कम करो।
(Chinta kam karo.)
Worry Less.

34. मत पकाओ।
(Mat pakaao.)
Don't cook.

35. ज़्यादा मत पकाओ।
(Zyada mat pakaao.)
Don't overcook.

36. ज़्यादा मत सोचो।
(Zyada mat socho.)
Don't overthink.

37. तुम ज़्यादा सोचते हो।
(Tum zyada sochte ho.)
You overthink.

38. मैं ज़्यादा देर तक सोता रह गया।
(Main zyada der tak sota rah gaya.)
I overslept.

39. लिख लो।
(Likh lo.)
Write down.

40. साफ़-साफ़ लिखो।
(Saaf-saaf likho.)
Write neatly. / Write clearly.

41. धीरे-धीरे लिखो।
(Dheere-dheere likho.)
Write slowly.

42. जल्दी-जल्दी लिखो।
(Jaldi-jaldi likho.)
Write quickly. / Write fast.

43. इसे पढ़ो।
(Ise padho.)
Read this.

44. मन में पढ़ो।
(Man me padho.)
Read silently.

45. बोलकर पढ़ो।
(Bolkar padho.)
Read out.

46. बस एक बार।
(Bas ek baar.)
Just once.

47. एक और बार।
(Ek aur baar.)
Once more.

48. अभी आया।
(Abhi aaya.)
Just coming.

49. बस अभी लाई।
(Bas abhi laayi.)
Just getting.

50. बस पानी।
(Bas pani.)
Just water.

51. देख के!
(Dekh ke!)
Watch out! / Look out!

52. पास से देखो।
(Paas se dekho.)
Watch closely.

53. ध्यान से देखो!
(Dhyaan se dekho!)
Watch carefully!

54. मुझे करते हुए देखो।
(Mujhe karte huye dekho.)
Watch me.

55. उठकर बैठो।
(Uthkar baitho.)
Sit up.

56. सीधे बैठो।
(Seedhe baitho.)
Sit still.

57. उसे रोको (कोई व्यक्ति)।
(Use roko {koi vyakti}.)
Stop him.

58. उसे रोको (कोई वस्तु)।
(Use roko {koi vastu}.)
Stop that.

59. रोना-धोना बंद करो।
(Rona-dhona band karo.)
Stop fussing.

60. बस करो!
(Bas karo!)
Stop it!

61. पिनपिनाना / ठिनठिनाना बंद करो। (Pinpinaana / Thinthinaana band karo.) Stop whining.	64. सीटी बजाना बंद करो। (Seeti bajaana band karo.) Stop whistling.	67. बातें बंद करो। (Baaten band karo.) Stop talking.
62. खिंचाना बंद करो। (Khinchaana band karo.) Stop scribbling.	65. हिलना बंद करो। (Hilna band karo.) Stop wriggling.	68. नाचना बंद करो। (Naachna band karo.) Stop dancing.
63. डींगें हाँकना बंद करो। (Deengen haankana band karo.) Stop boasting.	66. चिन्ता करना बंद करो। (Chinta karna band karo.) Stop worrying.	69. तंग करना बंद करो। (Tang karna band karo.) Stop annoying.

कुत्ते की पूँछ कभी सीधी नहीं हो सकती।

(Kutte ki poonchh kabhi seedhi nahi ho sakti.)

A leopard can't change its spots.

#BetterYourself

- Day 8 -

1. इसे वापस कर दो।
(Ise vaapas kar do.)
Return it.

2. घर वापस आ जाओ।
(Ghar vaapas aa jaao.)
Return home.

3. वापस भेज दो।
(Vaapas bhej do.)
Send back.

4. मदद भेजो।
(Madad bhejo.)
Send help.

5. किसी को भेज दो।
(Kisi ko bhej do.)
Send someone.

6. अंदर भेज दो।
(Andar bhej do.)
Send in.

7. इसे गिरा दो / छोड़ दो।
(Ise gira do / chhod do.)
Drop this.

8. सब छोड़ दो।
(Sab chhod do.)
Drop everything. /
Leave everything.

9. उसका धन्यवाद करो।
(Uska dhanywad karo.)
Thank her.

10. धन्यवाद! / आपका धन्यवाद!
(Dhanywad! / Aapka dhanywad!)
Thank you!

11. हर कोई जानता है।
(Har koi jaanta hai.)
Everyone knows.

12. कौन है?
(Kaun hai?)
Who is it?

13. मैं हूँ।
(Main hoon.)
It's me.

14. यह क्या है?
(Yah kya hai?)
What's this?

15. एक गेंद।
(Ek gend.)
A ball.

16. बहुत रोचक।
(Bahut rochak.)
Very interesting.

17. वहाँ कौन है?
(Vahaan kaun hai?)
Who's there?

18. कोई नहीं।
(Koi nahi.)
No one.

19. मदद चाहिए क्या?
(Madad chaahiye kya?)
Need help?

20. जी नहीं, धन्यवाद!
(Jee nahi, dhanywad!)
No, thanks!

21. क्या हो रहा है?
(Kya ho raha hai?)
What's happening?

22. भगवान का धन्यवाद!
(Bhagwan ka dhanywad!)
Thank God!

23. मुझे खिलाओ / पिलाओ।
(Mujhe khilaao / pilaao.)
Feed me.

24. उसे बुलाओ।
(Use bulaao.)
Call him.

25. मेरी मदद करो।
(Meri madad karo.)
Help me.

26. बचाओ मुझे!
(Bachaao mujhe!)
Save me!

27. मारो मुझे!
(Maaro mujhe!)
Hit me!

28. पीटो मुझे!
(Peeto mujhe!)
Beat me!

29. पकड़ो इसे।
(Pakdo ise.)
Catch it.

30. फेंको इसे।
(Phenko ise.)
Throw it.

31. पास आओ।
(Paas aao.)
Come near.

32. मस्ती कर रहा हूँ।
(Masti kar raha hoon.)
Having fun.

33. बुरा नहीं है।
(Bura nahi hai.)
Not bad.

34. चलो कोशिश करते हैं।
(Chalo koshish karte hain.)
Let's try.

35. इसे तोड़ दो।
(Ise tod do.)
Break it.

36. मत तोड़ो।
(Mat todo.)
Don't break.

37. वो वापस आई।
(Vo vaapas aayi.)
She returned.

38. जल्दी-जल्दी करो।
(Jaldi-jaldi karo.)
Speed up.

39. धीरे करो। / धीरे चलो।
(Dheere karo. / Dheere chalo.)
Slow down.

40. तुम कर सकते हो।
(Tum kar sakte ho.)
You can.

41. तुम नहीं कर सकते।
(Tum nahi kar sakte.)
You can't.

42. हे भगवान!
(Hey Bhagwan!)
Oh God!

43. कम से कम।
(Kam se kam.)
At least.

44. यहाँ आओ।
(Yahaan aao.)
Come here.

45. वापस आओ।
(Vaapas aao.)
Come back.

46. घर आ जाओ।
(Ghar aa jaao.)
Come home. / Come over.

47. आगे आओ।
(Aage aao.)
Come forward.

48. जल्दी आना।
(Jaldi aana.)
Come soon.

49. साथ में चलो।
(Saath me chalo.)
Come along.

50. इसे रख लो।
(Ise rakh lo.)
Keep it.

51. और याद रखना।
(Aur yaad rakhna.)
And remember.

52. लोग बदल जाते हैं।
(Log badal jaate hain.)
People change.

53. मुझे पता है।
(Mujhe pata hai.)
I know.

54. ये भूल जाओ।
(Ye bhool jaao.)
Forget it.

55. वो भूल जाओ।
(Vo bhool jaao.)
Forget that.

56. मजे करो।
(Maje karo.)
Enjoy yourself. / Enjoy. / Have fun.

57. बदतमीज़ी मत करो।
(Badtameezi mat karo.)
Don't misbehave.

58. तमीज़ से रहो।
(Tameez se raho.)
Behave yourself.

59. विवेकपूर्ण व्यवहार करो।
(Vivekpoorn vyavhaar karo.)
Behave prudently.

60. अब, जाओ।
(Ab, jaao.)
Now, leave.

61. अभी निकलो।
(Abhi niklo.)
Leave immediately.

62. भागो यहाँ से!
(Bhaago yahaan se!)
Buzz off!

63. फिर ठीक है। / तो ठीक है।
(Fir theekh hai. / To theek hai.)
Fine then.

- Day 9 -

1. अभी तक नहीं।
(Abhi tak nahi.)
Not yet.

2. कभी भी नहीं।
(Kabhi bhi nahi.)
Never ever.

3. छोड़ो इसे!
(Chhodo ise!)
Never mind! / Leave it!

4. बिल्कुल भी नहीं! / हरगिज़ नहीं!
(Bilkul bhi nahi! / Hargiz nahi!)
No way!

5. आशा करती हूँ ऐसा हो जाए!
(Aasha karti hoon ki aisa ho jaye!)
Fingers crossed!

6. इस बार।
(Is baar.)
This time.

7. अगली बार।
(Agli baar.)
Next time.

8. इस साल।
(Is saal.)
This year.

9. अगले साल।
(Agle saal.)
Next year.

10. ये वाला।
(Ye vaala.)
This one.

11. वो वाला।
(Vo vaala.)
That one.

12. एक बार।
(Ek baar.)
One time. / Once.

13. कई बार।
(Kayi baar.)
Many times.

14. कभी-कभी।
(Kabhi-kabhi.)
At times. / Sometimes.

15. एक और।
(Ek aur.)
One more.

16. हाँ, ज़रूर।
(Haan, zaroor.)
Yeah, sure.

17. बेशक! बिल्कुल!
(Beshak! / Bilkul!)
Of course!

18. ठीक यहीं।
(Theek yaheen.)
Right here.

19. ठीक वहीं।
(Theek vaheen.)
Right there.

20. माफ़ करना!
(Maaf karna!)
Excuse me!

21. नजर ना लगे!
(Nazar na lage!)
Touch wood!

22. पहले आप।
(Pahle aap.)
After you.

23. भरोसा रखें!
(Bharosa rakhen!)
Rest assured!

24. कोई बात नहीं।
(Koi baat nahi.)
No problem. / Not a problem.

25. क्यों नहीं?
(Kyon nahi?)
Why not?

26. कृपया, प्रतीक्षा करें।
(Kripya, prateeksha karen.)
Please, wait.

27. निश्चित रूप से नहीं!
(Nishchit roop se nahi!)
Absolutely not!

28. ये हुआ बराबर का सौदा!
(Ye hua baraabar ka sauda!)
Square deal!

29. हमें माफ़ करें!
(Hame maaf karen!)
Excuse us!

30. अभी के लिए।
(Abhi ke liye.)
As of now.

31. कोई चिल्लम-चिल्ली नहीं!
(Koi chillam- chilli nahi!)
No yelling! /
No shouting!

32. हार्दिक बधाई!
Haardik badhaai!)
(Heartiest congratulations!)

33. बहुत-बहुत बधाई हो!
(Bahut-bahut badhaai ho!)
Many congratulations!

34. पूरा दिन।
(Poora din.)
All day.

35. कृपया शान्त रहें।
(Kripya shaant rahen.)
Silence, please.

36. हमेशा की तरह।
(Hamesha ki tarah.)
As usual.

37. ए, छोटे!
(Aey, chhote!)
Hey, homie!

38. खुशी से।
(Khushi se.)
With pleasure.

39. चुगलखोर कहीं के!
(Chugalkhor kaheen ke!)
You tattler!

40. शुरू-शुरू में।
(Shuru-shuru me.)
At first.

41. भगवान ना करे!
(Bhagwaan na kare!)
God forbid!

42. बिल्कुल गलत।
(Bilkul galat.)
Completely wrong.

43. कोई हैरानी की बात नहीं है।
(Koi hairaani ki baat nahi hai.)
No wonder.

44. शाबाश!
(Shaabaash!)
Well done!

45. पिछली बार।
(Pichhali baar.)
Last time.

46. ये वाला अच्छा था!
(Ye vala achchha tha!)
Nice one!

47. अच्छी कोशिश की!
(Achchhi koshish ki!)
Nice try!

48. कोई मटरगश्ती नहीं!
(Koi matargashti nahi!)
No loitering!

49. अभी हाल फ़िलहाल में नहीं।
(Abhi haal filhaal me nahi.)
Not recently.

50. महीनों पहले।
(Maheeno pahle.)
Months ago.

51. हफ़्तों पहले।
(Hafton pahle.)
Weeks ago.

52. चुस्त-दुरुस्त रहें!
(Chust-durust rahen!)
Remain fit!

53. यही कारण है। / इसीलिए।
(Yahi kaaran hai. / Isiliye.)
That's why.

54. बिल्कुल सही समय पर आए हो!
(Bilkul sahi samay par aaye ho!)
Perfect timing!

55. सीख लूँगा।
(Seekh loonga.)
Will learn.

56. पैसे खर्च करो।
(Paise kharch karo.)
Spend money.

57. घुटने टेको!
(Ghutne teko!)
Kneel down! /
Kneel!

- Day 10 -

1. सुप्रभात!
(Suprabhaat!)
Good morning!

2. दोपहर का नमस्कार!
(Dopahar ka namaskaar!)
Good afternoon!

3. शुभ दिवस!
(Shubh divas!)
Good day!

4. शुभ संध्या!
(Shubh sandhya!)
Good evening!

5. शुभरात्रि!
(Shubhraatri!)
Good night!

6. अच्छे से सोना!
(Achchhe se sona!)
Sleep tight! / Sleep well!

7. उसने कन्धे उचका दिए।
(Usne kandhe uchka diye.)
She shrugged.

8. वह अजीब है।
(Vah ajeeb hai.)
That's weird. /
That's strange.

9. जाग जाओ।
(Jaag jaao.)
Wake up.

10. उठ जाओ।
(Uth jaao.)
Get up.

11. दूर जाओ।
(Door jaao.)
Go away. / Go far.

12. सीधे जाओ।
(Seedhe jaao.)
Go straight.

13. घर जाओ।
(Ghar jaao.)
Go home.

14. जाने दो।
(Jaane do.)
Let go.

15. अब जाओ भी!
(Ab jaao bhi!)
Now go!

16. वहाँ जाओ।
(Vahaan jaao.)
Go there.

17. चले जाओ!
(Chale jaao!)
Go away!

18. करते जाओ।
(Karte jaao.)
Go on. / Keep going. /
Keep doing.

19. चलो चलें।
(Chalo chalen.)
let's go.

20. मैं जाऊँगा।
(Main jaaunga.)
I'll go.

21. कौन जीता?
(Kaun jeeta?)
Who won?

22. कोई आईडिया नहीं है।
(Koi idea nahi hai.)
No idea.

23. ख़ुद से पूछो।
(Khud se poochho.)
Ask yourself.

24. ध्यान से गाड़ी चलाओ / चलाना।
(Dhyaan se gaadi chalaao / chalaana.)
Drive carefully.

25. ठीक है।
(Theek hai.)
All right.

26. पकड़ो इसे।
(Pakdo ise.)
Hold this. / Hold it.

27. बाहर प्रतीक्षा करो।
(Baahar prateeksha karo.)
Wait outside.

28. सीधे खड़े रहो।
(Seedhe khade raho.)
Stand still.

29. यहाँ देखो।
(Yahaan dekho.)
Look here.

30. वहाँ देखो।
(Vahaan dekho.)
Look there.

31. अंदर घुसो।
(Andar ghuso.)
Get in.

32. ऊपर चढ़ो।
(Oopar chadho.)
Get on.

33. नीचे उतरो।
(Neeche utro.)
Get off. / Get down.

34. वो याद रखना।
(Vo yaad rakhna.)
Remember that.

35. मुझे याद रखना।
(Mujhe yaad rakhna.)
Remember me.

36. मुझे याद दिलाना।
(Mujhe yaad dilaana.)
Remind me.

37. उसने हाँ में सिर हिलाया।
(Usne haan me sir hilaaya.)
She nodded.

38. कुछ बोलो।
(Kuchh bolo.)
Say something.

39. अभी नहीं।
(Abhi nahi.)
Not now.

40. एक आज़माओ।
(Ek aazmaao.)
Try one.

41. इसे साफ़ करो।
(Ise saaf karo.)
Clear it. /
Clean it.

42. शांत हो जाओ।
(Shaant ho jaao.)
Calm down.

43. किसने कहा?
(Kisne kaha?)
Who said?

44. मैंने कहा।
(Maine kaha.)
I said.

45. जल्दी करो।
(Jaldi karo.)
Hurry up.

46. जल्दबाज़ी मत करो।
(Jaldbaazi mat karo.)
Don't hurry.

47. उछलो मत।
(Uchhalo mat.)
Don't jump.

48. ऐसा बोलो।
(Aisa bolo.)
Say so.

49. कभी मत भूलना।
(Kabhi mat bhoolna.)
Never forget.

50. कोई पहुँच है?
(Koi pahunch hai?)
Any access?

51. कोई पहुँच नहीं है।
(Koi pahunch nahi hai.)
No access.

52. बहुत-बहुत धन्यवाद!
(Bahut-bahut dhanywad!)
Many thanks! /
Thanks a lot!

53. मुझे ढूँढो।
(Mujhe dhoondho.)
Find me.

54. मनाओ उसे।
(Manaao use.)
Cajole her. /
Convince her. / Persuade her.

55. उसे दिलासा दो।
(Use dilaasa do.)
Console her.

56. मैंने चुना।
(Maine chuna.)
I chose.

57. हर चीज़ को गौर से देखो।
(Har cheez ko gaur se dekho.)
Observe everything.

58. मैं असफ़ल हो गया।
(Main asafal ho gaya.)
I failed.

59. अंदाज़ा लगाओ क्या हुआ।
(Andaaza lagaao kya hua.)
Guess what.

60. सोच समझकर चुनो।
(Soch samajhkar chuno.)
Choose wisely.

61. इसका पीछा करो।
(Iska peechha karo.)
Chase it.

62. धीरे बोलो।
(Dheere bolo.)
Speak slowly.

63. और धीरे बोलो।
(Aur dheere bolo.)
Speak slower.

MAKING CONNECTIONS

EXERCISE - 2

Question 1: Tick the correct options.
(सही विकल्पों पर टिक करिए।) - {Reference Day 6 & Day 7}

a. (Don't / Stop) apologize.

b. (Don't / Stop) that.

c. (Don't / Stop) sacrifice.

d. (Don't / Stop) fussing.

e. (Write / Watch) neatly.

f. (Write / Watch) out!

Question 2: Choose the correct answers from the Answer Bank.
(उत्तर बैंक से सही उत्तर चुनिए।) - {Reference Day 8}

ANSWER BANK				
No one.	Having fun.	No, thanks.	It's me.	A ball.

a. Who's there? ....

b. Need help? ....

c. What's happening? ....

d. Who is it? ....

e. What's this? ....

Question 3: Translate the following sentences into English.
(नीचे दिए गए वाक्यों का अंग्रेजी में अनुवाद करिए।) - {Reference Day 9}

a. इस साल। (Is saal.) ....

b. भरोसा रखें! (Bharosa rakhen!) ....

c. बिल्कुल गलत। (Bilkul galat.) ....

d. कोई हैरानी की बात नहीं है। (Koi hairaani ki baat nahi hai.) ....

e. ये वाला अच्छा था! (Ye vala achchha tha!) ....

Question 4: Tick the correct sentences and put a cross against the incorrect ones.
(सही वाक्यों पर टिक करिए और गलत वाक्यों पर क्रॉस लगाइए।) - {Reference Day 10}

a. Wake up.

b. Let go.

c. Look forget.

d. Stand jump.

e. Console alon.

f. Guess what?

g. Smart move.

h. Observe everything.

i. Stand slower.

j. Speak slowly.

Question 5: Write the sentence "मनाओ उसे।" in English in 3 different ways.
(वाक्य "मनाओ उसे।" को अंग्रेजी में 3 अलग-अलग तरीकों से लिखिए।) - {Reference Day 10}

a. ....

b. ....

c. ....

- Day 11 -

1. गुदगुदी मत करो।
(Gudgudi mat karo.)
Don't tickle.

2. इसे तोलो।
(Ise tolo.)
Weigh this.

3. आगे बढ़ो।
(Aage badho.)
Move on.

4. जल्दी चलो।
(Jaldi chalo.)
Move quickly.

5. और पास जाओ।
(Aur paas jaao.)
Move closer.

6. खिसकिए। / सरकिए।
(Khiskiye. / Sarkiye.)
Budge up. /
Move up. /
Move over.

7. अच्छी कमाई करो।
(Achchhi kamaai karo.)
Earn well.

8. उन्हें पता था।
(Unhe pata tha.)
They knew.

9. मैं सोया।
(Main soya.)
I slept.

10. उसे प्रेरित करो। / आगे बढ़ाओ।
(Use prerit karo. / Aage badhaao.)
Propel him.

11. इधर खड़े हो जाओ।
(Idhar khade ho jaao.)
Stand here.

12. सीधे खड़े हो जाओ।
(Seedhe khade ho jaao.)
Stand upright.

13. चलो पार्टी करते हैं।
(Chalo party karte hain.)
Let's party.

14. जम कर पार्टी करना!
(Jam kar party karna!)
Party hard!

15. वो सीखो।
(Vo seekho.)
Learn that.

16. उसे प्रभावित करो।
(Use prabhaavit karo.)
Impress him.

17. ये बिल्कुल सही है।
(Ye bilkul sahi hai.)
That's perfect.

18. ख़ुद को तैयार कर लो।
(Khud ko taiyaar kar lo.)
Gear up. /
Prepare yourself.

19. ख़ुद को चुनौती दो।
(Khud ko chunauti do.)
Challenge yourself.

20. उससे मिलो।
(Usase milo.)
Meet him.

21. उसे खुश करो।
(Use khush karo.)
Please him.

22. पता लगाओ।
(Pata lagaao.)
Find out.

23. तोड़ दो।
(Tod do.)
Break up. / Break.

24. फुसफुसाओ मत।
(Phusphusaao mat.)
Don't whisper.

25. धूम्रपान छोड़ दो।
(Dhoomrapaan chhod do.)
Quit smoking.

26. इसे स्वीकार करो।
(Ise sveekaar karo.)
Accept this.

27. इसे टाइप करो।
(Ise type karo.)
Type this.

28. और तेज़ चलो।
(Aur tez chalo.)
Walk faster.

29. अभी जाओ जल्दी।
(Abhi jaao jaldi.)
Rush now.

30. वो बाहर है।
(Vo baahar hai.)
He's out.

31. दिखाओ मुझे।
(Dikhaao mujhe.)
Show me.

32. इसे दोहराओ।
(Ise dohraao.)
Repeat it.

33. इसे लो।
(Ise lo.)
Take it. / Take this.

34. ध्यान रखना।
(Dhyaan rakhna.)
Take care.

35. परवाह मत करो।
(Parvaah mat karo.)
Don't care.

36. मेरी बारी।
(Meri baari.)
My turn.

37. तुम्हारी बारी।
(Tumhaari baari.)
Your turn.

38. पीछे घूमो।
(Peechhe ghoomo.)
Turn around. /
Turn back.

39. कोई हर्ज?
(Koi harj?)
Any harm?

40. कोई हर्ज नहीं।
(Koi harj nahi.)
No harm.

41. उससे पहले।
(Usase pahle.)
Before that.

42. इसको विकसित करो।
(Isko viksit karo.)
Develop it.

43. मैं शर्त लगाता हूँ।
(Main shart lagaata hoon.)
I bet.

44. बहुत अच्छा।
(Bahut achchha.)
Very well.

45. कभी भी।
(Kabhi bhi.)
Any time. /
Anytime.

46. छिपाओ मत।
(Chhipaao mat.)
Don't hide.

47. रोको मत।
(Roko mat.)
Don't stop.

48. सीधे लेटो (हिलो मत)।
(Seedhe leto {hilo mat}.)
Lie still.

49. इंतज़ार करो।
(Intzaar karo.)
Wait up.

50. खोलो। / खोल दो।
(Kholo. / Khol do.)
Open up.

51. इसे इस्तेमाल करें।
(Ise istemaal karen.)
Use it.

52. इसे खरीद लो।
(Ise khareed lo.)
Buy it.

53. जोड़ो।
(Jodo.)
Add up.

54. वहाँ रुको।
(Vahaan ruko.)
Stop there.

55. ध्यान दो!
(Dhyaan do!)
Pay attention!

56. ज़ोर से बोलो।
(Zor se bolo.)
Speak aloud. /
Speak loudly.

57. धीरे चलो।
(Dheere chalo.)
Walk slowly / slow.

58. वो नहीं।
(Vo nahi.)
Not that.

59. इतना ही।
(Itna hi.)
That's it.

60. बस।
(Bas.)
That's all.

61. अभी तुरन्त।
(Abhi turant.)
Right now.

62. मेरे पीछे आओ।
(Mere peechhe aao.)
Follow me.

63. उनका अनुसरण करें।
(Unka anusaran karen.)
Follow them.

64. अब, सुनो।
(Ab, suno.)
Now, listen.

65. बनाओ इसे।
(Banaao ise.)
Make it.

66. इसे सही करो।
(Ise sahi karo.)
Correct it.

थोथा चना बाजे घना।

(Thotha chana baaje ghana.)

Empty vessels make the most noise.

#BetterYourself

- Day 12 -

1. किस समय? / कितने बजे?
(Kis samay / Kitne baje?)
What time?

2. कब-कब?
(Kab-kab?)
How often?

3. और चाहिए?
(Aur chaahiye?)
Need more?

4. कहाँ के लिए?
(Kahaan ke liye?)
Where to?

5. कब से?
(Kab se?)
Since when?

6. कब तक?
(Kab tak?)
Until when?

7. किसके लिये?
(Kiske liye?)
For whom?

8. सुनता कौन है?
(Sunta kaun hai?)
Who listens?

9. किस बारे में?
(Kis baare me?)
What about? / About what?

10. क्यों?
(Kyon?)
How come? / Why?

11. कितने का है? / कितने हुए?
(Kitne ka hai? / Kitne hue?)
How much?

12. ऐसा कैसे? / ऐसे कैसे?
(Aisa kaise? / Aise kaise?)
How so? /
How's that?

13. क्या मैं कर दूँ?
(Kya main kar doon?)
Shall I? / Shall I do it?

14. कौन? मैं?
(Kaun? Main?)
Who? Me?

15. समझे?
(Samjhe?)
Got it?

16. अब क्या?
(Ab kya?)
What now?

17. लेकिन क्यों?
(Lekin kyon?)
But why?

18. किसके साथ?
(Kiske saath?)
With whom?

19. कुछ सस्ता?
(Kuchh sasta?)
Anything cheaper?

20. तो क्या हो गया?
(To kya ho gaya?)
So what?

21. कुछ ख़ास नहीं, ठीक-ठाक।
(Kuchh khaas nahi, theek- thaak.)
So-so.

22. कड़ी मेहनत करो।
(Kadi mehnat karo.)
Work hard.

23. और कड़ी मेहनत करो।
(Aur kadi mehnat karo.)
Work harder.

24. देखते हैं।
(Dekhte hain.)
Let's see. / We'll see.

25. वो गलत है।
(Vo galat hai.)
That's wrong.

26. 2 घण्टे।
(2 ghante.)
2 hours.

27. कृपया जाइये।
(Kripya jaaiye.)
Please, leave.

28. एक चुनो।
(Ek chuno.)
Choose one.

29. कुछ गलत नहीं है।
(Kuchh galat nahi hai.)
Nothing wrong.

30. एकदम बेवकूफ़।
(Ekdam bevkoof.)
Complete idiot. / Complete fool.

31. मुझे बता देना।
(Mujhe bata dena.)
Inform me.

32. उसे ढूँढो।
(Use dhoondho.)
Find him.

33. इसे ले चलो।
(Ise le chalo.)
Carry this.

34. नहीं चाहिए।
(Nahi chaahiye.)
Not required.

35. हाँ, मैं उपस्थित हूँ।
(Haan, main upasthit hoon.)
Yes sir. / Yes ma'am. / Present. / Here.

36. आप मायने रखते हैं।
(Aap maayne rakhte hain.)
You matter.

37. सही बात है।
(Sahi baat hai.)
That's right.

38. पक्का।
(Pakka.)
For sure. / Sure thing.

39. मेरी गलती!
(Meri galti!)
My bad!

40. आगे-आगे चलो।
(Aage-aage chalo.)
Walk ahead.

41. बिल देना।
(Bill dena.)
Bill, please.

42. उनसे पूछो।
(Unse poochho.)
Ask them.

43. और तेज़ बोलिए।
(Aur tez boliye.)
Speak louder.

44. हाथ मिला लो।
(Haath mila lo.)
Shake hands.

45. मुझे सलाह दीजिए।
(Mujhe salaah deejiye.)
Advise me.

46. कृपया इन्तज़ार करो।
(Kripya intzaar karo.)
Please, wait.

47. ऐसा करो।
(Aisa karo.)
Do so.

48. अच्छा विचार है!
(Achchha vichaar hai!)
Good idea!

49. कपड़े पहन लो।
(Kapde pahan lo.)
Get dressed.

50. कोई बहाना नहीं।
(Koi bahaana nahi.)
No excuses.

51. चीज़ों पर ध्यान दो।
(Cheezon par dhyaan do.)
Notice things.

52. मैं करूँगा।
(Main karoonga.)
I will.

53. पीठ सीधी करो।
(Peeth seedhi karo.)
Straighten up.

54. कौन जाने!
(Kaun jaane!)
Who knows!

55. प्यार से बोलो।
(Pyaar se bolo.)
Speak softly.

56. जवाब दो।
(Javaab do.)
Answer me. / Reply me.

57. इसे बदल दो।
(Ise badal do.)
Replace it.

58. यहाँ ध्यान दो।
(Yahaan dhyaan do.)
Focus here.

59. तुरन्त।
(Turant.)
At once.

60. तुम हार जाओगे।
(Tum haar jaaoge.)
You'll lose.

61. इसे सम्भालो।
(Ise sambhaalo.)
Handle this.

62. मुझे माफ़ कर दो।
(Mujhe maaf kar do.)
Forgive me.

63. उससे दोस्ती कर लो।
(Usase dosti kar lo.)
Befriend him.

64. इसके बदले दूसरा ले लो।
(Iske badle doosra le lo.)
Exchange this.

65. यहाँ हस्ताक्षर करें।
(Yahaan hastaakshar karen.)
Sign here.

66. यहाँ पढ़ाई करो।
(Yahaan padhaai karo.)
Study here.

67. फिर से शुरू करो।
(Fir se shuru karo.)
Start over.

68. ख़ुद को बचाओ।
(Khud ko bachaao.)
Save yourself.

69. स्वतंत्र महसूस करो।
(Svatantra mahsoos karo.)
Feel Free.

अधजल गगरी छलकत जाये।

(Adhjal gagri chhalkat jaye.)

Shallow water makes much noise.

#BetterYourself

- Day 13 -

1. गरमागरम परोसिये।
(Garamaagaram parosiye.)
Serve hot.

2. हाथ धो लो। / बर्तन धो दो।
(Haath dho lo. / Bartan dho do.)
Wash up.

3. ये पकाओ।
(Ye pakaao.)
Cook it.

4. चलाओ इसे।
(Chalaao ise.)
Stir it.

5. लगातार चलाते रहो।
(Lagataar chalaate raho.)
Stir constantly.

6. बीच-बीच में चलाते रहो।
(Beech-beech me chalaate raho.)
Stir occasionally.

7. इसे परोस दो।
(Ise paros do.)
Serve this.

8. इसे पियो।
(Ise piyo.)
Drink it.

9. इसे चखो।
(Ise chakho.)
Taste it.

10. इसे सूँघो।
(Ise soongho.)
Sniff it.

11. थोड़ा लीजिए।
(Thoda leejiye.)
Take some.

12. थोड़ा खाइए।
(Thoda khaaiye.)
Have some.

13. इतना पर्याप्त / काफ़ी है।
(Itna paryaapt / kaaphi hai.)
That's enough.

14. थोड़ा पानी।
(Thoda pani.)
Some water.

15. ख़ुद से ले लो।
(Khud se le lo.)
Help yourself.

16. बाँटो इसे।
(Baanto ise.)
Share it.

17. एक और लाना।
(Ek aur lana.)
Get another.

18. ठंडा पानी।
(Thanda pani.)
Cold water.

19. झाड़ू लगाओ।
(Jhaadu lagaao.)
Sweep up.

20. पोछा लगाओ।
(Pochha lagaao.)
Mop up.

21. सुव्यवस्थित करो।
(Suvyavasthit karo.)
Tidy up.

22. कपड़े पहनकर तैयार हो जाओ।
(Kapde pahankar taiyaar ho jaao.)
Dress up.

23. फ्रेश हो लो।
(Fresh ho lo.)
Freshen up.

24. साफ़-सफ़ाई कर दो।
(Saaf-safaai kar do.)
Clean up.

25. इसे धो दो।
(Ise dho do.)
Wash it.

26. साथ चलो।
(Saath chalo.)
Accompany me.

27. हट जाओ।
(Hat jaao.)
Move along.

28. आपके पीछे।
(Aapke peechhe.)
Behind you.

29. वो लायक है।
(Vo laayak hai.)
He deserves.

30. उन्हें आमंत्रित करो।
(Unhe aamanatrit karo.)
Invite them.

31. सही निर्णय / चाल! (Sahi nirnay / chaal!) Smart move! / Good decision!	38. उधर खड़े हो जाओ। (Udhar khade ho jaao.) Stand there.	45. मुझे अनुमति दें। (Mujhe anumati den.) Allow me.
32. आपने शुरू किया था। (Aapne shuru kiya tha.) You started.	39. मैं कर सकता हूँ। (Main kar sakta hoon.) I can.	46. मैं भूल गया। (Main bhool gaya.) I forgot.
33. मैं सहमत हूँ। (Main sahmat hoon.) I agree.	40. मैं नहीं कर सकता। (Main nahi kar sakta.) I can't.	47. हाथ ऊपर करो। (Haath oopar karo.) Hands up.
34. मैं वादा करता हूँ। (Main vada karta hoon.) I promise.	41. उसे फ़ोन करो। (Use phone karo.) Phone him. / Call him. / Call him up.	48. मुझसे शादी कर लो। (Mujhse shaadi kar lo.) Marry me.
35. बड़ा सोचो। (Bada socho.) Dream big.	42. चलते रहो। (Chalte raho.) Keep moving.	49. मैं गर्भवती हूँ। (Main garbhvati hoon.) I'm pregnant.
36. मुझे गले लगाओ। (Mujhe gale lagaao.) Hug me.	43. व्याख्या करो। / समझाओ इसे। (Vyaakhyaa karo. / Samjhaao ise.) Explain it.	50. बने रहें। (Bane rahen.) Stay tuned.
37. चमत्कार होते हैं। (Chamatkaar hote hain.) Miracles happen.	44. कुछ भी ले आओ। (Kuchh bhi le aao.) Get anything.	51. इसे झाड़ दो। (Ise jhaad do.) Dust it.

Write down your learning so far

Write down your learning so far

Write down your learning so far

Write down your learning so far

THREE-WORD SENTENCES

Well done! Now you don't have to say that you can't speak English; because, now you CAN speak English. Speaking English becomes a piece of cake if you practice every single day. So far we have been speaking short sentences with two words; and now we are going to add one more word to our sentences, so that we can speak a bit longer sentences. So, let's learn THREE-WORD SENTENCES.

बहुत बढ़िया! अब आपको यह कहने की ज़रूरत नहीं है कि आप अंग्रेजी नहीं बोल सकते; क्योंकि, अब आप अंग्रेजी बोल सकते हैं। यदि आप प्रतिदिन अभ्यास करते हैं तो अंग्रेजी बोलना बहुत ही आसान हो जाता है। अभी तक हम दो शब्दों वाले छोटे-छोटे वाक्य बोलते आए हैं; और अब हम अपने वाक्यों में एक और शब्द जोड़ने जा रहे हैं, ताकि हम थोड़े लंबे वाक्य बोल सकें। तो, आइए तीन शब्दों वाले वाक्य सीखते हैं।

- Day 14 -

1. मुझे देखो।
(Mujhe dekho.)
Look at me.

2. उसको देखो।
(Usko dekho.)
Look at him / her.

3. इसे देखो।
(Ise dekho.)
Look at this.

4. ये रहा। / मिल गया।
(Ye raha. / Mil gaya.)
Here it is.

5. ये रहे। / मिल गये।
(Ye rahe. / Mil gaye.)
Here they are.

6. ये लीजिए।
(Ye leejiye.)
Here you are.

7. उसे देखो।
(Use dekho.)
Look at that.

8. तुम परेशान दिख रहे हो।
(Tum pareshaan dikh rahe ho.)
You look upset.

9. तुम थके-थके लग रहे हो।
(Tum thake-thake lag rahe ho.)
You look tired.

10. वह गँवार लगता है।
(Vah ganwaar lagta hai.)
He looks rustic.

11. उनकी देखभाल करना।
(Unki dekhbhaal karna.)
Look after them.

12. देर हो रही है।
(Der ho rahi hai.)
It's getting late.

13. ठण्ड बढ़ रही है।
(Thand badh rahi hai.)
It's getting colder.

14. गर्मी बढ़ रही है।
(Garmi badh rahi hai.)
It's getting hotter.

15. अँधेरा हो रहा है।
(Andhera ho raha hai.)
It's getting dark.

16. अँधेरा बढ़ता जा रहा है।
(Andhera badhta jaa raha hai.)
It's getting darker.

17. और बदतर होता जा रहा है।
(Aur badtar hota jaa raha hai.)
It's getting worse.

18. और बेहतर होता जा रहा है।
(Aur behtar hota jaa raha hai.)
It's getting better.

19. मैं ऊब रहा / रही हूँ।
(Main oob raha / rahi hoon.)
I'm getting bored.

20. मैं शादी कर रही हूँ।
(Main shaadi kar rahi hoon.)
I'm getting married.

21. वह तैयार हो रही है।
(Vah taiyaar ho rahi hai.)
She's getting ready. / She's getting dressed.

22. वह तैयार हो रहा है।
(Vah taiyaar ho raha hai.)
He's getting ready. / He's getting dressed.

23. मैं थक रहा हूँ।
(Main thak raha hoon.)
I'm getting tired.

24. वे बूढ़े हो रहे हैं।
(Ve boodhe ho rahe hain.)
They're getting old.

25. यहीं रुक जाओ!
(Yaheen ruk jaao!)
Stop right here!

26. जहाँ हो वहीं रुक जाओ!
(Jahaan ho vaheen ruk jaao!)
Stop right there!

27. नौटंकी करना बंद करो!
(Nautanki karna band karo!)
Stop being dramatic!

28. शरारत करना बंद करो!
(Sharaarat karna band karo!)
Stop being mischievous! / Stop being naughty!

29. उसे छेड़ना बंद करो।
(Use chhedna band karo.)
Stop teasing her.

30. मुझे तंग करना बंद करो।
(Mujhe tang karna band karo.)
Stop pestering me. / Stop bugging me. / Stop annoying me.

31. मेरा सिर खाना बंद करो।
(Mera sir khaana band karo.)
Stop nagging me.

32. समय पर आना।
(Samay par aana.)
Come on time. / Be on time.

33. मेरे साथ आओ।
(Mere saath aao.)
Come with me. / Come along.

34. मुझे देखने दो। / मैं देखता हूँ।
(Mujhe dekhne do. / Main dekhta hoon.)
Let me see.

35. मुझे जाने दो।
(Mujhe jaane do.)
Let me go.

36. मुझे मेरी बात पूरी करने दो।
(Mujhe meri baat poori karne do.)
Let me finish.

37. मुझे पैसे देने दो।
(Mujhe paise dene do.)
Let me pay.

38. उसे बोलने दो।
(Use bolne do.)
Let him speak.

39. मुझे ठहरने / रुकने दो।
(Mujhe thaharne / rukne do.)
Let me stay.

40. उन्हें बात करने दो।
(Unhe baat karne do.)
Let them talk.

41. मुझे जाँच करने दो।
(Mujhe jaanch karne do.)
Let me check.

42. मैं दिखाता हूँ।
(Main dikhaata hoon.)
Let me show.

43. उसे छोड़ो!
(Use chhodo!)
Let that be!

44. जाने दो।
(Jaane do!)
Let it go!

45. छोड़ना मत। / जाने मत देना।
(Chhodna mat. / Jaane mat dena.)
Don't let go.

46. ये बात रहने दो।
(Ye baat rahne do.)
Let it rest.

47. उसे सुलझाने दो।
(Use suljhaane do.)
Let him arbitrate.

48. उसे अकेला छोड़ दो।
(Use akela chhod do.)
Let him be. / Leave him alone.

49. उसे कोशिश करने दो।
(Use koshish karne do.)
Let him try.

50. चलो कुछ करते हैं।
(Chalo kuchh karte hain.)
Let's do something.

51. चलो शुरू करते हैं।
(Chalo shuru karte hain.)
Let us begin.

52. चलो उसे बताते हैं।
(Chalo use bataate hain.)
Let's tell her.

53. मुझे मदद करने दो।
(Mujhe madad karne do.)
Let me help.

54. मुझे ढूँढ़ने दो।
(Mujhe dhoondhne do.)
Let me find.

55. मुझे पूछने दो।
(Mujhe poochhne do.)
Let me ask.

56. मुझे बोलने दो।
(Mujhe bolne do.)
Let me speak.

57. मुझे बताओ।
(Mujhe bataao.)
Let me know.

58. मुझे अन्दर आने दो।
(Mujhe andar aane do.)
let me in.

59. उसे आने दो।
(Use aane do.)
Let her come.

60. मुझे कहने दो।
(Mujhe kahne do.)
Let me say.

कुतुब मीनार कोई एक दिन में नहीं बना था।

(Qutub meenaar koi ek din me nahi bana tha.)

Rome wasn't built in a day.

#BetterYourself

- Day 15 -

1. जो चीज़ असंभव है उसे भी कर दिखाओ।
(Jo cheez aṣambhav hai use bhi kar dikhaao.)
Do the impossible.

2. कर दो। / कर डालो।
(Kar do. / Kar daalo.)
Go for it.

3. आशा मत छोड़ो। / हताश मत हो।
(Aasha mat chhodo. / Hataash mat ho.)
Don't give up.

4. क्या आप समझ रहे हैं?
(Kya aap samajh rahe hain?)
Do you understand?

5. मुझे समझ नहीं आ रहा है।
(Mujhe samajh nahi aa raha hai.)
I don't understand.

6. समझाओ उसे!
(Samjhaao use.)
Make him understand.

7. तुम नहीं समझोगे।
(Tum nahi samjhoge.)
You won't understand.

8. ये बहुत ही छोटा है।
(Ye bahut hi chhota hai.)
It's too small.

9. ये बहुत ही बड़ा है।
(Ye bahut hi bada hai.)
It's too big.

10. ये बहुत कसा / टाइट है।
(Ye bahut kasa / tight hai.)
It's really tight. / It's too tight.

11. बहुत देर हो गई है।
(Bahut der ho gayi hai.)
It's too late.

12. वह काफ़ी दूर है।
(Vah kaaphi door hai.)
That's too far.

13. चलो जल्दी करो।
(Chalo jaldi karo.)
Let's hurry up.

14. मुझसे जल्दबाज़ी मत कराओ।
(Mujhse jaldbaạzi mat karaao.)
Don't hurry me.

15. मुझे चलना चाहिए।
(Mujhe chalna chaahiye.)
I must go / leave.

16. मानना पड़ेगा।
(Maananaa padega.)
I must admit.

17. मैंने तुम्हारी बातें सुन लीं।
(Maine tumhaari baaten sun leen.)
I overheard you.

18. समय का फ़ायदा उठाओ।
(Samay ka faayda uthaao.)
Utilize / Utilise the time.

19. समय ख़त्म!
(Samay khatm!)
Time is up! / Time's up!

20. समय बीत गया।
(Samay beet gaya.)
Time went by. / Time passed.

21. हल ढूँढो।
(Hal dhoondho.)
Find the solution.

22. किसी और को ढूँढ लो।
(Kisi aur ko dhoondh lo.)
Find someone else.

23. हम पता लगा लेंगे।
(Ham pata laga lenge.)
We'll find out.

24. अपनी जगह पर बैठो।
(Apni jagah par baitho.)
Take your seat.

25. मुझसे बात करो।
(Mujhse baat karo.)
Talk to me.

26. मेरी बात सुनो।
(Meri baat suno.)
Listen to me.

27. मुझे नहीं चाहिए।
(Mujhe nahi chaahiye.)
I don't need.

28. बस ले लो।
(Bas le lo.)
Just take it.

29. वो दिखाओ मुझे।
(Vo dikhaao mujhe.)
Show me that.

30. और बताओ।
(Aur bataao.)
Tell me more.

31. वो अंदर नहीं है।
(Vo andar nahi hai.)
He's not in.

32. उसे अंदर भेजो।
(Use andar bhejo.)
Send him in.

33. उसे अंदर बुलाओ।
(Use andar bulaao.)
Ask him in.

34. अंदर आ जाओ।
(Andar aa jaao.)
Come on in.

35. वो फिर से बोलो।
(Vo fir se bolo.)
Say that again.

36. फिर मिलते हैं।
(Fir milte hain.)
See you again.

37. फिर मिलना।
(Fir milna.)
See me again.

38. फिर से दोस्ती कर लो।
(Fir se dosti kar lo.)
Be friends again.

39. उन्हें फिर से धुलो।
(Unhe fir se dhulo.)
Wash them again.

40. फिर से मत रोओ।
(Fir se mat roo.)
Don't cry again.

41. मुझे उस पर यकीन है।
(Mujhe us par yakeen hai.)
I believe him.

42. मैं सब समझ गया।
(Main sab samajh gaya.)
I've understood everything.

43. घंटों हो गए।
(Ghanton ho gaye.)
It's been hours.

44. मुझे बाद में याद दिला देना।
(Mujhe baad me yaad dila dena.)
Remind me later.

45. उसने गलती कर दी।
(Usne galti kar di.)
She has mistaken.

46. किसी को नहीं पता था।
(Kisi ko nahi pata tha.)
No one knew.

47. तुम सो रहे थे।
(Tum so rahe the.)
You were asleep.

48. वो घबरा गई।
(Vo ghabra gayi.)
She got nervous.

49. सब ठीक है।
(Sab theek hai.)
All is well.

50. मुझे गाने दो।
(Mujhe gaane do.)
Let me sing.

51. मुझे नाचने दो।
(Mujhe naachne do.)
Let me dance.

MAKING CONNECTIONS

EXERCISE - 3

Question 1: Translate the following sentences into English.
(नीचे दिए गए वाक्यों का अंग्रेजी में अनुवाद करिए।) - {Reference Day 11}

a. उसे प्रभावित करो। (Use prabhaavit karo.) ....

b. ये बिल्कुल सही है। (Ye bilkul sahi hai.) ....

c. ख़ुद को चुनौती दो। (Khud ko chunauti do.) ....

d. इसे इस्तेमाल करें। (Ise istemaal karen.) ....

e. मैं शर्त लगाता हूँ। (Main shart lagaata hoon.) ....

Question 2: Tick the correct sentences.
(सही वाक्यों पर टिक करिए।) - {Reference Day 12}

a. How sit? | How come? | How go?

b. What time? | Since when? | Until when?

c. With whom? | With how? | With where?

d. You'll loose. | You'll lose. | You'll loos.

e. How so? | How's that? | How it?

Question 3: Make your own sentences using the words below.
(नीचे दिए गए शब्दों का उपयोग करते हुए खुद से वाक्य बनाइए।) - {Reference Day 13}

a. sweep ....

b. serve ....

c. enough ....

d. share ....

e. drink ....

Question 4: Choose the correct answers from the Answer Bank.
(उत्तर बैंक से सही उत्तर चुनिए I) - {Reference Day 14}

ANSWER BANK				
look	getting	getting	Stop	Let

a. You .... upset

b. It's .... better.

c. She's .... dressed.

d. .... being naughty!

e. .... it go!

Question 5: Make three-word sentences using the words below.
(नीचे दिए गए शब्दों का उपयोग करते हुए तीन शब्दों के वाक्य बनाइए I) - {Reference Day 15}

a. understand ....

b. again ....

c. find ....

d. hurry ....

e. must ....

- Day 16 -

Is lesson me aap chhote-chhote prashn poochhna aur unke uttar dena seekhenge.

1. बात क्या है?
(Baat kya hai?)
What's the matter?

2. उसने मुझे गाली दी।
(Usne mujhe gali di.)
She abused me.

3. तुम्हें क्या खाये जा रहा है?
(Tumhe kya khaaye ja raha hai?)
What's eating you?

4. चाची जी बीमार हैं।
(Chachi ji beemaar hain.)
Aunt is sick.

5. ये सब क्या है?
(Ye sab kya hai?)
What's all this?

6. पता नहीं।
(Pata nahi.)
I don't know.

7. तुम्हारी योजना क्या है?
(Tumhari yojanaa kya hai?)
What's your plan?

8. क्या चल रहा है दिमाग में?
(Kya chal raha hai dimaag me?)
What's your game?

9. मैं साझा नहीं कर सकता।
(Main saajha nahi kar sakta.)
I can't share.

10. आपकी विशेषता क्या है?
(Aapki visheshata kya hai?)
What's your specialty / speciality?

11. इसमें क्या है?
(Isme kya hai?)
What's in it?

12. ख़ुद ही देख लो।
(Khud hi dekh lo.)
See for yourself.

13. क्या चल रहा है?
(Kya chal raha hai?)
What's going on?

14. कुछ ख़ास नहीं, दोस्त।
(Kuchh khas nahi, dost.)
Not much, dude.

15. हर्ज ही क्या है?
(Harj hi kya hai?)
What's the harm?

16. कोई हर्ज नहीं है।
(Koi harj nahi hai.)
There's no harm.

17. सच क्या है?
(Sach kya hai?)
What's the truth?

18. कोई नहीं जानता।
(Koi nahi jaanta.)
No one knows.

19. क्या हाल है?
(Kya haal hai?)
How are you?

20. मैं ठीक हूँ।
(Main theek hoon.)
I am fine.

21. वह कैसी है?
(Vah kaisi hai?)
How is she?

22. वह अच्छी है।
(Vah achchhi hai.)
She is good.

23. कहाँ हो?
(Kahaan ho?)
Where are you?

24. मैं घर पर हूँ।
(Main ghar par hoon.)
I am home.

25. हम कहाँ हैं?
(Ham kahaan hain?)
Where are we?

26. हम खो गए हैं।
(Ham kho gaye hain.)
We are lost.

27. कहाँ जाना है?
(Kahaan jana hai?)
Where to go?

28. मैं बता दूँगा।
(Main bata doonga.)
I'll tell you.

29. क्या करना है?
(Kya karna hai?)
What to do?

30. अपने पिता से पूछो।
(Apne pita se poochho.)
Ask your father.

31. कौन सा लेना है?
(Kaun sa lena hai?)
Which to take?

32. जो तुम्हें चाहिए।
(Jo tumhe chaahiye.)
Whichever you want.

33. शर्त लगानी है क्या?
(Shart lagaani hai kya?)
Want to bet?

34. नहीं, नहीं लगानी है।
(Nahi, nahi lagaani hai.)
No, I don't.

35. कौन कहाँ जाता है?
(Kaun kahaan jata hai?)
Who goes where?

36. कौन क्या करता है?
(Kaun kya karta hai?)
Who does what?

37. मुझे परवाह नहीं है।
(Mujhe parvaah nahi hai.)
I don't care.

38. किसे अच्छा नहीं लगता?
(Kise achchha nahi lagta?)
Who doesn't like?

39. सभी को पसंद है।
(Sabhi ko pasand hai.)
Everybody likes it.

40. वो किसने लिया?
(Vo kisne liya?)
Who took that?

41. मैंने नहीं लिया।
(Maine nahi liya.)
I didn't take.

42. किसने किसको मारा?
(Kisne kisko mara?)
Who hit whom?

43. उसने उसको मारा।
(Usne usko mara.)
She hit him.

44. किसने पूछा तुमसे?
(Kisne poochha tumse?)
Who asked you?

45. उसने पूछा मुझसे।
(Usne poochha mujhse.)
He asked me.

46. कौन पहले चलेगा?
(Kaun pahle chalega?)
Who goes first?

47. तुम पहले चलो।
(Tum pahle chalo.)
You go first.

48. क्या आपने सुना?
(Kya aapne suna?)
Did you hear?

49.. नहीं, मैंने नहीं सुना।
(Nahi, maine nahi suna.)
No, I didn't.

50. मैंने कदमों की आवाज़ सुनी।
(Maine kadmon ki aavaaz suni.)
I heard footfalls.

51. क्या अपने सुना है?
(Kya aapne suna hai?)
Have you heard?

52. हाँ, कुछ एक-दो बार।
(Haan, kuchh ek-do baar.)
Yes, few times.

53. क्या आप नाच सकते हैं?
(Kya aap naach sakte hain?)
Can you dance?

54. हाँ, मैं नाच सकता हूँ।
(Haan, main naach sakta hoon.)
Yes, I can.

55. कुछ बात है क्या?
(Kuchh baat hai kya?)
Is anything wrong?

56. कोई बात नहीं है।
(Koi baat nahi hai.)
Nothing is wrong.

57. मजाक कर रहे हो क्या?
(Majaak kar rahe ho kya?)
Are you kidding?

58. नहीं, मैं मजाक नहीं कर रहा हूँ।
(Nahi, main majaak nahi kar raha hoon.)
No, I'm not.

59. कुछ खुराफ़ात कर रहे हो?
(Kuchh khuraafaat kar rahe ho?)
Up to something?

60. बिल्कुल भी नहीं।
(Bilkul bhi nahi.)
Not at all.

- Day 17 -

Is lesson me bhi aap chhote-chhote prashn poochhna aur unke uttar dena seekhenge.

1. क्या ये टिकाऊ है?
(Kya ye tikaau hai?)
Is it durable?

2. हाँ, ये टिकाऊ है।
(Haan, ye tikaau hai.)
Yes, it's durable.

3. क्या मैं खोल दूँ?
(Kya main khol doon?)
Shall I open?

4. हाँ, कृपया कर दीजिए।
(Haan, kripya kar deejiye.)
Yes, please do.

5. खाया जाए? / खाएँ?
(Khaaya jaye? / Khaayen?)
Shall we eat?

6. क्या आप अंदाज़ा लगा सकते हैं?
(Kya aap andaaza laga sakte hain?)
Can you guess?

7. क्या आप शादीशुदा है?
(Kya aap shaadishuda hain?)
Are you married?

8. हाँ, मैं हूँ।
(Haan, main hoon.)
Yes, I am.

9. क्या ये भारी है?
(Kya ye bhaari hai?)
Is it heavy?

10. हाँ, ये भारी है।
(Haan, ye bhaari hai.)
Yes, it is.

11. क्या तुम व्यस्त हो?
(Kya tum vyast ho?)
Are you busy?

12. नहीं, मैं खाली हूँ।
(Nahi, main khaali hoon.)
No, I'm free.

13. मैं खाली नहीं हूँ।
(Main khaali nahi hoon.)
I'm not free.

14. तू हटेली है क्या?
(Tu hateli hai kya?)
Are you crazy?

15. हाँ थोड़ी सी!
(Haan, thodi si!)
Yes, a little!

16. मैं जाऊँ? / मैं चलूँ?
(Main jaaun? / Main chaloon?)
Shall I go?

17. हाँ, तुम जा सकती हो।
(Haan, tum ja sakti ho.)
Yes, you may.

18. क्या आपको यकीन है?
(Kya aapko yakeen hai?)
Are you sure?

19. मुझे यकीन है।
(Mujhe yakeen hai.)
I am sure.

20. मुझे पक्का नहीं पता।
(Mujhe pakka nahi pata.)
I'm not sure.

21. क्या तुम कर चुके? / क्या तुम्हारा हो गया?
(Kya tum kar chuke? / Kya tumhaara ho gaya?)
Are you done?

22. मेरा हो गया।
(Mera ho gaya.)
I am done.

23. क्या तुम पागल हो?
(Kya tum paagal ho?)
Are you crazy? / Are you mad?

24. क्या तुम्हें परवाह है?
(Kya tumhe parvaah hai?)
Do you care?

25. हाँ या नहीं?
(Haan ya nahi?)
Yes or no?

26. हाँ, बहुत ही कम।
(Haan, bahut hi kam.)
Yes, very little. / Yes, little.

27. कोई आया है क्या?
(Koi aaya hai kya?)
Has someone come?

28. कोई नहीं आया है।
(Koi nahi aaya hai.)
Nobody has come.

29. क्या ये अच्छा नहीं है?
(Kya ye achchha nahi hai?)
Isn't it good?

30. नहीं, अच्छा है।
(Nahi, achchha hai.)
No, it's good.

31. किस समय? / कितने बजे?
(Kis samay? / Kitne baje?)
At what time?

32. दो बजे।
(2 baje.)
At 2 o'clock.

33. क्या हम शुरू करें?
(Kya ham shuru karen?)
Shall we begin? / Shall we start?

34. तुरंत शुरू करो।
(Turant shuru karo.)
Start right away.

35. क्या तुम्हें प्यास लगी है?
(Kya tumhe pyaas lagi hai?)
Are you thirsty?

36. नहीं, नहीं लगी है।
(Nahi, nahi lagi hai.)
No, I'm not.

37. क्या मुझे देर हो गई?
(Kya mujhe der ho gayi?)
Am I late?

38. नहीं, तुम जल्दी आये हो।
(Nahi, tum jaldi aaye ho.)
No, you're early.

39. क्या तुम्हें मिला?
(Kya tumhe mila?)
Have you found? / Have you got? / Did you find? / Did you get?

40. मुझे मिल गया।
(Mujhe mil gaya.)
I've found it. / I've got it. / I found it. / I got it.

41. रिया कहाँ है?
(Riya kahaan hai?)
Where is Riya?

42. दूँ क्या? / थप्पड़ दूँ क्या?
(Doon kya? / Thappad doon kya?)
Want a slap?

43. हाँ, बिल्कुल।
(Haan, bilkul.)
Yes, of course.

44. क्या मैं खा लूँ?
(Kya main kha loon?)
May I eat?

45. आपका नाम?
(Aapka naam?)
Your name, please?

46. क्या कुछ बचा है?
(Kya kuchh bacha hai?)
Is anything left?

47. कुछ नहीं बचा है।
(Kuchh nahi bacha hai.)
Nothing is left.

48. क्या कोई घर पर है?
(Kya koi ghar par hai?)
Is anybody home?

49. घर पर कोई नहीं है।
(Ghar par koi nahi hai.)
Nobody is home.

50. क्या ये चलेगा?
(Kya ye chalega?)
Will it do?

51. ये चलेगा।
(Ye chalega.)
It will do.

52. पी रखी है क्या तुमने?
(Pee rakhi hai kya tumne?)
Are you drunk?

53. क्या ये मुमकिन / सम्भव है?
(Kya ye mumkin / sambhav hai?)
Is it possible?

54. ये नामुमकिन / असंभव है।
(Ye naamumkin / asambhav hai.)
It is impossible.

55. उठ गए क्या?
(Uth gaye kya?)
Are you up?

56. हाँ, मैं उठ गई हूँ।
(Haan, main uth gayi hoon.)
Yes, I'm up.

57. क्या मैं दिन में सपने देख रही हूँ?
(Kya main din me sapne dekh rahi hoon?)
Am I daydreaming?

58. नहीं, ये सच है।
(Nahi, ye sach hai.)
No, it's real.

59. क्या तुमने ध्यान दिया?
(Kya tumne dhyaan diya?)
Did you notice?

60. नहीं, नहीं दिया।
(Nahi, nahi diya.)
No, I didn't.

61. क्या ये मुश्किल नहीं है?
(Kya ye mushkil nahi hai?)
Isn't it tough?

62. ये बहुत ही आसान है।
(Ye bahut hi aasaan hai.)
It's super easy.

63. कुछ और चाहिए?
(Kuchh aur chaahiye?)
Need anything else?

64. नहीं, धन्यवाद।
(Nahi, dhanywad.)
No, thank you.

65. तुम्हें पता है?
(Tumhe pata hai?)
You know what?

66. वे किसके हैं?
(Ve kiske hain?)
Whose are they?

67. वे मेरे हैं।
(Ve mere hain.)
They are mine.

68. कैसी थी?
(Kaisi thi?)
How was it?

69. बहुत अच्छी!
(Bahut achchhi!)
It was great!

70. इतनी जल्दी क्या है?
(Itni jaldi kya hai?)
What's the rush? / What's the hurry?

71. मुझे कुछ नहीं पता।
(Mujhe kuchh nahi pata.)
I've no idea.

72. मैं बेताब हूँ।
(Main betaab hoon.)
I am desperate.

- Day 18 -

Is lesson me aap "Don't" wale sentences seekhenge.

1. हिम्मत मत हारो।
(Himmat mat haaro.)
Don't lose heart. /
Don't lose hope.

2. हिम्मत मत करना!
(Himmat mat karna!)
Don't you dare!

3. देर मत करना।
(Der mat karna.)
Don't be late.

4. मुझे मत छुओ।
(Mujhe mat chhuo.)
Don't touch me.

5. परेशान मत हो।
(Pareshaan mat ho.)
Don't be upset.

6. मुझसे नफ़रत मत करो।
(Mujhse nafrat mat karo.)
Don't hate me.

7. उससे नफ़रत मत करो।
(Usase nafrat mat karo.)
Don't hate her.

8. वो मत बोलो।
(Vo mat bolo.)
Don't say that.

9. ना मत कहना।
(Naa mat kahna.)
Don't say no.

10. हाँ मत कहना।
(Haan mat kahna.)
Don't say yes.

11. अकेले मत टहलो।
(Akele mat tahlo.)
Don't walk alone.

12. मुझे बुरा नहीं लगता। / मुझे कोई आपत्ति नहीं है।
(Mujhe bura nahi lagta. / Mujhe koi aapatti nahi hai.)
I don't mind.

13. इसे मत छोड़ो।
(Ise mat chhodo.)
Don't leave it.

14. जलो मत। / ईर्ष्या मत करो।
(Jalo mat. / Eershya mat karo.)
Don't be jealous.

15. उसे बचाओ मत।
(Use bachaao mat.)
Don't defend him.

16. मुँह मत बनाओ।
(Muh mat banaao.)
Don't make faces.

17. खाली मत बैठो।
(Khaali mat baitho.)
Don't sit idle.

18. मेरी नकल मत करो।
(Meri nakal mat karo.)
Don't copy me. /
Don't imitate me.

19. कहीं इधर-उधर मत जाना।
(Kaheen idhar-udhar mat jana.)
Don't wander off.

20. मुझे थकाओ मत।
(Mujhe thakaao mat.)
Don't tire me.

21. ज़िद मत करो।
(Zid mat karo.)
Don't be stubborn.

22. मुझसे मत पूछो।
(Mujhse mat poochho.)
Don't ask me.

23. उसे काम पर मत रखो।
(Use kaam par mat rakho.)
Don't hire her.

24. पागल मत बनो।
(Paagal mat bano.)
Don't be mad.

25. दुःखी मत हो।
(Dukhi mat ho.)
Don't be sad.

26. बहाने मत बनाओ।
(Bahaane mat banaao.)
Don't make excuses.

27. मैं नहीं जानता।
(Main nahi jaanta.)
I don't know.

28. नाराज़ मत हो। / गुस्सा मत हो।
(Naaraaz mat ho. / Gussa mat ho.)
Don't get angry.

29. कुछ मत करो।
(Kuchh mat karo.)
Don't do anything. / Do nothing.

30. उठना मत।
(Uthna mat.)
Don't get up.

31. उसे मत बताना।
(Use mat bataana.)
Don't tell her.

32. उसे मत डाँटो।
(Use mat daanto.)
Don't scold him.

33. ज़्यादा भोले मत बनो।
(Zyada bhole mat bano.)
Don't act cute.

34. ज़्यादा भाव मत खाओ!
(Zyada bhaav mat khaao!)
Don't act pricey!

35. ज़्यादा हीरो बनने की कोशिश मत करो!
(Zyada hero banane ki koshish mat karo!)
Don't act smart!

36. मुझ पर एहसान मत करो।
(Mujh par ehsaan mat karo.)
Don't favor / favour me.

37. मुझे कम मत समझना!
(Mujhe kam mat samajhna!)
Don't underestimate me!

38. कुछ मत बोलो।
(Kuchh mat bolo.)
Don't say anything.

39. पागल मत बनो। / नादान मत बनो।
(Paagal mat bano. / Naadaan mat bano.)
Don't be silly.

40. हड़बड़ाओ मत। / जल्दबाज़ी मत करो।
(Hadbadaao mat. / Jaldbaazi mat karo.)
Don't make haste. / Don't be hasty.

41. अरे, परेशान मत हो।
(Arey, pareshaan mat ho.)
Oh, don't bother.

42. मुझे परेशान मत करो।
(Mujhe pareshaan mat karo.)
Don't bother me.

43. उसे परेशान मत करो।
(Use pareshaan mat karo.)
Don't bother him. / Don't bother her.

44. गुमनाम / अज्ञात न हो।
(Gumnaam / Agyaat na ho.)
Don't be anonymous.

45. देर मत लगाना।
(Der mat lagaana.)
Don't be late. / Don't be long.

46. नंगे पैर मत चलो।
(Nange pair mat chalo.)
Don't walk barefoot.

47. टालो मत।
(Taalo mat.)
Don't put off. / Don't postpone.

48. फ़ोन मत काटना।
(Phone mat kaatna.)
Don't hang up.

49. बदतमीज़ी मत करो।
(Badtameezi mat karo.)
Don't be insolent. / Don't be rude. / Don't misbehave.

50. दूसरों को मत बताना।
(Doosron ko mat bataana.)
Don't tell others.

51. वहाँ मत जाओ।
(Vahaan mat jaao.)
Don't go there.

52. शर्माओ मत।
(Sharmaao mat.)
Don't be shy.

53. दूसरों को तकलीफ़ मत दो।
(Doosron ko takleef mat do.)
Don't hurt others.

54. किसी का दिल मत दुखाओ।
(Kisi ka dil mat dukhaao.)
Don't hurt anyone.

55. समय बर्बाद मत करो।
(Samay barbaad mat karo.)
Don't waste time.

56. ऐसा मत करो।
(Aisa mat karo.)
Don't do this.

57. मुझे सताओ मत।
(Mujhe sataao mat.)
Don't annoy me.

58. शुरू मत हो जाना, प्लीज़!
(Shuru mat ho jana, please!)
Don't start, please!

59. मुझे याद नहीं है।
(Mujhe yaad nahi hai.)
I don't remember.

60. मुझे हँसी नहीं आती।
(Mujhe hansi nahi aati.)
I don't laugh.

नाच न जाने, आँगन टेढ़ा।

(Naach na jane, aangan tedha.)

A bad workman blames his tools.

#BetterYourself

- Day 19 -

1. आग जलाओ।
(Aag jalaao.)
Light the fire.

2. इसे बुझाओ।
(Ise bujhaao.)
Put it out.

3. मैं शॉपिंग करने जा रही हूँ।
(Main shopping karne jaa rahi hoon.)
I'm going shopping.

4. मुझे शॉपिंग कराने ले चलो।
(Mujhe shopping karaane le chalo.)
Take me shopping.

5. संपर्क में रहना।
(Sampark me rahna.)
Keep in touch.

6. इस बारे में सोचना।
(Is baare me sochna.)
Think it over.

7. खाना खा लो।
(Khaana kha lo.)
Have your food.

8. थोड़ा पानी पी लो।
(Thoda paani pee lo.)
Have some water.

9. इसे चालू करो।
(Ise chaalu karo.)
Turn it on.

10. इसे बंद करो।
(Ise band karo.)
Turn it off.

11. इस तरफ़ से आओ।
(Is taraf se aao.)
Come this way.

12. सोमवार को आना।
(Somvaar ko aana.)
Come on Monday.

13. आस-पास रहना।
(Aas-paas rahna.)
Stay close by.

14. दरवाज़ा पकड़ो।
(Darvaaza pakdo.)
Hold the door.

15. बोतल का ढक्कन लगाओ।
(Botal ka dhakkan lagaao.)
Cap the bottle.

16. वह ड्रग्स लेती है।
(Vah drugs leti hai.)
She does drugs.

17. उसकी आँखें निकल आईं।
(Uski aankhen nikal aayeen.)
Her eyes popped.

18. मैं ये खरीदूँगी। / मैं ये लूँगी।
(Main ye khareedungi. / Main ye loongi.)
I'll buy it.

19. मैंने उसको हराया।
(Maine usko haraaya.)
I defeated him.

20. मैं जाता तो हूँ।
(Main jaata to hoon.)
I do go.

21. मैंने याद किया है।
(Maine yaad kiya hai.)
I have memorized.

22. पूरे दिन।
(Poore din.)
All day long. / The whole day.

23. मुझे पता था।
(Mujhe pata tha.)
I knew it.

24. मुझे ये पसंद है।
(Mujhe ye pasand hai.)
I like this. / I like it.

25. मुझे ये बहुत पसंद है।
(Mujhe ye bahut pasand hai.)
I love this. / I love it.

26. चलिए शुरू करते हैं।
(Chaliye shuru karte hain.)
Let's get started.

27. मान लो, मैंने किया।
(Maan lo, maine kiya.)
Suppose, I did.

28. दिमाग में रख लो।
(Dimaag me rakh lo.)
Bear in mind.

29. थोड़ा सा मुझे दो।
(Thoda sa mujhe do.)
Give me some.

30. मैं निकल रहा हूँ।
(Main nikal raha hoon.)
I am leaving.

31. मुझे कल फ़ोन करना।
(Mujhe kal phone karna.)
Call me tomorrow.

32. गाँठ लगाओ। / गाँठ बाँधो।
(Gaanth lagaao. / Gaanth baandho.)
Tie a knot.

33. गाँठ खोल दो।
(Gaanth khol do.)
Untie the knot. / Undo the knot.

34. कितनी गंदगी है!
(Kitni gandagi hai!)
What a mess!

35. गंदगी मत फैलाओ।
(Gandagi mat failaao.)
Don't mess up.

36. मुझे भूख लगी है।
(Mujhe bhookh lagi hai.)
I am hungry.

37. मुझे प्यास लगी है।
(Mujhe pyaas lagi hai.)
I am thirsty.

38. जल्दी करो!
(Jaldi karo!)
Make it fast! / Hurry up!

39. मैं पैसे दूँगा।
(Main paise doonga.)
I will pay.

40. काम करो।
(Kaam karo.)
Do the work.

41. काम पूरा करो।
(Kaam poora karo.)
Complete the work.

42. काम पर लग जाओ।
(Kaam par lag jaao.)
Get to work.

43. ये काम करेगा।
(Ye kaam karega.)
It will work.

44. काम का बोझ थोड़ा कम करो।
(Kaam ka bojh thoda kam karo.)
Lighten the workload.

45. ये काम कर रहा है।
(Ye kaam kar raha hai.)
It is working.

46. गृहकार्य ख़त्म करो।
(Grihkaarya khatm karo.)
Finish your homework.

47. खाना ख़त्म करो।
(Khaana khatm karo.)
Finish your food.

48. मुझसे पूछा गया।
(Mujhse poochha gaya.)
I was asked.

49. मुझसे बताया गया।
(Mujhse bataaya gaya.)
I was told.

50. वो चश्मा लगाती है।
(Vo chashma lagaati hai.)
She wears glasses.

51. उसने मुझे देखा।
(Usne mujhe dekha.)
She saw me.

52. उन्होंने मुझसे दोस्ती कर ली।
(Unhone mujhse dosti kar li.)
They befriended me.

53. गुस्सा हो?
(Gussa ho?)
Angry with me?

54. हाँ, बहुत गुस्सा।
(Haan, bahut gussa.)
Yes, really angry.

- Day 20 -

1. मैं कल निकल रहा हूँ।
(Main kal nikal raah hoon.)
I'm leaving tomorrow.

2. मैं दोपहर का खाना खा रहा हूँ।
Main dopahar ka khaana kha raha hoon.)
I'm having lunch.

3. मैं मस्ती / मजे कर रहा हूँ।
(Main masti / maje kar raha hoon.)
I'm having fun.

4. मैं नहीं जा रहा हूँ।
(Main nahi jaa raha hoon.)
I'm not going.

5. एक बात याद रखना।
(Ek baat yaad rakhna.)
Remember one thing.

6. मुझे सन्देह है।
(Mujhe sandeh hai.)
I doubt it.

7. तुम झगड़ालू हो।
(Tum jhagdaalu ho.)
You are quarrelsome.

8. मैं नहीं हूँ।
(Main nahi hoon.)
I am not.

9. मुँह बंद रखो / करो!
(Muh band rakho / karo!)
Shut your mouth!

10. मैं ऐसा कर दूँगी, सच में!
(Main aisa kar doongi, sach me!)
I mean it!

11. जैसा आपको अच्छा लगे।
(Jaisa aapko achchha lage.)
As you like.

12. जैसे तुम्हें अच्छा लगे।
(Jaise tumhe achchha lage.)
As you please.

13. मुझे ऐसा लगता है।
(Mujhe aisa lagta hai.)
I think so.

14. यह ज़रूरी है।
(Yah zaroori hai.)
It is important.

15. बाद में याद दिलाना।
(Baad me yaad dilaana.)
Remind me later.

16. ये आसान है।
(Ye aasaan hai.)
It is easy.

17. ये मुश्किल है।
(Ye mushkil hai.)
It is tough.

18. मैं तैयार हूँ।
(Main taiyaar hoon.)
I am ready.

19. मैं सुन रहा हूँ।
(Main sun raha hoon.)
I am listening. / I'm all ears.

20. वो सही कह रहा है।
(Vo sahi kah raha hai.)
He is right.

21. मैं इंतज़ार नहीं कर सकता।
(Main intzaar nahi kar sakta.)
I can't wait.

22. मुझे ये चाहिए।
(Mujhe ye chaahiye.)
I want this.

23. मैं मजाक नहीं कर रहा हूँ!
(Main majaak nahi kar raha hoon!)
I'm not kidding!

24. मैं ऐसी उम्मीद करता हूँ।
(Main aisi ummeed karta hoon.)
I hope so.

25. मुझे कोई आश्चर्य नहीं हो रहा है।
(Mujhe koi aashcharya nahi ho raha hai.)
I'm not surprised.

26. मेरे पास शब्द नहीं हैं।
(Mere paas shabd nahi hain.)
I am speechless.

27. जाकर पढ़ाई करो।
(Jaakar padhaai karo.)
Go and study.

28. अपनी गलतियाँ ठीक करो।
(Apni galatiyaan theek karo.)
Correct your mistakes.

29. मंजन करो।
(Manjan karo.)
Brush your teeth.

30. हज़ार बार अभिनन्दन!
(Hazaar baar abhinandan!)
A thousand greetings!

31. इसे बाहर ले जाओ।
(Ise baahar le jaao.)
Take it outside.

32. तुम कमाल हो!
(Tum kamaal ho!)
You are fantastic! /
You are amazing!

33. सब तैयार है।
(Sab taiyaar hai.)
Everything is ready.

34. जो होना है हो जाये।
(Jo hona hai ho jaaye.)
Come what may.

35. कोई भी ले लो।
(Koi bhi le lo.)
Take any one.

36. मैं तुमसे पूछता हूँ।
(Main tumse poochhta hoon.)
I ask you.

37. अपना दिमाग लगाओ।
(Apna dimaag lagaao.)
Apply your mind.

38. वो बेकरार है।
(Vo bekraar hai.)
She is desperate.

39. वो सच है।
(Vo sach hai.)
That's a fact.

40. करके देखो।
(Karke dekho.)
Take a chance.

41. कुछ नहीं होगा।
(Kuchh nahi hoga.)
Nothing will happen.

42. ये पुराना है।
(Ye puraana hai.)
This is old.

43. समय निर्धारित करो।
(Samay nirdhaarit karo.)
Set the time.

44. सब तैयार रखो।
(Sab taiyaar rakho.)
Get everything set. /
Get everything ready.

45. चीज़ों को सही करो।
(Cheezon ko sahi karo.)
Set things straight.

46. जो ज़रूरी हो, करो।
(Jo zaroori ho, karo.)
Do the necessary.

47. अपना हुनर दिखाओ।
(Apna hunar dikhaao.)
Show your talent.

48. अपने हुनर को निखारो।
(Apne hunar ko nikhaaro.)
Hone your talent.

49. अपनी कुशलता को दोषरहित बनाओ।
(Apni kushalta ko doshrahit banaao.)
Perfect your skill.

50. अपना मन बदल लो। / अपनी राय बदल लो।
(Apna man badal lo. / Apni raay badal lo.)
Change your mind.

51. मुझे माफ़ कर दो।
(Mujhe maaf kar do.)
I am sorry.

MAKING CONNECTIONS

EXERCISE - 4

Question 1: Write suitable answers for the given questions.
(दिए गए प्रश्नों के उपयुक्त उत्तर लिखिए।) - {Reference Day 16}

a. Who asked you? ....

a. Want to bet? ....

a. Which to take? ....

a. Where to go? ....

a. How is she? ....

Question 2: Write suitable questions for the given answers.
(दिए गए उत्तरों के लिए उपयुक्त प्रश्न लिखिए।) - {Reference Day 17}

a. Yes, it's durable. ....

b. Yes, I am. ....

c. No, I'm free. ....

d. Yes, a little. ....

e. I am done. ....

Question 3: Translate the following sentences into English.
(नीचे दिए गए वाक्यों का अंग्रेजी में अनुवाद करिए।) - {Reference Day 18}

a. ज़्यादा भोले मत बनो। (Zyada bhole mat bano.) ....

b. हिम्मत मत हारो। (Himmat mat haaro.) ....

c. मुझे थकाओ मत! (Mujhe thakaao mat.) ....

d. पागल मत बनो। (Paagal mat bano.) ....

e. मुझे याद नहीं है। (Mujhe yaad nahi hai.) ....

Question 4: Match the sentences given below.
(नीचे दिए गए वाक्यों का मिलान कीजिए।) - {Reference Day 19}

a	They befriended me.	दिमाग में रख लो।
b	Come this way.	दरवाज़ा पकड़ो।
c	Bear in mind.	उन्होंने मुझसे दोस्ती कर ली।
d	Finish your homework.	इस तरफ़ से आओ।
e	Hold the door.	गृहकार्य ख़त्म करो।

Question 5: Make 3 sentences with 'I am' and 3 sentences with 'I'm not'.
('I am' से 3 वाक्य और 'I'm not' से 3 वाक्य बनाइए।) - {Reference Day 20}

a. ....

b. ....

c. ....

d. ....

e. ....

f. ....

- Day 21 -

1. तुम उसे छूट देती हो।
(Tum use chhoot deti ho.)
You indulge him.

2. तुम उसे बिगाड़ दोगी।
(Tum use bigaad dogi.)
You'll spoil him.

3. मन में जो है, बोल दो।
(Man me jo hai, bol do.)
Speak your mind.

4. ख़ुद ही कर लो।
(Khud hi kar lo.)
Do it yourself.

5. चलो घर चलें।
(Chalo ghar chalen.)
Let's go home.

6. अपनी भावनाओं को व्यक्त करो।
(Apni bhaavanaaon ko vyakt karo.)
Express your feelings.

7. कोई परिपूर्ण नहीं होता।
(Koi paripoorn nahi hota.)
Nobody is perfect.

8. अपने सपने को जियो।
(Apne sapne ko jiyo.)
Live your dream.

9. नियमों का पालन करो।
(Niyamon ka paalan karo.)
Obey the rules. / Follow the rules.

10. आराम से करो।
(Aaraam se karo.)
Take your time.

11. मेरी बात लिख लो।
(Meri baat likh lo.)
Mark my words.

12. ये तो पक्का है।
(Ye to pakka hai.)
It's for sure.

13. सो तो है।
(So to hai.)
Yes, it is. / That's true.

14. दाल में कुछ काला है। / कुछ तो गड़बड़ है।
(Daal me kuchh kala hai. / Kuchh to gadbad hai.)
Something is fishy.

15. इस बात को छोड़ो।
(Is baat ko chhodo.)
Leave this topic.

16. कोई फ़ायदा नहीं है।
(Koi faayda nahi hai.)
It's no use.

17. मेरी बारी है।
(Meri baari hai.)
It's my turn.

18. अपनी बारी का इंतज़ार करो।
(Apni baari ka intzaar karo.)
Wait your turn. / Wait for your turn.

19. यह मेरा फ़ैसला है।
(Yah mera phaisala hai.)
It's my decision.

20. मेरी सलाह मान लो।
(Meri salaah maan lo.)
Take my advice.

21. अभी तैयार नहीं है।
(Abhi taiyaar nahi hai.)
Not ready yet.

22. वो सो रही है।
(Vo so rahi hai.)
She is asleep.

23. तुम्हारे लिए कुछ भी!
(Tumhaare liye kuchh bhi!)
Anything for you!

24. ये सच नहीं है।
(Ye sach nahi hai.)
It's not true.

25. सब ख़त्म हो गया।
(Sab khatm ho gaya.)
It's all over.

26. ये सच है।
(Ye sach hai.)
It's a fact.

27. रोने से कुछ नहीं होगा।
(Rone se kuchh nahi hoga.)
Crying won't help.

28. आखिर में अक्ल आई।
(Aakhir me akla aayi.)
Finally, sense dawned.

29. ये बात उसे परेशान कर रही है।
(Ye baat use pareshaan kar rahi hai.)
It's bugging him.

30. मैं कोई बेवकूफ़ नहीं हूँ!
(Main koi bevkoof nahi hoon!)
I'm no fool!

31. मैं जाकर आती हूँ।
(Main jaakar aati hoon.)
I'll be back.

32. मैं रुक नहीं सकता।
(Main ruk nahi sakta.)
I can't stay.

33. हम पकड़े गए।
(Ham pakde gaye.)
We got caught.

34. थोड़ा कम शोर मचाओ।
(Thoda kam shor machaao.)
Keep it down.

35. ठीक है, तुम जीते!
(Theek hai, tum jeete!)
OK, you win!

36. ये बहुत सादा है।
(Ye bahut saada hai.)
It's so simple.

37. बढ़िया किया तुमने!
(Badhiya kiya tumne!)
You did great!

38. अच्छा लगता है।
(Achchha lagta hai.)
It feels good.

39. वो मुकर गया।
(Vo mukar gaya.)
He backed out.

40. वह कभी भी चीटिंग नहीं करता।
(Vah kabhi bhi cheating nahi karta.)
He never cheats.

41. लानत है तुझ पर!
(Laanat hai tujh par!)
Shame on you!

42. बहुत ध्यान से सुनना।
(Bahut dhyaan se sunanaa.)
Listen very carefully.

43. सुनकर दोहराओ।
(Sunkar dohraao.)
Listen and repeat.

44. तुमने सब कुछ बिगाड़ दिया!
(Tumne sab kuchh bigaad diya!)
You screwed up!

45. वो ऊपर है।
(Vo oopar hai.)
He is upstairs.

46. वो नीचे है।
(Vo neeche hai.)
He is downstairs.

47. कोई आ रहा है।
(Koi aa raha hai.)
Someone is coming.

48. किसी और से पूछो।
(Kisi aur se poochho.)
Ask someone else.

49. आवाज़ नीची करो।
(Aavaaz neechi karo.)
Lower your voice.

50. ज़बान को लगाम दो।
(Zabaan ko lagaam do.)
Mind your tongue. / Hold your tongue.

51. मैं तुमसे नफ़रत करता हूँ।
(Main tumse nafrat karta hoon.)
I hate you.

- Day 22 -

1. मेरे हाथ में दर्द है।
(Mere haath me dard hai.)
My hand hurts.

2. मेरे पैर में दर्द है।
(Mere pair me dard hai.)
My leg hurts.

3. मेरे पैरों में दर्द है।
(Mere pairon me dard hai.)
My legs hurt.

4. मेरी पीठ में दर्द है।
(Meri peeth me dard hai.)
My back hurts.

5. मेरा गला दुःख रहा है।
(Mera gala dukh raha hai.)
My throat hurts.

6. मेरा सिर घूम रहा है। / मुझे चक्कर आ रहा है।
(Mera sir ghoom raha hai. / Mujhe chakkar aa raha hai.)
I feel dizzy. /
I feel giddy.

7. मेरा जी मिचला रहा है। / मुझे मिचली आ रही है।
(Mera jee michla raha hai. / Mujhe michli aa rahi hai.)
I feel nauseous. /
I feel sick.

8. जल्दी से ठीक हो जाओ।
(Jaldi se theekh ho jaao.)
Get well soon.

9. मेरे सिर में खुजली हो रही है।
(Mere sir me khujali ho rahi hai.)
My head itches.

10. आँखों में खुजली हो रही है।
(Aankhon me khujali ho rahi hai.)
My eyes itch. /
I have itchy eyes.

11. मुझे हिचकी आ रही है।
(Mujhe hichki aa rahi hai.)
I've got hiccups.

12. आपको हिचकी आ रही है।
(Aapko hichaki aa rahi hai.)
You've got hiccups.

13. मेरे पेट में दर्द है।
(Mere pet me dard hai.)
My stomach aches. /
My stomach hurts.

14. उसे चोट लग गई।
(Use chot lag gayi.)
He hurt himself.

15. मुझे चोट लग गई।
(Mujhe chot lag gayi.)
I hurt myself.

16. वो बीमार है।
(Vo beemaar hai.)
She is ill.

17. वो बीमार पड़ गई।
(Vo beemaar pad gayi.)
She fell ill.

18. क्या ये फैलने वाली (संक्रामक) है?
(Kya ye phailne vaali {sankraamak} hai?)
Is it contagious?

19. मेरे हाथ पसीझते हैं।
(Mere haath paseejhate hain.)
My hands sweat.

20. वो पूरी तरह से सही है।
(Vo poori tarah se sahi hai.)
She is perfect.

21. इलाज शुरू हो गया है।
(Ilaaj shuru ho gaya hai.)
Treatment has begun.

22. मालिश करवा लो।
(Maalish karva lo.)
Have a massage. / Get a massage.

23. मालिश कर दो।
(Maalish kar do.)
Give a massage.

24. मुझे कब्ज़ है।
(Mujhe kabz hai.)
I have constipation.

25. मुझे कब्ज़ हो रही है।
(Mujhe kabz ho rahi hai.)
I am constipated. / I feel constipated.

26. मुझे छींक आ रही है।
(Mujhe chheenk aa rahi hai.)
I am sneezing.

27. मुझे अपच है।
(Mujhe apach hai.)
I have indigestion.

28. मेरे जोड़ों में दर्द है।
(Mere jodon me dard hai.)
My joints ache.

29. प्रदूषण बढ़ गया है।
(Pradooshan badh gaya hai.)
Pollution has increased.

30. मेरे पैर दबाओ।
(Mere pair dabaao.)
Press my legs.

31. कट लग जायेगा।
(Kat lag jaayega.)
You'll cut yourself.

32. पैर पटको।
(Pair patko.)
Stamp your feet.

33. इसे पूरा पी जाओ।
(Ise poora pee jaao.)
Drink it up.

34. इसे पूरा खा जाओ।
(Ise poora kha jaao.)
Eat it up.

35. वह निस्सहाय है।
(Vah nissahaay hai.)
He is helpless.

36. उसे शर्म नहीं आती।
(Use sharm nahi aati.)
She is shameless.

37. अपना मुँह ढको।
(Apna muh dhako.)
Cover your mouth.

38. अपनी आँखें ढको।
(Apni aankhen dhako.)
Cover your eyes.

39. इसे अभी करो।
(Ise abhi karo.)
Do it now.

40. पलकें झपकाओ।
(Palken jhapkaao.)
Blink your eyes.

41. अपने हाथों को घुमाओ।
(Apne haathon ko ghumaao.)
Roll your hands.

42. नाक सुड़को।
(Naak sudko.)
Sniff your nose.

43. हाँ में सिर हिलाओ।
(Haan me sir hilaao.)
Nod your head.

44. ना में सिर हिलाओ।
(Naa me sir hilaao.)
Shake your head.

45. अपनी उँगलियाँ हिलाओ।
(Apni ungaliyaan hilaao.)
Wriggle your fingers.

46. कमीज़ खोलो।
(Kameez kholo.)
Undo your shirt.

47. बटन्स खोलो।
(Buttons kholo.)
Undo the buttons.

48. अपनी कमीज़ के बटन्स खोलो।
(Apni kameez ke buttons kholo.)
Unbutton your shirt.

49. अपनी जैकेट खोलो।
(Apni jacket kholo.)
Undo your jacket.

50. चेन खोलो।
(Chen kholo.)
Undo the zip.

51. अपनी पतलून खोलो।
(Apni patloon kholo.)
Undo your pants.

52. अपने पतलून की चेन खोलो।
(Apne patloon ki chen kholo.)
Unzip your pants.

53. अपने जूते के फ़ीते खोलो।
(Apne joote ke pheete kholo.)
Untie your shoelaces. / Undo your shoelaces.

54. बटन्स बन्द करो।
(Buttons band karo.)
Fasten your buttons. / Do your buttons up.

55. इसे बन्द करो।
(Ise band karo.)
Do it up.

56. अपने जूते के फ़ीते बाँधो।
(Apne joote ke pheete baandho.)
Tie your shoelaces.

57. वह जाग रही थी।
(Vah jaag rahi thi.)
She was awake.

जिसकी लाठी उसकी भैंस।

(Jiski laathi uski bhains.)

Might is right.

#BetterYourself

- Day 23 -

1. चलिए अंग्रेजी का अभ्यास करते हैं।
(Chaliye Angreji ka abhyaas karte hain.)
Let's practice English.

2. मुझे चलेगा।
(Mujhe chalega.)
Fine with me.

3. मैं शर्मिंदा हूँ।
(Main sharminda hoon.)
I am ashamed.

4. जैसे को तैसा। / जैसी करनी वैसी भरनी।
(Jaise ko taisa. / Jaisi karni vaisi bharni.)
Tit for tat.

5. कभी न कभी। / आज नहीं तो कल।
(Kabhi na kabhi. / Aaj nahi to kal.)
Sooner or later.

6. बिल्कुल हाँ।
(Bilkul haan.)
Of course, yes.

7. माफ़ कर दो और भूल जाओ जो भी हुआ।
(Maaf kar do aur bhool jaao jo bhi hua.)
Forgive and forget.

8. हर समय।
(Har samay.)
All the time.

9. पूरे रास्ते।
(Poore raaste.)
All the way.

10. आप सभी।
(Aap sabhi.)
All of you.

11. महीने में एक बार।
(Maheene me ek baar.)
Once a month.

12. साल में एक बार।
(Saal me ek baar.)
Once a year.

13. हफ़्ते में एक बार।
(Hafte me ek baar.)
Once a week.

14. सिर्फ़ यही एक बार।
(Sirf yahi ek baar.)
Just this once.

15. तुरन्त जाओ!
(Turant jaao!)
Go at once! / Go right away.

16. हाँ, जानता हूँ।
(Haan, jaanta hoon.)
Yes, I know.

17. हाँ, चार बार।
(Haan, chaar baar.)
Yes, four times.

18. हाँ, हमने किया है।
(Haan, hamne kiya hai.)
Yes, we've done.

19. तुम खो जाओगे।
(Tum kho jaaoge.)
You'll get lost.

20. हट गई थी मेरी!
(Hat gayi thi meri!)
I lost it!

21. बस थोड़ा सा। / ज़रा सा।
(Bas thoda sa. / Zara sa.)
Just a little. / Just a bit.

22. ज़ोर से पढ़ो।
(Zor se padho.)
Read out loud.

23. थोड़ा और तेज़।
(Thoda aur tez.)
A little louder.

24. और ज़ोर से बोलो।
(Aur zor se bolo.)
Speak more loudly.

25. और धीरे बोलो।
(Aur dheere bolo.)
Speak more slowly.

26. और साफ़ बोलो।
(Aur saaf bolo.)
Speak more clearly.

27. और जल्दी बोलो।
(Aur jaldi bolo.)
Speak more quickly.

28. जल्दी से तैयार हो जाओ।
(Jaldi se taiyaar ho jaao.)
Get dressed fast. /
Get dressed quickly.

29. उसे यहाँ ले आओ।
(Use yahaan le aao.)
Get that here.

30. क्या यहाँ पर कोई है?
(Kya yahaan par koi hai?)
Is anyone here?

31. थोड़ा आराम कर लो।
(Thoda aaraam kar lo.)
Get some rest.

32. थोड़ा सो लो।
(Thoda so lo.)
Get some sleep.

33. मुझे जगा देना।
(Mujhe jaga dena.)
Get me up. /
Wake me up.

34. अपनी किताब लाओ।
(Apni kitaab laao.)
Get your book.

35 हाथ हटाओ मेरे ऊपर से! / मुझे मत छुओ! / दूर हो जाओ मुझसे!
(Haath hataao mere oopar se! / Mujhe mat chhuo! / Door ho jaao mujhse!)
Get off me!

36. लाइन में प्रतीक्षा करो।
(Line me prateeksha karo.)
Wait in line / queue.

37. लाइन पर बने रहें।
(Line par bane rahen.)
Hold the line.

38. एक रेखा खींचो।
(Ek rekha kheencho.)
Draw a line.

39. एक गोला बनाओ।
(Ek gola banaao.)
Draw a circle.

40. कृपया लिखो।
(Kripya likho.)
Please, write down.

41. इसे लिख लो।
(Ise likh lo.)
Write it down. /
Note it down.

42. पेन से लिखो।
(Pen se likho.)
Write in pen. /
Write with a pen.

43. पेंसिल से लिखो।
(Pencil se likho.)
Write in pencil. /
Write with a pencil.

44. अपनी पेंसिल छीलो।
(Apni pencil chheelo.)
Sharpen your pencil

45. आओ, इसे ठीक करो।
(Aao, ise theek karo.)
Come, fix it.

46. आकर बैठो।
(Aakar baitho.)
Come and sit.

47. बाद में वापस आना।
(Baad me vaapas aana.)
Come back later.

48. आपका लाख-लाख धन्यवाद!
(Aapka laakh-laakh dhanywad!)
Thanks a million!

49. पढ़ने के लिए धन्यवाद!
(Padhne ke liye dhanywad!)
Thanks for reading!

50. अभी के लिए बाय।
(Abhi ke liye bye.)
Bye for now.

51. जल्दी मिलते हैं।
(Jaldi milte hain.)
See you soon.

- Day 24 -

1. इसे वापस दे दो।
(Ise vaapas de do.)
Give it back.

2. इसे वापस ले लो।
(Ise vaapas le lo.)
Take it back.

3. इसे वापस रख दो।
(Ise vaapas rakh do.)
Put it back.

4. मेरा साथ दो!
(Mera saath do.)
Back me up.

5. बिल ले आना।
(Bill le aana.)
Bring the bill.

6. सोचना इस बारे में।
(Sochna is baare me.)
Think about it.

7. समय पर पहुँच जाना।
(Samay par pahunch jana.)
Reach on time.

8. आप गलत कह रहे हैं।
(Aap galat kah rahe hain.)
You are wrong. /
You are mistaken.

9. मुझे गलत साबित करो।
(Mujhe galat saabit karo.)
Prove me wrong.

10. जहन्नुम में जा!
(Jahannum me ja!)
Go to hell!

11. बाज़ार ठंडा है (अच्छी कमाई नहीं हो रही है)।
(Baazaar thanda hai {achchhi kamaai nahi ho rahi hai}.)
Market is dull.

12. इस पेज की कॉपी कर दो।
(Is page ki copy kar do.)
Copy this page.

13. आओ कॉफ़ी पीते हैं।
(Aao coffee peete hain.)
Let's take coffee. /
Let's have coffee.

14. दो कॉफ़ी, प्लीज़।
(Do coffee, please.)
Two coffees, please.

15. ये लीजिये आपकी चाय।
(Ye leejiye aapki chaay.)
Here's your tea.

16. कृपया लीजिए!
(Kripya leejiye!)
Have it, please!

17. एक मिनट, प्लीज़।
(Ek minat, please)
One minute, please.

18. नाश्ता लगा दो।
(Naashta laga do.)
Serve the breakfast.

19. खाना परोस दो।
(Khaana paros do.)
Serve the meal. /
Serve the food.

20. एक निवाला खा लो।
(Ek nivaala kha lo.)
Take a bite.

21. एक घूँट पियो।
(Ek ghoont piyo.)
Take a sip.

22. लंच का समय हो गया।
(Lunch ka samay ho gaya.)
It's lunch time. /
It's break time. /
It's lunch break.

23. मैंने पहले ही खा लिया।
(Maine pahle hi kha liya.)
I ate already. /
I have already eaten.

24. चलो बाहर खा के आते हैं।
(Chalo baahar kha ke aate hain.)
Let's eat out.

25. इसका स्वाद अच्छा है।
(Iska svaad achchha hai.)
It tastes good.

26. केवल एक रोटी।
(Keval ek roti.)
Only one chapatti.

27. मैं कुछ खाने के लिए तड़प रहा हूँ।
(Main kuchh khaane ke liye tadap raha hoon.)
I am starving.

28. सब्जियाँ धो दो।
(Sabjiyaan dho do.)
Rinse the vegetables.

29. प्याज़ भून लो।
(Pyaaz bhoon lo.)
Saute the onion.

30. गाजर कद्दूकस कर लो।
(Gaajar kaddookas kar lo.)
Grate the carrots.

31. ढककर पकाओ।
(Dhakakar pakaao.)
Cover and cook.

32. मसाले मिला लो।
(Masaale mila lo.)
Mix the spices.

33. चावल धो दो।
(Chaaval dho do.)
Rinse the rice.

34. निकालकर निथार लो।
(Nikaalkar nithaar lo.)
Remove and drain.

35. छानकर निकाल लो।
(Chhaankar nikaal lo.)
Drain and remove.

36. आटा छान लो।
(Aata chhaan lo.)
Sift the flour.

37. आटा गूँद दो।
(Aata goond do.)
Knead the flour.

38. चाय छान देना।
(Chaay chhaan dena.)
Strain the tea.

39. पास्ता छान लो।
(Pasta chhaan lo.)
Strain the pasta.

40. डब्बे का ढक्कन लगाओ।
(Dabbe ka dhakkan lagaao.)
Cap the box.

41. चीनी मिलाओ।
(Cheeni milaao.)
Mix the sugar.

42. प्याली भर दो।
(Pyaali bhar do.)
Fill the cup.

43. इतना नहीं।
(Itna nahi.)
Not this much.

44. नहीं, ज़्यादा नहीं।
(Nahi, zyada nahi.)
No, not much.

45. मेज पर।
(Mej par.)
On the table.

46. मैं ये कर लूँगी।
(Main ye kar loongi.)
I'll handle this.

47. चाय डालना / उड़ेलना।
(Chaay daalna / udelna.)
Pour the tea.

48. बोतल भर दो।
(Botal bhar do.)
Fill the bottle.

49. एक और लो।
(Ek aur lo.)
Have one more.

50. खाना बन गया है।
(Khaana ban gaya hai.)
Dinner is ready.

51. इसे भर दो।
(Ise bhar do.)
Fill it up.

52. सब ख़त्म।
(Sab khatm.)
All are gone.

53. क्या खाऊँ?
(Kya khaaun?)
What to eat?

54. क्या पियूँ?
(Kya piyoon?)
What to drink?

- Day 25 -

1. मैंने गिरा दिया। / मुझसे गिर गया।
(Maine gira diya. / Mujhse gir gaya.)
I dropped it.

2. उठा लो।
(Uthaa lo.)
Pick it up.

3. मुझे वहाँ ले चलो।
(Mujhe vahaan le chalo.)
Take me there.

4. मुझे घर ले चलो।
(Mujhe ghar le chalo.)
Take me home.

5. उसे नीचे ले जाओ।
(Use neeche le jaao.)
Take that down.

6. इसे ले जाओ।
(Ise le jaao.)
Take it away.

7. थोड़ी देर के लिए (काम या पढ़ाई) रोक दो!
(Thodi der ke liye {kaam ya padhaai} rok do.)
Take a break.

8. बायें मुड़ो।
(Baayen mudo.)
Take a left. / Hang a left.

9. दायें मुड़ो।
(Daayen mudo.)
Take a right. / Hang a right.

10. तुम्हारे दाईं तरफ़।
(Tumhaare daayeen taraf.)
On your right. / To your right.

11. तुम्हारे बाईं तरफ़।
(Tumhaare baayeen taraf.)
On your left. / To your left.

12. बिल्कुल / ठीक तुम्हारे पीछे।
(Bilkul / Theek tumhaare peechhe.)
Right behind you.

13. बस यहीं पास में।
(Bas yaheen paas me.)
Just around here. / Just nearby.

14. अभी याद करो।
(Abhi yaad karo.)
Memorize right away. / Memorize right now.

15. तुम सही कह रहे हो।
(Tum sahi kah rahe ho.)
You are right.

16. आँखें कभी झूठ नहीं बोलतीं।
(Aankhen kabhi jhooth nahi bolteen.)
Eyes never lie.

17. कोशिश करते रहो।
(Koshish karte raho.)
Keep on trying.

18. अपनी शक्ति को पहचानो।
(Apni shakti ko pahchaano.)
Realize your potential.

19. अपनी महत्वाकांक्षा को दिशा दो।
(Apni mahatvaakaanksha ko disha do.)
Direct your passion.

20. ये तुम्हारा वहम है।
(Ye tumhaara vaham hai.)
It's your imagination.

21. मेरे साथ खड़े रहो।
(Mere saath khade raho.)
Stand by me.

22. यहाँ से दूर।
(Yahaan se door.)
Far from here.

23. अभी नहीं तो कभी नहीं।
(Abhi nahi to kabhi nahi.) Now or never.

24. डरो मत।
(Daro mat.)
Don't be afraid.

25. लगभग हर रोज़!
(Lagbhag har roz!)
Almost every day!

26. मुझे गुस्सा आ रहा है।
(Mujhe gussa aa raha hai.)
I'm getting angry.

27. देखकर ही विश्वास होता है।
(Dekhkar hi vishvaas hota hai.)
Seeing is believing.

28. तुम देर से आये हो।
(Tum der se aaye ho.)
You are late.

29. तुम जल्दी आई हो।
(Tum jaldi aayi ho.)
You are early.

30. तुम समय पर आये हो।
(Tum samay par aaye ho.)
You're on time.

31. एक टैक्सी बुलाओ।
(Ek taxi bulaao.)
Call a taxi.

32. मुझे उतार देना। / मुझे उतार दो।
(Mujhe utaar dena. / Mujhe utaar do.)
Drop me off.

33. पंखा लगा दो।
(Pankha laga do.)
Install the fan.

34. पंखा उतार दो।
(Pankha utaar do.)
Remove the fan.

35. ज़िन्दगी ऐसी ही है।
(Zindagi aisi hi hai.)
Such is life.

36. कुछ कहा नहीं जा सकता।
(Kuchh kaha nahi ja sakta.)
You never know.

37. इसे तैयार रखो।
(Ise taiyaar rakho.)
Keep this ready.

38. इसे वहाँ रख दो।
(Ise vahaan rakh do.)
Keep it there.

39. ऐसा कभी मत करना।
(Aisa kabhi mat karna.)
Never do so.

40. खाओ मेरी कसम।
(Khaao meri kasam.)
Swear to me.

41. उत्साह चला गया।
(Utsaah chala gaya.)
Thrill has gone.

42. हमेशा की तरह ही है।
(Hamesha ki tarah hi hai.)
It's as usual.

43. कोई नाराज़गी नहीं है!
(Koi naaraazagi nahi hai!)
No hard feelings!

44. जान में जान आई!
(Jaan me jaan aayi!)
What a relief!

45. ये सही लग रहा है।
(Ye sahi lag raha hai.)
It makes sense.

46. शुरू से ही!
(Shuru se hi!)
From the start!

47. मैं तुम्हारा गला दबा दूँगा!
(Main tumhaara gala daba doonga!)
I'll choke you!

48. जैसी तुम्हारी मर्ज़ी।
(Jaisi tumhaari marzi.)
As you wish.

49. मुझे आपकी बात पर यकीन है।
(Mujhe aapki baat par yakeen hai.)
I believe you.

50. बाद में मिलते हैं।
(Baad me milte hain.)
See you later.

51. कल मिलते हैं।
(Kal milte hain.)
See you tomorrow.

MAKING CONNECTIONS

EXERCISE - 5

Question 1: Complete the sentences given below.
(नीचे दिए गए वाक्यों को पूरा करिए ।) - {Reference Day 21}

a. He backed ....

b. Something is ....

c. Finally, sense ....

d. Listen very ....

e. Mind your ....

Question 2: Write True or False for the sentences below.
(नीचे दिए गए वाक्यों के लिए सही या गलत लिखिए ।) - {Reference Day 22}

a. Roll your feet.

b. My joints ache.

c. Stamp your hands.

d. I am constipated.

e. She is perfect.

Question 3: Translate the following sentences into English.
(नीचे दिए गए वाक्यों का अंग्रेजी में अनुवाद करिए ।) - {Reference Day 23}

a. और धीरे बोलो । (Aur dheere bolo.) ....

b. हट गई थी मेरी! (Hat gayi thi meri!) ....

c. चलिए अंग्रेजी का अभ्यास करते हैं । (Chaliye Angreji ka abhyaas karte hain.) ....

....

d. अपनी किताब लाओ। (Apni kitaab laao.) ....

e. पढ़ने के लिए धन्यवाद! (Padhne ke liye dhanywad!) ....

Question 4: Choose the correct answers from the Answer Bank.
(उत्तर बैंक से सही उत्तर चुनिए।) - {Reference Day 24}

ANSWER BANK				
Knead	Serve	Sauté	Grate	Strain

a. .... the food.

b. .... the flour.

c. .... the onion.

d. .... the carrots.

e. .... the tea.

Question 5: Select the correct options to complete the sentences.
(नीचे दिए गए वाक्यों को पूरा करने के लिए सही उत्तर चुनिए।) - {Reference Day 25}

a. (Take / Keep / Right) .... behind you.

b. (Take / Keep / Right) .... this ready.

c. (Take / Keep / Right) .... a break.

d. (Take / Keep / Right) .... on trying.

e. (Take / Keep / Right) .... a track / record.

- Day 26 -

1. ये सही नहीं है।
(Ye sahi nahi hai.)
It's not fair.

2. ये होगा।
(Ye hoga.)
It will happen.

3. अपनी टाई ढीली करो।
(Apni tie dheeli karo.)
Loosen your tie.

4. थोड़ा ढीला करो।
(Thoda dheela karo.)
Loose a little.

5. उसे पीटा गया।
(Use peeta gaya.)
He was beaten.

6. पर्दा लगा दो।
(Parda laga do.)
Draw the curtain.

7. कभी वापस न आने के लिए।
(Kabhi vaapas na aane ke liye.)
Never to return.

8. पैसे कमाने के लिए।
(Paise kamaane ke liye.)
To earn money.

9. इसके अलावा।
(Iske alaava.)
Apart from this.

10. मेरी तरफ़ घूमो।
(Meri taraf ghoomo.)
Turn towards me.

11. वो ठीक हो रही है।
(Vo theekh ho rahi hai.)
She is recovering.

12. उस समय।
(Us samay.)
At that time.

13. पासवर्ड डालो।
(Password daalo.)
Enter the password.

14. बिल्ली को खाना खिलाओ।
(Billi ko khaana khilaao.)
Feed the cat.

15. एक मेरे लिए खरीद दो।
(Ek mere liye khareed do.)
Buy me one.

16. दरवाज़ा खटखटाओ।
(Darvaaza khatkhataao.)
Knock the door.

17. कुछ और दिखाओ।
(Kuchh aur dikhaao.)
Show something else.

18. ये किनारा पकड़ो।
(Ye kinaara pakdo.)
Hold this edge.

19. दरवाज़े की कुण्डी लगा दो।
(Darvaaze ki kundi laga do.)
Bolt the door. / Latch the door.

20. दरवाज़े की कुंडी खोल दो।
(Darvaaze ki kundi khol do.)
Unbolt the door. / Unlatch the door.

21. इसे खुला ही रखो।
(Ise khula hi rakho.)
Keep it open.

22. उसे प्यार देना।
(Use pyaar dena.)
Give him love.

23. ऐसी हालत में।
(Aisi haalat me.)
In this situation. / In this condition.

24. हाथ पोछ लो।
(Haath pochh lo.)
Wipe your hands.

25. थप्पड़ / चाँटा पड़ेगा।
(Thappad / Chaanta padega.)
You'll be slapped.

26. ठीक है, मैं दोहराता हूँ।
(Theek hai, main dohraata hoon.)
OK, I repeat.

27. कपड़े प्रेस कर दो।
(Kapde pres kar do.)
Iron the clothes.

28. गलती पकड़ो । / गलती ढूँढो ।
(Galti pakdo. / Galti dhoondho.)
Spot the mistake.

29. मुझे देर हो जाएगी ।
(Mujhe der ho jaayegi.)
I'll be late.

30. लगता तो है ऐसा ।
(Lagta to hai aisa.)
It seems so.

31. लगता तो नहीं ।
(Lagta to nahi.)
It seems not.

32. हम पार्टी कर रहे हैं ।
(Ham party kar rahe hain.)
We are partying.

33. कौन बोल रहा है?
(Kaun bol raha hai?)
Who is calling? / Who is speaking?

34. अलार्म लगा दो ।
(Alarm laga do.)
Set the alarm.

35. जाकर मिलो ।
(Jaakar milo.)
Go and meet.

36. पैर जल्दी-जल्दी बढ़ाओ ।
(Pair jaldi-jaldi badhaao.)
Quicken your steps.

37. मैं अंग्रेजी सीख रहा हूँ ।
(Main Angreji seekh raha hoon.)
I'm learning English.

38. 3 महीने से ।
(3 maheene se.)
For three months.

39. एक कील ठोंक दो ।
(Ek keel thonk do.)
Hammer a nail.

40. दस मिनट पहले ।
(Das minat pahle.)
10 minutes ago.

41. एक घण्टे पहले ।
(Ek ghante pahle.)
1 hour ago.

42. नहीं, अभी नहीं ।
(Nahi, abhi nahi.)
No, not yet.

43. अगले हफ़्ते / सप्ताह है ।
(Agle hafte / saptaah hai.)
It's next week.

44. वैसे भी मैं जाने वाला हूँ ।
(Vaise bhi main jaane vala hoon.)
I'm going anyway.

45. ताने मत मारो ।
(Taane mat maaro.)
Do not taunt.

46. इशारा मत करो ।
(Ishaara mat karo.)
Do not gesture.

47. बारिश हो सकती है ।
(Baarish ho sakti hai.)
It may rain.

48. मैं दिल्ली से हूँ ।
(Main Dilli se hoon.)
I'm from Delhi.

49. कभी-कभी, अक्सर नहीं ।
(Kabhi-kabhi, aksar nahi.)
Sometimes, not often.

50. मैंने उसे फेल कर दिया ।
(Maine use fail kar diya.)
I failed him.

51. उत्तर सुनाओ ।
(Uttar sunaao.)
Say the answer.

52. चुप करके बैठो, प्लीज़ ।
(Chup karke baitho, please.)
Please, sit quietly.

53. दरवाज़े के बगल ।
(Darvaaze ke bagal.)
By the door.

54. जाकर खेलो ।
(Jaakar khelo.)
Go and play.

55. थोड़ा खिसको ।
(Thoda khisko.)
Move a bit.

56. आराम से रहो / बैठो ।
(Aaraam se raho / baitho.)
Make yourself comfortable.

57. वह बहुत मनमोहक है ।
(Vah bahut manmohak hai.)
He's very adorable.

- Day 27 -

1. मुझे अकेला छोड़ दो!
(Mujhe akela chhod do!)
Leave me alone!

2. मेरा जन्मदिन बीत गया।
(Mera janmdin beet gaya.)
My birthday passed.

3. चलो चेक करते हैं।
(Chalo check karte hain.)
Let's check it.

4. चलो अंदर चलें।
(Chalo andar chalen.)
Let's go inside.

5. पोअम सुनाओ।
(Poem sunaao.)
Recite the poem.

6. मेरे पास नहीं है।
(Mere paas nahi hai.)
I haven't got.

7. बिजली गिरी है।
(Bijli giri hai.)
Lightning has struck.

8. किसी भी तरह से करो इसे।
(Kisi bhi tarah se karo ise.)
Do it anyhow.

9. जहाँ गलत लिखा हो उसे सही करो।
(Jahaan galat likha ho use sahi karo.)
Correct your mistakes.

10. इसको बिल्कुल ऐसे ही लिख लो।
(Isko bilkul aise hi likh lo.)
Copy it down.

11. इसे ज़ोर से पढ़ो।
(Ise zor se padho.)
Read this out.

12. मेरे बाद दोहराओ।
(Mere baad dohraao.)
Repeat after me.

13. मुझे बताते रहना।
(Mujhe bataate rahna.)
Keep me informed.

14. एक चीज़ चुनो।
(Ek cheez chuno.)
Choose one thing.

15. इसे अलग ही पैक कर दो।
(Ise alag hi pack kar do.)
Wrap it separately.

16. और धीरे चलो।
(Aur dheere chalo.)
Walk more slowly.

17. फ़ोन कर देना।
(Phone kar dena.)
Give a ring.

18. मुझे फ़ोन करना।
(Mujhe phone karna.)
Call me up. / Call me.

19. इसे आसान कर दो।
(Ise aasaan kar do.)
Make it easy.

20. कोई बात नहीं यार!
(Koi baat nahi, yaar!)
No worries, mate!

21. उसे कुछ नहीं पता।
(Use kuchh nahi pata.)
She knows nothing. / She doesn't know anything.

22. वो अकेले रहती है।
(Vo akele rahti hai.)
She lives alone. / She lives by herself. / She lives on her own.

23. बैठ जाइये।
(Baith jaaiye.)
Have a seat.

24. विराजिए / तशरीफ़ रखिए।
(Viraajiye / Tashreef rakhiye.)
Have a seat. / Be seated.

25. मेरे लिए मंगल कामना करो!
(Mere liye mangal kaamna karo!)
Wish me luck!

26. इस तरफ़ से, प्लीज़।
(Is taraf se, please.)
This way, please.

27. उस तरफ़ से, प्लीज़।
(Us taraf se, please.)
That way, please.

28. मेरा इंतज़ार करो।
(Mera intzaar karo.)
Wait for me.

29. मैं बिल्कुल अकेली हूँ।
(Main bilkul akeli hoon.)
I'm all alone.

30. एक और दिखाओ।
(Ek aur dikhaao.)
Show me another.

31. थोड़ी चीनी खरीद दो।
(Thodi cheeni khareed do.)
Buy some sugar.

32. मैं पक गया हूँ।
(Main pak gaya hoon.)
I'm fed up.

33. बिस्तर सही करो।
(Bistar sahi karo.)
Make the bed.

34. पेमेंट कर दो।
(Payment kar do.)
Make the payment.

35. 8 बजे तक आ जाना।
(8 baje tak aa jana.)
Come by 8.

36. कौन?
(Kaun?)
Who is this?

37. वो चलेगा।
(Vo chalega.)
That will do.

38. सीधे होकर बैठो।
(Seedhe hokar baitho.)
Sit up straight.

39. बहुत ध्यान से।
(Bahut dhyaan se.)
Be very careful.

40. उसे हँसाओ।
(Use hansaao.)
Make him / her laugh.

41. कभी हार न मानो।
(Kabhi haar na maano.)
Never give up.

42. लगे रहो।
(Lage raho.)
Keep it up.

43. जितना अच्छा हो सके, करो।
(Jitna achchha ho sake, karo.)
Do your best.

44. एक मोमबत्ती जलाओ।
(Ek mombatti jalaao.)
Light a candle.

45. फ़ोन उठाओ।
(Phone uthaao.)
Answer the phone.

46. गाना सुनाओ।
(Gana sunaao.)
Sing a song.

47. विद्यालय जाओ।
(Vidyaalay jaao.)
Go to school.

48. अपना बैग / बस्ता लगाओ।
(Apna baig / basta lagaao.)
Pack your bag. / Set your bag.

49. मैं अमीर नहीं हूँ।
(Main ameer nahi hoon.)
I'm not rich.

50. कोई नहीं हिला।
(Koi nahi hila.)
No one moved.

51. साइकिल का पेडल मारो।
(Cycle ka pedal maaro.)
Pedal the bicycle.

52. इसे ख़त्म करो।
(Ise khatm karo.)
Wrap it up.

53. धन्यवाद, महाशय।
(Dhanywad, mahaashay.)
Thank you, sir.

54 वह बहुत परेशान करता है।
(Vah bahut pareshaan karta hai.)
He's very annoying.

- Day 28 -

1. मैं डर गया!
(Main dar gaya!)
I got scared!

2. एक शब्द भी नहीं!
(Ek shabd bhi nahi!)
Not a word!

3. मैं पोछा लगा रही हूँ।
(Main pochha laga rahi hoon.)
I'm mopping up.

4. मैं झाड़ू लगा रही हूँ।
(Main jhaadu laga rahi hoon.)
I'm sweeping up. /
I'm sweeping the floor.

5. झाड़ू हो गया / लगा चुकी।
(Jhaadu ho gaya / laga chuki.)
Sweeping is done.

6. फ़र्नीचर को झाड़ दो।
(Furniture ko jhaad do.)
Dust the furniture.

7. तख्तों को झाड़ दो।
(Takhton ko jhaad do.)
Dust the shelves.

8. बर्तन माँज दो।
(Bartan maanj do.)
Do the dishes.

9. मैंने तुम्हें याद किया।
(Maine tumhe yaad kiya.)
I missed you.

10. सुधर जाओ!
(Sudhar jaao!)
Mend your ways!

11. बाल में कंघी कर लो।
(Baal me kanghi kar lo.)
Comb your hair.

12. कल ओले पड़े थे।
(Kal ole pade the.)
It hailed yesterday.

13. ये तुमने किया।
(Ye tumne kiya.)
You did it / this.

14. टीवी चल रहा है।
(TV chal raha hai.)
TV is on.

15. मुझे समझ में आ गया।
(Mujhe samajh me aa gaya.)
I got it.

16. चलो कल मिलते हैं।
(Chalo kal milte hain.)
Let's meet tomorrow.

17. मेरी पूरी बात सुन लो।
(Meri poori baat sun lo.)
Hear me out.

18. दिया जला दो।
(Diya jala do.)
Light a lamp.

19. क्या ऐसा है?
(Kya aisa hai?)
Is that so?

20. रात बीत गई।
(Raat beet gayi.)
Night is over.

21. हम जुड़वा हैं।
(Ham judva hain.)
We are twins.

22. इसे अपना ही समझो।
(Ise apna hi samjho.)
Consider this yours.

23. समझ लो, हो गया। / मान लो, हो गया।
(Samajh lo, ho gaya. / Maan lo, ho gaya.)
Consider it done.

24. आज कोहरा छाया हुआ है।
(Aaj kohra chhaya hua hai.)
It's foggy today.

25. आज धुन्ध है।
(Aaj dhundh hai.)
It's misty today.

26. वे बहुत पैसे वाले हैं।
(Ve bahut paise vaale hain.)
They are wealthy.

27. वह चोरी छुपे आया। / वह छिप-छिपाकर आया।
(Vah chori chupe aaya. / Vah chhip-chhipaakar aaya.)
He came stealthily.

28. तुम बच नहीं सकते।
(Tum bach nahi sakte.)
You can't escape.

29. मैं इसे सम्भाल लूँगा।
(Main ise sambhaal loonga.)
I'll handle it.

30. मैं उससे मिला।
(Main usase mila.)
I met her.

31. किसी दिन घर पर आओ।
(Kisi din ghar par aao.)
Come over someday.

32. उसने रुखाई से बोला।
(Usne rukhayi se bola.
He spoke curtly.

33. हमारे पास कुछ है।
(Hamare paas kuchh hai.)
We have something.

34. हमारे पास कुछ था।
(Hamare paas kuchh tha.)
We had something.

35. चादर बिछाओ।
(Chaadar bichhaao.)
Spread the bedsheet.

36. मेरे बगल में खड़े हो जाइये।
(Mere bagal me khade ho jaaiye.)
Stand beside me.

37. 7:30 बज रहे हैं।
(Saadhe saat baj rahe hain.)
It's seven thirty.

38. मुझे शर्मिंदगी महसूस होती है।
(Mujhe sharmindagi mahsoos hoti hai.)
I feel embarrassed.

39. माँ, मैं घर आ गया।
(Maa, main ghar aa gaya.)
Mom, I'm home.

40. यहाँ नहीं है।
(Yahaan nahi hai.)
It's not here.

41. एक काम करो।
(Ek kaam karo.)
Do one thing.

42. तुमने गलत समझ लिया है।
(Tumne galat samjah liya hai.)
You have misunderstood.

43. तुमने मुझे गलत समझ लिया।
(Tumne mujhe galat samajh liya.)
You misunderstood me.

44. वह मेरी सारी बात मानता है।
(Vah meri saari baat maanta hai.)
He obeys me.

45. वह समय से स्कूल आता है।
(Vah samay se school aata hai.)
He is punctual.

46. ये बिल्कुल बेकार है। / ये किसी काम का नहीं है।
(Ye bilkul bekaar hai. / Ye kisi kaam ka nahi hai.)
It's absolutely useless.

47. मैं तुम्हारा हूँ।
(Main tumhaara hoon.)
I am yours.

48. तुम मेरी हो।
(Tum meri ho.)
You are mine.

49. वो हक्का-बक्का रह गया।
(Vo hakka-bakka rah gaya.)
He was stunned.

50. उसकी घिग्घी बन गई थी।
(Uski ghigghi ban gayi thi.)
He was choked.

51. दरवाज़ा खोलो।
(Darvaaza kholo.)
Open the door.

52. दरवाज़ा बन्द करो।
(Darvaaza band karo.)
Shut the door. / Close the door.

53. दरवाज़े को लॉक कर दो।
(Darvaaze ko lock kar do.)
Lock the door.

54. दरवाज़े का ताला खोलो।
(Darvaaze ka tala kholo.)
Unlock the door.

56. ताला खोलो।
(Taala kholo.)
Undo the lock.

57. चलो कहीं और चलते हैं।
(Chalo kaheen aur chalte hain.)
Let's go elsewhere.

58. उसने मुझे दिखाया।
(Usne mujhe dikhaaya.)
She showed me.

59. सब चले गए हैं।
(Sab chale gaye hain.)
Everybody has left.

60. उसने उसकी प्रशंसा की।
(Usne uski prashansa ki.)
She praised him.

61. वह अँगड़ाई ले रही है।
(Vah angdaayi le rahi hai.)
She is stretching.

सुनो सब की, करो मन की।

(Suno sab ki, karo man ki.)

Listen to people but obey your conscience.

#BetterYourself

- Day 29 -

1. आप सर्वश्रेष्ठ हैं।
(Aap sarvashreshth hain.)
You're the best.

2. मुसीबत ही मुसीबत है।
(Museebat hi museebat hai.)
Troubles are endless.

3. मिल-जुलकर रहो।
Mil-julkar raho.)
Live in harmony.

4. तुम सभ्य लगते हो।
(Tum sabhya lagte ho.)
You look civilized.

5. क्या तुम खो गए हो?
(Kya tum kho gaye ho?)
Are you lost?

6. उन सभी को।
(Un sabhi ko.)
All of them.

7. हम सब।
(Ham sab.)
All of us.

8. आप सभी।
(Aap sabhi.)
All of you.

9. क्या मैं शामिल हूँ?
(Kya main shaamil hoon?)
Am I included?

10. क्या मैं आमंत्रित हूँ?
(Kya main aamantrit hoon?)
Am I invited?

11. क्या आप भारतीय हैं?
(Kya aap Bhaarateey hain?)
Are you Indian?

12. क्या आप आराम से हैं?
(Kya aap aaraam se hain?)
Are you comfortable?

13. क्या आप फ्री हैं?
(Kya aap free hain?)
Are you free?

14. क्या आप आहत हैं?
(Kya aap aahat hain?)
Are you hurt?

15. क्या आप ठीक हैं?
(Kya aap theek hain?)
Are you OK?

16. क्या आप तैयार हैं?
(Kya aap taiyaar hain?)
Are you ready?

17. डर लग रहा है क्या?
(Dar lag raha hai kya?)
Are you scared?

18. क्या तुम बीमार हो?
(Kya tum beemaar ho?)
Are you sick?

19. क्या आप अविवाहित हैं?
(Kya aap avivaahit hain?)
Are you single?

20. पहले मुझसे पूछो।
(Pahle mujhse poochho.)
Ask me first.

21. बैंक के पीछे।
(Baink ke peechhe.)
Behind the bank.

22. टेबल के पीछे।
(Tebal ke peechhe.)
Behind the table.

23. लड़कों और लड़कियों!
(Ladkon aur ladkiyon!)
Boys and girls!

24. मेरा बैग लाओ।
(Mera baig laao.)
Bring my bag.

25. कारोबार फ़लफ़ूल रहा है।
(Kaarobaar phalphool raha hai.)
Business is booming.

26. व्यापार अच्छा है।
(Vyaapaar achchha hai.)
Business is good.

27. डॉक्टर को बुलाओ।
(Doktar ko bulaao.)
Call the doctor.

28. पुलिस को बुलाओ।
(Pulis ko bulaao.)
Call the police.

29. क्या आपको कार चलाना आता है?
(Kya aapko car chalaana aata hai?)
Can you drive?

30. क्या आप तैर सकते हैं?
(Kya aap tair sakte hain?)
Can you swim?

31. मेरे पास आओ।
(Mere paas aao.)
Come to me.

32. क्या आपने बुलाया?
(Kya aapne bulaaya?)
Did you call?

33. क्या आप धूम्रपान करते हैं?
(Kya aap dhoomrapaan karte hain?)
Do you smoke?

34. यहाँ मत आना।
(Yahaan mat aana.)
Don't come here.

35. ऐसा मत करो।
(Aisa mat karo.)
Don't do that.

36. हर कोई उस पर विश्वास करता है।
(Har koi us par vishvaas karta hai.)
Everyone believes him.

37. यह हर कोई जानता है।
(Yah har koi jaanta hai.)
Everyone knows it.

38. सब कुछ ठीक है।
(Sab kuchh theek hai.)
Everything is fine.

39. सब कुछ अच्छा है।
(Sab kuchh achchha hai.)
Everything is nice.

40. गिलास भर दो।
(Gilaas bhar do.)
Fill the glass.

41. कितनी देर के लिए?
(Kitni der ke liye?)
For how long?

42. चार दिनों के लिए।
(Chaar dinon ke liye.)
For four days.

43. आज से आगे।
(Aaj se aage.)
From today onwards.

44. जाकर आओ।
(Jaakar aao.)
Go and come.

45. रेलगाड़ी से जाओ।
(Relgaadi se jaao.)
Go by train.

46. सीधे आगे बढ़ो।
(Seedhe aage badho.)
Go straight ahead.

47. शुभ संध्या, श्रीमान।
(Shubh sandhya, shreemaan.)
Good evening, sir.

48. नववर्ष की शुभकामनाएँ!
(Navavarsh ki shubhkaamnaayen!)
Happy new year!

49. क्या तुम पहुँच गए हो?
(Kya tum pahunch gaye ho?)
Have you arrived?

50. वह हैरान हो जाएगा।
(Vah hairaan ho jaayega.)
He'll be surprised.

51. वह आ गई!
(Vah aa gayi!)
Here she is!

52. मैं यहाँ हूँ!
(Main yahaan hoon!)
Here I am!

53. हम यहाँ हैं!
(Ham yahaan hain!)
Here we are!

54. ये रहा मेरा नंबर।
(Ye raha mera nambar.)
Here's my number.

55. ये रहा आपका बिल।
(Ye raha aapka bil.)
Here's your bill.

56. वह एक इंजीनियर है।
(Vah ek injeeniyar hai.)
He's an engineer.

57. वह जल्द ही आ रहा है।
(Vah jald hi aa raha hai.)
He's coming soon.

- Day 30 -

1. वह बहुत चालाक है।
(Vah bahut chaalaak hai.)
He's very cunning.

2. वह बहुत प्यारा है।
(Vah bahut pyaara hai.)
He's very cute.

3. वह बहुत प्रसिद्ध है।
(Vah bahut prasiddh hai.)
He's very famous.

4. रविवार को कैसा रहेगा?
(Ravivaar ko kaisa rahega?)
How about Sunday?

5. कितने लोग?
(Kitne log?)
How many people?

6. कुल मिलाकर कितना?
(Kul milaakar kitna?)
How much altogether?

7. तुम्हारी माँ कैसी हैं?
(Tumhaari maa kaisi hain?)
How's your mother?

8. मैं तैर सकता हूँ।
(Main tair sakta hoon.)
I can swim.

9. मैं अच्छा महसूस कर रहा हूँ।
(Main achchha mahsoos kar raha hoon.)
I feel good.

10. मैं हार मानता हूँ।
(Main haar maanta hoon.)
I give up.

11. मेरे पास पैसे हैं।
(Mere paas paise hain.)
I have money.

12. मुझे सब पता है।
(Mujhe sab pata hai.)
I know everything.

13. मैं उसे जानता हूँ।
(Main use jaanta hoon.)
I know her / him.

14. मुझे वह पता है।
(Mujhe vah pata hai.)
I know that.

15. मैं उसे पसंद करता हूँ।
(Main use pasand karta hoon.)
I like her.

16. मैं उससे प्यार करता हूँ।
(Main usase pyaar karta hoon.)
I love her.

17. मैं आपसे प्यार करता हूँ।
(Main aapse pyaar karta hoon.)
I love you.

18. मुझे पढ़ना बहुत पसंद है।
(Mujhe padhna bahut pasand hai.)
I love reading.

19. मैंने चाय बनाई।
(Maine chaay banaai.)
I made tea.

20. मुझे उस पर भरोसा है।
(Mujhe us par bharosa hai.)
I trust her.

21. मुझे तुम पर भरोसा है।
(Mujhe tum par bharosa hai.)
I trust you.

22. मैं आपको सिखाऊँगा।
(Main aapko sikhaaunga.)
I'll teach you.

23. मैं एक नौसिखिया हूँ।
(Main ek nausikhiya hoon.)
I'm a beginner.

24. मैं एक शिक्षक हूँ।
(Main ek shikshak hoon.)
I'm a teacher.

25. मैं तैयार हो रही हूँ।
(Main taiyaar ho rahi hoon.)
I'm getting ready.

26. मैं तो बस मजाक कर रहा हूँ।
(Main to bas majaak kar raha hoon.)
I'm just kidding.

27. मैं बस देख रहा हूँ।
(Main bas dekh raha hoon.)
I'm just looking.

28. मैं डर नहीं रहा हूँ।
(Main dar nahi raha hoon.)
I'm not afraid.

29. मैं व्यस्त नहीं हूँ।
(Main vyast nahi hoon.)
I'm not busy.

30. मैं शादीशुदा नहीं हूँ।
(Main shaadishuda nahi hoon.)
I'm not married.

31. मैं होल्ड पर हूँ।
(Main hold par hoon.)
I'm on hold.

32. मैं बहुत व्यस्त हूँ।
(Main bahut vyast hoon.)
I'm very busy.

33. मैं चिंतित भी हूँ।
(Main chintit bhi hoon.)
I'm worried too.

34. 30 मिनट में।
(30 minat me.)
In 30 minutes.

35. क्या गर्मी है?
(Kya garmi hai?)
Is it hot?

36. बहुत गर्मी है।
(Bahut garmi hai.)
It's really hot.

37. क्या यह पास है?
(Kya yah paas hai?)
Is it nearby?

38. क्या बारिश हो रही है?
(Kya baarish ho rahi hai?)
Is it raining?

39. क्या यह तैयार है?
(Kya yah taiyaar hai?)
Is it ready?

40. क्या रोहन यहाँ है?
(Kya Rohan yahaan hai?)
Is Rohan here?

41. क्या रोहन वहाँ है?
(Kya Rohan vahaan hai?)
Is Rohan there?

42. क्या वो काफ़ी है?
(Kya vo kaaphi hai?)
Is that enough?

43. क्या वह ठीक है?
(Kya vah theek hai?)
Is that OK?

44. यहाँ दुख रहा है।
(Yahaan dukh raha hai.)
It hurts here.

45. रात के साढ़े ग्यारह बजे हैं।
(Raat ke saadhe gyaarah baje hain.)
It's 11:30 p.m.

46. सुबह के 6 बजे हैं।
(Subah ke 6 baje hain.)
It's 6 a.m.

47. 25 अगस्त है।
(25 agast hai.)
It's August 25th.

48. यह वहाँ पर है।
(Yah vahaan par hai.)
It's over there.

49. यह कुछ ज़्यादा ही कठिन है।
(Yah kuchh zyada hi kathin hai.)
It's too tough.

50. यह बहुत ज़रूरी है।
(Yah bahut zaroori hai.)
It's very important.

51. मैं भारत से हूँ।
(Main Bhaarat se hoon.)
I'm from India.

52. क्या आप दोहरा सकते हैं?
(Kya aap dohra sakte hain?)
Can you repeat?

53. मैं दोहरा रहा हूँ।
(Main dohra raha hoon.)
I am repeating.

54. क्या मैं निकम्मा हूँ?
(Kya main nikamma hoon?)
Am I good-for-nothing?

MAKING CONNECTIONS

EXERCISE - 6

Question 1: Match the sentences given below.
(नीचे दिए गए वाक्यों का मिलान कीजिए।) - {Reference Day 26}

a	Never to return.	3 महीने से।
b	10 minutes ago.	कभी वापस न आने के लिए।
c	It's next week.	उस समय।
d	For three months.	10 मिनट पहले।
e	At that time.	अगले सप्ताह है।

Question 2: Translate the following sentences into English.
(नीचे दिए गए वाक्यों का अंग्रेजी में अनुवाद करिए।) - {Reference Day 27}

a. साइकिल का पेडल मारो। (Cycle ka pedal maaro.) ....

b. कोई बात नहीं यार! (Koi baat nahi, yaar!) ....

c. फ़ोन उठाओ। (Phone uthaao.) ....

d. कभी हार न मानो। (Kabhi haar na maano.) ....

e. इसे ज़ोर से पढ़ो। (Ise zor se padho.) ....

Question 3: Translate the following sentences into Hindi.
(नीचे दिए गए वाक्यों का हिन्दी में अनुवाद करिए।) - {Reference Day 28}

a. Open the door. ....

b. Close the door. ....

c. Lock the door. ....

d. Unlock the door. ....

e. Undo the lock. ....

Question 4: Select the correct options to complete the sentences.
(नीचे दिए गए वाक्यों को पूरा करने के लिए सही उत्तर चुनिए।) - {Reference Day 29}

a. (Are / From / Am / Can) .... you free?

b. (Are / From / Am / Can) .... today onwards.

c. (Are / From / Am / Can) .... you scared?

d. (Are / From / Am / Can) .... you drive?

e. (Are / From / Am / Can) .... I included?

Question 5: Complete the sentences given below.
(नीचे दिए गए वाक्यों को पूरा करिए।) - {Reference Day 30}

a. I .... her.

b. I'm .... ready.

c. I'm .... India.

d. I .... swim.

e. I ……………. good.

- Day 31 -

1. बहुत हवा है।
(Bahut hava hai.)
It's very windy.

2. मैं वहाँ गया हूँ।
(Main vahaan gaya hoon.)
I've been there.

3. मैं यह देख चुका हूँ।
(Main yah dekh chuka hoon.)
I've seen it.

4. रोहन ने फ़ोन नहीं किया।
(Rohan ne phone nahi kiya.)
Rohan hasn't phoned.

5. बस एक पल।
(Bas ek pal.)
Just a moment.

6. पुरुष या महिला?
(Purush ya mahila?)
Male or female?

7. पैसा ही सब कुछ नहीं है।
(Paisa hi sab kuchh nahi hai.)
Money isn't everything.

8. उससे अधिक।
(Usase adhik.)
More than that.

9. हवाई अड्डे के पास।
(Havaai adde ke paas.)
Near the airport.

10. बैंक के पास।
(Baink ke paas.)
Near the bank.

11. आप के बगल में।
(Aap ke bagal me.)
Next to you.

12. अभी या बाद में?
(Abhi ya baad me?)
Now or later?

13. ठीक है, चलो चलते हैं।
(Theek hai, chalo chalte hain.)
OK, let's go.

14. बाईं तरफ़।
(Baayeen taraf.)
On the left.

15. दाईं तरफ़।
(Daayeen taraf.)
On the right.

16. खिड़की खोलो।
(Khidaki kholo.)
Open the window.

17. होटल के बाहर।
(Hotal ke baahar.)
Outside the hotel.

18. कृपया, अंदर आयें।
(Kripya, andar aayen.)
Please, come in.

19. कृपया, बैठ जायें।
(Kripya, baith jaayen.)
Please, sit down.

20. आपसे आज रात को मिलते हैं।
(Aapse aaj raat ko milte hain.)
See you tonight.

21. वह एक विशेषज्ञ है।
(Vah ek visheshagy hai.)
She's an expert.

22. क्या मैं इंतज़ार करूँ?
(Kya main intzaar karoon?)
Should I wait?

23. आगे क्या हुआ?
(Aage kya hua?)
What happened next?

24. कार स्टार्ट करो।
(Car staart karo.)
Start the car.

25. ज़रूर, क्यों नहीं?
(Zaroor, kyon nahi?)
Sure, why not?

26. आराम करो।
(Aaraam karo.)
Take a rest.

27. टहल लो।
(Tahal lo.)
Take a walk.

28. यह दवाई लो।
(Yah davaai lo.)
Take this medicine.

29. वह बहुत अच्छा दिखता है।
(Vah bahut achchha dikhta hai.)
That looks great.

30. वह पुराना दिखता है।
(Vah puraana dikhta hai.)
That looks old.

31. इससे बदबू आती है।
(Isase badboo aati hai.)
This smells bad.

32. वह उसकी किताब है।
(Vah uski kitaab hai.)
That's her book.

33. वह पर्याप्त नहीं है।
(Vah paryaapt nahi hai.)
That's not enough.

34. यह सही नहीं है।
(Yah sahi nahi hai.)
That's not right. /
That's not fair.

35. यह बहुत बुरा है।
(Yah bahut bura hai.)
That's too bad.

36. उन्हें देर हो गई है।
(Unhe der ho gayi hai.)
They are late.

37. वे कल पहुँचे।
(Ve kal pahunche.)
They arrived yesterday.

38. वे वही हैं।
(Ve vahi hain.)
They're the same.

39. वे बहुत व्यस्त हैं।
(Ve bahut vyast hain.)
They're very busy.

40. यह काम नहीं करता है।
(Yah kaam nahi karta hai.)
This doesn't work.

41. पहनकर देखो।
(Pahankar dekho.)
Try it on.

42. यह क्या है?
(Yah kya hai?)
What is it?

43. वो क्या है?
(Vo kya hai?)
What is that?

44. तुम्हारा पता क्या है?
(Tumhaara pata kya hai?)
What's your address?

45. दिनांक क्या है?
(Dinaank kya hai?)
What's the date?

46. तापमान क्या है?
(Taapmaan kya hai?)
What's the temperature?

47. आज तारीख़ क्या है?
(Aaj taareekh kya hai?)
What's today's date?

48. कौन सा अच्छा है?
(Kaun sa achchha hai?)
Which is better?

49. कौन सा मेरा है?
(Kaun sa mera hai?)
Which is mine?

50. सभी चीज़ों के लिए धन्यवाद!
(Sabhi cheezon ke liye dhanywad!)
Thanks for everything!

मेरी तरफ से माफी माँग लीजिएगा।
(Meri taraf se maafi maang leejiyega.)
Convey my apologies.

Write down your learning so far

Write down your learning so far

Write down your learning so far

Write down your learning so far

FOUR-WORD SENTENCES

That's the spirit! Now you really are speaking better English; and becoming more fluent day by day. I'm really glad for you, because now you can converse in English while asking questions and answering at the same time. Gradually, you are stepping up your game. Now, to make our level up, we are going to add one more word to our sentences, which means you'll start speaking FOUR-WORD SENTENCES from today onwards. Do remember, "Practice makes perfect".

ये हुई ना बात! अब आप वास्तव में बेहतर अंग्रेजी बोल रहे हैं; और दिन-प्रतिदिन अधिक धाराप्रवाह होते जा रहे हैं। मैं वास्तव में आपके लिए खुश हूँ, क्योंकि अब आप एक ही समय में सवाल पूछते और जवाब देते हुए अंग्रेजी में बातचीत कर सकते हैं। धीरे-धीरे आप सुधार कर रहे हैं। अब अपने स्तर को बढ़ाने के लिए, हम अपने वाक्यों में एक और शब्द जोड़ने जा रहे हैं, जिसका मतलब ये है कि आप आज से चार शब्दों वाले वाक्य बोलना शुरू करेंगे। याद रखें, "अभ्यास परिपूर्ण बनाता है"।

- Day 32 -

1. उसे क्या हो गया?
(Use kya ho gaya?)
What happened to her?

2. अच्छे लड़के बनो।
(Achchhe ladke bano.)
Be a good boy.

3. मेरे पैर दबाओ, प्लीज़।
(Mere pair dabaao, please.)
Press my legs, please.

4. धीरे-धीरे मेरा सिर दबाओ।
(Dheere-dheere mera sir dabaao.)
Press my head gently.

5. आप कैसे हारे?
(Aap kaise haare?)
How did you lose?

6. मैं उसे नहीं हरा पाया।
(Main use nahi hara paaya.)
I couldn't defeat him.

7. वो कपड़ों पर दिल खोल के पैसे खर्च करती है।
(Vo kapdon par dil khol ke paise kharch karti hai.)
She splurges on clothes.

8. क्या आपको ऐसा लगता है?
(Kya aapko aisa lagta hai?)
Do you think so?

9. मुझे ऐसा नहीं लगता।
(Mujhe aisa nahi lagta.)
I don't think so.

10. पता नहीं क्यों!
(Pata nahi kyon!)
I don't know why!

11. मुझे जाना है।
(Mujhe jana hai.)
I have to go.

12. तो क्या मैं जाऊँ?
(To kya main jaaun?)
Shall I go then?

13. अभी सो जाओ।
(Abhi so jaao.)
Go to sleep now.

14. चलो सो जाते हैं।
(Chalo so jaate hain.)
Let's go to bed. / Let's go to sleep.

15. चलो कहीं और चलते हैं।
(Chalo kaheen aur chalte hain.)
Let's go somewhere else.

16. हम साथ में जायेंगे।
(Ham saath me jaayenge.)
We will go together.

17. छोड़ो मुझे।
(Chhodo mujhe.)
Let go of me.

18. जाकर थोड़ी देर सो लो।
(Jaakar thodi der so lo.)
Go take a nap.

19. वह घर नहीं जा पाया।
(Vah ghar nahi ja paya.)
He couldn't go home.

20. जाकर उनका स्वागत करो।
(Jaakar unka svaagat karo.)
Go and welcome them.

21. तुरंत वापस जाओ।
(Turant vaapas jaao.)
Go back at once.

22. तुरंत वापस आओ।
(Turant vaapas aao.)
Come back at once.

23. क्या मैं अंदर आ सकता हूँ?
(Kya main andar aa sakta hoon?)
May I come in?

24. क्या मैं यहाँ बैठ सकता हूँ?
(Kya main yahaan baith sakta hoon?)
May I sit here? / Can I sit here?

25. क्या हम यहाँ बैठ सकते हैं?
(Kya ham yahaan baith sakte hain?)
Can we sit here?

26. एक-एक करके आओ।
(Ek-ek karke aao.)
Come one by one.

27. किसी दिन घर पर आओ।
(Kisi din ghar par aao.)
Come visit us someday.

28. जब तुम्हें ठीक लगे आ जाना।
(Jab tumhe theekh lage aa jaana.)
Come whenever you like.

29. मैं यहाँ अभी-अभी आया हूँ।
(Main yahaan abhi-abhi aaya hoon.)
I've just come here. / I've just arrived here. / I've just got here.

30. यहाँ पर कोई नहीं है।
(Yahaan par koi nahi hai.)
No one is here.

31. कोई आया अभी तक?
(Koi aaya abhi tak?)
Has anybody come yet?

32. क्या तुम साथ आओगे?
(Kya tum saath aaoge?)
Will you come along?

33. मतलब की बात करो। / मुद्दे की बात करो।
(Matlab ki baat karo. / Mudde ki baat karo.)
Come to the point. / Cut to the chase.

34. पता चल जायेगा।
(Pata chal jaayega.)
You'll come to know.

35. मेरी गोद में आओ।
(Meri god me aao.)
Come on my lap.

36. मेरी बाहों में आओ।
(Meri baahon me aao.)
Come in my arms.

37. चलो, उठ भी जाओ!
(Chalo, uth bhi jaao!)
Come on! Get up. / Come on! Wake up.

38. लो मैं उठ गया! खुश?
(Lo main uth gaya! Khush?)
See, I'm up. Happy?

39. तुमने रोहन को देखा क्या?
(Tumne Rohan ko dekha kya?)
Have you seen Rohan?

40. तुमने उसे देखा क्या?
(Tumne use dekha kya?)
Have you seen him?

41. मैंने उसे कहीं देखा है।
(Maine use kaheen dekha hai.)
I've seen him somewhere.

42. मैंने तुम्हें देखा नहीं।
(Maine tumhe dekha nahi.)
I didn't see you.

43. मैंने ये देखा है। / मैं ये देख चुका हूँ।
(Maine ye dekha hai. / Main ye dekh chuka hoon.)
I've seen it already.

44. बहुत समय से दिखे नहीं!
(Bahut samay se dikhe nahi!)
Long time, no see!

45. अगली बार मिलते हैं।
(Agli baar milte hain.)
See you next time.

46. अगले हफ़्ते मिलते हैं।
(Agle hafte milte hain.)
See you next week.

47. रविवार को मिलते हैं।
(Ravivar ko milte hain.)
See you on Sunday.

48. आज के बाद मुझसे कभी मत मिलना!
(Aaj ke baad mujhse kabhi mat milna!)
Never see me again!

49. मैं अक्सर उससे मिलता हूँ।
(Main aksar usase milta hoon.)
I often see him. / I see him often.

50. वह अक्सर गलती कर बैठता है।
(Vah aksar galti kar baithta hai.)
He often makes mistakes.

51. मुझसे गलती हो गई।
(Mujhse galti ho gayi.)
I made a mistake.

52. कोई शोर मत करो।
(Koi shor mat karo.)
Don't make any noise.

53. आधे घण्टे के लिए।
(Aadhe ghante ke liye.)
For half an hour.

54. ये गलती से हो गया।
(Ye galti se ho gaya.)
It happened by mistake.

55. ये कब हुआ?
(Ye kab hua?)
When did it happen?

56. ऐसा कैसे हो गया?
(Aisa kaise ho gaya?)
How did it happen?

57. जितना जल्दी उतना अच्छा।
(Jitna jaldi utna achchha.)
The sooner the better.

बहती गंगा में हाथ धो लो।

(Bahti ganga me haath dho lo.)

Make hay while the sun shines.

#BetterYourself

- Day 33 -

1. बताओ मुझे क्या हुआ।
(Bataao mujhe kya hua.)
Tell me what happened.

2. क्या होने वाला है?
(Kya hone vala hai?)
What's going to happen?

3. क्या हुआ तुम्हें?
(Kya hua tumhe?)
What happened to you?

4. क्या कहा आपने?
(Kya kaha aapne?)
What did you say?

5. एक बार सुन लो।
(Ek baar sun lo.)
Hear me out once.

6. क्या आप मुझे सुन पा रहे हैं?
(Kya aap mujhe sun pa rahe hain?)
Can you hear me?

7. मैं तुम्हें सुन नहीं पा रहा हूँ।
(Main tumhe sun nahi pa raha hoon.)
I can't hear you.

8. मैं तुम्हें देख नहीं पा रहा हूँ।
(Main tumhe dekh nahi pa raha hoon.)
I can't see you.

9. थोड़ी कॉफ़ी लाओ, प्लीज़।
(Thodi coffee laao, please.)
Bring some coffee, please.

10. मैं शर्त लगाता हूँ, तुम नहीं कर सकते।
(Main shart lagaata hoon, tum nahi kar sakte.)
I bet, you can't.

11. क्या मैं आपकी मदद कर सकता हूँ?
(Kya main aapki madad kar sakta hoon?)
Can I help you?

12. मुझसे ये बर्दाश्त नहीं होता।
(Mujhse ye bardaasht nahi hota.)
I can't stand it.

13. मैं ये नहीं खरीद सकती (पर्याप्त पैसे नहीं हैं)।
(Main ye nahi khareed sakti {paryaapt paise nahi hain}.)
I can't afford it.

14. आप हर किसी को खुश नहीं कर सकते।
(Aap har kisi ko khush nahi kar sakte.)
You can't please everyone.

15. यक़ीन से नहीं कह सकता।
(Yakeen se nahi kah sakta.)
Can't say for sure.

16. जो सोचना है सोचो।
(Jo sochna hai socho.)
Think whatever you want.

17. क्या तुम रिया को जानते हो?
(Kya tum Riya ko jaante ho?)
Do you know Riya?

18. क्या तुम उसे जानते हो?
(Kya tum use jaante ho?)
Do you know her / him?

19. मैं किसी को नहीं जानती।
(Main kisi ko nahi jaanti.)
I don't know anyone.

20. मुझे कुछ नहीं पता।
(Mujhe kuchh nahi pata.)
I don't know anything. / I know nothing.

21. मैं आपको अच्छे से जानता हूँ।
(Main aapko achchhe se jaanta hoon.)
I know you well.

22. मुझे अभी भी नहीं पता।
(Mujhe abhi bhi nahi pata.)
I still don't know. / I don't know yet.

23. मैं ज़्यादा नहीं जानता।
(Main zyada nahi jaanta.)
I don't know much.

24. तुम अच्छी तरह से जानते हो, क्यों।
(Tum achchhi tarah se jaante ho, kyon.)
You know well, why.

25. मेरी तबियत ठीक नहीं है।
(Meri tabiyat theek nahi hai.)
I am not well.

26. मेरी तबियत ठीक नहीं लग रही है।
(Meri tabiyat theek nahi lag rahi hai.)
I don't feel well.

27. क्या वो ठीक हो जाएगा?
(Kya vo theekh ho jaayega?)
Will he get well?

28. चलिए एक नज़र डालते हैं।
(Chaliye ek nazar daalate hain.)
Let's have a look.

29. चलिए एक बार सुनते हैं।
(Chaliye ek baar sunte hain.)
Let's have a listen.

30. मेरे सभी दोस्त सहमत हैं।
(Mere sabhi dost sahmat hain.)
All my friends agree.

31. क्या वे आज आ रहे हैं?
(Kya ve aaj aa rahe hain?)
Are they coming today?

32. क्या वे वही हैं?
(Kya ve vahi hain?)
Are they the same?

33. क्या वे तुम्हारे दोस्त हैं?
(Kya ve tumhaare dost hain?)
Are they your friends?

34. क्या तुम ठीक हो?
(Kya tum theek ho?)
Are you all right?

35. क्या तुम यहाँ अकेले हो?
(Kya tum yahaan akele ho?)
Are you here alone?

36. क्या आप आज काम कर रहे हैं?
(Kya aap aaj kaam kar rahe hain?)
Are you working today?

37. क्या आप कल काम कर रहे हैं?
(Kya aap kal kaam kar rahe hain?)
Are you working tomorrow?

38. आपका दिन शुभ हो!
(Aapka din shubh ho!)
Have a nice day!

38. आपकी यात्रा मंगलमय हो!
(Aapki yaatra mangalmay ho!)
Have a nice journey!

40. मुझे कुछ पूछना है।
(Mujhe kuchh poochhna hai.)
I have a question.

41. गुस्सा आ रहा है क्या?
(Gussa aa raha hai kya?)
Are you getting angry?

42. गुस्सा नहीं आएगा क्या मुझे?
(Gussa nahi aayega kya mujhe?)
Won't I get mad? / Won't I get angry?

43. मुझे गुस्सा मत दिलाओ।
(Mujhe gussa mat dilaao.)
Don't make me angry.

44. मैं तुमसे गुस्सा हूँ।
(Main tumse gussa hoon.)
I'm angry with you.

45. मैंने क्या किया?
(Maine kya kiya?)
What have I done?

46. तुमने क्या खरीदा?
(Tumne kya khareeda?)
What did you buy?

47. मैंने एक छाता खरीदा।
(Maine ek chhaata khareeda.)
I bought an umbrella.

48. रोहन कहाँ गया हुआ है?
(Rohan kahaan gaya hua hai?)
Where has Rohan gone?

49. वो बाहर गया हुआ है।
(Vo baahar gaya hua hai.)
He has gone out.

50. क्या रिया कहीं गई है?
(Kya Riya kaheen gayi hai?)
Has Riya gone somewhere?

51. वो घर गई है।
(Vo ghar gayi hai.)
She has gone home.

52. मेरा बुखार उतर गया।
(Mera bukhaar utar gaya.)
My fever is gone.

53. दूध फ़ट गया।
(Doodh phat gaya.)
Milk has gone off. / Milk has turned sour.

54. चले गए वो दिन!
(Chale gaye vo din!)
Gone are the days! / Those days are gone!

55. वो भी क्या दिन थे!
(Vo bhi kya din the!)
Those were the days!

56. काफ़ी अच्छा लग रहा है।
(Kaaphi achchha lag raha hai.)
I feel much better.

57. कितना कमा लेते हो?
(Kitna kama lete ho?)
How much do you earn?

दान में मिली बछिया के दाँत नहीं गिने जाते।

(Daan me mili bachhiya ke daant nahi gine jate.)

Beggars cannot be choosers.

#BetterYourself

- Day 34 -

1. क्या तुम्हें पूरा विश्वास है?
(Kya tumhe poora vishvaas hai?)
Are you quite sure?

2. एक बात तो पक्की है।
(Ek baat to pakki hai.)
One thing's for sure. / One thing is sure.

3. ये वाला तुम्हारा है।
(Ye vala tumhaara hai.)
This one is yours.

4. क्या ये बैग आपका है?
(Kya ye baig aapka hai?)
Is this bag yours?

5. हाँ, वो मेरा है।
(Haan, vo mera hai.)
Yes, that is mine.

6. नहीं, वो मेरा नहीं है।
(Nahi, vo mera nahi hai.)
No, that's not mine.

7. गलती तुम्हारी थी।
(Galti tumhaari thi.)
The fault was yours. / It was your fault.

8. ये सब मेरी गलती है।
(Ye sab meri galti hai.)
It's all my fault.

9. ऐसा कुछ भी नहीं है।
(Aisa kuchh bhi nahi hai.)
It's nothing like that.

10. क्या तुम्हें पढ़ना पसंद है?
(Kya tumhe padhna pasand hai?)
Do you like reading?

11. क्या तुम्हें चाय पसंद है?
(Kya tumhe chaay pasand hai?)
Do you like tea?

12. क्या तुम्हें चॉकलेट पसंद है?
(Kya tumhe chocolate pasand hai?)
Do you like chocolate?

13. चॉकलेट्स कहाँ हैं?
(Chocolates kahaan hain?)
Where are the chocolates?

14. तुम्हारा जन्मदिन कब है?
(Tumhaara janmdin kab hai?)
When is your birthday?

15. आज मेरा जन्मदिन है।
(Aaj mera janmdin hai.)
Today is my birthday. / It's my birthday today.

16. अद्विता का जन्मदिन कब है?
(Adwita ka janmdin kab hai?)
When is Adwita's birthday?

17. कल अद्विता का जन्मदिन है।
(Kal Adwita ka janmdin hai.)
It's Adwita's birthday tomorrow. / Tomorrow is Adwita's birthday.

18. दिन कैसा रहा?
(Din kaisa raha?)
How was your day? / How's your day been?

19. तुमने मेरा दिन बना दिया।
(Tumne mera din bana diya.)
You made my day.

20. जनवरी 31 दिन की होती है।
(Janvary 31 din ki hoti hai.)
January has 31 days.

21. कब आई वो?
(Kab aayi vo?)
When did she arrive?

22. बस अभी ही आई है।
(Bas abhi hi aayi hai.)
She has just arrived.

23. तुम कब आये?
(Tum kab aaye?)
When did you come?

24. रिया कब गई?
(Riya kab gayi?)
When did Riya go?

25. वो कब गई?
(Vo kab gayi?)
When did she go?

26. कुछ दिनों पहले।
(Kuchh dinon pahle.)
A few days ago

27. कुछ मिनट रुको।
(Kuchh minat ruko.)
Wait a few minutes.

28. मैं यूँ गई और यूँ आई।
(Main yoon gayi aur yoon aayi.)
I'll be right back.

29. इसे अभी भेज दो।
(Ise abhi bhej do.)
Send it right away.

30. वे अभी जाकर आ जायेंगे।
(Ve abhi jaakar aa jaayenge.)
They'll be right back.

31. शायद तुम सही हो।
(Shaayad tum sahi ho.)
Maybe you are right.

32. मुझे लगता है, वह सही है।
(Mujhe lagta hai, vah sahi hai.)
I think, he's right.

33. मुझे भी ऐसा ही लगता है।
(Mujhe bhi aisa hi lagta hai.)
I think so too.

34. वह बहुत लम्बी है।
(Vah bahut lambi hai.)
She is very tall.

35. मुझे भी ऐसा ही लगा।
(Mujhe bhi aisa hi laga.)
I thought so too.

36. तुम्हारा क्या जाता है?
(Tumhaara kya jaata hai?)
What do you lose?

37. करो जो करना है।
(Karo jo karna hai.)
Do what you want.

38. क्या किया तुमने?
(Kya kiya tumne?)
What did you do?

39. क्या कहा उसने?
(Kya kaha usne?)
What did she say?

40. कुछ नहीं, वो चुप रही।
(Kuchh nahi, vo chup rahi.)
Nothing, she kept mum.

41. तुम्हें हो क्या गया है?
(Tumhe ho kya gaya hai?)
What's wrong with you?

42. रिया को हुआ क्या है?
(Riya ko hua kya hai?)
What's wrong with Riya?

43. इसमें बोलना क्या है?
(Isme bolna kya hai?)
What's there to say?

44. इसमें सोचना क्या है?
(Isme sochna kya hai?)
What's there to think?

45. इसमें रोने की क्या बात है?
(Isme rone ki kya baat hai?)
What's there to cry?

46. मैं ख़ुद को रोने से रोक नहीं पाई।
(Main khud ko rone se rok nahi payi.)
I couldn't help crying.

47. इसमें मेरी मदद करना।
(Isme meri madad karna.)
Help me with this.

48. क्या आप हमारी मदद कर सकते हैं?
(Kya aap hamaari madad kar sakte hain?)
Can / Could you help us?

49. इसे ले चलने में मेरी मदद करो।
(Ise le chalne me meri madad karo.)
Help me carry this.

50. क्या आप मेरी मदद कर सकते हैं?
(Kya aap meri madad kar sakte hain?)
Can you help me?

51. मैं बर्तन माँज रही हूँ।
(Main bartan maanj rahi hoon.)
I'm doing the dishes. / I'm doing the washing-up.

- Day 35 -

1. आपकी भूख कैसी है?
(Aapki bhookh kaisi hai?)
What's your appetite like?

2. मेरी भूख मर गई।
(Meri bhookh mar gayi.)
I've lost my appetite.

3. मौसम कैसा है?
(Mausam kaisa hai?)
How is the weather? / What's the weather like?

4. ये छाता किसलिए है?
(Ye chhata kisliye hai?)
What's this umbrella for?

5. बारिश होने वाली है।
(Baarish hone vaali hai.)
It's going to rain.

6. क्या कल बारिश हुई थी?
(Kya kal baarish hui thi?)
Did it rain yesterday?

7. सारी रात बारिश हुई।
(Saari raat baarish hui.)
It rained all night.

8. क्या अभी भी बारिश हो रही है?
(Kya abhi bhi baarish ho rahi hai?)
Is it still raining?

9. नहीं, रुक गई है।
(Nahi, ruk gayi hai.)
No, it has stopped.

10. क्या तुमने किसी को बताया?
(Kya tumne kisi ko bataaya?)
Have you told anybody?

11. मैंने भैया को बताया।
(Maine bhaiya ko bataaya.)
I told my brother.

12. क्या तुमने उसे बता दिया?
(Kya tumne use bata diya?)
Have you told her?

13. हाँ, मैंने उसे बताया था।
(Haan, maine use bataaya tha.)
Yes, I told her.

14. मैंने उससे बोल दिया है।
(Maine usase bol diya hai.)
I have told him.

15. मैंने उन्हें बताया नहीं।
(Maine unhe bataaya nahi.)
I haven't told them.

16. ये मुझे उसने बताया।
(Ye mujhe usne bataaya.)
He told me this.

17. क्या चल रहा है यहाँ?
(Kya chal raha hai yahaan?)
What's going on here?

18. कैसा चल रहा है?
(Kaisa chal raha hai?)
How is it going?

19. काम कैसा चल रहा है?
Kaam kaisa chal raha hai?)
How is work going?

20. तुम कहाँ काम करते हो?
(Tum kahaan kaam karte ho?)
Where do you work?

21. रिया कहाँ काम करती है?
(Riya kahaan kaam karti hai?)
Where does Riya work?

22. आप कहाँ से हैं?
(Aap kahaan se hain?)
Where are you from?

23. तुम कहाँ पैदा हुए थे? / तुम्हारा जन्म कहाँ हुआ था?
(Tum kahaan paida huye the? / Tumhaara janm kahaan hua tha?)
Where were you born?

24. कपड़े कहाँ हैं मेरे?
(Kapde kahaan hain mere?)
Where are my clothes?

25. अरे माफ़ करना! मैं भूल गई।
(Arey maaf karna! Main bhool gayi.)
Oh sorry! I forgot.

26. मैं अपना पर्स भूल गई।
(Main apna purse bhool gayi.)
I forgot my purse.

27. मैं ये कभी नहीं भूलूँगा।
(Main ye kabhi nahi bhooloonga.)
I'll never forget this.

28. मेरी मदद करने के लिए धन्यवाद!
(Meri madad karne ke liye dhanywad!)
Thanks for helping me!

29. तुमने वास्तव में मेरी मदद की।
(Tumne vaastav me meri madad ki.)
You helped me indeed.

30. मैं सच में बहुत शर्मिन्दा हूँ।
(Main sach me bahut sharminda hoon.)
I'm indeed very sorry.

31. माफ़ कीजिए सर, देर हो गई।
(Maaf keejiye sir, der ho gayi.)
Sorry sir, I'm late. /
Sorry for being late, sir.

32.. तकलीफ़ देने के लिए माफ़ी चाहता हूँ!
(Takleef dene ke liye maafi chaahta hoon!)
Sorry to bother you!

33. क्या कुछ परेशानी है?
(Kya kuchh pareshani hai?)
Is something bothering you?

34. तुम कहाँ रह गए थे?
(Tum kahaan rah gaye the?)
Where have you been?

35. कुछ ज़रूरी काम आ गया था।
(Kuchh zaroori kaam aa gaya tha.)
Something important came up.

36. हमने बस अभी-अभी शुरू किया है।
(Hamne bas abhi-abhi shuru kiya hai.)
We have just started.

37. तो हम कहाँ थे?
(To ham kahaan the?)
So, where were we?

38. हम समय बर्बाद कर रहे हैं।
(Ham samay barbaad kar rahe hain.)
We are wasting time.

39. समय देखो।
(Samay dekho.)
Look at the time.

40. मेरे पास समय नहीं है।
(Mere paas samay nahi hai.)
I don't have time. /
I haven't got time.

41. समय आ गया है!
(Samay aa gaya hai!)
This is the time! /
The time has come!

42. तुम्हारे पास अभी भी समय है।
(Tumhaare paas abhi bhi samay hai.)
You still have time.

43. तुम्हारा मतलब क्या है?
(Tumhaara matlab kya hai?)
What do you mean?

44. इसका क्या मतलब है?
(Iska kya matlab hai?)
What does this mean?

45. बात तो वही हुई।
(Baat to vahi hui.)
It means the same.

47. ठीक हो जाएँगी चीज़ें।
(Theek ho jaayengi cheezen.)
Things will get better.

47. बुरी आदतें छोड़ दो।
(Buri aadten chhod do.)
Give up bad habits.

48. पुरानी आदतें मुश्किल से छूटती हैं।
(Puraani aadaten mushkil se chhootati hain.)
Old habits die hard.

MAKING CONNECTIONS

EXERCISE - 7

Question 1: Match the sentences given below.
(नीचे दिए गए वाक्यों का मिलान कीजिए।) - {Reference Day 31}

a	Take a rest.	वह बहुत अच्छा दिखता है।
b	That looks great.	पैसा ही सब कुछ नहीं है।
c	Money isn't everything.	सभी चीज़ों के लिए धन्यवाद!
d	Thanks for everything!	आपसे आज रात को मिलते हैं।
e	See you tonight.	आराम करो।

Question 2: Write the sentence "मैं यहाँ अभी-अभी आया हूँ।" in English in 3 different ways.
(वाक्य "मैं यहाँ अभी-अभी आया हूँ।" को अंग्रेजी में 3 अलग-अलग तरीकों से लिखिए।) - {Reference Day 32}

a. ....

b. ....

c. ....

Question 3: Write suitable answers for the given questions.
(नीचे दिए गए प्रश्नों के उपयुक्त उत्तर लिखिए।) - {Reference Day 33}

a. Do you know her / him? ....

b. Where has Rohan gone? ....

c. Has Riya gone somewhere? ....

d. What did you buy? ....

e. Can you hear me? ....

Question 4: Translate the following sentences into English.
(नीचे दिए गए वाक्यों का अंग्रेजी में अनुवाद करिए।) - {Reference Day 34}

a. इसमें रोने की क्या बात है? (Isme rone ki kya baat hai?) ....

b. आज मेरा जन्मदिन है। (Aaj mera janmdin hai.) ....

c. तुम्हारा क्या जाता है? (Tumhaara kya jaata hai?) ....

d. ये सब मेरी गलती है। (Ye sab meri galti hai.) ....

e. शायद तुम सही हो। (Shaayad tum sahi ho.) ....

Question 5: Write suitable sentences / questions with the words given below.
(नीचे दिए गए शब्दों से वाक्य या प्रश्न बनाइए।) - {Reference Day 35}

a. bothering ....

b. indeed ....

c. appetite ....

d. habits ....

e. wasting ....

- Day 36 -

1. ये कितने का है?
(Ye kitne ka hai?)
How much is it? /
How much is this?

2. वह कितने का है?
(Vah kitne ka hai?)
How much is that?

3. ये 100 रुपए का है।
(Ye 100 rupaye ka hai.)
This is for hundred rupees. /
It's for hundred rupees.

4. यह किसके लिए है?
(Yah kiske liye hai?)
Who is this for?

5. यह उसके लिए है।
(Yah uske liye hai.)
This is for him.

6. दोपहर के भोजन में क्या है?
(Dopahar ke bhojan me kya hai?)
What is for lunch?

7. क्या तुमने दोपहर का भोजन कर लिया?
(Kya tumne dopahar ka bhojan kar liya?)
Have you had lunch?

8. मैंने ये माँगा।
(Maine ye maanga.)
I asked for this.

9. वो क्या कर रहा था?
(Vo kya kar raha tha?)
What was he doing?

10. वो जल्दी में था।
(Vo jaldi me tha.)
He was in haste.

11. सब खेलने में व्यस्त हैं।
(Sab khelne me vyast hain.)
All are busy playing.

12. कहाँ व्यस्त थे आप?
(Kahaan vyast the aap?)
Where were you busy?

13. बस देर से आई।
(Bus der se aayi.)
The bus was late.

14. बस भरी हुई थी।
(Bus bhari hui thi.)
The bus was full.

15. मैं बस से आया।
(Main bus se aaya.)
I came by bus.

16. वह कैसी है?
(Vah kaisi hai?)
What is she like?

17. वो बहुत भोली है।
(Vo bahut bholi hai.)
She is very naive.

18. वो ज़रूर व्यस्त होगी।
(Vo zaroor vyast hogi.)
She must be busy.

19. वो ज़रूर झूठ बोल रही होगी।
(Vo zaroor jhooth bol rahi hogi.)
She must be lying.

20. वो झूठ क्यों बोलेगी?
(Vo jhooth kyon bolegi?)
Why would she lie?

21. यह ज़रूर सोना होगा।
(Yah zaroor sona hoga.)
This must be gold.

22. वो ज़रूर उसका होगा।
(Vo zaroor uska hoga.)
That must be his.

23. मुझे चलना चाहिए।
(Mujhe chalna chaahiye.)
I must be going.

24. कहीं जा रहे हो क्या?
(Kaheen jaa rahe ho kya?)
Are you going somewhere?

25. मैं बाहर जा रही हूँ।
(Main baahar ja rahi hoon.)
I am going out.

26. मेरी घड़ी चल नहीं रही है।
(Meri ghadi chal nahi rahi hai.)
My watch isn't going / working.

27. बोतल सीधी करके रखो।
(Botal seedhi karke rakho.)
Keep the bottle upright.

28. आँखें खुली रखना।
(Aankhen khuli rakhna.)
Keep your eyes open.

29. अपनी आँखें बंद रखो।
(Apni aankhen band rakho.)
Keep your eyes closed.

30. दरवाज़े बन्द ही रखना।
(Darvaaze band hi rakhna.)
Keep the doors closed.

31. बायें तरफ़ ही रहना।
(Baayen taraf hi rahna.)
Keep to the left.

32. मुझे इंतज़ार मत करवाओ।
(Mujhe intzaar mat karavaao.)
Don't keep me waiting.

33. मैंने बोला था तुम्हें (कि ऐसा होगा)।
(Maine bola tha tumhe {ki aisa hoga}.)
I told you so.

34. इसे अपने तक ही रखना।
(Ise apne tak hi rakhna.)
Keep it to yourself.

35. क्या आप कुछ भूल रहे हैं?
(Kya aap kuchh bhool rahe hain?)
Are you forgetting something?

36. समय सबको बता देगा।
(Samay sabko bata dega.)
Time will tell everybody.

37. मुझे समय बताना।
(Mujhe samay bataana.)
Tell me the time.

38. समय बीतने दो।
(Samay beetne do.)
Let the time pass.

39. समय के साथ सोच को बदलो।
(Samay ke saath soch ko badlo.)
Move with the times.

40. कितने बज गए?
(Kitne baj gaye?)
What time is it?

41. 7:30 बज रहे हैं।
(Saadhe saat baj rahe hai.)
It's half past seven.

42. पौने सात बजे हैं।
(Paune saat baje hain.)
It's quarter to seven.

43. सवा नौ बजे हैं।
(Sava nau baje hain.)
It's quarter past nine.

44. समय ही समय है। / बहुत समय है।
(Samay hi samay hai. / Bahut samay hai.)
There's plenty of time.

45. थोड़ी देर और रुको।
(Thodi der aur ruko.)
Stay a little longer.

46. सिर्फ़ तुम और मैं।
(Sirf tum aur main.)
Just you and I.

47. कार में रहना।
(Car me rahna.)
Stay in the car.

48. इससे दूर ही रहो।
(Isase door hi raho.)
Stay out of this.

49. पूछना पड़ेगा।
(Poochhna padega.)
I'll have to ask.

50. आप मुझसे पूछते रहे।
(Aap mujhse poochhte rahe.)
You kept asking me.

51. सात बजे तक यहाँ आ जाना।
(Saat baje tak yahaan aa jana.)
Be here by seven.

52. कल तक ये लौटा देना।
(Kal tak ye lauta dena.)
Return it by tomorrow.

53. वो कल वापस आ जायेगा।
(Vo kal vaapas aa jaayega.)
He will return tomorrow.

54. वह कल नहीं आ रहा है।
(Vah kal nahi aa raha hai.)
He isn't coming tomorrow.

55. कल इसे वापस ले आना।
(Kal ise vaapas le aana.)
Bring it back tomorrow.

56. अब वो फिर से शुरू मत करना।
(Ab vo fir se shuru mat karna.)
Don't start that again.

57. पेमेंट मत करो।
(Payment mat karo.)
Don't make the payment.

58. घर के बाहर इंतज़ार करो।
(Ghar ke baahar intzaar karo.)
Wait outside the house.

59. तुम्हारे और मेरे बीच कोई रिश्ता नहीं है।
(Tumhaare aur mere beech koi rishta nahi hai.)
Our relationship is over. / Our friendship is over.

60. क्या ऐसा मुमकिन हो पायेगा?
(Kya aisa mumkin ho paayega?)
Would it be possible?

साँच को आँच नहीं।

(Saanch ko aanch nahi.)

Pure gold does not fear the flame.

#BetterYourself

- Day 37 -

1. थोड़ा इंतज़ार करो।
(Thoda intzaar karo.)
Wait a little while.

2. अब तुम्हारी बारी है।
(Ab tumhaari baari hai.)
It's your turn now. /
Now, it's your turn.

3. टीवी चला दो।
(TV chala do.)
Turn on the TV. /
Switch on the TV.

4. पंखा बंद करो।
(Pankha band karo.)
Turn off the fan. /
Switch off the fan.

5. लाइट बंद करो।
(Laait band karo.)
Turn off the light.

6. आवाज़ बढ़ाओ / तेज़ करो।
(Aavaaz badhaao / tez karo.)
Turn the volume up. /
Turn up the volume.

7. आवाज़ कम करो।
(Aavaaz kam karo.)
Turn the volume down. /
Turn down the volume.

8. पंखा तेज़ करो।
(Pankha tez karo.)
Turn the fan up. /
Turn up the fan.

9. पंखा धीमा करो।
(Pankha dheema karo.)
Turn the fan down. /
Turn down the fan.

10. आँच धीमा कर दो।
(Aanch dheema kar do.)
Turn down the heat. /
Reduce heat to low.

11. आँच मीडियम कर दो (अगर आँच तेज़ है तो)।
(Aanch medium kar do {agar aanch tez hai to}.)
Reduce heat to medium.

12. आँच मीडियम कर दो (अगर आँच धीमा है तो)।
(Aanch medium kar do {agar aanch dheema hai to}.)
Increase heat to medium.

13. आँच तेज़ कर दो।
(Aanch tez kar do.)
Turn up the heat.

14. पानी गर्म कर दो।
(Paani garm kar do.)
Heat the water. /
Heat up the water. /
Warm up the water.

15. ज़रा इसे आँच दिखा दो।
(Zara ise aanch dikha do.)
Heat it a little.

16. पानी आ रहा है।
(Paani aa raha hai.)
Water supply is running. /
Water supply is on.

17. पानी चला गया।
(Paani chala gaya.)
Water supply is stopped.

18. क्या तुम्हें पानी चाहिए?
(Kya tumhe paani chaahiye?)
Do you need water?

19. राम को पानी पिलाओ।
(Raam ko paani pilaao.)
Make Ram drink water.

20. ये खारा पानी है।
(Ye khaara paani hai.)
This is salty water. /
This is saline water.

21. मुझे एक मौका दो।
(Mujhe ek mauka do.)
Give me a chance.

22. हर एक को मौका मिला।
(Har ek ko mauka mila.)
Everyone got a chance.

23. हर कोई कमरे से बाहर जाए (कमरा खाली करो)!
(Har koi kamre se baahar jaaye {kamra khaali karo}!)
Everyone - Clear the room!

24. मेज साफ़ कर दो, प्लीज़।
(Mej saaf kar do, please.)
Clear the table, please.

25. इसे तुरन्त साफ़ करो!
(Ise turant saaf karo!)
Clear it up immediately!

26. तुम्हारा बैग गिर गया।
(Tumhaara baig gir gaya.)
You dropped your bag.

27. अपना बैग उठाओ।
(Apna baig uthaao.)
Pick up your bag.

28. मेरी पेंसिल गिर गई।
(Meri pencil gir gayi.)
I dropped my pencil.

29. पेन्सिल की नोक टूटी हुई है।
(Pencil ki nok tooti hui hai.)
Pencil's point is broken.

30. आपकी पेन्सिल की नोक मोटी है।
(Aapki pencil ki nok moti hai.)
Your pencil is blunt. /
Your pencil is dull. /
Your pencil's point is dull. /
Your pencil's tip is dull.

31. इसकी नोक तेज़ करो।
(Iski noke tez karo.)
Make its point sharp. /
Make its tip sharp. /
Sharpen its tip. /
Sharpen its point.

32. चाकू तेज़ है।
(Chaaku tez hai.)
The knife is sharp.

33. बात वो नहीं है।
(Baat vo nahi hai.)
That's not the point. /
That's not the thing.

34. बात ये है कि...
(Baat ye hai ki….)
The point is that… /
The thing is that…

35. तुमने मेरी नींद तोड़ दी।
(Tumne meri neend thod di.)
You disturbed my sleep.

36. मेरी नींद ख़राब हो / टूट / उचट गई।
(Meri neend kharaab ho / toot / uchat gayi.)
My sleep was disturbed.

37. नींद आ रही है क्या तुम्हें?
(Neend aa rahi hai kya tumhe?)
Are you feeling sleepy?

38. रोहन को नींद आ रही है।
(Rohan ko neend aa rahi hai.)
Rohan is feeling drowsy. /
Rohan is feeling sleepy.

39. मैं सो नहीं पा रही हूँ।
(Main so nahi pa rahi hoon.)
I'm unable to sleep.

40. तुम अभी तक जाग रहे हो?
(Tum abhi tak jaag rahe ho?)
You are still awake / up?

41. वह गहरी नींद में था।
(Vah gahari neend me tha.)
He was fast asleep.

42. चीज़ें काफ़ी बदल गई हैं।
(Cheezen kaaphi badal gayi hain.)
Things have changed much.

43. कितना कुछ बदल गया है!
(Kitna kuchh badal gaya hai!)
So much has changed!

44. तुम बहुत बदल गई हो।
(Tum bahut badal gayi ho.)
You've changed a lot.

45. तुम ज़्यादा बदली नहीं हो।
(Tum zyada badli nahi ho.)
You haven't changed much.

46. मैंने मन बदल लिया है।
(Maine man badal liya hai.)
I've changed my mind.

47. मन बना लो। / तय कर लो।
(Man bana lo. / Tay kar lo.)
Make up your mind.

48. छा जाओगे!
(Chhaa jaaoge!)
You'll make an impression!

49. इसको अपना ही घर समझो।
(Isko apna hi ghar samjho.)
Make yourself at home.

50. मेरे लिए थोड़ी चाय बना देना।
(Mere liye thodi chaay bana dena.)
Make me some tea.

51. इससे कोई फ़र्क नहीं पड़ता।
(Isase koi fark nahi padta.)
It makes no difference.

52. उसके लिए रास्ता दो / जगह दो।
(Uske liye raasta do / jagah do.)
Make way for him.

53. जगह है ही नहीं।
(Jagah hai hi nahi.)
There is no room.

54. कमरा समेटो।
(Kamra sameto.)
Tidy up the room.

55. सब कुछ सही से रखो।
(Sab kuchh sahi se rakho.)
Put everything in order.

56. आपसे मिलकर अच्छा लगा!
(Aapse milkar achchha laga!)
Nice to meet you!

57. आपसे मिलकर खुशी हुई!
(Aapse milkar khushi hui!)
Pleased to meet you!

उल्टा चोर कोतवाल को डाँटे।

(Ulta chor kotvaal ko daante.)

The pot is calling the kettle black.

#BetterYourself

- Day 38 -

1. आग बुझाओ।
(Aag bujhaao.)
Put out the fire.

2. वो टॉर्च बंद कर दो।
(Vo torch band kar do.)
Put that torch out.

3. दिया बुझा दो।
(Diya bujha do.)
Put out the lamp.

4. इसे आँच पर रखो।
(Ise aanch par rakho.)
Put it on fire. /
Put it on flame.

5. हाथ नीचे करो।
(Haath neeche karo.)
Put your hand down.

6. इसे वहाँ रख दो।
(Ise vahaan rakh do.)
Put it over there.

7. एक चूड़ी पहन लो।
(Ek choodi pahan lo.)
Put on a bangle.

8. कॉफ़ी पियोगे?
(Coffee piyoge?)
Would you like coffee?

9. चाय पियोगे?
(Chaay piyoge?)
Would you like tea?

10. अच्छा रहेगा।
(Achchha rahega.)
That would be nice.

11. चाय पीना कम कर दो।
(Chaay peena kam kar do.)
Cut down on tea.

12. लिफ़ाफ़े को काटकर खोल दो।
(Lifaafe ko kaatkar khol do.)
Cut the envelope open.

13. उसके दाँत निकल रहे हैं (नए दाँत उगना)।
(Uske daant nikal rahe hain {naye daant ugna}.)
She is cutting teeth.

14. ये नकली दाँत हैं।
(Ye nakli daant hain.)
These are artificial teeth. /
These are false teeth.

15. ये प्रश्न-उत्तर याद कर लो।
(Ye prashn-uttar yaad kar lo.)
Memorize these question-answers. / Learn these question-answers.

16. मैंने ऐसा नहीं सोचा था।
(Maine aisa nahi socha tha.)
I didn't think so.

17. बोलने से पहले सोचा करो।
(Bolne se pahle socha karo.)
Think before you speak.

18. मैं इस बारे में सोचूँगी।
(Main is baare me sochoongi.)
I'll think it over.

19. एक-एक करके बोलो।
(Ek-ek karke bolo.)
Speak one by one.

20. तुमने क्यों बोला?
(Tumne kyon bola?)
Why did you speak?

21. वो हमेशा खरी-खोटी सुनाती है।
(Vo hamesha khari-khoti sunaati hai.)
She always speaks harsh.

22. क्या आपको अंग्रेजी आती है?
(Kya aapko Angreji aati hai?)
Do you speak English?

23. मुझे दो भाषाएँ आती हैं।
(Mujhe do bhaashaayen aati hain.)
I speak two languages.

24. मेरी दो बहने हैं।
(Meri do bahne hain.)
I have two sisters. /
I've got two sisters.

25. वो अपनी बहन जैसी दिखती है।
(Vo apni bahan jaisi dikhti hai.)
She resembles her sister.

26. उसे मेरा प्यार देना।
(Use mera pyaar dena.)
Give her my love.

27. मुझे अंग्रेजी भाषा बहुत पसंद है।
(Mujhe Angreji bhaasha bahut pasand hai.)
I love English language.

28. मैं अंग्रेजी भाषा सीख रहा हूँ।
(Main Angreji bhaasha seekh raha hoon.)
I'm learning English language.

29. इसे कैसे बोला जाता है?
(Ise kaise bola jata hai?)
How is it pronounced?

30. मुझे कैसे पता होगा?
(Mujhe kaise pata hoga?)
How would I know?

31. उसे कैसे पता होगा?
(Use kaise pata hoga?)
How would she know?

32. कोशिश तो करके देखो!
(Koshish to karke dekho!)
Give it a try!

33. चलो करके देखते हैं।
(Chalo karke dekhte hain.)
Let's try that out.

34. मैं पूरी कोशिश करुँगी।
(Main poori koshish karoongi.)
I'll try my best.

35. क्या तुम मुश्किल में हो?
(Kya tum mushkil me ho?)
Are you in trouble?

36. मैं मुश्किल में पड़ रहा हूँ।
(Main mushkil me pad raha hoon.)
I'm getting into trouble.

37. तुम मुसीबत में पड़ जाओगे।
(Tum museebat me pad jaaoge.)
You'll get into trouble.

38. मुझ पर टिप्पणी करना बंद करो।
(Mujh par tippani karna band karo.)
Get off my back.

39. बिस्तर से नीचे उतरो।
(Bistar se neeche utro.)
Get off the bed.

40. बिस्तर पर बैठो।
(Bistar par baitho.)
Sit on the bed.

41. ज़रा मदद करना।
(Zara madad karna.)
Give me a hand.

42. अपना हाथ देना।
(Apna haath dena.)
Give me your hand.

43. ये मुझे दो।
(Ye mujhe do.)
Give it to me.

44. वो मुझे दो।
(Vo mujhe do.)
Give that to me.

45. मुझे एक कोक देना।
(Mujhe ek coke dena.)
Give me a coke.

46. मुझे भी वही देना।
(Mujhe bhi vahi dena.)
Give me the same.

47. ख़ुद को कुछ श्रेय दो।
(Khud ko bhi kuchh shrey do.)
Give yourself some credit.

48. वे मुझ पर विश्वास नहीं करते हैं। They don't trust me. / They distrust me.

49. अरे, बस भी करो!
(Arey, bas bhi karo!)
Give me a break!

50. वो विश्वास के लायक नहीं है।
(Vah vishvaas ke laayak nahi hai.)
He is not trustworthy.

51. तुमने मेरा भरोसा तोड़ दिया।
(Tumne mera bharosa tod diya.)
You betrayed my trust.

- Day 39 -

1. क्या तुमने नाश्ता कर लिया?
(Kya tumne naashta kar liya.?)
Did you have breakfast? / Have you had breakfast? / Have you eaten breakfast? / Have you taken breakfast?

2. क्या तुम्हारे पास कुछ था?
(Kya tumhaare paas kuchh tha?)
Did you have anything?

3. लंच का समय ख़त्म हो गया।
(Lunch ka samay khatm ho gaya.)
Lunch time is over. / Lunch break is over.

4. पूरा खाना ख़त्म करो।
(Poora khaana khatm karo.)
Eat up your lunch. / Eat your lunch up.

5. हम ज़िन्दा रहने के लिए खाते हैं।
(Ham zinda rahne ke liye khaate hain.)
We eat to live.

6. क्या खाना बन गया है?
(Kya khaana ban gaya hai?)
Is the dinner ready?

7. क्या तुमने डिनर कर लिया?
(Kya tumne dinner kar liya?)
Have you had dinner?

8. मैं कभी रात का खाना नहीं खाती।
(Main kabhi raat ka khaana nahi khaati.)
I never have dinner.

9. बहुत ज़्यादा मत खाओ।
(Bahut zyada mat khaao.)
Don't eat too much.

10. तुम बहुत ज़्यादा खाते हो।
(Tum bahut zyada khaate ho.)
You eat too much.

11. थोड़ा और लो।
(Thoda aur lo.)
Have a little more.

12. क्या खाना अच्छा बना है?
(Kya khaana achchha bana hai?)
Is the food good?

13. तुम्हारा पेट गुड़गुड़ा रहा है।
(Tumhaara pet gudguda raha hai.)
Your stomach is rumbling.

14. मेरे मुँह में पानी आ रहा है।
(Mere muh me paani aa raha hai.)
My mouth is watering.

15. मुझे खाना बनाने का शौक है।
(Mujhe khaana banaane ka shauk hai.)
I'm fond of cooking.

16. मैंने बहुत ज़्यादा खा लिया।
(Maine bahut zyada kha liya.)
I ate too much.

17. मेरा पेट भर गया।
(Mera pet bhar gaya.)
My stomach is full.

18. धन्यवाद, इतना बहुत है।
(Dhanywad, itna bahut hai.)
Thank you, that's enough.

19. कुछ खाने को ले आओ।
(Kuchh khaane ko le aao.)
Get something to eat.

20. कुछ पीने को ले आओ।
(Kuchh peene ko le aao.)
Get something to drink.

21. मैं फ़ीका दूध पीता हूँ।
(Main pheeka doodh peeta hoon.)
I take unsweetened milk.

22. मुझे दूध से ऐलर्जी है।
(Mujhe doodh se allergy hai.)
I'm allergic to milk.

23. मुझे थोड़ी सी मिठाई चाहिए।
(Mujhe thodi si mithaai chaahiye.)
I want some sweet.

24. मुझे भारतीय खाना पसंद है।
(Mujhe bhaarateey khaana pasand hai.)
I like Indian food.

25. मुझे कॉफ़ी की आदत लग गई है।
(Mujhe coffee ki aadat lag gayi hai.)
I'm addicted to coffee.

26. क्या मैं इसे चख सकता हूँ?
(Kya main ise chakh sakta hoon?)
Can I taste it?

27. क्या आपने खा लिया है?
(Kya aapne kha liya hai?)
Have you eaten yet?

28. उसकी नींद मत ख़राब करो।
(Uski neend mat kharaab karo.)
Don't disturb his / her sleep.

29. इसमें ज़्यादा दिमाग लगाने की ज़रुरत नहीं है।
(Isme zyada dimaag lagaane ki zaroorat nahi hai.)
This is no brainer.

30. क्या आप इसे ठीक कर सकते हैं?
(Kya aap ise theek kar sakte hain?)
Can you fix this?

31. क्या आप मुझे दिखा सकते हैं?
(Kya aap mujhe dikha sakte hain?)
Can you show me?

32. क्या कल बर्फ़ पड़ी थी?
(Kya kal barf padi thi?)
Did it snow yesterday?

33. क्या आप ठीक से सोए थे?
(Kya aap theek se soye the?)
Did you sleep well?

34. क्या आप ये मानते हैं?
(Kya aap ye maante hain?)
Do you believe that?

35. क्या तुम बास्केटबॉल खेलते हो?
(Kya tum basketball khelte ho?)
Do you play basketball?

36. क्या आप बैटरी बेचते हैं?
(Kya aap baitari bechte hain?)
Do you sell batteries?

37. क्या आप किराने का सामान बेचते हैं?
(Kya aap kiraane ka saamaan bechte hain?)
Do you sell groceries?

38. क्या आप अंग्रेजी पढ़ते हैं?
(Kya aap Angreji padhte hain?)
Do you study English?

39. क्या आपको ऐसा नहीं लगता?
(Kya aapko aisa nahi lagta?)
Don't you think so?

40. मेरे पीछे आओ – इस तरफ़!
(Mere peechhe aao – is taraf!)
Follow me – this way!

41. उस दिन से।
(Us din se.)
From that day on.

42. कितने दिनों के लिए?
(Kitne dinon ke liye?)
For how many days?

43. मुझे फ़ोन करना।
(Mujhe phone karna.)
Give me a call. /
Give me a ring.

47. क्या उसे आमंत्रित किया गया है?
(Kya use aamantrit kiya gaya hai?)
Has she been invited?

51. थोड़ी और कॉफ़ी लो।
(Thodi aur coffee lo.)
Have some more coffee.

44. मुझे अपना नंबर देना।
(Mujhe apna nambar dena.)
Give me your number.

48. क्या आपके भाई ने फ़ोन किया?
(Kya aapke bhaai ne phone kiya?)
Has your brother phoned?

52. आपकी यात्रा अद्भुत हो!
(Aapki yaatra adbhut ho!)
Have a wonderful journey!

45. पुल पर जाओ।
(Pul par jaao.)
Go over the bridge.

49. दोपहर की झपकी ले लो।
(Dopahar ki jhapki le lo.)
Have an afternoon nap.

53. क्या आप बेहतर महसूस कर रहे हैं?
(Kya aap behtar mahsoos kar rahe hain?)
Do you feel better?

46. क्या वह आ गई है?
(Kya vah aa gayi hai?)
Has she come yet?

50. क्या वे उससे मिले हैं?
(Kya ve usase mile hain?)
Have they met her?

54. क्या आपको किसी चीज़ की ज़रूरत है?
(Kya aapko kisi cheez ki zaroorat hai?)
Do you need anything?

जैसा बोओगे, वैसा काटोगे।

(Jaisa booge, vaisa kaatoge.)

As you sow, so shall you reap.

#BetterYourself

- Day 40 -

1. मेरी आँखें दुख रही हैं।
(Meri aankhen dukh rahi hain.)
I have sore eyes.

2. उसकी आँखें लाल हैं।
(Uski aankhen laal hain.)
Her eyes are red.

3. मेरी आँखों से पानी गिर रहा है।
(Meri aankhon se paani gir raha hai.)
I have watery eyes. / My eyes are watery.

4. मेरी आँखें सूजी हुई हैं।
(Meri aankhen sooji hui hain.)
My eyes are swollen.

5. मुझे धुँधला-धुँधला दिखता है।
(Mujhe dhundhla-dhundhla dikhta hai.)
I have impaired vision. / I have blurred vision.

6. मेरी आँखें कमज़ोर हैं। / मेरी नज़र कमज़ोर है।
(Meri aankhen kamzor hain. / Meri nazar kamzor hai.)
I have poor vision. / My eyesight is poor.

7. मेरे नाक से खून आ रहा है।
(Mere naak se khoon aa raha hai.)
My nose is bleeding.

8. मेरी नाक बह रही है।
(Meri naak bah rahi hai.)
My nose is runny.

9. अपनी नाक अच्छे से पोछो।
(Apni naak achchhe se pochho.)
Wipe your nose properly. / Give your nose a good wipe.

10. उसके कान में दर्द है।
(Uske kaan me dard hai.)
He has an earache.

11. मेरा गला बैठा हुआ है।
(Mera gala baitha hua hai.)
My voice is hoarse.

12. मेरे गले जलन हो रही है। / मेरा गला जल रहा है।
(Mere gale me jalan ho rahi hai.) / Mera gala jal raha hai.)
My throat is burning.

13. मेरी गर्दन अकड़ी / जकड़ी हुई है।
(Meri gardan akdi / jakdi hui hai.)
My neck is stiff.

14. मेरे कंधे अकड़े हुए हैं।
(Mere kandhe akde hue hain.)
My shoulders are stiff.

15. मेरे हाथ में दर्द है।
(Mere haath me dard hai.)
My hand is aching.

16. मेरे हाथ सुन्न हो गए थे।
(Mere haath sunn ho gaye the.)
My hands went numb.

17. मेरी बाँह पर बल पड़ गया।
(Meri baanh par bal pad gaya.)
My arm got twisted. / My arm got kinked.

18. मेरा गला ख़राब है।
(Mera gala kharaab hai.)
My throat is sore.

19. बार-बार अपने हाथ धोयें।
(Baar-baar apne haath dhoyen.)
Wash your hands frequently.

20. मेरे पैरों में दर्द है।
(Mer pairon me dard hai.)
My legs are aching.

21. मेरे पैर में मोच आ गई।
(Mere pair me moch aa gayi.)
I sprained my leg.

22. मेरा पैर टूट गया।
(Mera pair toot gaya.)
My leg is broken.

23. मेरे पैर में सूजन है।
(Mere pair me soojan hai.)
My leg is swollen.

24. मेरी एड़ी मुड़ गई (चलते-चलते)।
(Meri edi mud gayi {chalet- chalte}.)
I twisted my ankle.

25. मेरी एड़ी में मोच आ गई।
(Meri edi me moch aa gayi.)
I sprained my ankle.

26. तुम्हारी उँगलियाँ सूजी हुई लग रही हैं।
(Tumhaari ungaliyaan sooji hui lag rahi hain.)
Your fingers look swollen.

27. तुम्हारा माथा गर्म है / जल रहा है।
(Tumhaara maatha garm hai / jal raha hai.)
Your forehead is burning.

28. उसका माथा जल रहा है।
(Uska maatha jal raha hai.)
His forehead is burning.

29. मझे बुखार है।
(Mujhe bukhaar hai.)
I have a fever. /
I have a temperature.

30. उसे बुखार था।
(Use bukhaar tha.)
He had a fever.

31. मुझे जुखाम है।
(Mujhe jukhaam hai.)
I have a cold.

32. मुझे खाँसी है / आ रही है।
(Mujhe khaansi hai / aa rahi hai.)
I have a cough.

33. मेरे सिर में दर्द है / हो रहा है।
(Mere sir me dard hai / ho raha hai.)
I have a headache. /
I've got a headache.

34. मेरे पेट में हल्का-हल्का दर्द बना हुआ है।
(Mere pet me halka-halka dard bana hua hai.)
I have a stomachache.

35. मेरे दाँत में दर्द है।
(Mere daant me dard hai.)
I have a toothache. /
My tooth is aching.

36. मेरे पीठ में दर्द है।
(Mere peeth me dard hai.)
I have a backache.

37. मेरा सिर ठनक रहा है।
(Mera sir thanak raha hai.)
My head is throbbing.

38. मेरा सिर दर्द से फ़टा जा रहा है।
(Mera sir dard se fata jaa raha hai.)
My head is splitting.

39. मेरे आधे सिर में दर्द होता है।
(Mere aadhe sir me dard hota hai.)
I have cluster headaches.

40. मेरा जी मिचला रहा है। / मुझे मिचली आ रही है।
(Mera jee michla raha hai. / Mujhe michli aa rahi hai.)
I feel like vomiting / throwing up.

41. उसने अपनी उँगली काट ली। / उसकी उँगली कट गई।
(Usne apni ungali kaat li. / Uski ungali kat gayi.)
He cut his finger.

42. मेरे पेट में गुड़गुड़ाहट हो रही है। / मेरा पेट गुड़गुड़ा रहा है।
(Mere pet me gudgudaahat ho rahi hai. / Mera pet gudguda raha hai.)
My stomach is rumbling. /
My stomach is growling.

43. मेरे पूरे शरीर में दर्द है।
(Mere poore shareer me dard hai.)
My entire body aches. / My entire body hurts.

44. दर्द बना हुआ है।
(Dard bana hua hai.)
The pain is constant.

45. वो जल्दी बीमार पड़ जाती है।
(Vo jaldi beemaar pad jaati hai.)
She gets sick easily.

46. उसके अंगूठे से खून बह रहा है।
(Uske angoothe se khoon bah raha hai.)
His thumb is bleeding.

47. मेरी हथेली सूज गई है।
(Meri hatheli sooj gayi hai.)
My palm is swollen.

48. मेरे होंठ फ़ट गए हैं।
(Mere honth fat gaye hain.)
My lips are chapped.

49. आज ठंड है।
(Aaj thand hai.)
It is cold today.

50. बाहर कड़ाके की ठंड है (जमा देने वाली ठंड)।
(Baahar kadaake ki thand hai {Jamaa dene wali thand}.)
It is arctic outside.

51. यहाँ बर्फ़ गिर रही है।
(Yahaan barf gir rahi hai.)
It is snowing here.

52. क्या बहुत ज़्यादा बर्फ़ गिर रही है?
(Kya bahut zyada barf gir rahi hai?)
Is it snowing heavily?

53. मुझे ठंड लग रही है।
(Mujhe thand lag rahi hai.)
I am feeling cold.

54. आज मौसम काफ़ी ठंडा है।
(Aaj mausam kaaphi thanda hai.)
It's quite cold today.

55. सर्दी आ गई है।
(Sardi aa gayi hai.)
Winter has kicked in.

56. वह लम्बी साँस नहीं ले पाती है।
(Vah lambi saans nahi le pati hai.)
She cannot breathe deeply.

57. मेरी तबियत ख़राब है।
(Meri tabiyat kharaab hai.)
I'm under the weather.

MAKING CONNECTIONS

EXERCISE - 8

Question 1: Make 3 four-word sentences using the word 'time'.
(चार-शब्द वाले ३ वाक्य बनाइये जिसमे 'time' शब्द का प्रयोग किया गया हो ।) - {Reference Day 36}

a. ....

b. ....

c. ....

Question 2: Write the sentence "आपकी पेन्सिल की नोक मोटी है ।" in English in 4 different ways.
(वाक्य "आपकी पेन्सिल की नोक मोटी है ।" को अंग्रेजी में 4 अलग-अलग तरीकों से लिखिए ।) - {Reference Day 37}

a. ....

b. ....

c. ....

d. ....

Question 3: Use the word 'trust' in different situations.
(विभिन्न स्थितियों में 'trust' शब्द का प्रयोग करिए ।) - {Reference Day 38}

ANSWER BANK		
distrust	trustworthy	trust

a. You betrayed my ....

b. You are not ....

c. They .... me.

Question 4: Translate the following sentences into English.

(नीचे दिए गए वाक्यों का अंग्रेजी में अनुवाद करिए।) - {Reference Day 39}

a. इसमें ज़्यादा दिमाग लगाने की ज़रुरत नहीं है। (Isme zyada dimaag lagaane ki zaroorat nahi hai.)
....

b. आपकी यात्रा अद्भुत हो! (Aapki yaatra adbhut ho!) ....

c. क्या आप बेहतर महसूस कर रहे हैं? (Kya aap behtar mahsoos kar rahe hain?) ....

d. क्या उसे आमंत्रित किया गया है? (Kya use aamantrit kiya gaya hai?) ....

e. तुम्हारा पेट गुड़गुड़ा रहा है। (Tumhaara pet gudguda raha hai.) ....

Question 5: Make suitable sentences with the difficult words given below.
(नीचे दिए गए कठिन शब्दों से उपयुक्त वाक्य बनाइए ।) - {Reference Day 40}

a. stomachache ....

b. splitting ....

c. growling ....

d. kinked ....

e. frequently ....

- Day 41 -

1. ये और बदतर हो जायेगा।
(Ye aur badtar ho jaayega.)
It will get worse.

2. और भी बुरी हालत हो गई है।
(Aur bhi buri haalat ho gayi hai.)
It has gotten worse.

3. सब उल्टा / गड़बड हो गया।
(Sab ulta / gadbad ho gaya.)
Everything got messed up.

4. बुरी खबरें जल्दी फ़ैलती हैं।
(Buri khbaren jaldi phailti hain.)
Bad news travels fast.

5. सड़क ऊँची-नीची / ऊबड़-खाबड़ है।
(Sadak oonchi-neechi / oobad-khaabad hai.)
The road is uneven. / The road is rugged.

6. इससे मनहूसियत आती है।
(Isase manhoosiyat aati hai.)
It brings bad luck.

7. आपका समय शुभ हो!
(Aapka samay shubh ho!)
Have a good time!

8. अच्छा हुआ तुम आ गए!
(Achchha hua tum aa gaye!)
It's good, you're here!

9. ये तो आपकी अच्छाई है।
(Ye to aapki achchhaai hai.)
It's good of you.

10. वो बहुत अच्छी है।
(Vo bahut achchhi hai.)
She is very good.

11. उसकी चाल अच्छी है।
(Uski chaal achchhi hai.)
She has good deportment.

12. क्या मैं अच्छी दिख रही हूँ?
(Kya main achchhi dikh rahi hoon?)
Do I look good?

13. देखो मुझे क्या मिला।
(Dekho mujhe kya mila.)
Look what I found.

14. बिल्ली को देखो।
(Billi ko dekho.)
Look at the cat.

15. मेरे सामान का ध्यान रखना।
(Mere saamaan ka dhyaan rakhna.)
Look after my luggage.

16. क्लास के बाद भी रुके रहना।
(Class ke baad bhi ruke rahna.)
Stay behind after class.

17. अगली क्लास कौन सी है?
(Agli class kaun si hai?)
What class is next?

18. अब क्या करना है?
(Ab kya karna hai?)
What to do next?

19. पर्दे के पीछे छुप जाओ।
(Parde ke peechhe chhup jaao.)
Hide behind the curtain.

20. एक सीधी रेखा खींचो।
(Ek seedhi rekha kheencho.)
Draw a straight line.

21. लाइन में खड़े हो जाओ।
(Line me khade ho jaao.)
Stand in the line.

22. लाइन पर लिखो।
(Line par likho.)
Write on the line / lines.

23. सौ बात की एक बात...
(Sau baat ki ek baat…)
The bottom line is...

24. अब उत्तर लिखो।
(Ab uttar likho.)
Now write the answer.

25. तुम अब बाहर हो चुके हो (गेम से)।
(Tum ab baahar ho chuke ho {game se}.)
You are out now.

26. मुझे सच में नहीं पता था।
(Mujhe sach me nahi pata tha.)
I really didn't know.

27. मुझे वो कहीं नहीं मिला।
(Mujhe vo kaheen nahi mila.)
I found him nowhere.

28. अब उसकी बारी है।
(Ab uski baari hai.)
It's his turn now.

29. ये किस बारे में है?
(Ye kis baare me hai?)
What is it about?

30. हमें ज़रूर बताना।
(Hame zaroor bataana.)
Do let us know.

31. मैंने तुम्हें पहले ही आगाह किया था।
(Maine tumhe pahle hi aagaah kiya tha.)
I warned you beforehand.

32. क्या आप मेरी बात समझे?
(Kya aap meri baat samjhe?)
Did you get me?

33. मैं आपकी बात समझा नहीं।
(Main aapki baat samjha nahi.)
I didn't get you.

34. मैं तो आपको समझा रही हूँ।
(Main to aapko samjha rahi hoon.)
I'm making you understand.

35. तुम समझते क्यों नहीं?
(Tum samajhte kyon nahi?)
Why don't you understand?

36. निकलने / चलने के लिए तैयार हो जाओ।
(Nikalane / Chalne ke liye taiyaar ho jaao.)
Get ready to leave.

37. मेरे पल्ले नहीं पड़ा कुछ।
(Mere palle nahi pada kuchh.)
I didn't get anything.

38. मुझे गलत मत समझना।
(Mujhe galat mat samajhna.)
Don't get me wrong.

39. मैं वो करवा दूँगा।
(Main vo karva doonga.)
I'll get that done.

40. इतना मत भड़को!
(Itna mat bhadko!)
Don't get so uptight!

41. समझ में आया?
(Samajh me aaya?)
Did you get it? / Got it?

42. उसने किससे शादी की?
(Usne kisase shaadi ki?)
Whom did he marry?

43. अपना सिर नीचे करो।
(Apna sir neeche karo.)
Move your head down.

44. मुझसे आगे चलो।
(Mujhse aage chalo.)
Walk ahead of me.

45. पीठ के बल लेटो।
(Peeth ke bal leto.)
Lie on your back.

46. पेट के बल लेटो।
(Pet ke bal leto.)
Lie on your stomach.

47. हमारी बहस हो गई।
(Hamaari bahas ho gayi.)
We had an argument.

48. मुझे बहस पसंद नहीं!
(Mujhe bahas pasand nahi!)
I don't like arguments!

49. मुझसे बहस मत करो!
(Mujhse bahas mat karo!)
Don't argue with me!

50. मुझे तुम पर विश्वास नहीं है।
(Mujhe tum par vishvaas nahi hai.)
I don't believe you.

51. पर्दा हटा दो।
(Parda hata do.)
Draw back the curtain.

- Day 42 -

1. मेरा दिमाग मत चाटो।
(Mera dimaag mat chaato.)
Don't eat my head.

2. किसी की मत सुनो।
(Kisi ki mat suno.)
Don't listen to anyone.

3. पैर मत पटको।
(Pair mat patko.)
Don't stamp your feet.

4. मूर्ख मत बनो।
(Moorkh mat bano.)
Don't be an idiot.

5. ज़्यादा बक-बक नहीं करना।
(Zyada bak-bak nahi karna.)
Don't talk too much.

6. अपना आपा मत खोना।
(Apna aapa mat khona.)
Don't lose your temper.

7. मेरे बच्चों को बिगाड़ो मत।
(Mere bachchon ko bigaado mat.)
Don't spoil my children.

8. ऐसी बातें मत बोलो।
(Aisi baaten mat bolo.)
Don't say such things.

9. किताब मत फ़ाड़ो।
(Kitaab mat phaado.)
Don't tear the book.

10. बच्चे मत बनो!
(Bachche mat bano!)
Don't be a baby!

11. इसे ख़राब मत करो। / इसे बर्बाद मत करो।
(Ise kharaab mat karo. / Ise barbaad mat karo.)
Don't mess it up.

12. मुझे निराश मत करना।
(Mujhe niraash mat karna.)
Don't let me down.

13. ये पाप है।
(Ye paap hai.)
This is a sin.

14. मुझ पर हँसो मत।
(Mujh par hanso mat.)
Don't laugh at me.

15. ज़्यादा मत हँसो।
(Zyada mat hanso.)
Don't laugh too much.

16. ऐसा दोबारा मत बोलना।
(Aisa dobaara mat bolna.)
Don't utter it again.

17. मुझे ये नहीं चाहिए।
(Mujhe ye nahi chaahiye.)
I don't want this.

18. मुझे अच्छे से याद नहीं है।
(Mujhe achchhe se yaad nahi hai.)
I don't remember exactly.

19. तुम विश्वास के लायक नहीं हो।
(Tum vishvaas ke laayak nahi ho.)
You are not trustworthy.

20. तुम विश्वास के लायक नहीं हो। (विश्वास लड़के का नाम)।
(Tum Vishvaas ke laayak nahi ho {Vishvaas ladke ka naam}.)
You don't deserve Vishvaas.

21. अगर आपको कोई ऐतराज़ न हो...
(Agar aapko koi aitraaz na ho…)
If you don't mind…

22. अब तुम धूम्रपान नहीं करते क्या?
(Ab tum dhoomrapaan nahi karte kya?)
Don't you smoke now?

23. इसे हल्के में मत लो।
(Ise halke me mat lo.)
Don't take this lightly.

24. अब और दुःखी मत होना।
(Ab aur dukhi mat hona.)
Don't be sad anymore.

25. इस तरह से मत जाओ।
(Is tarah se mat jaao.)
Don't leave like this.

26. मुझ पर चिल्लाओ मत।
(Mujh par chillaao mat.)
Don't yell at me.

27. पैर मत झुलाओ।
(Pair mat jhulaao.)
Don't swing your legs.

28. पैर घसीटो मत।
(Pair ghaseeto mat.)
Don't drag your feet.

29. मुझे कभी फ़ोन मत करना!
(Mujhe kabhi phone mat karna!)
Never call me again!

30. क्या तुममें धैर्य नहीं है?
(Kya tumame dhairya nahi hai?)
Don't you have patience?

31. मैं उससे कभी नहीं मिला।
(Main usase kabhi nahi mila.)
I never met her. / I did not meet her ever.

32. मैंने ये कभी नहीं किया है।
(Maine ye kabhi nahi kiya hai.)
I've never done that.

33. मैं किसी से नहीं मिला।
(Main kisi se nahi mila.)
I didn't meet anybody. / I met nobody.

34. मैंने सुना नहीं।
(Maine suna nahi.)
I didn't catch that.

35. वो आई ही नहीं।
(Vo aayi hi nahi.)
She didn't show up.

36. क्या आपने मुझे पहचाना नहीं?
(Kya aapne mujhe pahchaana nahi?)
Didn't you recognize me?

37. मैंने उसकी आवाज़ पहचान ली।
(Maine uski aavaaz pahchaan li.)
I recognized his voice.

38. यहाँ बैठकर इंतज़ार करो।
(Yahaan baithkar intzaar karo.)
Sit here and wait.

39. कहीं भी बैठ जाओ।
(Kaheen bhi baith jaao.)
Sit wherever you like.

40. यहाँ से चले जाओ।
(Yahaan se chale jaao.)
Go away from here.

41. तुम हिचकिचा क्यों रहे हो?
(Tum hichkicha kyon rahe ho?)
Why are you hesitating?

42. तुम खड़े क्यों हो?
(Tum khade kyon ho?)
Why are you standing?

43. मैं किसी का इंतज़ार कर रहा हूँ।
(Main kisi ka intzaar kar raha hoon.)
I'm waiting for somebody.

44. मेरे बगल में खड़े हो जाओ।
(Mere bagal me khade ho jaao.)
Stand next to me.

45. आमने-सामने खड़े हो।
(Aamne- saamne khade ho.)
Stand face to face.

46. ट्रेन खड़ी है।
(Train khadi hai.)
The train is standing.

47. बहुत शोर हो रहा है।
(Bahut shor ho raha hai.)
It is so noisy.

48. बहुत ज़्यादा जाम लगा हुआ था।
(Bahut zyada jaam laga hua tha.)
The traffic was terrible.

49. मैंने कुछ नहीं छिपाया है।
(Maine kuchh nahi chhipaaya hai.)
I haven't hidden anything.

50. इससे पहले कि तुम कुछ कहो...
(Isase pahle ki tum kuchh kaho…)
Before you say anything…

51. क्या हम पहले मिल चुके हैं?
(Kya ham pahle mil chuke hain?)
Have we met before?

- Day 43 -

1. वो हँस पड़ी।
(Vo hans padi.)
She burst out laughing.

2. वो रो पड़ी।
(Vo ro padi.)
She burst out crying. /
She burst into tears.

3. उसे रोना आता है।
(Use rona aata hai.)
She feels like weeping. /
She feels like crying.

4. मेरा दिल फ़ट जायेगा।
(Mera dil phat jaayega.)
My heart will burst.

5. तुमने मुझे हँसाया।
(Tumne mujhe hansaaya.)
You made me laugh.

6. मुझे किसी के रोने की आवाज़ सुनाई दी।
(Mujhe kisi ke rone ki aavaaz sunaai di.)
I heard someone crying.

7. उन्हें ये पहले से ही पता था।
(Unhe ye pahle se hi pata tha.)
They knew this already.

8. मैंने इस बारे में सुन रखा है।
(Maine is baare me sun rakha hai.)
I've heard about this.

9. मेरा दिल उचट गया।
(Mera dil uchat gaya.)
My heart got dejected.

10. तुझे शर्म आनी चाहिए।
(Tujhe sharm aani chaahiye.)
You should be ashamed.

11. ये बैटरी ख़राब है।
(Ye baitari kharaab hai.)
This battery is defective.

12. ये बैटरी ख़त्म हो गई है।
(Ye baitari khatm ho gayi hai.)
This battery is dead.

13. उसकी आवाज काँप रही थी।
(Uski aavaaz kaanp rahi thi.)
His voice was shaking.

14. दरवाज़ा खुला छोड़ दो।
(Darvaaza khula chhod do.)
Leave the door open.

15. दरवाज़े पर कौन है?
(Darvaaze par kaun hai?)
Who's at the door?

16. चलो बाहर निपटारा कर लेते हैं।
(Chalo baahar niptaara kar lete hain.)
Let's settle this outside.

17. ये बिल्कुल भी स्वीकार्य नहीं है। / ये पूरी तरह से अस्वीकार्य है।
(Ye bilkul bhi sveekaarya nahi hai. / Ye poori tarah se asveekarya hai.)
This is totally unacceptable.

18. आवाज़ गूँज रही है।
(Aavaaz goonj rahi hai.)
The voice is resounding / echoing.

19. मैं फ़ाइनल में पहुँच गया हूँ।
(Main final me pahunch gaya hoon.)
I've reached the final.

20. आपको किस-किस ने हराया?
(Aapko kis-kis ne haraaya?)
Who all defeated you?

21. ये कोई छोटी-मोटी बात नहीं है।
(Ye koi chhoti-moti baat nahi hai.)
It's no mean feat.

22. कोई अगर मगर नहीं।
(Koi agar magar nahi.)
No ifs and buts.

23. मुझे इसकी आदत है।
(Mujhe iski aadat hai.)
I'm used to it.

24. आप गलत नहीं कह रहे हैं।
(Aap galat nahi kah rahe hain.)
You are not wrong.

25. उनका ध्यान रखना।
(Unka dhyaan rakhna.)
Take care of them.

26. सबके बाद मैं!
(Sabke baad main!)
I'm the last one!

27. वास्ते।
(Vaaste.)
For the sake of.

28. वह दलबदलू है।
(Vah dalbadlu hai.)
He is a turncoat.

29. ठीक है, याद दिला दूँगा।
(Theek hai, yaad dila doonga.)
OK, I'll remind you.

30. क्या उसने तुम्हें याद दिलाया?
(Kya usne tumhe yaad dilaaya?)
Did she remind you?

31. तुम उसे गुमराह कर रहे हो।
(Tum use gumraah kar rahe ho.)
You are misleading him. / You are misguiding him.

32. यह एक अफ़वाह है।
(Yah ek afvaah hai.)
This is a rumor / rumour.

33. अपने काम से काम रखो!
(Apne kaam se kaam rakho!)
Mind your own business!

34. मुझे ख़ुद पर भरोसा है।
(Mujhe khud par bharosa hai.)
I believe in myself.

35. मुझे आप पर यकीन है।
(Mujhe aap par yakeen hai.)
I believe in you.

36. मानो या न मानो!
(Maano ya na maano!)
Believe it or not!

37. वो बहुत ज़्यादा तंग करता है।
(Vo bahut zyada tang karta hai.)
He is very annoying.

38. तुम्हें क्या लगता है?
(Tumhe kya lagta hai?)
What do you think?

39. तुम फिर देर से आये हो। / तुम्हें फिर देर हो गई।
(Tum fir der se aaye ho. / Tumhe fir der ho gayi.)
You are late again.

40. हाँ, बहुत देर हो गई है।
(Haan, bahut der ho gayi hai.)
Yes, it's very late.

41. हमें पहले ही देर हो रही है।
(Hame pahle hi der ho rahi hai.)
We are already late.

42. इसमें थोड़ा समय लगता है।
(Isme thoda samay lagta hai.)
It takes a while.

43. थोड़ी देर के लिए।
(Thodi der ke liye.)
For a little while.

44. आख़िर में रोज़ वाला ही समय हो गया।
(Aakhir me roz vala hi samay ho gaya.)
Eventually, it's everyday time.

45. कभी-कभी मुझे ख़ुद से नफ़रत हो जाती है।
(Kabhi-kabhi mujhe khud se nafrat ho jaati hai.)
Sometimes, I hate myself.

46. वक़्त बहुत कम है।
(Waqt bahut kam hai.)
We're low on time.

47. समय समय पर।
(Samay samay par.)
From time to time.

48. पहली बार।
(Pahli baar.)
For the first time.

49. वो कभी भी आ सकती है।
(Vo kabhi bhi aa sakti hai.)
She could arrive anytime.

50. मैं झूठ नहीं बोल रही हूँ।
(Main jhooth nahi bol rahi hoon.)
I am not lying.

51. क्या तुम भी चल रहे हो?
(Kya tum bhi chal rahe ho?)
Are you coming along?

52. आप लोगों का हो गया?
(Aap logon ka ho gaya?)
Are you guys done?

53. तुमने क्या कर दिया?
(Tumne kya kar diya?)
What have you done?

54. मैं आपका सबसे बड़ा फैन हूँ।
(Main aapka sabse bada fan hoon.)
I'm your biggest fan.

अब पछताए होत क्या जब चिड़िया चुग गई खेत।

(Ab pachhtaaye hot kya jab chidiya chug gayi khet.)

It's no use crying over spilt milk.

#BetterYourself

- Day 44 -

1. मैं तुम्हारी तरफ़ हूँ।
(Main tumhaari taraf hoon.)
I'm on your side.

2. बस मुझे बता देना।
(Bas mujhe bata dena.)
Just let me know.

3. तुम्हें ख़ुद ही पता चल जायेगा।
(Tumhe kudh hi pata chal jaayegaa.)
You'll find out yourself.

4. कुछ और बात करो।
(Kuchh aur baat karo.)
Talk about something else.

5. कुछ करो इसका।
(Kuchh karo iska.)
Do something about it.

6. मैं निकलने वाला हूँ।
(Main Nikalane vala hoon.)
I'm about to leave.

7. हमें निकलना है।
(Hame nikalna hai.)
We have to leave.

8. थोड़ा और जल्दी करो।
(Thoda aur jaldi karo.)
Do it more quickly.

9. एक बार फिर से बोलो।
(Ek baar fir se bolo.)
Say it once more.

10. वो अब इस दुनिया में नहीं है।
(Vo ab is duniya me nahi hai.)
He is no more.

11. वे अब इस दुनिया में नहीं हैं।
(Ve ab is duniya me nahi hain.)
They are no more.

12. और चाहिए?
(Aur chaahiye?)
Do you want more?

13. उसकी ज़बान ही कड़वी है।
(Uski zabaan hi kadvi hai.)
She has bitter tongue.

14. ऐसा क्यों किया?
(Aisa kyon kiya?)
Why did you do so? / Why did you do this? / Why did you do that?

15. तू तो गया!
(Tu to gaya!)
You are dead meat!

16. तुम्हें मजाक लग रहा है!
(Tumhe majaak lag raha hai!)
You find it funny!

17. मैं तुम्हें अंदर करवा दूँगा।
(Main tumhe andar karva doonga.)
I'll have you arrested.

18. हिम्मत है तुममें?
(Himmaat hai tumame?)
Do you have guts?

19. तुम राक्षस हो!
(Tum raakshas ho!)
You are a monster!

20. तुम मुझे तकलीफ़ दे रहे हो।
(Tum mujhe takleef de rahe ho.)
You are hurting me.

21. मैं तुम्हारा नौकर नहीं हूँ।
(Main tumhaara naukar nahi hoon.)
I'm not your servant.

22. गहरी साँस लो।
(Gahri saans lo.)
Take a deep breath.

23. वो मुझ पर पाबंदी लगा रहा है।
(Vo mujh par paabandi laga raha hai.)
He is restricting me.

24. क्या मैं गलत कर रहा हूँ?
(Kya main galat kar raha hoon?)
Am I doing wrong?

25. वो आँसू बहा रही थी।
(Vo aansoo baha rahi thi.)
She was shedding tears.

26. मेरी तो किस्मत ही खोटी है।
(Meri to kismat hi khoti hai.)
I have ill luck.

27. तुम्हें क्या चाहिए? / तुम चाहते क्या हो?
(Tumhe kya chaahiye? / Tum chaahate kya ho?)
What do you want?

28. ये मुश्किल नहीं है।
(Ye mushkil nahi hai.)
It is not difficult.

29. काश मैं कर पाता!
(Kaash main kar pata!)
I wish I could!

30. काश मुझे पता होता!
(Kaash mujhe pata hota!)
I wish I knew!

31. हम किसी तरह से वहाँ पहुँचे।
(Ham kisi tarah se vahaan pahunche.)
We somehow reached there.

32. उसे डाँट पड़ रही थी।
(Use daant pad rahi thi.)
He was being scolded.

33. मेरी आवाज़ नहीं निकल रही थी।
(Meri aavaaz nahi nikal rahi thi.)
My voice was choked.

34. कुछ दुविधा हो गई है।
(Kuchh duvidha ho gayi hai.)
Some confusion has arisen.

35. एक मुश्किल आ पड़ी है।
(Ek mushkil aa padi hai.)
A difficulty has arisen.

36. वो मुझे गालियाँ बक रहा है।
(Vo mujhe gaaliyaan bak raha hai.)
He is abusing me.

37. कुछ ख़ास है क्या आज?
(Kuchh khaas hai kya aaj?)
Is anything special today?

38. मैं आपको डाँट नहीं रही हूँ।
(Main aapko daant nahi rahi hoon.)
I'm not scolding you.

39. मैं हूँ तुम्हारे साथ।
(Main hoon tumhaare saath.)
I'm here with you.

40. मैं अपने आप कर लूँगी।
(Main apne aap kar loongi.)
I'll do it myself.

41. ये तो रोज़ की बात है। / ये तो रोज़ ही होता है।
(Ye to roz ki baat hai. / Ye to roz hi hota hai.)
It's an everyday occurrence.

42. लोग ऐसे क्यों हैं? / लोग ऐसे क्यों होते हैं?
(Log aise kyon hain? / Log aise kyon hote hain?)
Why are people so?

43. तुम उन्हें बिगाड़ रहे हो।
(Tum unhe bigaad rahe ho.)
You are spoiling them.

44. जैसे जी में आये, वैसे करो। / जैसे मन हो, वैसे करो।
(Jaise jee me aaye, vaise karo. / Jaise man ho, vaise karo.)
Do as you wish.

45. जैसा तुम्हें अच्छा लगे, वैसा करो।
(Jaisa tumhe achchha lage, vaisa karo.)
Do as you please.

46. ये तो मानी हुई बात है।
(Ye to maani hui baat hai.)
It goes without saying.

47. सब खोखली धमकियाँ हैं।
(Sab khokhli dhamkiyaan hain.)
All are mere threats.

48. तुम इसे नकार नहीं सकते।
(Tum ise nakaar nahi sakte.)
You cannot negate it. / You cannot deny it.

- Day 45 -

1. मुर्गा बनो।
(Murga bano.)
Crouch like a chicken.

2. अपने गुस्से पर काबू रखो!
(Apne gusse par kaabu rakho!)
Keep your shirt on! /
Keep your hair on!

3. ये कमीज़ धोने लायक है।
(Ye kameez dhone laayak hai.)
This shirt needs washing.

4. तुम्हारी कमीज़ खुली हुई है।
(Tumhaari kameez khuli hui hai.)
Your shirt is undone.

5. उसने अपनी कमीज़ खोली।
(Usne apni kameez kholi.)
He undid his shirt.

6. अपनी कमीज़ बन्द करो।
(Apni kameez band karo.)
Do up your shirt. /
Do your shirt up.

7. अपनी कमीज़ के बटन्स बन्द करो।
(Apni kameez ke buttons band karo.)
Button up your shirt. /
Button your shirt up. /
Do up the buttons of your shirt.

8. मैं तुम्हारी कमीज़ इस्त्री कर रही हूँ।
(Main tumhaari kameez istri kar rahi hoon.)
I'm ironing your shirt.

9. ऊपर का पहला बटन खोल लो।
(Upar ka pahla button khol lo.)
Undo the top button.

10. बटन्स बन्द करो।
(Buttons band karo.)
Do up your buttons.

11. क्या आपके पास ट्राउज़र्स हैं?
(Kya aapke paas trousers hain?)
Do you have trousers?

12. तुम्हारी चेन खुली हुई है।
(Tumhaari chen khuli hui hai.)
Your zip is undone.

13. अपनी जैकेट बन्द करो।
(Apni jacket band karo.)
Do your jacket up. /
Zip up your jacket. /
Zip your jacket up.

14. क्या वो सीट खाली है?
(Kya vo seat khaali hai?)
Is that seat free?

15. अपनी सीट बेल्ट बाँध लो।
(Apni seat belt bandh lo.)
Fasten your seat belt.

16. अपनी सीट बेल्ट खोलो।
(Apni seat belt kholo.)
Unfasten your seat belt. /
Undo your seat belt.

17. अपनी सीट बेल्ट ढीली करो।
(Apni seat belt dheeli karo.)
Loosen your seat belt.

18. अपनी सीट बेल्ट कस लो।
(Apni seat belt kas lo.)
Tighten your seat belt.

19. तुम्हारे जूते का फ़ीता ढीला हो गया है।
(Tumhaare joote ka pheeta dheela ho gaya hai.)
Your shoelace has loosened.

20. अपने जूते के फ़ीते बाँधो।
(Apne joote ke pheete baandho.)
Do up your shoelaces.

21. आदत डाल लो।
(Aadat daal lo.)
Get used to it.

22. मैंने अपना वादा निभाया।
(Maine apna vada nibhaaya.)
I kept my promise.

23. बस उसे यहाँ ले आओ।
(Bas use yahaan le aao.)
Just get him here.

24. मेरे लिए एक तकिया लाओ।
(Mere liye ek takiya laao.)
Get me a pillow.

25. फूल मुरझा रहे हैं।
(Phool murajha rahe hain.)
Flowers are getting withered.

26. तितलियाँ फूलों पर मँडरातीं हैं।
(Titaliyaan phoolon par mandrati hain.)
Butterflies hover over flowers.

27. चाबी खो गई है।
(Chaabi kho gayi hai.)
The key is missing.

28. क्या वो तुम्हारा घर है?
(Kya vo tumhaara ghar hai?)
Is that your house?

29. तुम्हारा व्यवसाय क्या है?
(Tumhaara vyavasaay kya hai?)
What is your profession? /
What profession are you in?

30. आपके घर पर हूँ मैं।
(Aapke ghar par hoon main.)
I'm at your home.

31. आप घर पर हो ही नहीं।
(Aap ghar par ho hi nahi.)
You are not home.

32. मेरे पास तीन गाड़ियाँ हैं।
(Mere paas teen gaadiyaan hain.)
I have three cars.

33. तुम्हारे पास क्या है?
(Tumhaare paas kya hai?)
What do you have?

34. मेरे पास माँ है।
(Mere paas maa hai.)
I've got a mother.

35. अब बस भी करो।
(Ab bas bhi karo.)
Let it be now.

36. बच्चे थके-थके से लग रहे थे।
(Bachche thake-thake se lag rahe the.)
The children seemed tired.

37. मैं पूरी तरह थक कर चूर हो गया हूँ।
(Main poori tarah thak kar choor ho gaya hoon.)
I'm absolutely worn out.

38. क्या तुम कुछ कह रही थी?
(Kya tum kuchh kah rahi thi?)
Were you saying something?

39. क्या तुम मेरा मार्गदर्शन करोगे?
(Kya tum mera maargdarshan karoge?)
Will you guide me?

40. वहाँ बहुत ही कम लोग थे (एक-दो)।
(Vahaan bahut hi kam log the {ek-do}.)
There were few people. /
There were very few people.

41. पापा ने आपा खो दिया।
(Papa ne aapa kho diya.)
Father lost his temper.

42. आधी रात हो चुकी है।
Aadhi raat ho chuki hai.)
It is midnight already.

43. कुत्ते को भगा दो!
(Kutte ko bhaga do.)
Drive the dog off.

44. तुम कितना जल्दी कर लेते हो!
(Tum kitna jaldi kar lete ho!)
How quick you are!

45. वो बहुत चालाक है।
(Vo bahut chaalaak hai.)
He is very clever.

46. उसकी हालत गम्भीर है।
(Uski haalat gambheer hai.)
His condition is serious.

47. उसका स्वास्थ्य सुधर रहा है।
(Uska svaasthya sudhar raha hai.)
His health is improving.

48. मुझे उँचाई से डर लगता है।
(Mujhe unchaai se dar lagta hai.)
I'm afraid of heights.

49. मैंने तुम्हें फ़ोन किया था।
(Maine tumhe phone kiya tha.)
I called you up.

50. ये आसान नहीं होगा।
(Ye aasaan nahi hoga.)
It won't be easy.

51. लेकिन मैं किसी तरह मैनेज कर लूँगा।
(Lekin main kisi tarah manage kar loonga.)
But I'll manage somehow.

52. सब ठीक हो जायेगा।
(Sab theek ho jaayega.)
Everything will be OK.

53. इसे सादा ही रखो।
(Ise saada hi rakho.)
Just keep it simple.

54. ये मेरी तरफ़ से है।
(Ye meri taraf se hai.)
This is from me.

समझदार को इशारा ही काफ़ी होता है।

(Samjhdaar ko ishara hi kaafi hota hai.)

A word to the wise is sufficient.

#BetterYourself

MAKING CONNECTIONS

EXERCISE - 9

Question 1: Choose the correct answers from the Answer Bank.
(उत्तर बैंक से सही उत्तर चुनिए I) - {Reference Day 41}

ANSWER BANK				
rugged	worse	deportment	argument	messed

a. It will get .... (Hint: बदतर)

b. Everything got .... up. (Hint: गड़बड)

c. The road is .... (Hint: ऊबड़-खाबड़)

d. She has good .... (Hint: चाल)

e. We had an ………………… (Hint: बहस)

Question 2: Translate the following sentences into English.
(नीचे दिए गए वाक्यों का अंग्रेजी में अनुवाद करिए I) - {Reference Day 42}

a. तुम विश्वास के लायक नहीं हो I (विश्वास लड़के का नाम) I (Tum Vishvaas ke laayak nahi ho {Vishvaas ladke ka naam}.) ....

b. तुम हिचकिचा क्यों रहे हो? (Tum hichkicha kyon rahe ho?) ....

c. मैंने उसकी आवाज़ पहचान ली I (Maine uski aavaaz pahchaan li.) ....

d. ज़्यादा बक-बक नहीं करना I (Zyada bak-bak nahi karna.) ....

e. क्या तुममें धैर्य नहीं है? (Kya tumame dhairya nahi hai?) ....

Question 3: Make your own sentences using the words below.
(नीचे दिए गए शब्दों का उपयोग करते हुए अपने वाक्य बनाइए I) - {Reference Day 43}

a. burst ....

b. misleading / misguiding ....

c. dejected ....

d. annoying ....

e. unacceptable ....

Question 4: Translate the following sentences into Hindi.
(नीचे दिए गए वाक्यों का हिन्दी में अनुवाद करिए ।) - {Reference Day 44}

a. She was shedding tears. ....

b. We somehow reached there. ....

c. My voice was choked. ....

d. Some confusion has arisen. ....

e. It's an everyday occurrence. ....

Question 5: Write English meanings of the following words.
(नीचे दिए गए शब्दों के अंग्रेजी अर्थ लिखिए ।) - {Reference Day 45}

a. मँडराना ....

b. मुरझाना ....

c. वादा ....

d. जूते का फ़ीता ....

e. चालाक ....

- Day 46 -

1. झूठ मत बोलो।
(Jhooth mat bolo.)
Don't tell a lie. /
Do not lie.

2. कैसे आना हुआ?
(Kaise aana hua?)
What brings you here?

3. उसने मुझे ज़ोर से मारा।
(Usne mujhe zor se maara.)
He hit me hard.

4. नहीं-नहीं, बिल्कुल भी नहीं।
(Nahi-nahi, bilkul bhi nahi.)
No, not at all.

5. एक सेकेंड इंतज़ार करो।
(Ek second intzaar karo.)
Hold on a second.

6. बिजली चमक रही है।
(Bijli chamak rahi hai.)
The lightning is flashing.

7. उसने राम का खिलौना ख़राब कर दिया।
(Usne Ram ka khilauna kharaab kar diya.)
He ruined Ram's toy.

8. क्या आप इसे ठीक कर सकते हैं?
(Kya aap ise theek kar sakte hain?)
Can you fix it?

9. कार्टून चैनल लगा दो।
(Cartoon channel laga do.)
Switch to cartoon channel.

10. मुझे अभी-अभी पता लगा।
(Mujhe abhi-abhi pata laga.)
I just found out.

11. मेरी कोई इच्छा नहीं है।
(Meri koi ichchha nahi hai.)
I have no wish.

12. कुछ पैसे उधार दे दो।
(Kuchh paise udhaar de do.)
Lend me some money.

13. वो लगभग 25 साल का है।
(Vo lagbhag 25 saal ka hai.)
He is around 25.

14. मुझे एकदम से याद आया।
(Mujhe ekdam se yaad aaya.)
It occurred to me.

15. कल तुम कहाँ थे?
(Kal tum kahaan the?)
Where were you yesterday?

16. यहीं तो था मैं।
(Yaheen to tha main.)
I was here itself.

17. वो आ चुकी है।
(Vo aa chuki hai.)
She has already arrived.

18. क्या पापा आ गए?
(Kya papa aa gaye?)
Has dad arrived yet?

19. मेरी घड़ी खो गई है।
(Meri ghadi kho gayi hai.)
I've lost my watch.

20. उसने मुझे गाली दी।
(Usne mujhe gaali di.)
He swore at me.

21. मुझे जाना होगा।
(Mujhe jana hoga.)
I've got to go. /
I have to go.

22. मैं चली!
(Main chali!)
I'm out of here!

23. तुम कितनी सुंदर हो!
(Tum kitni sundar ho!)
How beautiful you are!

24. सब कितना फ़ीका-फ़ीका है!
(Sab kitna feeka-feeka hai!)
Everything is so dull!

25. हद हो गई!
(Had ho gayi!)
This is a limit!

26. कहना आसान है, करना नहीं!
(Kahna aasaan hai, karna nahi!)
Easier said than done!

27. मुझसे लग गई क्या? / मैंने तुम्हें तकलीफ़ दी क्या?
(Mujhse lag gayi kya? / Maine tumhe takleef di kya?)
Did I hurt you?

28. मेरा वहाँ ज़िक्र हुआ।
(Mera vahaan zikra hua.)
I was mentioned there.

29. तुमने मेरा दिल जीत लिया।
(Tumne mera dil jeet liya.)
You won me over.

30. तुम्हें ये किसने दिया?
(Tumhe ye kisne diya?)
Who gave you this?

31. क्या रिया अभी भी वहीं है?
(Kya Riya abhi bhi vaheen hai?)
Is Riya still there?

32. मैं पैदल आया।
(Main paidal aaya.)
I came on foot.

33. क्या कहा उसने?
(Kya kaha usne?)
What did he say?

34. चलो पार्टी करते हैं।
(Chalo party karte hain.)
Let's have a party.

35. चलो सूची बना लेते हैं।
(Chalo soochi bana lete hain.)
Let's make a list.

36. यह एक पहेली है।
(Yah ek paheli hai.)
This is a riddle.

37. फ़ोन आ रहा है।
(Phone aa raha hai.)
The phone is ringing.

38. तुम किसे फ़ोन कर रहे हो?
(Tum kise phone kar rahe ho?)
Who are you calling?

39. मैं पापा को फ़ोन कर रहा हूँ।
(Main papa ko phone kar raha hoon.)
I am phoning / calling dad.

40. मुझे थोड़े पैसे चाहिए।
(Mujhe thode paise chaahiye.)
I need some money.

41. पैसा उसका भगवान बन गया।
(Paisa uska Bhagwan ban gaya.)
Money became his God.

42. मेरे पास पैसे नहीं हैं।
(Mere paas paise nahi hain.)
I have no money.

43. उसने पैसा उधार लिया था।
(Usne paisa udhaar liya tha.)
He borrowed the money.

44. मेरे पैसे वापस कर दो, प्लीज़।
(Mere paise vaapas kar do, please.)
Refund my money, please.

45. 8 बजे तक घर आ जाना।
(8 baje tak ghar aa jana.)
Be home by eight.

46. राम को हैलो बोलो।
(Ram ko hello bolo.)
Say hello to Ram.

47. उससे हैलो बोलो।
(Usase hello bolo.)
Say hello to him.

48. कुछ चिन्ता करने की ज़रूरत नहीं है!
(Kuchh chinta karne ki zaroorat nahi hai!)
Nothing to worry about!

49. मैंने उसे जाते हुए देखा।
(Maine use jaate huye dekha.)
I watched him go.

50. मुझे जानवर पालने का बहुत शौक है।
(Mujhe jaanvar paalane ka bahut shauk hai.)
I'm fond of pets.

51. आओ तब तक बातें कर लेते हैं।
(Aao tab tak baaten kar lete hain.)
Let's talk till then.

- Day 47 -

1. चलो घर सजाते हैं।
(Chalo ghar sajaate hain.)
Let's decorate the house.

2. घर साफ़-सफ़ाई माँग रहा है।
(Ghar saaf-safaai maang raha hai.)
The house needs cleaning.

3. मैं घर के काम कर रही हूँ।
(Main ghar ke kaam kar rahi hoon.)
I'm doing the chores. /
I'm doing the household chores.

4. तौलिया निचोड़ दो।
(Tauliya nichod do.)
Wring out the towel.

5. कूड़े का डब्बा भरा हुआ है।
(Koode ka dabba bhara hua hai.)
The dustbin is full.

6. कूड़ा बाहर निकाल दो।
(Kooda baahar nikaal do.)
Take out the trash. /
Take the trash out. /
Take the rubbish out.

7. मेरे लिए एक कुर्सी ले आओ।
(Mere liye ek kursi le aao.)
Bring me a chair.

8. सामान हटाकर ले जाओ।
(Saamaan hataakar le jaao.)
Take the things away.

9. रसोई का काउन्टर साफ़ कर दो।
(Rasoi ka counter saaf kar do.)
Clean the kitchen counter.

10. मैं कपड़े धो रही हूँ।
(Main kapde dho rahi hoon.)
I'm doing the laundry.

11. ज़रा बर्तन धो देना, प्लीज़।
(Zara bartan dho dena, please.)
Do the dishes, please. /
Do the washing-up, please.

12. कपड़े बाहर सूखने के लिए डाल दो।
(Kapde baahar sookhne ke liye daal do.)
Hang out the clothes.

13. मैं इस्त्री कर रही हूँ।
(Main istri kar rahi hoon.)
I'm doing the ironing.

14. मैं रोटियाँ सेंक रही हूँ।
(Main rotiyaan senk rahi hoon.)
I'm baking the chapattis.

15. दूध उबाल दो।
(Doodh ubaal do.)
Boil up the milk. /
Boil the milk.

16. दूध ग़र्म कर दो।
(Doodh garm kar do.)
Warm up the milk. /
Heat up the milk.

17. ठंडा हो जाने दो।
(Thanda ho jaane do.)
Let it cool down.

18. ब्रेड के किनारे निकाल दो।
(Bread ke kinaare nikaal do.)
Remove the bread crusts.

19. मैं पूरियाँ छान रही हूँ।
(Main pooriyaan chhan rahi hoon.)
I'm frying the puris.

20. चावल बीन दो।
(Chaaval been do.)
Pick over the rice.

21. टमाटर को छोटे-छोटे टुकड़ों में काट लो।
(Tamaatar ko chhote-chhote tukdon me kaat lo.)
Chop up the tomato. /
Chop the tomato up.

22. आलू अधपका है।
(Aaloo adhpaka hai.)
The potato is undercooked. / The potato is not soft yet.

23. आलू गल गए।
(Aaloo gal gaye.)
The potatoes are overcooked.

24. खाना पक रहा है।
(Khaana pak raha hai.)
The food is cooking.

25. गरम मसाला पाउडर बुरक दो।
(Garam masala powder burak do.)
Sprinkle garam masala powder.

26. नमक और काली मिर्च बुरक दो।
(Namak aur kaali mirch burak do.)
Sprinkle salt and pepper.

27. करी में नमक ज़्यादा है।
(Curry me namak zyada hai.)
Curry is too salty.

28. इसमें नमक लगा दो (नमक से लपेट दो)।
(Isme namak laga do {namak se lapet do}.)
Pickle it with salt.

29. कैंची कहाँ पर है?
(Kainchi kahaan par hai?)
Where are the scissors?

30. क्या मैं यहाँ आराम कर सकता हूँ?
(Kya main yahaan aaraam kar sakta hoon?)
May I rest here?

31. क्या मैं यहाँ ठहर सकता हूँ?
(Kya main yahaan thahar sakta hoon?)
May I stay here?

32. क्या करूँ मैं?
(Kya karoon main?)
What do I do?

33. ये कुर्सी हटाना, प्लीज़।
(Ye kursi hataana, please.)
Move this chair, please.

34. मैं अपना बेस्ट दूँगा।
(Main apna best doonga.)
I'll do my best.

35. मैंने अपना बेस्ट दिया।
(Maine apna best diya.)
I did my best.

36. मैं इसमें अच्छा हूँ।
(Main isme achchha hoon.)
I'm good at it.

37. मेज तैयार करो, प्लीज़।
(Mej taiyaar karo, please.)
Set the table, please.

38. इसे ऐसे करो।
(Ise aise karo.)
Do it this way.

39. नमक इधर देना।
(Namak idhar dena.)
Pass me the salt.

40. कृपया, मेरी फ़ोटो खींच दो।
(Kripya, meri photo kheench do.)
Please, take my picture. / Please, click my picture.

41. कैमरे में देखकर मुस्कुराओ।
(Kaimare me dekhkar muskuraao.)
Smile at the camera.

42. चुप रहो, मैं काम कर रही हूँ।
(Chup raho, main kaam kar rahi hoon.)
Be quiet, I'm working.

43. क्या ये मेरा काम है?
(Kya ye mera kaam hai?)
Is this my job?

44. मैंने अभी-अभी धोये हैं।
(Maine abhi-abhi dhoye hain.)
I just washed them.

45. तिरछा काटकर दो भाग कर लो।
(Tirachha kaatkar do bhaag kar lo.)
Cut in half diagonally.

- Day 48 -

1. मैं वहाँ गया था।
(Main vahaan gaya tha.)
I had been there.

2. बालों को खुला रखना।
(Baalon ko khula rakhna.)
Wear your hair loose.

3. आसमान में घने बादल छाए हुए हैं।
(Aasmaan me ghane baadal chhaaye huye hain.)
The sky is overcast.

4. महीना ख़त्म हो गया है।
(Maheena khatm ho gaya hai.)
The month is over.

5. बाल कटवा लो।
(Baal katva lo.)
Get your hair cut. /
Have your hair cut.

6. मेरे बाल छोटे हैं।
(Mere baal chhote hain.)
I've got short hair. /
I have short hair.

7. अपने बालों की ट्रिमिंग करा लो।
(Apne baalon ki trimming kara lo.)
Get / Have your hair trimmed.

8. छुट्टी कैसी रही?
(Chhutti kaisi rahi?)
How was your holiday?

9. तुम्हारी घड़ी कहाँ है?
(Tumhaari ghadi kahaan hai?)
Where is your watch?

10. मैं रोहन को ढूँढ रहा हूँ।
(Main Rohan ko dhoondh raha hoon.)
I'm looking for Rohan.

11. मेरे बहुत से दोस्त हैं।
(Mere bahut se dost hain.)
I've got many friends. /
I have many friends.

12. पौने सात बजे।
(Paune saat baje.)
At quarter to seven.

13. क्या आज सोमवार है?
(Kya aaj somvaar hai?)
Is it Monday today?

14. नहीं, आज मंगलवार है।
(Nahi, aaj mangalvaar hai.)
No, it's Tuesday today.

15. टीवी चल नहीं रहा है।
(TV chal nahi raha hai.)
The TV isn't working.

16. बच्चे के मुँह से लार टपक रही है।
(Bachche ke muh se laar tapak rahi hai.)
The baby is drooling.

17. यहाँ खाना महँगा है।
(Yahaan khaana mahanga hai.)
Food is expensive here.

18. उसने सूटकेस खोला।
(Usne suitcase khola.)
He unzipped the suitcase.

19. मक्खन कैसे बनता है?
(Makkhan kaise banta hai?)
How is butter made?

20. वो अभी तक आई नहीं!
(Vo abhi tak aayi nahi!)
She isn't here yet!

21. तुम छींक क्यों रहे हो?
(Tum chheenk kyon rahe ho?)
Why are you sneezing?

22. वो हमेशा डींगें हाँकता रहता है।
(Vo hamesha deengen haankta rahta hai.)
He is always boasting.

23. इसकी लिखावट बहुत ख़राब है, समझ में नहीं आती।
(Iski likhavat bahut kharab hai, samajh me nahi aati.)
His handwriting is illegible.

24. वो मेरे रिश्तेदार हैं।
(Vo mere rishtedaar hain.)
He is my relative.

25. वो मेरे ससुराल के रिश्तेदार हैं।
(Vo mere sasuraal ke rishtedaar hain.)
He is my relative-in-law.

26. ये नहीं चलेगा। / ऐसा नहीं चलेगा।
(Ye nahi chalega. / Aisa nahi chalega.)
It will not do.

27. क्यों नहीं चलेगा?
(Kyon nahi chalega?)
Why won't it do?

28. वहाँ अँधेरा है।
(Vahaan andhera hai.)
It is dark there.

29. इसे हमारा आशीर्वाद समझो।
(Ise hamaara aasheerwad samjho.)
Consider it our blessing.

30. ये तो बहुत महँगा है।
(Ye to bahut mahanga hai.)
This is too expensive.

31. आज थोड़ी ठंड है।
(Aaj thodi thand hai.)
It is chilly today.

32. वह रातों-रात अमीर हो गया।
(Vah raaton-raat ameer ho gaya.)
He became rich overnight.

33. वो ज़्यादा बात नहीं करती।
(Vo zyada baat nahi karti.)
She doesn't talk much.

4. वो बहुत बातें करती है।
(Vo bahut baaten karti hai.)
She talks a lot.

35. वो बहुत बातूनी है।
(Vo bahut baatooni hai.)
She is really talkative.

36. मजाक कर रहे हो क्या?
(Majaak kar rahe ho kya?)
Are you kidding me?

37. क्या आज तुम खाली हो?
(Kya aaj tum khaali ho?)
Are you free today?

38. क्या तुम आज रात खाली हो?
(Kya tum aaj raat khaali ho?)
Are you free tonight?

39. वह ढोंगी है।
(Vah dhongi hai.)
He is a sham.

40. वह बस ढोंग कर रहा है।
(Vah bas dhong kar raha hai.)
He is just shamming.

41. कोई सा भी ले लो।
(Koi sa bhi le lo.)
Take whichever you want.

42. किसी ने भी उसके सवाल का जवाब नहीं दिया।
(Kisi ne bhi uske savaal ka javaab nahi diya.)
Nobody answered her question.

43. घड़ी तेज़ है क्या?
(Ghadi tez hai kya?)
Is the clock fast?

44. अच्छा, चलता हूँ। बाय!
(Achchha, chalta hoon. Bye!)
OK, I'm off. Bye!

45. मैं यहाँ शॉपिंग करने आया हूँ।
(Main yahaan shopping karne aaya hoon.)
I'm here for shopping.

46. तुम्हारा साइज़ क्या है?
(Tumhaara size kya hai?)
What size are you?

47. मेरा साइज़ 8 है।
(Mera size 8 hai.)
I'm a size 8.

48. ठीक है, मैं ये लूँगा।
(Theek hai, main ye loonga.)
Okay, I'll take it.

49. अपने सामान की स्वयं रक्षा करें।
(Apne saamaan ki svayam raksha karen.)
Protect your belongings yourself.

50. माफ़ी चाहता हूँ, मुझे देर हो गई।
(Maafi chaahta hoon, mujhe der ho gayi.)
I'm sorry, I'm late.

51. मैं आपका इंतज़ार कर रहा हूँ।
(Main aapka intzaar kar raha hoon.)
I'm waiting for you.

डूबते को तिनके का सहारा।

(Doobte ko tinke ka sahaara.)

A drowning man catches at a straw.

#BetterYourself

- Day 49 -

1. जितना जल्दी हो सके।
(Jitna jaldi ho sake.)
As soon as possible.

2. कहाँ दर्द हो रहा है?
(Kahaan dard ho raha hai?)
Where does it hurt?

3. ट्रिप कैसी थी?
(Trip kaisi thi?)
How was the trip?

4. मैं मस्ती / मजे कर रहा हूँ।
(Main masti / maje kar raha hoon.)
I am having fun.

5. ये तुम्हारे ऊपर है। / ये तुम पर निर्भर है।
(Ye tumhaare oopar hai. /
Ye tum par nirbhar hai.)
It's up to you.

6. कैसी हो?
(Kaisi ho?)
How are you doing?

7. मैं अच्छी हूँ।
(Main achchhi hoon.)
I am doing well.

8. कोई मुझे देख रहा था।
(Koi mujhe dekh raha tha.)
Someone was watching me.

9. ये भारी नहीं है।
(Ye bhaari nahi hai.)
It is not heavy.

10. काला रंग मुझ पर सूट नहीं करता।
(Kala rang mujh par suit nahi karta.)
Black doesn't suit me.

11. क्या ये आपका बैग है?
(Kya ye aapka baig hai?)
Is this your bag?

12. ये उसका नहीं है।
(Ye uska nahi hai.)
This is not his.

13. चलो पेंटिंग्स टाँग देते हैं।
(Chalo paintings taang dete hain.)
Let's hang the paintings.

14. क्या तुमने मजे किये?
(Kya tumne maje kiye?)
Did you have fun?

15. 10 में 4 जोड़ो।
(10 me 4 jodo.)
Add 4 to 10.

16. 8 में से 3 निकालो।
(8 me se 3 nikaalo.)
Subtract 3 from 8.

17. 4 सत्ते अट्ठाईस।
(4 satte atthaaees.)
4 sevens are 28.

18. 2 दूनी 4।
(2 dooni chaar.)
2 twos are 4.

19. 100 तक की गिनती सुनाओ।
(100 tak ki ginti sunaao.)
Count up to 100.

20. मुझे एक रिफिल चाहिए।
(Mujhe ek refill chaahiye.)
I need a refill.

21. स्कूल की छुट्टी हो गई।
(School ki Chhutti ho gayi.)
The school is over.

22. पानी ख़त्म हो रहा है।
(Pani khatm ho raha hai.)
Water is running out.

23. दूसरा दिखाना।
(Doosra dikhaana.)
Show me another one.

24. मेरा ऑर्डर रद्द कर दो, प्लीज़।
(Mera order radd kar do, please.)
Cancel my order, please.

25. मुझे एक लेने दो।
(Mujhe ek lene do.)
Let me have one.

26. अपने नाम की स्पेलिंग बताइये।
(Apne naam ki spelling bataaiye.)
Spell your name, please.

27. बिजली नहीं है।
(Bijli nahi hai.)
The power is out.

28. अपने हाथ आगे करो।
(Apne haath aage karo.)
Hold out your hands.

29. रुमाल लगाकर छींको।
(Rumaal lagaakar chheenko.)
Sneeze into your hankie.

30. उसने गुब्बारा फोड़ दिया।
(Usne gubbaara phod diya.)
He popped the balloon.

31. आप भी ना!
(Aap bhi naa!)
You are too much!

32. कितनी अकड़ है उसमें!
(Kitni akad hai usme!)
How arrogant he is!

33. अभी हम बहुत छोटे हैं।
(Abhi ham bahut chhote hain.)
We are too young.

34. मैं कैसी हूँ?
(Main kaisi hoon?)
What am I like?

35. पहले से ज़्यादा आसान है।
(Pahle se zyada aasaan hai.)
It's simpler than before.

36. हमें जाना होगा।
(Hame jana hoga.)
We'll have to go.

37. क्या वो कुछ कह रहा है?
(Kya vo kuchh kah raha hai?)
Is he saying anything?

38. तुम्हें मेरा शुक्रिया अदा करना चाहिए।
(Tumhe mera shukriya ada karna chaahiye.)
You should thank me.

39. ये इतना उलझा हुआ नहीं है।
(Ye itna uljha hua nahi hai.)
It's not that complicated.

40. ये फ़ैसला आपका नहीं है।
(Ye phaisala aapka nahi hai.)
That's not your call.

41. वो ठीक हो ही नहीं रही है।
(Vo theek ho hi nahi rahi hai.)
She is not recovering.

42. कोई भरोसा नहीं है।
(Koi bharosa nahi hai.)
There is no assurance.

43. बड़ी जल्दी आ गए तुम!
(Badi jaldi aa gaye tum!)
You are so early!

44. यह बहुत गलत बात है।
(Yah bahut galat baat hai.)
This is not fair. /
This is totally unfair. /
This is so unfair.

45. मुझे क्या करना चाहिए?
(Mujhe kya karna chaahiye?)
What should I do?

46. साँस तो ले लो!
(Saans to le lo!)
Just catch your breath!

47. तुम कुछ छुपा रहे हो।
(Tum kuchh chhupa rahe ho.) You are hiding something.

48. ये मेरी पत्नी है।
(Ye meri patni hai.)
This is my wife.

49. मुझे बिल्कुल भी नहीं पता।
(Mujhe bilkul bhi nahi pata.)
I've got no idea.

50. यह किसका विचार था?
(Yah kiska vichaar tha?)
Whose idea was this?

51. बहुत-बहुत धन्यवाद!
(Bahut-bahut dhanywad!)
Thank you so much! /
Thank you very much!

- Day 50 -

1. आप कहाँ रहते हैं?
(Aap kahaan rahte hain?)
Where do you live?

2. आपका नाम क्या है?
(Aapka naam kya hai?)
What is your name?

3. क्या ये सामान आपका है?
(Kya ye saamaan aapka hai?)
Is this stuff yours?

4. नहीं, ये मेरा नहीं है।
(Nahi, ye mera nahi hai.)
No, it's not mine.

5. ये उसका हो सकता है (लड़की का)।
(Ye uska ho sakta hai {ladki ka}.)
It might be hers.

6. ये उसका हो सकता है (लड़के का)।
(Ye uska ho sakta hai {ladke ka}.)
It might be his.

7. ये कोई बड़ी बात नहीं है!
(Ye koi badi baat nahi hai!)
It's no big deal!

8. ये कहना मुश्किल है।
(Ye kahna mushkil hai.)
It's hard to say.

9. मेरे पास कोई विकल्प ही नहीं है।
(Mere paas koi vikalp hi nahi hai.)
I have no choice.

10. भगवान आपके बच्चे को आशीर्वाद दे!
(Bhagwan aapke bachhe ko aasheerwad de!)
God bless your child / son / daughter!

11. तुम्हारा सुहाग बना रहे!
(Tumhaara suhaag bana rahe!)
May your wifehood persist!

12. मैं पोछा लगा रही हूँ।
(Main pochha laga rahi hoon.)
I'm mopping the floor. / I'm mopping up.

13. पेड़ पर फूल आये / उगे हैं।
(Ped par phool aaye / uge hain.)
The tree has blossomed.

14. कौन हो सकता है?
(Kaun ho sakta hai?)
Who could it be?

15. ये मेज टूटा हुआ है।
(Ye mej toota hua hai.)
This table is broken.

16. ये बहुत मुश्किल है।
(Ye bahut mushkil hai.)
It is too tough.

17. ब्रान्डेड कपड़े महँगे होते हैं।
(Branded kapde mahange hote hain.)
Branded clothes are expensive.

18. मुझे मेरी किताब मिल गई।
(Mujhe meri kitaab mil gayi.)
I found my book.

19. ये सस्ते कपड़े हैं।
(Ye saste kapde hain.)
These are cheap clothes.

20. मैं खाता रहा।
(Main khaata raha.)
I went on eating.

21. हवा चल रही है।
(Hava chal rahi hai.)
The wind is blowing.

22. घड़ी चल रही है।
(Ghadi chal rahi hai.)
The watch is running.

23. खेल चल रहा है।
(Khel chal raha hai.)
The game is on.

24. आपको देर हो जाएगी।
(Aapko der ho jaayegi.)
You will get late.

25. मैं पहले से ही लेट हूँ।
(Main pahle se hi late hoon.)
I am already late.

26. चार्जर को बोर्ड में लगा दो, प्लीज़।
(Charger ko board me laga do, please.)
Plug the charger, please.

27. पैसे किसके पास हैं?
(Paise kiske paas hain?)
Who has the money?

28. तुममें बहुत सारी कमियाँ हैं।
(Tumame bahut saari kamiyaan hain.)
You have many shortcomings.

29. मुझे घूरना बंद करो।
(Mujhe ghoorna band karo.)
Stop staring at me.

30. मैं उनके बाद पहुँचा।
(Main unke baad pahuncha.)
I reached after them.

31. ये फ़ायदे का सौदा नहीं है।
(Ye phayde ka sauda nahi hai.)
It's not worth it. /
It's not worthwhile.

32. तुम सोच क्या रहे हो?
(Tum soch kya rahe ho?)
What are you thinking?

33. सुनकर दुःख हुआ!
(Sunkar dukh hua!)
Sorry to hear that!

34. मैं कभी पैसे उधार नहीं लेता।
(Main kabhi paise udhaar nahi leta.)
I never borrow money.

35. तुम कल्पना भी नहीं कर सकते!
(Tum kalpana bhi nahi kar sakte!)
You can't even imagine.

36. ऐसा सोचना भी मत।
(Aisa sochna bhi mat.)
Don't even think so.

37. वह फूट-फूट कर रो रही है।
(Vah phoot-phoot kar ro rahi hai.)
She is weeping bitterly.

38. वह पसीने से तर है।
(Vah paseene se tar hai.)
She is all sweaty.

39. पाँचों उँगलियाँ बराबर नहीं होतीं।
(Paanchon ungaliyaan baraabar nahi hoteen.)
All are not alike.

40. मौत कभी बताकर नहीं आती।
(Maut kabhi bataakar nahi aati.)
Death keeps no calendar.

41. इसमें बुरा मानने की क्या बात है?
(Isme bura maanane ki kya baat hai?)
What's there to mind?

42. वह कुछ दिनों का मेहमान है!
(Vah kuchh dinon ka mehmaan hai!)
His days are numbered!

43. अंधों में काना राजा!
(Andhon me kaana raja!)
A figure among ciphers.

44. जितना ज़्यादा उतना अच्छा!
(Jitna zyada utna achchha!)
The more the better!

45. हो सके तो मुझे माफ़ कर देना।
(Ho sake to mujhe maaf kar dena.)
Forgive me if possible.

46. मुझे वो वाला चाहिए था।
(Mujhe vo vala chaahiye tha.)
I wanted that one.

47. वह जल्दी उठता है।
(Vah jaldi uthta hai.)
He wakes up early.

48. वह देर से उठता है।
(Vah der se uthta hai.)
He wakes up late.

MAKING CONNECTIONS

EXERCISE - 10

Question 1: Match the sentences given below.
(नीचे दिए गए वाक्यों का मिलान कीजिए ।) - {Reference Day 46}

a	मैंने तुम्हें तकलीफ़ दी क्या?	I have no money.
b	उसने मुझे ज़ोर से मारा ।	Did I hurt you?
c	तुम किसे फ़ोन कर रहे हो?	I am calling dad.
d	मैं पापा को फ़ोन कर रहा हूँ ।	Who are you calling?
e	मेरे पास पैसे नहीं हैं ।	He hit me hard.

Question 2: Choose the correct answers from the Answer Bank.
(उत्तर बैंक से सही उत्तर चुनिए ।) - {Reference Day 47}

ANSWER BANK				
decorate	chores	Sprinkle	Wring	rubbish

a. .... salt and pepper.

b. Let's .... the house.

c. Take the .... out.

d. I am doing the household ....

e. .... out the towel.

Question 3: Tick the correct sentences and put a cross against the incorrect ones.
(सही वाक्यों पर टिक करिए और गलत वाक्यों पर क्रॉस लगाइए ।) - {Reference Day 48}

a. He is my relative-in-law.

b. Wear your hairs loose.

c. This are too expensive.

d. Protect my belongings yourself.

e. Take whichever you want.

Question 4: Translate the following sentences into English.
(नीचे दिए गए वाक्यों का अंग्रेजी में अनुवाद करिए।) - {Reference Day 49}

a. रुमाल लगाकर छींको। (Rumaal lagaakar chheenko.) ....

b. ये तुम पर निर्भर है। (Ye tum par nirbhar hai.) ....

c. काला रंग मुझ पर सूट नहीं करता। (Kala rang mujh par suit nahi karta.) ....

d. चलो पेंटिंग्स टाँग देते हैं। (Chalo paintings taang dete hain.) ....

e. ये इतना उलझा हुआ नहीं है। (Ye itna uljha hua nahi hai.) ....

Question 5: Translate the following sentences into Hindi.
(नीचे दिए गए वाक्यों का हिन्दी में अनुवाद करिए।) - {Reference Day 50}

a. You have many shortcomings. ....

b. I never borrow money. ....

c. God bless your child / son / daughter! ....

d. She is weeping bitterly. ....

e. Death keeps no calendar. ....

- Day 51 -

1. काफ़ी समय पहले।
(Kaaphi samay pahle.)
A long time ago.

2. यहाँ से वहाँ।
(Yahaan se vahaan.)
From here to there.

3. वहाँ से यहाँ।
(Vahaan se yahaan.)
From there to here.

4. मुझे कलम दो।
(Mujhe kalam do.)
Give me the pen.

5. आपको देखकर अच्छा लगा।
(Aapko dekhkar achchha laga.)
Good to see you.

6. वह हमेशा ऐसा करता है।
(Vah hamesha aisa karta hai.)
He always does that.

7. उसने फ़ोन तोड़ दिया।
(Usne phone tod diya.)
He broke the phone.

8. उसने कल रात को फ़ोन किया था।
(Usne kal raat ko phone kiya tha.)
He called last night.

9. उसे आम पसंद नहीं है।
(Use aam pasand nahi hai.)
He doesn't like mangoes.

10. ये रहा आपका ऑर्डर।
(Ye raha aapka order.)
Here is your order.

11. वह मुझसे तेज़ है।
(Vah mujhse tez hai.)
He's faster than me.

12. वह रसोईघर में है।
(Vah rasoighar me hai.)
He's in the kitchen.

13. वह बहुत मेहनती है।
(Vah bahut mehnati hai.)
He's very hard working.

14. आप कैसे भुगतान कर रहे हैं?
(Aap kaise bhugtaan kar rahe hain?)
How are you paying?

15. आपके माता-पिता कैसे हैं?
(Aapke maata-pita kaise hain?)
How are your parents?

16. आपको कैसे मालूम?
(Aapko kaise maaloom?)
How do you know?

17. स्वाद कैसा है?
(Svaad kaisa hai?)
How does it taste?

18. यह कैसे काम करता है?
(Yah kaise kaam karta hai?)
How does it work?

19. ये कितनी दूर है?
(Ye kitni door hai?)
How far is it?

20. यह कितना लंबा है?
(Yah kitna lamba hai?)
How long is it?

21. आपकी उम्र क्या है?
(Aapki umra kya hai?)
How old are you?

22. मैं 29 वर्ष का हूँ।
(Main 29 varsh ka hoon.)
I'm 29 years old. / I'm 29.

23. तुम कितने लंबे हो?
(Tum kitne lambe ho?)
How tall are you?

24. फिल्म कैसी थी?
(Film kaisi thi?)
How was the movie?

25. तुम्हारी उड़ान कैसी थी?
(Tumhaari udaan kaisi thi?)
How was your flight?

26. मैं उसे पसंद नहीं करता।
(Main use pasand nahi karta.)
I don't like him.

27. मुझे यह पसंद नहीं है।
(Mujhe yah pasand nahi hai.)
I don't like it.

28. मैं यह नहीं चाहता।
(Main yah nahi chaahta.)
I don't want it.

29. मैं वो नहीं चाहता।
(Main vo nahi chaahta.)
I don't want that.

30. मैंने बाल्टी भर दी।
(Maine baalti bhar di.)
I filled the bucket.

31. मैं तैरा।
(Main taira.)
I had a swim.

32. मैं वहाँ नहीं गया हूँ।
(Main vahaan nahi gaya hoon.)
I haven't been there.

33. मैं दिल्ली में रहता हूँ।
(Main Dilli me rahta hoon.)
I live in Delhi.

34. मैंने अपनी घड़ी खो दी।
(Maine apni ghadi kho di.)
I lost my watch.

35. मैं अपने परिवार से प्यार करता हूँ।
(Main apne parivaar se pyaar karta hoon.)
I love my family.

36. मुझे डॉक्टर की ज़रूरत है।
(Mujhe doktar ki zaroorat hai.)
I need a doctor.

37. मुझे एक और चाहिए।
(Mujhe ek aur chaahiye.)
I need another one.

38. मैंने अभी भी फ़ैसला नहीं किया है।
(Maine abhi bhi phaisala nahi kiya hai.)
I still haven't decided.

39. मुझे एक कमरा चाहिए।
(Mujhe ek kamra chaahiye.)
I'd like a room.

40. मैं बाद में वापस कॉल करूँगा।
(Main baad me vaapas call karoonga.)
I'll call back later.

41. मैं बाद में वापस आऊँगा।
(Main baad me vaapas aaunga.)
I'll come back later.

42. मैं रात के खाने के लिए भुगतान करूँगा।
(Main raat ke khaane ke liye bhugtaan karoonga.)
I'll pay for dinner.

43. मैं तुम्हारे बेटे को पढ़ाऊँगा।
(Main tumhaare bete ko padhaaunga.)
I'll teach your son.

44. मैं अपने कमरे की सफ़ाई कर रहा हूँ।
(Main apne kamre ki safaai kar raha hoon.)
I'm cleaning my room.

45. मैं अभी आ रहा हूँ।
(Main abhi aa raha hoon.)
I'm coming right now.

46. मैं ठीक हूँ। और तुम कैसे हो?
(Main theek hoon. Aur tum kaise ho?)
I'm fine. And you? / I'm good. And you?

47. मैं सोने जा रहा हूँ।
(Main sone ja raha hoon.)
I'm going to bed. / I'm going to sleep.

48. मैं निकलने जा रहा हूँ।
(Main nikalane ja raha hoon.)
I'm going to leave.

- Day 52 -

1. क्या कोई और आ रहा है?
(Kya koi aur aa raha hai?)
Is anyone else coming?

2. क्या सब कुछ ठीक है?
(Kya sab kuchh theek hai?)
Is everything all right?

3. क्या बाहर ठंड है?
(Kya baahar thand hai?)
Is it cold outside?

4. क्या बैंक दूर है?
(Kya baink door hai?)
Is the bank far?

5. क्या तुम्हारे पिता घर पर हैं?
(Kya tumhaare pita ghar par hain?)
Is your father home?

6. क्या आपका बेटा यहाँ है?
(Kya aapka beta yahaan hai?)
Is your son here?

7. दिन भर बारिश हुई।
(Din bhar baarish hui.)
It rained all day.

8. यह मेरी गलती नहीं थी।
(Yah meri galti nahi thi.)
It wasn't my fault.

9. यह शीघ्र ही आ जाएगा।
(Yah sheeghra hi aa jaayega.)
It will arrive shortly.

10. यह मार्केट के पास है।
(Yah maarket ke paas hai.)
It's near the market.

11. यह यहाँ से दूर है।
(Yah yahaan se door hai.)
It's far from here.

12. यह बहुत दूर नहीं है।
(Yah bahut door nahi hai.)
It's not too far.

13. यह बहुत महँगा नहीं है।
(Yah bahut mahanga nahi hai.)
It's not very expensive.

14. क्या मैं आप के साथ शामिल हो सकता हूँ?
(Kya main aap ke saath shaamil ho sakta hoon?)
May I join you?

15. मेरी बेटी यहाँ है।
(Meri beti yahaan hai.)
My daughter is here.

16. मेरा सामान गायब है।
(Mera saamaan gaayab hai.)
My luggage is missing.

17. कोई भी हमारी मदद नहीं कर रहा है।
(Koi bhi hamaari madad nahi kar raha hai.)
Nobody is helping us.

18. दूसरी मंजिल पर।
(Doosari manjil par.)
On the second floor.

19. हमारी योजनायें बदल गई हैं।
(Hamaari yojanaayen badal gayi hain.)
Our plans have changed.

20. चाकू नीचे रख दो।
(Chaaku neeche rakh do.)
Put the knife down.

21. उसने आज सुबह फ़ोन किया।
(Usne aaj subah phone kiya.)
She called this morning.

22. वह बहुत खुश लग रही है।
(Vah bahut khush lag rahi hai.)
She looks so happy.

23. वो मुझे देखकर मुस्कुराई।
(Vo mujhe dekhkar muskuraayi.)
She smiled at me.

24. वह मुझसे उम्र में बड़ी है।
(Vah mujhse umra me badi hai.)
She's older than me.

25. आपकी सहायता के लिए धन्यवाद!
(Aapki sahaayata ke liye dhanywad!)
Thanks for your help!

26. वह अच्छा स्कूल है।
(Vah achchha school hai.)
That's a good school.

27. वह पुराना चुटकुला है।
(Vah puraana chutkula hai.)
That's an old joke.

28. गाड़ी ठीक हो गई है।
(Gaadi theek ho gayi hai.)
The car is fixed.

29. दरवाज़ा बाहर की तरफ़ खुलता है।
(Darvaaza baahar ki taraf khulta hai.)
The door opens outwards.

30. खाना बहुत स्वादिष्ट था।
(Khaana bahut svaadisht tha.)
The food was delicious.

31. खाना बेहतरीन था।
(Khaana behatareen tha.)
The food was excellent.

32. सड़कें फिसलन भरी हैं।
(Sadaken phisalan bhari hain.)
The roads are slippery.

33. टीवी ख़राब हो गया है।
(TV kharaab ho gaya hai.)
The TV is broken.

34. मक्खन बिल्कुल नहीं बचा है।
(Makkhan bilkul nahi bacha hai.)
There's no butter left.

35. कोई गाड़ी आ रही है।
(Koi gaadi aa rahi hai.)
There's a car coming.

36. ये हमारे बच्चे हैं।
(Ye hamaare bachche hain.)
These are our children.

37. ये किताबें हमारी हैं।
(Ye kitaaben hamaari hain.)
These books are ours.

38. वे हमारी प्रतीक्षा कर रहे हैं।
(Ve hamaari prateeksha kar rahe hain.)
They're waiting for us.

39. यह बहुत मुश्किल है।
(Yah bahut mushkil hai.)
This is very difficult.

40. यह बहुत महत्वपूर्ण है।
(Yah bahut mahatvapoorn hai.)
This is very important.

41. ये कहने की कोशिश करो।
(Ye kahne ki koshish karo.)
Try to say it.

42. पन्ना पलटो।
(Panna palato.)
Turn the page over.

43. क्या कोई समस्या थी?
(Kya koi samasya thi?)
Were there any problems?

44. आपके शौक क्या हैं?
(Aapke shauk kya hain?)
What are your hobbies?

45. किस वजह से हुआ हादसा?
(Kis vajah se hua haadsa?)
What caused the accident?

46. आपको क्या लगा?
(Aapko kya laga?)
What did you think?

47. वे क्या अध्ययन करते हैं?
(Ve kya adhyayan karte hain?)
What do they study?

48. आप क्या करते हैं?
(Aap kya karte hain?)
What do you do?

49. आप क्या सलाह देते हैं?
(Aap kya salaah dete hain?)
What do you recommend?

50. आप क्या पढ़ रहे हैं?
(Aap kya padh rahe hain?)
What are you studying?

51. कोई मुझे पढ़ने नहीं देता।
(Koi mujhe padhne nahi deta.)
Nobody lets me study.

- Day 53 -

1. फ़ोन नंबर क्या है?
(Phone nambar kya hai?)
What's the phone number?

2. आपका ईमेल पता क्या है?
(Aapka email pata kya hai?)
What's your email address?

3. आपका पसंदीदा भोजन क्या है?
(Aapka pasandeeda bhojan kya hai?)
What's your favorite food?

4. आपकी पसंदीदा फिल्म कौन सी है?
(Aapki pasandeeda film kaun si hai?)
What's your favorite movie?

5. आपका अंतिम नाम क्या है?
(Aapka antim naam kya hai?)
What's your last name?

6. वे कब आ रहे हैं?
(Ve kab aa rahe hain?)
When are they coming?

7. तुम कब जा रहे हो?
(Tum kab ja rahe ho?)
When are you going?

8. तुम कब निकल रहे हो?
(Tum kab nikal rahe ho?)
When are you leaving?

9. ये कब हुआ?
(Ye kab hua?)
When did this happen?

10. बच्चा कब होने वाला है?
(Bachcha kab hone vaala hai?)
When's the baby due?

11. टी-शर्ट्स कहाँ हैं?
(T-shirts kahaan hain?)
Where are the t-shirts?

12. हम कहाँ जा रहे हैं?
(Ham kahaan ja rahe hain?)
Where are we going?

13. यह कहाँ हुआ?
(Yah kahaan hua?)
Where did it happen?

14. आप कहाँ गए थे?
(Aap kahaan gaye the?)
Where did you go?

15. वह कहाँ रहता है?
(Vah kahaan rahta hai?)
Where does he live?

16. मेरी कमीज़ कहाँ है?
(Meri kameez kahaan hai?)
Where is my shirt?

17. हवाई अड्डा कहाँ है?
(Havaai adda kahaan hai?)
Where is the airport?

18. बाथरूम कहाँ है?
(Bathroom kahaan hai?)
Where is the bathroom?

19. निकटतम रेस्तराँ कहाँ है?
(Nikatatam restaraan kahaan hai?)
Where's the closest restaurant?

20. निकटतम अस्पताल कहाँ है?
(Nikatatam asptaal kahaan hai?)
Where's the nearest hospital?

21. सबसे अच्छा कौन सा है?
(Sabse achchha kaun sa hai?)
Which is the best?

22. कौन सा बेहतर है?
(Kaun sa behtar hai?)
Which one is better?

23. कौन सा सस्ता है?
(Kaun sa sasta hai?)
Which one is cheaper?

24. आपको ये किसने सिखाया?
(Aapko ye kisne sikhaaya?)
Who taught you that?

25. आपका शिक्षक कौन था?
(Aapka shikshak kaun tha?)
Who was your teacher?

26. तुम कितने घमण्डी हो!
(Tum kitne ghamandi ho!)
How arrogant you are!

27. तुम हँस क्यों रहे हो?
(Tum hans kyon rahe ho?)
Why are you laughing?

28. क्या रोहन वहाँ होगा?
(Kya Rohan vahaan hoga?)
Will Rohan be there?

29. क्या आप तैयार होंगे?
(Kya aap taiyaar honge?)
Will you be ready?

30. क्या आप वहाँ होगें?
(Kya aap vahaan honge?)
Will you be there?

31. क्या तुम अंदर आओगे?
(Kya tum andar aaoge?)
Will you come in?

32. क्या तुम मुझे माफ़ करोगे?
(Kya tum mujhe maaf karoge?)
Will you excuse me?

33. क्या तुम मुझे याद दिलाओगे?
(Kya tum mujhe yaad dilaaoge?)
Will you remind me?

34. क्या तुम चुप रहोगे?
(Kya tum chup rahoge?)
Will you shut up?

35. मुझे इसकी याद दिला देना।
(Mujhe iski yaad dila dena.)
Remind me of it.

36. कपड़े तह कर दो।
(Kapde tah kar do.)
Fold up the clothes.

37. मैं खुजली किये बिना रह नहीं पा रही हूँ।
(Main khujali kiye bina rah nahi pa rahi hoon.)
I can’t stop scratching.

38. तुम्हें ये देखना चाहिए।
(Tumhe ye dekhna chaahiye.)
You must see this.

39. वे मुझे नहीं समझते हैं।
(Ve mujhe nahi samajhte hain.)
They don’t understand me.

40. क्या तुम्हारे कान छिदे हैं?
(Kya tumhaare kaan chhide hain?)
Are your ears pierced?

41. उसने मदद के लिए पुकारा।
(Usne madad ke liye pukara.)
He called for help.

42. प्यार सोच-समझ के नहीं होता।
(Pyaar soch-samajh ke nahi hota.)
Love doesn’t require consideration.

43. ये चीज़ें देहाती / गँवारू लग रही हैं।
(Ye cheeze dehaati / ganwaaru lag rahi hain.)
These things look rustic / rural / countrified.

44. अप्रैल् मई से पहले आता है।
(Aprail maee se pahle aata hai.)
April comes before May.

45. क्या कोई कार्यक्रम हैं?
(Kya koi kaaryakram hain?)
Are there any programs?

46. उसे बुरा लगेगा।
(Use bura lagega.)
He will feel bad.

47. उसका रास्ता मत रोको।
(Uska raasta mat roko.)
Don’t block her way.

48. उसे अब और परेशान मत करो।
(Use ab aur pareshaan mat karo.)
Don’t trouble him anymore.

49. विचार बुरा नहीं है।
(Vichaar bura nahi hai.)
Not a bad idea.

50. मुझे भी नहीं चाहिए।
(Mujhe bhi nahi chaahiye.)
I don’t want either.

51. मैं अभी तैयार नहीं हूँ।
(Main abhi taiyaar nahi hoon.)
I'm not ready yet.

Write down your learning so far

Write down your learning so far

Write down your learning so far

Write down your learning so far

FIVE-WORD SENTENCES

Excellent! You have done a great job so far. I'm proud of you. You have been practicing for the past 53 days without fail; and that is commendable. Now I can say, you are an English speaker. Now one more step we have to take together towards achieving our goal; so we're adding one more word to our sentences. Now we'll be speaking FIVE-WORD SENTENCES from today. Are you up for it? Yes? Let's begin.

उत्कृष्ट! आपने अब तक बहुत अच्छा काम किया है। मुझे आप पर गर्व है। आप बिना चूके पिछले 53 दिनों से अभ्यास कर रहे हैं; और यह प्रशंसनीय है। अब मैं कह सकती हूँ, आप एक अंग्रेजी वक्ता हैं। अब एक और कदम हमें अपने लक्ष्य को प्राप्त करने की दिशा में मिलकर उठाना है; इसलिए हम अपने वाक्यों में एक और शब्द जोड़ रहे हैं। अब हम आज से पाँच शब्दों के वाक्य बोलेंगे। क्या आप इसके लिए तैयार हैं? हाँ? चलिए शुरू करते हैं।

- Day 54 -

1. आपको कौन सा चाहिए?
(Aapko kaun sa chaahiye?)
Which one do you want?

2. ये वाला या वो वाला?
(Ye vala ya vo vala?)
This one or that one?

3. क्या मुझे उत्तर मिलेगा?
(Kya mujhe uttar milega?)
Will I get the answer?

4. अजीब जवाब मत दिया करो! समझे?
(Ajeeb javaab mat diya karo! Samjhe?)
Don't answer strangely! Got it?

5. दिल पे मत लो।
(Dil pe mat lo.)
Don't take it to heart.

6. इससे तो किसी का भी दिल पिघल जाये।
(Isase to kisi ka bhi dil pighal jaye.)
It can melt any heart.

7. चलो पता करते हैं कि क्या बात है।
(Chalo pata karte hain ki kya baat hai.)
Let's find out what's wrong.

8. थोड़े दिनों की ही तो बात है।
(Thode dinon ki hi to baat hai.)
It's only about few days. /
It's a matter of a few days.

9. उसके पास थोड़ी बहुत किताबें हैं।
(Uske paas thodi bahut kitaaben hain.)
He has a few books.

10. क्या मैं ये किताब ले सकता हूँ?
(Kya main ye kitaab le sakta hoon?)
Can I have this book?

11. हाँ, मैं पढ़ चुका हूँ।
(Haan, main padh chuka hoon.)
Yes, I've finished with it.

12. वो किताब पकड़ाना, प्लीज़।
(Vo kitaab pakdaana, please.)
Hand me that book, please.

13. क्या तुमने ये किताब पढ़ ली?
(Kya tumne ye kitaab padh li?)
Have you read this book?

14. हाँ, मैंने इसे तीन बार पढ़ा है।
(Haan, maine ise teen baar padha hai.)
Yes, I've read it thrice.

15. कोई मेरी किताब लेकर चला गया।
(Koi meri kitaab lekar chala gaya.)
Someone took my book away.

16. मैंने उसे एक किताब दी।
(Maine use ek kitaab di.)
I gave him a book.

17. ज़रा हाथ लगाना, प्लीज़।
(Zara haath lagaana, please.)
Lend me a hand, please.

18. मैंने मदद का हाथ बढ़ाया।
(Maine madad ka haath badhaaya.)
I extended a helping hand.

19. वह सभी टीचर्स का आदर करता है।
(Vah sabhi teachers ka aadar karta hai.)
He respects all the teachers.

20. वह दूसरों की भी मदद करता है।
(Vah doosron ki bhi madad karta hai.)
He helps others as well.

21. केक ख़ुद से ले लो।
(Cake kudh se le lo.)
Help yourself to the cake.

22. वह वहाँ क्यों चला गया?
(Vah vahaan kyon chala gaya?)
Why did he go there?

23. कोई चारा ही नहीं था।
(Koi chara hi nahi tha.)
There wasn't a way out.

24. कुछ ज़रूरी काम आ गया है।
(Kuchh zaroori kaam aa gaya hai.)
Something urgent has come up.

25. वो जगह पीछे रह गई।
(Vo jagah peechhe rah gayi.)
That place is left behind.

26. सुन रहे हो या नहीं?
(Sun rahe ho ya nahi?)
Are you listening or not?

27. मेरी पलकें भारी हो रही हैं।
(Meri palaken bhaari ho rahi hain.)
My eyelids are getting heavy.

28. उसकी पलकें झपने लगीं।
(Uski palaken jhapne lageen.)
Her lids began to close.

29. जाकर थोड़ी देर सो लो।
(Jaakar thodi der so lo.)
Go and take a nap.

30. आपका बेटा बड़ा चलबुला है।
(Aapka beta bada chulbula hai.)
Your son is really frolicsome. /
Your son is really playful.

31. वह स्कूल में खिलौने लेकर आता है।
(Wah school me khilaune lekar aata hai.)
He gets toys in school.

32. रात में नींद नहीं आती / सो नहीं पाता।
(Raat me neend nahi aati / so nahi pata.)
I can't sleep at night.

33. मैं रात भर तारे गिनता रहा।
(Main raat bhar taare ginta raha.)
I had a sleepless night.

34. मुझे जल्दी उठने की आदत है।
(Mujhe jaldi uthne ki aadat hai.)
I am an early riser. / I am an early bird.

35. उसे देर से उठने की आदत है।
(Use der se uthne ki aadat hai.)
He is a late riser.

36. मैं मेरी पैकिंग आज रात करूँगी।
(Main meri packing aaj raat karoongi.)
I'll do my packing tonight.

37. मुझे गर्मी पसंद नहीं है।
(Mujhe garmi pasand nahi hai.)
I don't like hot weather.

38. आजकल मामूली / हल्की ठण्ड है।
(Aajkal maamooli / halki thand hai.)
It's slight cold nowadays. /
It's slight cold these days.

39. यही तो मैं कह रहा हूँ।
(Yahi to main kah raha hoon.)
That's what I am saying.

40. ये किसी भी बारे में नहीं है।
(Ye kisi bhi baare me nahi hai.)
It's not really about anything.

41. कुछ भी करना है, आराम से करो।
(Kuchh bhi karna hai, aaraam se karo.)
Feel free to do anything.

42. किसी भी चीज़ की अति बुरी होती है।
(Kisi bhi cheez ki ati buri hoti hai.)
Excess of anything is bad.

43. खाने को कुछ भी नहीं है।
(Khaane ko kuchh bhi nahi hai.)
There isn't anything to eat.

44. मैं सारे खा गई।
(Main saare kha gayi.)
I have eaten them all.

45. पिटवाओगे क्या?
(Pitvaaoge kya?)
Want to get me beaten?

46. मरवाओगे क्या?
(Marvaaoge kya?)
Want to get me killed?

47. मैं मुश्किल में पड़ सकती हूँ।
(Main mushkil me pad sakti hoon.)
I might get into trouble.

48. अब निकलो यहाँ से!
(Ab niklo yahaan se!)
Now get out of here!

49. उसकी गलती नहीं है।
(Uski galti nahi hai.)
The fault is not his. /
It's not his fault.

50. अगर मैं गलत कहूँ तो बताना।
(Agar main galat kahoon to batana.)
Correct me if I'm wrong.

51. मेरा मोबाइल किसके पास है?
(Mera mobile kiske paas hai?)
Who has got my mobile?

52. मोबाइल चार्ज पर लगा दो।
(Mobile charge par laga do.)
Put the mobile on charge.

53. क्या तुम टीवी ज़्यादा देखते हो?
(Kya tum TV zyada dekhte ho?)
Do you watch TV much?

54. हे भगवान, फिर से देर हो गई!
(Hey Bhagwan, fir se der ho gayi!)
Oh God, it's late again!

आगे कुआँ, पीछे खाईं।

(Aage kuaan, peechhe khaaeen.)

Between the devil and the deep blue sea.

#BetterYourself

- Day 55 -

1. तुम अगली बार और बेहतर करोगे।
(Tum agli baar aur behtar karoge.)
You'll do better next time.

2. पहले से थोड़ा अच्छा लग रहा है।
(Pahle se thoda achchha lag raha hai.)
I feel a bit better.

3. बेहतर होगा कि तुम उसे परेशान मत करो।
(Behtar hoga ki tum use pareshaan mat karo.)
You'd better not annoy him.

4. थोड़ी देर और रुकिए।
(Thodi der aur rukiye.)
Stay a little bit longer.

5. तुम इससे बाहर रहो।
(Tum isase baahar raho.)
You stay out of this.

6. मेरी नज़रों से दूर हो जाओ!
(Meri nazron se door ho jaao!)
Get out of my sight!

7. मेरे रास्ते से हट जाओ।
(Mere raaste se hat jaao.)
Move out of my way.

8. मैं रोटियाँ बेल रही हूँ।
(Main rotiyaan bel rahi hoon.)
I'm rolling out the chapattis. /
I'm rolling the chapattis.

9. मेरे बाल उलझे हुए हैं।
(Mere baal ulajhe huye hain.)
My hair is knotted up. /
My hair is tangled up.

10. तुम्हारे बाल गीले क्यों हैं?
(Tumhaare baal geele kyon hain?)
Why is your hair wet?

11. मेरे बाल मत बिगाड़ो।
(Mere baal mat bigaado.)
Don't mess up my hair. /
Don't mess my hair up. /
Don't mess my hair.

12. क्या उसके बाल लम्बे थे?
(Kya uske baal lambe the?)
Did she have long hair?

13. क्या तुम अपने बाल रँगती हो?
(Kya tum apne baal rangti ho?)
Do you dye your hair?

14. उसने अपने बाल लाल रँग लिए।
(Usne apne baal laal rang liye.)
He dyed his hair red.

15. वह मेरा क़रीबी दोस्त है।
(Vah mera qareebi dost hai.)
He is my close friend.

16. ये मेरे क़रीबी रिश्तेदार हैं।
(Ye mere qareebi rishtedaar hain.)
They are my close relatives.

17. ये मेरे दूर के रिश्तेदार हैं।
(Ye mere door ke rishtedaar hain.)
They are my distant relatives.

18. मेरा जन्मदिन आ रहा है।
(Mera janmdin aa raha hai.)
My birthday is drawing closer. /
My birthday is drawing nearer. /
My birthday is approaching.

19. चलो कुछ सोचते हैं।
(Chalo, kuchh sochte hain.)
Let us think of something.

20. इसे ऐसे सोचो।
(Ise aise socho.)
Think of it this way.

21. तुम किसके बारे में सोच रहे हो?
(Tum kiske baare me soch rahe ho?)
Who are you thinking about?

22. हम आपके हैं कौन?
(Ham aapke hain kaun?)
Who are we to you?

23. मैं आपकी क्या लगती हूँ?
(Main aapki kya lagti hoon?)
Who am I to you?

24. तुमहे केवल अपनी पड़ी रहती है।
(Tumhe keval apni padi rahti hai.)
You only think of yourself.

25. मैं भी यही सोच रही थी।
(Main bhi yahi soch rahi thi.)
I was thinking the same.

26. मैं तुम्हारे ही बारे में सोच रहा था।
(Main tumhaare hi baare me soch raha tha.)
I was thinking about you.

27. तुम ऐसा क्यों सोचती हो?
(Tum aisa kyon sochti ho?)
Why do you think so?

28. मीरा बहुत तनाव में थी।
(Meera bahut tanaav me thi.)
Meera was really stressed out.

29. वे कोई सीधे-सादे लोग नहीं हैं।
(Ve koi seedhe-saade log nahi hain.)
They are not straight shooters.

30. रोहन सीधा-सादा लड़का है।
(Rohan seedha-saada ladka hai.)
Rohan is a straight shooter.

31. मेरा पूरा परिवार विदेश में रहता है।
(Mera poora parivaar videsh me rahta hai.)
All my family lives abroad. /
My whole family lives abroad.

32. उसने मेरा फ़ोन काट दिया।
(Usne mera phone kaat diya.)
She hung up on me.

33. मुझे लगा मैं अकेली पड़ गई।
(Mujhe laga main akeli pad gayi.)
I felt I was secluded.

34. तुमने देखा जो हुआ?
(Tumne dekha jo hua?)
Did you see what happened?

35. अब मुझे वो बात बताओ।
(Ab mujhe vo baat bataao.)
Now tell me that thing.

36. आपका इससे कोई लेना-देना नहीं है।
(Apka isase koi lena-dena nahi hai.)
It's none of your business. /
It's nothing to do with you.

37. अब उसने घर बसा लिया है।
(Ab usne ghar basa liya hai.)
He is settled down now.

38. मैंने चाय पीनी कम कर दी है।
(Maine chaay peeni kam kar di hai.)
I've cut down on tea.

39. चाय से मेरी जीभ जल गई।
(Chaay se meri jeebh jal gayi.)
The tea scalded my tongue. /
The tea burnt my tongue.

40. मेरा पैर टूट गया है।
(Mera pair toot gaya hai.)
I have broken my leg. /
My leg is broken.

41. राम से बोल दो कि ये टूटा हुआ है।
(Ram se bol do ki ye toota hua hai.)
Tell Ram that it's broken.

42. अपनी आगे की कहानी सनाओ।
(Apni aage ki kahaani sunaao.)
Go on with your story.

43. उसे अंदर आने को बोलो।
(Use andar aane ko bolo.)
Ask him to come in.

44. कृपया अपने जूते उसकी जगह पर रख दीजिए।
(Kripya apne joote uski jagah par rakh deejiye.)
Please put your shoes away.

45. तुम्हारे जूतों पर मिट्टी ही मिट्टी लगी है।
(Tumhaare jooton par mitti hi mitti lagi hai.)
Your shoes are all muddy.

46. जूते बाहर निकाल दो।
(Joote baahar nikaal do.)
Take off your shoes outside.

47. मेरे जूते फ़टे-पुराने हैं।
(Mere joote fate-puraane hain.)
My shoes are worn out.

48. तुम्हारी अंदर घुसने की हिम्मत कैसे हुई?
(Tumhaari andar ghusne ki himmat kaise hui?)
How dare you barge in?

49. कितना समय लगेगा?
(Kitna samay lagega?)
How long will it take?

50. आप बहुत देर लगा रहे हैं|
(Aap bahut der laga rahe hain.)
You are taking too long.

51. क्या बहुत ज़्यादा समय लग जायेगा?
(Kya bahut zyada samay lag jaayega?)
Will it take very long?

52. कितना समय लगा?
(Kitna samay laga?)
How long did it take?

53. राम को घुमा दो।
(Raam ko ghuma do.)
Take Ram for a stroll.

54. मुझे कमरे में ले चलो।
(Mujhe kamre me le chalo.)
Take me to the room.

55. क्या तुम मुझे घर ले जाओगे?
(Kya tum mujhe ghar le jaaoge?)
Will you take me home?

56. मैं तुम्हे घर ले जाऊँगा।
(Main tumhe ghar le jaaunga.)
I will take you home.

MAKING CONNECTIONS

EXERCISE - 11

Question 1: Complete the questions given below.
(नीचे दिए गए प्रश्नों को पूरा करिये।) - {Reference Day 51}

a. How do ....?

b. How are ....?

c. How does ....?

d. How old ....?

e. How far ....?

Question 2: Translate the following sentences into English.
(नीचे दिए गए वाक्यों का अंग्रेजी में अनुवाद करिए।) - {Reference Day 52}

a. यह यहाँ से दूर है। (Yah yahaan se door hai.) ....

b. यह बहुत दूर नहीं है। (Yah bahut door nahi hai.) ....

c. आप क्या करते हैं? (Aap kya karte hain?) ....

d. आपकी सहायता के लिए धन्यवाद! (Aapki sahaayata ke liye dhanywad!) ....

e. यह बहुत मुश्किल है। (Yah bahut mushkil hai.) ....

Question 3: Tick the correct options.
(सही विकल्पों पर टिक करिए।) - {Reference Day 53}

a. (Where / Which / Who / What's / When) one is cheaper?

b. (Where / Which / Who / What's / When) taught you that?

c. (Where / Which / Who / What's / When) does he live?

d. (Where / Which / Who / What's / When) are they coming?

e. (Where / Which / Who / What's / When) your email address?

Question 4: Match the sentences given below.
(नीचे दिए गए वाक्यों का मिलान कीजिए।) - {Reference Day 54}

My eyelids are getting heavy.	दिल पे मत लो।
Her lids began to close.	मैं रात में सो नहीं पाता।
Don't take it to heart.	मैं रात भर तारे गिनता रहा।
I had a sleepless night.	मेरी पलकें भारी हो रही हैं।
I can't sleep at night.	उसकी पलकें झपने लगीं।

Question 5: Write the sentence "मेरा जन्मदिन आ रहा है।" in 3 different ways.
वाक्य "मेरा जन्मदिन आ रहा है।" को अंग्रेजी में 3 अलग-अलग तरीकों से लिखिए। - {Reference Day 55}

a. ....

b. ....

c. ....

- Day 56 -

1. मैं अपने पापा पर गई हूँ।
(Main apne papa par gayi hoon.)
I take after my father.

2. वो अपने पापा पर गई है।
(Vo apne papa par gayi hai.)
She takes after her father.

3. अगर पसंद है तो सारे ले लो।
(Agar pasand hai to saare le lo.)
Take all if you like.

4. क्या तुम्हें मिला जो तुम चाहते थे?
(Kya tumhe mila jo tum chaahte the?)
Did you get your wish?

5. तुम यहाँ आये कैसे?
(Tum yahaan aaye kaise?)
How did you get here?

6. चलो इसमें नहीं पड़ते हैं।
(Chalo isme nahi padte hain.)
Let's not get into this.

7. हाथ-पैर नहीं धुलोगे क्या?
(Haath-pair nahi dhuloge kya?)
Won't you get freshen up?

8. अगर मैं पकड़ा गया तो?
(Agar main pakda gaya to?)
What if I got caught?

9. हर एक को मौका मिलेगा।
(Har ek ko mauka milega.)
Everyone will get a chance.

10. तुम्हें ये कहाँ मिला?
(Tumhe ye kahaan mila?)
Where did you get this? /
Where did you find this?

11. इसमें इतना क्या ख़ास है?
(Isme itna kya khaas hai?)
What's so special in it?

12. क्या यहाँ का कुछ ख़ास पकवान है?
(Kya yahaan ka kuchh khaas pakvaan hai?)
Is there a house specialty?

13. क्या इस एरिया का कुछ ख़ास पकवान है?
(Kya is area ka kuchh khaas pakvaan hai?)
Is there a local specialty?

14. तुम किसके साथ लंच करते हो?
(Tum kiske saath lunch karte ho?)
Who do you lunch with?

15. मैं अभी डिनर कर रहा हूँ।
(Main abhi dinner kar raha hoon.)
I'm having my dinner now.

16. मैं नाश्ता 6 बजे करता हूँ।
(Main nashta 6 baje karta hoon.)
I have breakfast at 6.

17. मुझे बिल्कुल भूख नहीं है।
(Mujhe bilkul bhookh nahi hai.)
I don't have any appetite.

18. तुम्हें इतना नहीं खाना चाहिए।
(Tumhe itna nahi khaana chaahiye.)
You shouldn't eat so much.

19. यह ट्रीट मेरी तरफ़ से।
(Yah treat meri taraf se.)
This treat is on me.

20. खाने के समय बात मत करो।
(Khaane ke samay baat mat karo.)
Don't talk while having meal. /
Don't talk while eating.

21. मेरा मन कर रहा है कि कुछ खा लूँ।
(Mera man kar raha hai ki kuchh kha loon.)
I feel like eating something.

22. तुम दोनों क्या खाओगे?
(Tum donon kya khaaoge?)
What will you both eat? /
What will you two eat?

23. वे दोनों क्या खायेंगे?
(Ve donon kya khaayenge?)
What will they both eat?

24. तुम्हें क्या पड़ी है?
(Tumhe kya padi hai?)
How does it concern you?

25. मुझे वो नहीं करना चाहिए था।
(Mujhe vo nahi karna chaahiye tha.)
I shouldn't have done that.

26. मुझे उसके लिए बुरा लगा।
(Mujhe uske liye bura laga.)
I felt sorry for her.

27. उसका बचपन मुश्किलों भरा था।
(Uska bachpan mushkilon bhara tha.)
He had a tough childhood.

28. तुम ऐसा कैसे कर सकते हो?
(Tum aisa kaise kar sakte ho?)
How could you do this?

29. तुम हमेशा यही कहते हो।
(Tum hamesha yahi kahte ho.)
That's what you always say.

30. वो पैसों को लेकर बहुत कंजूस है।
(Vo paison ko lekar bahut kanjoos hai.)
He is mean with money.

31. उसके इरादे सही नहीं हैं।
(Uske iraade sahi nahi hain.)
His intentions are not good.

32. मैं दौलत का भूखा नहीं हूँ।
(Main daulat ka bhookha nahi hoon.)
I am not after money.

33. उनके नुकसान में ही हमारा फ़ायदा है।
(Unke nuksaan me hi hamaara faayda hai)
Their loss is our gain.

34. तुम बिल्कुल भी नहीं बदली।
(Tum bilkul bhi nahi badli.)
You haven't changed at all. /
You haven't changed a bit.

35. मुझे मेरे पैसे वापस चाहिए।
(Mujhe mere paise vaapas chaahiye.)
I want my money back.

36. मैं अपनी तकदीर ख़ुद लिखती हूँ।
(Main apni takdeer khud likhti hoon.)
I write my own destiny.

37. मैं कोई ऐसी-वैसी लड़की नहीं हूँ।
(Main koi aisi-vaisi ladki nahi hoon.)
I'm not an ordinary girl.

38. सबको दिखा दिया।
(Sabko dikha diya.)
I've shown it to everybody.

39. आपका बहुत कर्ज़ है मुझ पर।
(Apka bahut karz hai mujh par.)
I'm really indebted to you.

40. मुझे भगवान में विश्वास होना शुरू हो गया है।
(Mujhe Bhagwan me vishvaas hona shuru ho gaya hai.)
I've started believing in God.

41. मैं एक सरल व्यक्ति हूँ।
(Main ek saral vyakti hoon.)
I am an easy-going person.

42. वह डर से काँप रहा था।
(Vah dar se kaanp raha tha.)
He was trembling with fear.

43. मुझे हार माननी पड़ी।
(Mujhe haar maanani padi.)
I had to admit defeat.

44. तुमने मुझे बताया क्यों नहीं?
(Tumne mujhe bataaya kyon nahi?)
Why didn't you tell me?

45. इस बारे में किसी को मत बताना।
(Is baare me kisi ko mat bataana.)
Don't tell anybody about this.

46. पापा से मत बताना क्या हुआ।
(Papa se mat bataana kya hua.)
Don't tell father what happened.

47. बोलो कि सब ठीक है।
(Bolo ki sab theek hai.)
Tell me, everything is OK.

48. ऐसा भविष्य में मत करना।
(Aisa bhavishya me mat karna.)
Don't do so in future.

49. मैं बोल भी किसको रहा हूँ!
(Main bol bhi kisko raha hoon!)
Whom am I even telling!

50. जो मैं कर सकता था, मैंने किया।
(Jo main kar sakta tha, maine kiya.)
I did what I could.

नाम लो और शैतान हाज़िर।

(Naam lo aur shaitaan haazir.)

Speak / Talk of the devil and in he walks.

#BetterYourself

- Day 57 -

1. बताओ मैं कैसे करूँ?
(Bataao main kaise karoon?)
Tell me how to do?

2. वैसे करो जैसे मैं तुम्हें बोल रहा हूँ।
(Vaise karo jaise main tumhe bol raha hoon.)
Do as I tell you.

3. वैसे करो जैसे राम बोल रहा है।
(Vaise karo jaise Ram bol raha hai.)
Do as Ram tells you.

4. वैसे करो जैसे तुम्हें बोला गया है।
(Vaise karo jaise tumhe bola gaya hai.)
Do as you are told.

5. बताओ मैं क्या करूँ?
(Bataao main kya karoon?)
Tell me what to do?

6. बोलो, तुम नहीं जा रहे हो।
(Bolo, tum nahi jaa rahe ho.)
Tell me, you're not leaving.

7. बोलो कब जाना है।
(Bolo kab jana hai.)
Tell me when to go.

8. बताओ तुम्हें क्या चाहिए।
(Bataao tumhe kya chaahiye.)
Tell me what you need.

9. वो हमेशा झूठ बोलती है।
(Vo hamesha jhooth bolti hai.)
She always tells a lie. /
She always lies.

10. मुझे तुम पर भरोसा नहीं है।
(Mujhe tum par bharosa nahi hai.)
I don't believe in you.

11. सच का पता लगने दो (लोगों को)।
(Sach ka pata lagne do {logon ko}.)
Let the truth be known.

12. तुम बस अपना काम करो।
(Tum bas apna kaam karo.)
You just do your job.

13. ये गन्दा काम है।
(Ye ganda kaam hai.)
It is a nasty job.

14. लेकिन ये तुम्हारा काम है।
(Lekin ye tumhaara kaam hai.)
But this is your job.

15. लेकिन वो अभी तक आया नहीं।
(Lekin vo abhi tak aaya nahi.)
But he hasn't come yet.

16. मैं साढ़े छः बजे आऊँ?
(Main saadhe chhah baje aaun?)
Shall I come at 6:30?

17. नहाकर आओ।
(Nahaakar aao.)
Have a bath and come.

18. मुझसे जल्दी मिलने आना।
(Mujhse jaldi milne aana.)
Come to see me soon.

19. कल तुम क्यों नहीं आये थे?
(Kal tum kyon nahi aaye the?)
Why didn't you come yesterday? /
Why were you absent yesterday?

20. कल तुम क्यों नहीं आये थे?
(Kal tum kyon nahi aaye the?)
Why didn't you come yesterday? /
Why were you absent yesterday?

21. काश मैं आ पाता!
(Kash main aa pata!)
I wish I could come!

22. वो कितने साल की होगी?
(Vo kitne saal ki hogi?)
How old could she be?

23. मुझे पहले ही बहुत बुरा लगा था।
(Mujhe pahle hi bahut bura laga tha.)
I felt bad enough already.

24. मेरा मुँह मत खुलवाओ।
(Mera muh mat khulvaao.)
Don't make me say it.

25. मेरे पास और कोई चारा नहीं है।
(Mere paas aur koi chara nahi hai.)
I have no other option.

26. क्या खेल है तकदीर का!
(Kya khel hai takdeer ka!)
What a stroke of luck!

27. मीरा ने हाल ही में एक बच्चे को जन्म दिया है।
(Meera ne haal hi me ek bachche ko janm diya hai.)
Meera had a baby recently.

28. मैंने दो पालतू जानवर रखे हैं।
(Maine do paaltu jaanvar rakhe hain.)
I have got two pets. /
I have two pets.

29. तुम किसके लिए काम करते हो?
(Tum kiske liye kaam karte ho?)
Who do you work for?

30. बॉस कौन है यहाँ पर?
(Boss kaun hai yahaan par?)
Who is in charge here?

31. जैसा पहले था वैसा ही है।
(Jaisa pahle tha vaisa hi hai.)
It's the same as before.

32. वह लड़का उसके पीछे पड़ा हुआ है।
(Vah ladka uske peechhe pada hua hai.)
That boy is pursuing her.

33. तुम कुछ ज़्यादा ही नाज़ुक हो।
(Tum kuchh zyaada hi naajuk ho.)
You are much too delicate.

34. मैं दीवार से टकरा गया / भिड़ गया।
(Main deevaar se takra gaya / bhid gaya.)
I bumped into the wall.

35. मेरा अलार्म ही नहीं बजा।
(Mera alarm hi nahi baja.)
My alarm didn't go off.

36. आज सुबह मुझे आने में देर हो गई थी।
(Aaj subah mujhe aane me der ho gayi thi.)
I was late this morning.

37. तुम कितने बजे आई थी?
(Tum kitne baje aayi thi?)
What time did you arrive?

38. कल मुझे आने में देर हो जाएगी।
(Kal mujhe aane me der ho jaayegi.)
I will be late tomorrow.

39. रिया को कहीं जाना है।
(Riya ko kaheen jana hai.)
Riya has to go somewhere.

40. आज तुम्हें देर क्यों हो गई?
(Aaj tumhe der kyon ho gayi?)
Why are you late today?

41. ऐसा फिर मत होने देना।
(Aisa fir mat hone dena.)
Don't let it happen again.

42. आज कौन-कौन नहीं आया है?
(Aaj kaun-kaun nahi aaya hai?)
Who all are absent today?

43. क्या आपने अपना गृहकार्य कर लिया है?
(Kya aapne apna grihkaary kar liya hai?)
Have you done your homework?

44. कितना गन्दा लिखा है आपने!
(Kitna ganda likha hai aapne!)
How messy you have written!

45. ये क्या लिखा है यहाँ?
(Ye kya likha hai yahaan?)
What have you written here?

46. परीक्षा के लिए अच्छे से तैयारी करो।
(Pareeksha ke liye achchhe se taiyaari karo.)
Prepare well for the exam.

47. क्लास शुरू होने वाली है।
(Class shuru hone vaali hai.)
Class is going to start.

48. तुम रोहन के बगल में बैठ जाओ, प्लीज़।
(Tum Rohan ke bagal me baith Jaao, please.)
Sit next to Rohan, please.

49. हर दूसरी लाइन पर लिखो।
(Har doosari line par likho.)
Write on every other line.

50. बोर्ड के पास आओ, प्लीज़।
(Board ke paas aao, please.)
Please, come to the board.

जैसा देश, वैसा भेष।

(Jaisa desh, vaisa bhesh.)

When in Rome, do as the Romans do.

#BetterYourself

- Day 58 -

1. 5 और 5, 10 होते हैं।
(5 aur 5, 10 hote hain.)
Five and five make ten.

2. आपकी पेन्सिल तेज़ / नुकीली नहीं है।
(Aapki pencil tez / nukeeli nahi hai.)
Your pencil is not sharp.

3. क्या कोई शार्पनर लाया है?
(Kya koi sharpner laaya hai?)
Has anyone got a sharpner?

4. तुम्हारी अंग्रेजी की टीचर कैसी हैं?
(Tumhaari Angreji ki teacher kaisi hain?)
What's your English teacher like?

5. तुम्हारी पढ़ाई कैसी चल रही है?
(Tumhaari padhaai kaisi chal rahi hai?)
How are your studies going?

6. कागज़ की गेंद मत बनाओ।
(Kaagaz ki gend mat banaao.)
Don't screw up the paper.

7. एप्पल की स्पेलिंग सुनाओ।
(Apple ki spelling sunaao.)
Say the spelling of apple.

8. तुम ऐसा कैसे कह सकते हो?
(Tum aisa kaise kah sakte ho?)
How can you say that?

9. दस लाख एक मिलियन होता है।
(Das laakh ek million hota hai.)
Ten lakhs make a million.

10. 100 किलो एक क्विंटल होता है।
(100 kilo ek quintal hota hai.)
100 kilos make a quintal.

11. अब इसमें चार जोड़ो।
(Ab isme chaar jodo.)
Now add 4 to it.

12. अब इसमें चार से गुणा करो।
(Ab isme chaar se guna karo.)
Now multiply it by 4.

13. अब इसमें दो से भाग दो।
(Ab isme do se bhaag do.)
Now, divide it by 2.

14. आज मेरी छुट्टी है।
(Aaj meri chhutti hai.)
It's my day off today.

15. पूछो उसे क्या चाहिए।
(Poochho use kya chaahiye.)
Ask him what he wants.

16. इसका क्या करना है?
(Iska kya karna hai?)
What to do with this?

17. क्या आपको वाक्य पसंद आये?
(Kya aapko vaakya pasand aaye?)
Did you like the sentences?

18. आगे से ध्यान रखना।
(Aage se dhyaan rakhna.)
Be careful in the future.

19. क्यों ना हम बाहर चलें?
(Kyon naa ham baahar chalen?)
Why don't we go out?

20. वहाँ जाना बेकार है।
(Vahaan jana bekaar hai.)
It's useless to go there.

21. क्या उसे इस बारे में पता है?
(Kya use is baare me pata hai?)
Does she know about it?

31. आज तो मैंने उसे नहीं देखा।
(Aaj to maine use nahi dekha.)
I haven't seen her today.

22. जो होगा, होगा।
(Jo hoga, hoga.)
Whatever will be, will be.

32. अभी मेरी बात तुमसे ख़त्म नहीं हुई है।
(Abhi meri baat tumse khatm nahi hui hai.)
I'm not finished with you.

23. कभी किसी को नहीं पता चलेगा।
(Kabhi kisi ko nahi pata chalega.)
No one will ever know.

33. आज तारीख़ क्या है?
(Aaj taareekh kya hai?)
What is the date today?

24. तुम्हें ये कैसा लगा?
(Tumhe ye kaisa laga?)
How did you find this?

34. घर जाने का समय हो गया है।
(Ghar jaane ka samay ho gaya hai.)
It's time to go home.

25. क्या तुमने रिया से बात की?
(Kya tumne Riya se baat ki?)
Did you talk to Riya?

35. हमारी खटिया खड़ी हो रही है!
(Hamaari khatiya khadi ho rahi hai!)
It's costing us a fortune!

26. तुम बाहर क्यों नहीं जा रहे हो?
(Tum baahar kyon nahi jaa rahe ho?)
Why aren't you going out?

36. अच्छा है, यहाँ बारिश हो रही है।
(Achchha hai, yahaan baarish ho rahi hai.)
It's lovely, it's raining here.

27. तुम लेटे क्यों हुए हो?
(Tum lete kyon hue ho?)
Why are you lying down?

37. दिखाना ये कैसे हुआ।
(Dikhaana ye kaise hua.)
Show me how it's done.

28. तुमने जो कहा मैंने किया।
(Tumne jo kaha maine kiya.)
I did what you said.

38. ये मेरा दिमाग ख़राब कर रहा है।
(Ye mera dimaag kharaab kar raha hai.)
It's messing with my head.

29. उनके पास ज़्यादा पैसे नहीं हैं।
(Unke paas zyada paise nahi hain.)
They haven't got much money.

39. नहीं, ऐसा नहीं है।
(Nahi, aisa nahi hai.)
No, it's not like that.

30. अब किसकी बारी है?
(Ab kiski baari hai?)
Whose turn is it now?

40. अब चार महीने हो गये हैं।
(Ab chaar maheene ho gaye hain.)
It's been four months now.

41. सारा रायता फ़ैल गया है।
(Saara raayta phail gaya hai.)
It's all become a mess.

42. कमरा गन्दा मत करो।
(Kamra ganda mat karo.)
Don't mess up the room.

43. इससे छेड़छाड़ मत करो।
(Isase chhedchhaad mat karo.)
Don't mess around with it.

44. इस कमरे में अँधेरा है।
(Is kamre me andhera hai.)
It's dark in this room.

45. वहाँ घुप अँधेरा है।
(Vahaan ghup andhera hai.)
It is pitch dark there.

46. तुम्हारे कमरे में बहुत अँधेरा रहता है।
(Tumhaare kamre me bahut andhera rahta hai).
Your room is very dark.

47. उसने मुझे अँधेरे में रखा।
(Usne mujhe andhere me rakha).
He kept me in dark.

48. पैसों का हिसाब रखा करो।
(Paison ka hisaab rakha karo.)
Keep a track of money.

49. क्या तुम्हारे पास कुछ पैसे हैं?
(Kya tumhaare paas kuchh paise hain?)
Have you got any money? /
Do you have any money?

50. मेरे पास कुछ पैसे हैं।
(Mere paas kuchh paise hain.)
I have got some money. /
I have some money.

51. मेरे पास कोई पैसे नहीं हैं।
(Mere paas koi paise nahi hain.)
I haven't got any money. /
I don't have any money.

52. वह पैसों के लिए कुछ भी करेगा।
(Vah paison ke liye kuchh bhi karega.)
He'll do anything for money.

घर का भेदी लंका ढाये।
(Ghar ka bhedi lanka dhaaye.)
The black sheep. /
The black sheep of the family.

#BetterYourself

- Day 59 -

1. ये गाना कैसे है?
(Ye gaana kaise hai?)
How does this song go?

2. मीरा कितना अच्छा गा लेती है?
(Meera kitna achchha gaa leti hai?)
How well can Meera sing?

3. उसने बहुत अभ्यास किया है।
(Usne bahut abhyaas kiya hai.)
She has practiced a lot.

4. वे मुझ पर हँस रहे हैं।
(Ve mujh par hans rahe hain.)
They are laughing at me.

5. तुमने शब्द गलत लिख दिया था।
(Tumne shabd galat likh diya tha.)
You had misspelt the word.

6. मुझे ये बड़ा मुश्किल लगा।
(Mujhe ye bada mushkil laga.)
I found it very hard.

7. किसी को ढूँढो जिसे अंग्रेजी आती हो।
(Kisi ko dhoondho jise Angreji aati ho.)
Find someone who speaks English.

8. मुझे मीरा बहुत अजीब लगती है।
(Mujhe Meera bahut ajeeb lagti hai.)
I find Meera extremely peculiar.

9. मैं उससे कल शाम को मिला।
(Main usase kal shaam ko mila.)
I met her yesterday evening.

10. तुम कल दोपहर कहाँ थे?
(Tum kal dopahar kahaan the?)
Where were you yesterday afternoon?

11. कल बहुत हवा चल रही थी।
(Kal bahut hava chal rahi thi.)
It was very windy yesterday.

12. कल का मैच कौन सी टीम जीती?
(Kal ka match kaun si team jeeti?)
Which team won yesterday's match?

13. क्या तुम उन लोगों को जानते हो?
(Kya tum un logon ko jaante ho?)
Do you know those people?

14. हर कोई लालची नहीं होता।
(Har koi laalachi nahi hota.)
Not all people are greedy.

15. उसे पता है उसे क्या चाहिए।
(Use pata hai use kya chaahiye.)
He knows what he wants.

16. मैं ये सब नहीं कर सकता।
(Main ye sab nahi kar sakta.)
I can't do all this.

17. पूछकर बताओ।
(Poochhkar bataao.)
Ask and let me know.

18. उससे बोलो न करे।
(Usase bolo na kare.)
Ask her not to do.

19. राम से बोलो चीखे नहीं।
(Ram se bolo cheekhe nahi.)
Ask Ram not to shout.

20. सब एक साथ मत चीखो।
(Sab ek saath mat cheekho.)
Don't all shout at once.

21. तुमने क्या माँगा?
(Tumne kya maanga?)
What did you ask for?

22. हमारे पास पूरा दिन नहीं है।
(Hamare paas poora din nahi hai.)
We don't have all day.

23. घूर किसको रही हो?
(Ghoor kisko rahi ho?)
Who are you staring at?

24. मुझे किस बात का डर?
(Mujhe kis baat ka dar?)
What have I to fear?

25. ये सब तुम्हारा ही तो कमाल है!
(Ye sab tumhaara hi to kamaal hai!)
All this came from you!

26. मैं ये करने पर मजबूर हूँ।
(Main ye karne par majboor hoon.)
I'm bound to do this.

27. मुझसे ये मत करवाओ।
(Mujhse ye mat karvaao.)
Don't make me do this.

28. छोड़ो मेरा हाथ।
(Chhodo mera haath.)
Let go of my arm.

29. कम से कम मेरी बात तो सुन लो।
(Kam se kam meri baat to sun lo.)
At least, hear me out.

30. मैं भी इंसान हूँ।
(Main bhi insaan hoon.)
I'm also a human being.

31. मुझे भी दर्द होता है।
(Mujhe bhi dard hota hai.)
I also feel the pain.

32. जितना जल्दी हो सके जवाब दे देना।
(Jitna jaldi ho sake javaab de dena.)
Reply as soon as possible.

33. वो हमारे लिए ना के बराबर है।
(Vo hamaare liye na ke baraabar hai.)
He is insignificant for us.

34. तुम्हें क्यों अखर रहा है?
(Tumhe kyon akhar raha hai?)
Why are you feeling unpleasant?

35. वो इसके लायक नहीं है।
(Vo iske laayak nahi hai.)
He is not worth it.

36. ये तुम्हारे लिए अच्छा रहेगा।
(Ye tumhaare liye achchha rahega.)
It will do you good.

37. वो मुझसे गुस्सा है।
(Vo mujhse gussa hai.)
She is angry with me.

38. वो मुझसे बहुत ज़्यादा गुस्सा है।
(Vo mujhse bahut zyada gussa hai.)
She is mad at me.

39. जो भी होता है उसके पीछे कोई न कोई कारण होता है।
(Jo bhi hota hai uske peechhe koi na koi kaaran hota hai.)
Everything happens for a reason.

40. तुम किसकी तरफ़ हो।
(Tum kiski taraf ho?)
Whose side are you on?

41. देखो, टाल-मटोल मत करो।
(Dekho, taal-matol mat karo.)
Look, don't put it off.

42. तुम्हारा राज़ अब खुल गया है।
(Tumhaara raaz ab khul gaya hai.)
Your secret is out now.

43. मैंने हमेशा आपकी बात मानी है।
(Maine hamesha aapki baat maani hai.)
I've always listened to you.

44. हमें किसी को फोर्स नहीं करना चाहिए।
(Hame kisi ko force nahi karna chaahiye.)
We should not force anybody.

45. तुम इतने परेशान क्यों हो?
(Tum itne pareshaan kyon ho?)
Why are you so peeved?

46. ये लड़का भी ना!
(Ye ladka bhi naa!)
This boy is too much!

47. मैं आपकी इच्छा पूरी नहीं कर पाया।
(Main aapki ichchha poori nahi kar paya.)
I couldn't fulfil your wish.

48. मैं दुविधा में हूँ।
(Main duvidha me hoon.)
I am in a dilemma.

49. मैं किसके लिए जीता हूँ?
(Main kiske liye jeeta hoon?)
Whom do I live for?

50. मैं तुम सबके लिए जीता हूँ।
(Main tum sabke liye jeeta hoon.)
I live for you all.

जितनी चादर हो उतना ही पाँव फैलाना चाहिए।

(Jitni chaadar ho utna hi paanv failaana chahiye.)

Cut your coat according to your cloth.

#BetterYourself

- Day 60 -

1. ये मेरे लिए आसान नहीं था।
(Ye mere liye aasaan nahi tha.)
It wasn't easy for me.

2. सबकी अपनी निज़ी ज़िन्दगी है।
(Sabki apni nizi zindagi hai.)
Everyone has their personal lives.

3. ज़िन्दगी इतनी आसान नहीं है।
(Zindagi itni aasaan nahi hai.)
Life is not that easy.

4. ये ज़िन्दगी का हिस्सा है।
(Ye zindagi ka hissa hai.)
This is part of life.

5. क्या आप को किसी चीज़ से ऐलर्जी है?
(Kya aap ko kisi cheez se allergy hai?)
Are you allergic to anything?

6. क्या आपको धूल से ऐलर्जी है?
(Kya aapko dhool se allergy hai?)
Are you allergic to dust?

7. तुमसे ही ज़िन्दगी है।
(Tumse hi zindagi hai.)
You make life worth living.

8. मैं तुम्हारे प्यार में पागल हूँ।
(Main tumhaare pyaar me paagal hoon.)
I am mad about you. /
I am crazy about you. /
I am smitten with you.

9. किस्मत हमें साथ लाई है।
(Kismat hame saath layi hai.)
Fate has brought us together.

10. मेरी किस्मत फूट गई।
(Meri kismat phoot gayi.)
I have fallen into adversity.

11. घर में काम चल रहा है।
(Ghar me kaam chal raha hai.)
The house is being renovated.

12. तमाशा मत खड़ा करो।
(Tamaasha mat khada karo.)
Don't kick up a fuss. / Don't make a fuss.

13. क्या तुमने खरीददारी की?
(Kya tumne khareedadari ki?)
Did you do the shopping?

14. मैंने वहाँ बहुत सारी शॉपिंग की।
(Maine vahaan bahut saari shopping ki.)
I shopped a lot there.

15. चेन्जिंग / ट्रायल रूम कहाँ है?
(Changing / Trial room kahaan hai?)
Where is the changing / trial room?

16. क्या मैं इसे पहन कर देख सकता हूँ?
(Kya main ise pahan kar dekh sakta hoon?)
May I try this on?

17. पतलून कहाँ पर मिलेंगे?
(Patloon kahaan par milenge?)
Where can I find trousers?

18. क्या आप बच्चों के कपड़े रखते / बेचते हैं?
(Kya aap bachchon ke kapde rakhte / bechte hain?)
Do you sell kids' apparel?

19. चार लोगों के लिए टेबल चाहिए, प्लीज़।
(Chaar logon ke liye table chaahiye, please.)
A table for four, please.

20. एक कप चाय देना।
(Ek cup chaay dena.)
Give me a cup of tea.

21. न तो ठंडा है न गर्म।
(Na to thanda hai na garm.)
Neither it's cold, nor warm.

22. क्या मैं मेन्यू देख सकता हूँ, प्लीज़?
(Kya main menu dekh sakta hoon, please?)
May I see the menu, please?

23. पैसे देना चाहूँगा।
(Paise dena chaahoonga.)
I would like to pay.

24. मेरे होंठ फ़टे हुए हैं।
(Mere honth phate huye hain.)
I have got chapped lips.

25. मेरा दाँत हिल रहा है।
(Mera daant hil raha hai.)
I have a loose tooth.

26. तुम्हारे सिर में जुएँ पड़ गई हैं।
(Tumhaare sir me juen pad gayi hain.)
You have got head lice.

27. वह पसीना-पसीना हो गया था।
(Vah paseena-paseena ho gaya tha.)
He was drenched with sweat.

28. पेट भारी सा लग रहा है।
(Pet bhaari sa lag raha hai.)
I have a bloated feeling. /
I feel bloated.

29. मेरे पूरे शरीर में जकड़न है।
(Mere poore shareer me jakdan hai.)
My entire body is stiff.

30. मुझे रात भर खाँसी आई।
(Mujhe raat bhar khaansi aai.)
I coughed all night long.

31. जाकर आराम कर लो।
(Jaakar aaraam kar lo.)
Go and have a rest.

32. मेरा गला दुःख रहा है।
(Mera gala dukh raha hai.)
I have a sore throat.

33. क्या उसके पीठ मे दर्द है?
(Kya uske peeth me dard hai?)
Has she got a backache? /
Does she have a backache?

34. मेरे पीठ में दर्द नहीं है।
(Mere peeth me dard nahi hai.)
I haven't got a backache. /
I don't have a backache.

35. वह बुखार में पड़ा है।
(Vah bukhaar me pada hai.)
He is down with fever.

36. मुझे बुखार है।
(Mujhe bukhaar hai.)
I am running a temperature. /
I am running a fever.

37. उसकी आँखें भूरी हैं।
(Uski aankhen bhoori hain.)
She has got brown eyes. /
She has brown eyes.

38. क्या उसकी आँखें नीली हैं?
(Kya uski aankhen neeli hain?)
Has she got blue eyes? /
Does she have blue eyes?

39. मेरे दाँत में दर्द है।
(Mere daant me dard hai.)
I have got a toothache.

40. मेरा सिर दर्द से फ़टा जा रहा है।
(Mera sir dard se phata ja raha hai.)
I have a splitting headache.

41. मुझे मिचली आ रही है।
(Mujhe michli aa rahi hai.)
I feel like throwing up.

42. उसने मेरा पैर कुचल दिया (पैर पर पैर रख दिया) । (Usne mera pair kuchal diya {pair par pair rakh diya}.)
He trod on my foot.

43. करवट लेकर लेट जाओ।
(Karvat lekar let jaao.)
Lie down on your side.

44. मुझे मौत से डर नहीं लगता।
(Mujhe maut se dar nahi lagta.)
I'm not afraid of death.

45. उसे साँस तो लेने दो।
(Use saans to lene do.)
Let her catch her breath.

46. उसे ज़ुखाम लग गया है।
(Use jukhaam lag gaya hai.)
She has caught a cold.

47. मेरे गले में खरास है।
(Mere gale me kharaas hai.)
I have a dry throat.

48. मेरा पैर सुन्न हो गया है।
(Mera pair sunn ho gaya hai.)
My leg has gone numb.

49. मेरी उँगलियाँ सुन्न हो रही हैं।
(Meri ungaliyaan sunn ho rahi hain.)
My fingers are going numb.

50. मेरा पेट ख़राब है।
(Mera pet kharaab hai.)
I have an upset stomach.

51. मेरे पेट में गैस बनी हुई है।
(Mere pet me gais bani hui hai.)
I have a bloated stomach.

52. रोज़ पेट साफ़ नहीं होता।
(Roz pet saaf nahi hota.)
I don't get regular motions.

53. मुझे थोड़ा अजीब सा लग रहा है।
(Mujhe thoda ajeeb sa lag raha hai.)
I feel a little uneasy.

54. मेरे कंधे अकड़े हुए हैं।
(Mere kandhe akde hue hain.)
I have got stiff shoulders. /
My shoulders are stiff.

55. भूख खुल कर नहीं लग रही है।
(Bhookh khul kar nahi lag rahi hai.)
I don't have healthy / good appetites. /
I have loss of appetites.

56. रैश मे बहुत खुजली हो रही है।
(Raish me bahut khujali ho rahi hai.)
My rash is really itchy.

57. उसे ठंड लग गई है।
(Use thand lag gayi hai.)
She has caught a chill.

58. मेरी त्वचा रूखी हो गई है।
(Meri tvacha rookhi ho gayi hai.)
My skin has become dry.

59. उसे दिल की बीमारी है।
(Use dil ki beemari hai.)
He has a heart condition.

60. मेरी दादी की तबियत बहुत बिगड़ी हुई है।
(Meri dadi ki tabiyat bahut bigdi hui hai.)
My grandmother is critically ill.

MAKING CONNECTIONS

EXERCISE - 12

Question 1: Form suitable sentences / questions with the words given below.
(नीचे दिए गए शब्दों से उपयुक्त वाक्य / प्रश्न बनाइए।) - {Reference Day 56}

a. intentions ....

b. specialty ....

c. indebted ....

d. appetite ....

e. trembling ....

Question 2: Tick the correct sentences and put a cross against the incorrect ones.
(सही वाक्यों पर टिक करिए और गलत वाक्यों पर क्रॉस लगाइए।) - {Reference Day 57}

a. Do as me are told.

b. It's the same as after.

c. I was late this morning.

d. Who all are absent today?

e. What messy you have written!

Question 3: Translate the following sentences into English.
(नीचे दिए गए वाक्यों का अंग्रेजी में अनुवाद करिए।) - {Reference Day 58}

a. अभी मेरी बात तुमसे ख़त्म नहीं हुई है। (Abhi meri baat tumse khatm nahi hui hai.)

....

b. ये मेरा दिमाग ख़राब कर रहा है। (Ye mera dimaag kharaab kar raha hai.)

....

c. सारा रायता फ़ैल गया है। (Saara raayta phail gaya hai.)

....

d. इससे छेड़छाड़ मत करो। (Isase chhedchhaad mat karo.)

....

e. कभी किसी को नहीं पता चलेगा। (Kabhi kisi ko nahi pata chalega.)

....

Question 4: Choose the correct answers from the Answer Bank.
(उत्तर बैंक से सही उत्तर चुनिए।) - {Reference Day 59}

ANSWER BANK				
insignificant	worth	misspelt	fulfil	secret

a. You had .... the word.

b. He is .... for us.

c. He is not .... it.

d. Your .... is out now.

e. I couldn't .... your wish.

Question 5: Make 3 sentences using the word 'Life'.
('Life' शब्द का उपयोग करते हुए तीन वाक्य बनाइए।) - {Reference Day 60}

a. ....

b. ....

c. ....

- Day 61 -

1. टमाटर को दो हिस्सों में काट लो।
(Tamaatar ko do hisson me kaat lo.)
Cut the tomato in half. /
Halve the tomato.

2. ब्रेड के छोटे-छोटे टुकड़े कर लो।
(Bread ke chhote-chhote tukde kar lo.)
Break bread into tiny pieces.

3. दूध बह रहा है।
(Doodh bah raha hai.)
The milk is boiling over.

4. पानी उबलकर ख़त्म हो गया।
(Paani uabalkar khatm ho gaya.)
The water has boiled away.

5. कड़ाही आँच से उतार लो।
(Kadaahi aanch se utaar lo.)
Remove the pan from heat.

6. एक कटोरे पर मलमल का कपड़ा रखो।
(Ek katore par malmal ka kapda rakho.)
Place muslin over a bowl.

7. उसके पास थोड़ा दूध है।
(Uske paas thoda doodh hai.)
He has a little milk.

8. मैं बहुत कम कॉफ़ी पीती हूँ।
(Main bahut kam coffee peeti hoon.)
I drink very little coffee.

9. खाली कपों को हटा दो।
(Khaali kapon ko hata do.)
Clear away the empty cups.

10. चलो घर की साफ़-सफ़ाई करते हैं।
(Chalo ghar ki saaf-safaai karte hain.)
Let's clean up the house.

11. कचड़ा कहाँ फेंकूँ?
(Kachda kahaan phenkoon?)
Where to throw the sweepings?

12. देखो, वहाँ धूल पड़ी है!
(Dekho, vahaan dhool padi hai!)
Look at the dirt there!

13 चीज़ों को सही से रखिये।
(Cheezon ko sahi se rakhiye.)
Put the things in order.

14. मैं स्वेटर बुन रही हूँ।
(Main sweater bun rahi hoon.)
I am knitting a sweater.

15. मुझे कुछ करने को दो।
(Mujhe kuchh karne ko do.)
Give me something to do.

16. इसे उपहार की तरह पैक कर दो।
(Ise uphaar ki tarah pack kar do.)
Wrap it like a present.

17. पानी का जग इधर देना।
(Paani ka jug idhar dena.)
Pass me the water jug.

18. मैं चावल बीन रही हूँ।
(Main chaaval been rahi hoon.)
I am picking over rice.

19. कपड़े उल्टे करके डालो।
(Kapde ulte karke daalo.)
Hang the clothes inside out.

20. मक्खन दूध से बनता है।
(Makkhan doodh se banta hai.)
Butter is made from milk.

21. तुमने कार साफ़ कर दी क्या?
(Tumne car saaf kar di kya?)
Have you cleaned the car?

22. चादर तह कर दो।
(Chaadar tah kar do.)
Fold up the bed sheet.

23. मेरे भाई की जुड़वा बेटियाँ हैं।
(Mere bhaai ki judva betiyaan hain.)
My brother has twin daughters.

24. क्या दोनों एक जैसे दिखते हैं?
(Kya donon ek jaise dikhte hain?)
Are they identical twins?

25. नहीं, उनका चेहरा नहीं मिलता।
(Nahi, unka chehra nahi milta.)
No, they are fraternal twins. /
No, they are non-identical twins.

26. टायर में हवा कम है।
(Tyre me hava kam hai.)
The tyre has gone down.

27. वह लगभग इतना लम्बा है।
(Vah lagbhag itna lamba hai.)
He is about this tall.

28. आप क्या खोज रहे हैं?
(Aap kya khoj rahe hain?)
What are you looking for?

29. तुम उससे कब मिले?
(Tum usase kab mile?)
When did you meet her?

30. सोमवार को बारिश हुई थी क्या?
(Somvaar ko baarish hui thi kya?)
Did it rain on Monday?

31. क्या तुम दिल्ली गये हो?
(Kya tum Dilli gaye ho?)
Have you been to Delhi?

32. क्या वह दिल्ली गई है?
(Kya vah Dilli gayi hai?)
Has she been to Delhi?

33. हाँ गया हूँ। कई बार।
(Haan gaya hoon. Kayi baar.)
Yes, I have. Many times.

34. मैं दिल्ली में पैदा हुई थी।
(Main Dilli me paida hui thi.)
I was born in Delhi.

35. क्या तुमने उसे फ़ोन किया?
(Kya tumne use phone kiya?)
Did you call him up? /
Did you phone him?

36. मुझे कॉफ़ी पसंद नहीं है।
(Mujhe coffee pasand nahi hai.)
I do not like coffee.

37. मुझे कॉफ़ी पसंद हुआ करती थी।
(Mujhe coffee pasand hua karti thi.)
I used to like coffee.

38. मुझे इसकी आदत नहीं है।
(Mujhe iski aadat nahi hai.)
I'm not used to it.

39. खुन्नस में हो क्या?
(Khunnas me ho kya?)
Are you in a mood?

40. आपको पढ़ाई नहीं करनी है क्या?
(Aapko padhaai nahi karni hai kya?)
Don't you want to study?

41. वैसे, उसने पढ़ना शुरू कर दिया है।
(Vaise, usne padhna shuru kar diya hai.)
Well, he has started studying.

42. तुम लगभग 60 किलो के हो।
(Tum lagbhag 60 kilo ke ho.)
You weigh about 60 kilos.

43. उधारी आना बाकी है।
(Udhaari aana baaki hai.)
Borrowers are yet to repay.

44. क्या मैं आपका पेन ले सकता हूँ?
(Kya main aapka pen le sakta hoon?)
May I borrow your pen?

45. आज आसमान बिल्कुल साफ़ है।
(Aaj aasmaan bilkul saaf hai.)
The sky is clear today.

46. आजकल लाइट बहुत जा रही है।
(Aajkal light bahut jaa rahi hai.)
Nowadays power goes off frequently.

47. मैंने तुम्हारा ठेका लिया है क्या?
(Maine tumhaara theka liya hai kya?)
Am I responsible for you?

48. क्या तुमने सिगरेट पी?
(Kya tumne cigarette pee?)
Did you have a cigarette?

49. हाँ, मैंने सिगरेट पी।
(Haan, maine cigarette pee.)
Yes, I had a cigarette.

50. मीरा की एक बच्ची है।
(Meera ki ek bachchi hai.)
Meera has got a baby. /
Meera has a baby.

51. ज़रा देखना इसे।
(Zara dekhna ise.)
Have a look at this.

52. क्या उसके पास कार है?
(Kya uske paas car hai?)
Has he got a car? /
Does he have a car?

53. उसके पास कार नहीं है।
(Uske paas car nahi hai.)
He hasn't got a car. /
He doesn't have a car.

54. उसके पास कार है।
(Uske paas ek car hai.)
He has got a car. / He has a car.

- Day 62 -

1. वो अब यहाँ नहीं है।
(Vo ab yahaan nahi hai.)
She is not here now.

2. वो कब वापस आयेगी?
(Vo kab vaapas aayegi?)
When will she be back?

3. वे शादी कब कर रहे हैं?
(Ve shaadi kab kar rahe hain?)
When are they getting married?

4. क्या तुमने कभी किसी को मारा है?
(Kya tumne kabhi kisi ko mara hai?)
Have you ever hit anybody?

5. क्या तुम मुझे जगा दोगे?
(Kya tum mujhe jaga doge?)
Will you wake me up?

6. तुमने सपना क्या देखा?
(Tumne sapna kya dekha?)
What did you dream about?

7. लाइट का स्विच कहाँ है?
(Light ka switch kahaan hai?)
Where is the light switch?

8. उसकी साइकिल में ब्रेक नहीं थे।
(Uski cycle me brake nahi the.)
His bicycle had no brakes.

9. चलो तैरते हैं।
(Chalo tairte hain.)
Let's go for a swim.

10. मैं बैंक में काम करता हूँ।
(Main baink me kaam karta hoon.)
I work in a bank.

11. किसको-किसको आंमत्रित करें / बुलायें?
(Kisko-kisko aamantrit karen / bulaayen?)
Who all shall we invite?

12. कल मैं यहाँ नहीं रहूँगा।
(Kal main yahaan nahi rahoonga.)
I won't be here tomorrow.

13. कल मैं मुंबई में रहूँगा।
(Kal main Mumbai me rahoonga.)
Tomorrow, I'll be in Mumbai.

14. ये कमरा रोज़ साफ़ किया जाता है।
(Ye kamra roz saaf kiya jata hai.)
This room is cleaned daily.

15. कमरा इस तरफ़ है।
(Kamra is taraf hai.)
The room is this way.

16. कमरे में बहुत शोर है।
(Kamare me bahut shor hai.)
The room is very noisy.

17. इसमें कितने पैसे लगे?
(Isme kitne paise lage?)
How much did it cost?

18. मुझे ये 100 रुपये का पड़ा।
(Mujhe ye 100 rupaye ka pada.)
It cost me Rs. 100.

19. इस शब्द का क्या मतलब है?
(Is shabd ka kya matlab hai?)
What does this word mean?

20. रिया हमारे घर के पास ही रहती है।
(Riya hamaare ghar ke paas hi rahti hai.)
Riya lives near our house.

21. तुम्हारा बैग कितने का है?
(Tumhaara baig kitne ka hai?)
How much is your bag?

22. यह किताब कितने की है?
(Yah kitaab kitne ki hai?)
How much is this book?

23. वो किस अस्पताल में है?
(Vo kis asptaal me hai?)
Which hospital is she in?

24. वो घर क्यों गई?
(Vo ghar kyon gayi?)
Why did she go home?

25. तुम यहाँ क्या कर रहे हो?
(Tum yahaan kya kar rahe ho?)
What are you doing here?

26. वो किसके साथ जा रही है?
(Vo kiske saath ja rahi hai)?
Who is she going with?

27. शॉर्ट सर्किट हो गया था।
(Short circuit ho gaya tha.)
There was a short circuit.

28. इससे ख़तरा कम हो जायेगा।
(Isase khatra kam ho jaayega.)
This will lessen the risk.

29. वाह! क्या बात है!
(Wah! Kya baat hai!)
Wow! What a great thing!

30. आप क्या बड़बड़ा रहे हैं?
(Aap kya badbadaa rahe hain?)
What are you murmuring about?

31. मुझे सबसे बेकार काम खाना बनाना लगता है।
(Mujhe sabse bekaar kaam khaana banaana lagta hai.)
I hate cooking the most.

32. क्या तुम्हारी शादी ज़बरजस्ती हुई है?
(Kya tumhaari shaadi zabarjasti hui hai?)
Are you forced into marriage?

33. क्या राम की मम्मी ने उसे खाना खिलाया?
(Kya Ram ki mummy ne use khaana khilaaya?)
Did Ram's mother feed him?

34. क्या गाँव वाले पानी पिलाते हैं?
(Kya gaanv vaale paani pilaate hain?)
Do the villagers serve water?

35. मेरा घूमने का मन कर रहा है।
(Mera ghoomne ka man kar raha hai.)
I feel like going away.

36. यहाँ तेज़ हवा चल रही है।
(Yahaan tez hava chal rahi hai.)
High winds are blowing here. /
Strong winds are blowing here.

37. क्या तुम पहले उससे मिल चुके हो?
(Kya tum pahle usase mil chuke ho?)
Have you met her before?

38. आप कहाँ के लिए निकल रहे हैं?
(Aap kahaan ke liye nikal rahe hain?)
Where are you heading to?

39. कार का शीशा चढ़ाओ, प्लीज़।
(Car ka sheesha chadhaao, please.)
Wind the window up, please.

40. कार का शीशा नीचे करो, प्लीज़।
(Car ka sheesha neeche karo, please.)
Wind the window down, please.

41. मैं तुम्हारे काम से खुश हूँ।
(Main tumhaare kaam se khush hoon.)
I'm pleased with your work.

42. तुझे बड़ी फ़िक्र है उसकी!
(Tujhe badi fikra hai uski!)
You care much about her!

43. तुम ये वाला ले सकते हो।
(Tum ye vala le sakte ho.)
You can take this one.

44. वो वाला आखिरी था।
(Vo vala aakhiri tha.)
That was the last one.

45. रोहन दरवाज़े पर है।
(Rohan darvaaze par hai.)
Rohan is at the door.

46. मुझसे अंग्रजी में बोलो।
(Mujhse Angreji me bolo).
Speak to me in English.

47. मुझे 100 रुपए वापस दो।
(Mujhe 100 rupaye vaapas do.)
Give me 100 rupees back.

48. मुझे लेने आ जाना।
(Mujhe lene aa jana.)
Come to pick me up.

49. आज ये होना ही था।
(Aaj ye hona hi tha.)
It had to happen today.

50. तुम्हें भी आना चाहिए था।
(Tumhe bhi aana chaahiye tha.)
You should have come too.

51. मैं इकलौता / इकलौती हूँ।
(Main iklauta / iklauti hoon.)
I am an only child.

52. तुम दोनों एक जैसे दिखते हो।
(Tum donon ek jaise dikhte ho.)
Both of you look alike. /
You both look alike.

53. कृपया थोड़ा खिसकिए।
(Kripya thoda khiskiye.)
Budge up a bit, please! /
Move up a bit, please!

54. तुम पर ये रंग बहुत फ़बता है।
(Tum par ye rang bahut phabta hai.)
This color really suits you.

55. पीला रंग तुम पर बहुत फ़बता है।
(Peela rang tum par bahut phabta hai.)
Yellow color really suits you.

56. चाय लेंगे या कॉफ़ी?
(Chaay lenge ya coffee?)
Would you like tea or coffee?

- Day 63 -

1. वह दूसरे बच्चों से लड़ाई करता है।
(Vah doosre bachchon se ladaai karta hai.)
He fights with other students.

2. आपके पास रेशमी कपड़े हैं क्या?
(Aapke paas reshami kapde hain kya?)
Do you have silken clothes?

3. यही तो मुझे चाहिए था।
(Yahi to mujhe chaahiye tha.)
This is what I wanted.

4. ये कोई हँसने की बात नहीं है।
(Ye koi hansne ki baat nahi hai.)
It is no laughing matter.

5. यह मेरे लिए मायने नहीं रखता।
(Yah mere liye maayane nahi rakhta.)
It doesn't matter to me.

6. वो न जाने कहाँ गायब हो गया।
(Vo na jaane kahaan gaayab ho gaya.)
He disappeared into thin air. /
He vanished into thin air

7. यहाँ घर जैसा लगता है।
(Yahaan ghar jaisa lagta hai.)
Here, I feel at home.

8. पापा ने मेरा डर भाँप लिया था।
(Papa ne mera dar bhaanp liya tha.)
Father had sensed my fear.

9. मेरा ज़मीर मुझे इजाज़त नहीं देता।
(Mera zameer mujhe ijaazat nahi deta.)
My conscience doesn't allow me.

10. वह जाति का ब्राह्मण है।
(Vah jaati ka brahmad hai.)
He is Brahmin by caste.

11. वो सठिया गए हैं।
(Vo sathiyaa gaye hain.)
He is in his dotage.

12. वो कहीं और से आया है।
(Vo kaheen aur se aaya hai.)
He has come from elsewhere.

13. ठीक-ठीक लगा लो भैया। / सही दाम लगा लो भैया।
(Theek-theek laga lo bhaiya. /
Sahi daam laga lo bhaiya.)
Quote a fair price, brother.

14. मैं आप ही के यहाँ से सामान ले जाती हूँ।
(Main aap hi ke yahaan se saamaan le jati hoon.)
I am your regular customer.

15. जाने में हर्ज ही क्या है?
(Jane me harj hi kya hai?)
What's the harm in going?

16. इसका कोई मतलब ही नहीं बनता।
(Iska koi matlab hi nahi banta.)
It doesn't make any sense.

17. मुझे नाम याद नहीं रहते।
(Mujhe naam yaad nahi rahte.)
I am terrible at names.

18. जैसे मन में आये, वैसे करो।
(Jaise man me aaye, vaise karo.)
Do it how you wish.

19. तुम्हें उससे क्या काम है?
(Tumhe usase kya kaam hai?)
What's your business with him?

20. आज सड़ी गर्मी है।
(Aaj sadi garmi hai.)
It is sultry heat today.

21. छोटू को मेरा प्यार देना।
(Chhotu ko mera pyar dena.)
Give my love to Chhotu. /
Give Chhotu my love.

22. मैंने फ़ोटोज़ खिचवाईं।
(Maine photos khichvaaeen.)
I got the photographs clicked. /
I got the photographs taken.

23. और तुम्हारा दिन कैसा रहा?
(Aur tumhaara din kaisa raha?)
And how was your day?

24. दिखाओ तुमने क्या खरीदा।
(Dikhaao tumne kya khareeda.)
Show me what you bought.

25. वो मेरी सगी बहन है।
(Vo meri sagi bahan hai.)
She is my whole / full sister.

26. क्या वे तुम्हारे सगे भाई हैं?
(Kya ve tumhaare sage bhaai hain?)
Are they your whole / full brothers?

27. मैं उससे केवल एक बार मिली हूँ।
(Main usase keval ek baar mili hoon.)
I've only met her once.

28. मैं उससे पहले एक बार मिल चुका हूँ।
(Main usase pahle ek baar mil chuka hoon.)
I've met her once before.

29. क्या नहीं पढ़ाया गया है?
(Kya nahi padhaaya gaya hai?)
What has not been taught?

30. कल मेरा टेस्ट है।
(Kal mera test hai.)
I have a test tomorrow.

31. मैं बस अभी पहुँच ही रहा हूँ कमरे में।
(Main bas abhi pahunch hi raha hoon kamre me.)
I'm just reaching my apartment.

32. क्या आप अभी घर पहुँच रहे हो?
(Kya aap abhi ghar pahunch rahe ho?)
Are you reaching home now?

33. मैं तो परेशान हो गया हूँ उससे।
(Main to pareshaan ho gaya hoon usase.)
I'm fed up with him.

34. दूसरों की बुराई मत किया करो।
(Doosron ki buraai mat kiya karo.)
Don't speak ill of others.

35. शायद कोई समस्या आ गई होगी।
(Shaayad koi samasya aa gayi hogi.)
There might be some issues.

36. वह गुस्से से उबल रहा था।
(Vah gusse se ubal raha tha.)
He was boiling with rage.

37. वो मेरे आगे टिक नहीं सकता।
(Vo mere aage tik nahi sakta.)
He can't stand against me.

38. ये अन्धा कुआँ है।
(Ye andha kuaan hai.)
This is a dry well.

39. इतनी देर कैसे हो गई?
(Itni der kaise ho gayi?)
What took you so long?

40. बहुत शरारती हो गए हो।
(Bahut sharaarati ho gaye ho.)
You have become very naughty.

41. आगे सड़क कैसी है?
(Aage sadak kaisi hai?)
How is the road ahead?

42. कितने साल की हो गई हो तुम?
(Kitne saal ki ho gayi ho tum?)
How old have you turned?

43. कुछ भी जो तुम्हारा मन करे।
(Kuchh bhi jo tumhaara man kare.)
Anything that you feel like.

44. आपने मुझे किसी की याद दिला दी।
(Aapne mujhe kisi ki yaad dila di.)
You reminded me of somebody.

45. देवी पर फूल चढ़ाओ।
(Devi par phool chadhaao.)
Offer flowers to the deity.

46. यह मेरा देखा हुआ है।
(Yah mera dekha hua hai.)
I have already seen this.

47. कमाल का अनुभव था।
(Kamaal ka anubhav tha.)
It was an amazing experience.

48. प्रतियोगिता बहुत ही कठिन है।
(Pratiyogita bahut hi kathin hai.)
The competition is very tough.

49. मैं इसे ज़्यादा इस्तेमाल नहीं करती।
(Main ise zyada istemaal nahi karti.)
I don't use it much.

50. समारोह कब शुरू होगा?
(Samaaroh kab shuru hoga?)
When will the function begin?

दूध का जला छाछ भी फूँक-फूँक कर पीता है।

(Doodh ka jala chhaachh bhi phoonk-phoonk kar peeta hai.)

Once bitten twice shy. / A burnt child dreads the fire.

#BetterYourself

- Day 64 -

1. तुम इस वाले पर बैठ जाओ।
(Tum is vaale par baith jaao.)
You sit on this one.

2. तुम बहुत कमज़ोर हो गई हो।
(Tum bahut kamzor ho gayi ho.)
You have become very weak. /
You have become frail.

3. क्या तुमने डॉक्टर को दिखाया?
(Kya tumne doktar ko dikhaya?)
Did you see a doctor?

4. क्या वो ज़िम्मेदार है इसके लिए?
(Kya vo zimmedaar hai iske liye?)
Is she responsible for this?

5. मैं कक्षा में प्रथम आया।
(Main kaksha me pratham aaya.)
I stood first in class.

6. मैं क्लास में फ़र्स्ट आती हूँ।
(Main class me first aati hoon.)
I stand first in class.

7. वो क्लास में सेकेन्ड आता है।
(Vo class me second aata hai.)
He stands second in class.

8. सारे मेहमान जा चुके हैं।
(Saare mehmaan ja chuke hain.)
All the guests have left.

9. तब तक वो जा चुकी थी।
(Tab tak vo ja chuki thi.)
She had gone by then.

10. वो ज़माना गुज़र गया।
(Vo zamaana guzar gaya.)
That age has gone by.

11. मेरे पापा मुझे बुद्धिमान मानते / समझते हैं।
(Mere papa mujhe buddhimaan maante /
samajhte hain.)
My father considers me intelligent.

12. मैंने ये नहीं किया।
(Maine ye nahi kiya.)
I did not do this.

13. क्या तुमने अपना काम ख़त्म कर लिया?
(Kya tumne apna kaam khatm kar liya?)
Have you finished your work?

14. तुमने मुझे फ़ोन क्यों किया था?
(Tumne mujhe phone kyon kiya tha?)
Why did you call me?

15. मैं पापा से शिकायत कर दूँगा।
(Main papa se shikaayat kar doonga.)
I will complain to father.

16. उनमें धैर्य नहीं है।
(Unme dhairya nahi hai.)
They do not have patience.

17. हम यहीं रहते हैं।
(Ham yaheen rahte hain.)
This is where we live.

18. मेरी चाबियाँ कहाँ चली गईं?
(Meri chaabiyaan kahaan chali gayeen?)
Where have my keys gone?

19. उसका व्यवहार अच्छा नहीं है।
(Uska vyavhaar achchha nahi hai.)
His behavior is not good.

20. वो गम्भीर हालत में है।
(Vo gambheer haalat me hai.)
She is in serious condition.

21. तुम्हें ये विचार कैसे आया?
(Tumhe ye vichaar kaise aaya?)
What gave you this idea?

22. वो लड़का क्या कर रहा है?
(Vo ladka kya kar raha hai?)
What is that boy doing?

23. मैं कभी मुम्बई नहीं गई हूँ।
(Main kabhi Mumbai nahi gayi hoon.)
I've never been to Mumbai.

24. घर तो खाली है अभी।
(Ghar to khaali hai abhi.)
The house is empty now.

25. मैं टहलने जा रहा हूँ।
(Main tahalne ja raha hoon.)
I'm going for a walk.

26. ये केवल मजाक था।
(Ye keval majaak tha.)
It was just a joke.

27. उस पर चोरी का इल्ज़ाम है।
(Us par chori ka ilzaam hai.)
He is accused of theft.

28. काश मैं वहाँ होता!
(Kaash main vahaan hota!)
I wish I were there!

29. मैं उससे मिलना चाहती हूँ।
(Main usase milna chaahti hoon.)
I want to meet him.

30. आप किसका इंतज़ार कर रही हैं?
(Aap kiska intzaar kar rahi hain?)
Who are you waiting for?

31. मैं आपका इंतज़ार कर रही थी।
(Main aapka intzaar kar rahi thi.)
I was waiting for you.

32. मैंने हमेशा तुम्हारा साथ दिया है।
(Maine hamesha tumhaara saath diya hai.)
I've always stood by you.

33. वह आने ही वाला है।
(Vah aane hi vala hai.)
He is about to come.

34. हमारी छुट्टी एक बजे होती है।
(Hamaari chhutti ek baje hoti hai.)
Our school finishes at 1.

35. समय कैसे काटूँ?
(Samay kaise kaatoon?)
How to pass the time?

36. उसके पास क्या-क्या है?
(Uske paas kya-kya hai?)
What all does he have?

37. मैं बाल-बाल बचा था।
(Main baal-baal bacha tha.)
I had a narrow escape.

38. जो भी तुम्हारे पास है, मुझे दे दो।
(Jo bhi tumhaare paas hai, mujhe de do.)
Give me whatever you have.

39. इससे क्या फ़र्क पड़ता है?
(Isase kya fark padta hai?)
What difference does it make?

40. इससे कोई फ़र्क नहीं पड़ता।
(Isase koi fark nahi padta.)
It doesn't make any difference. /
It makes no difference.

41. क्या तुमने उससे कहा?
(Kya tumne usase kaha?)
Did you say to her?

42. तुमने तो ये बहुत जल्दी कर दिया!
(Tumne to ye bahut jaldi kar diya!)
You've done it so quickly!

43. फिर कब मिलेंगे?
(Fir kab milenge?)
When will we meet again?

44. क्या वे हमसे सहमत होंगे?
(Kya ve hamse sahmat honge?)
Would they agree with us?

45. क्या हो अगर वो सहमत न हों तो?
(Kya ho agar vo sahmat na hon to?)
What if they didn't agree?

46. वे सब घर गये।
(Ve sab ghar gaye.)
They have all gone home.

47. हमारे पास थोड़ा समय है।
(Hamaare paas thoda samay hai.)
We have a little time.

48. हमारे पास बहुत ही कम समय है।
(Hamaare paas bahut hi kam samay hai.)
We have very little time. /
We have little time.

49. मीरा घूमने कब गई?
(Meera ghoomne kab gayi?)
When did Meera go away?

50. क्या तुमने फॉर्म पर हस्ताक्षर कर दिये?
(Kya tumne form par hastaakshar kar diye?)
Have you signed the form?

51. तुम्हारी ड्रेस कितनी गन्दी है!
(Tumhaari dress kitni gandi hai!)
How dirty your dress is!

52. मैं अपना गुस्सा पी गई।
(Main apna gussa pee gayi.)
I bottled up my anger.

53. कागज़ पर पैर मत रखना।
(Kaagaz par pair mat rakhna.)
Don't step on the paper.

54. घुमा-फ़िराकर बातें करना बंद करो।
(Ghuma-phiraakar baaten karna band karo.)
Stop beating around the bush.

55. भगवान जाने वह कहाँ है!
(Bhagwan jaane vah kahaan hai!)
God knows where he is!

56. मैं उसे ढूँढ रहा था।
(Main use dhoondh raha tha.)
I was looking for him.

- Day 65 -

1. मुझसे पैसे मत माँगो।
(Mujhse paise mat maango.)
Don't ask me for money.

2. काश वो सच होता!
(Kaash vo sach hota!)
I wish that were true!

3. रोहन वहाँ था, है ना?
(Rohan vahaan tha, hai na?)
Rohan was there, wasn't he?

4. इलाज चल रहा है।
(Ilaaj chal raha hai.)
The treatment is going on.

5. मैं हमेशा तुम्हारा साथ देता हूँ।
(Main hamesha tumhaara saath deta hoon.)
I always stand by you.

6. उसे माफ़ी माँगनी पड़ेगी।
(Use mafi maangni padegi.)
He will have to apologize.

7. जो हो रहा है, होने दो।
(Jo ho raha hai, hone do.)
Let Nature take its course. /
Let happen what's happening.

8. मैं पौधों को पानी दे रही हूँ।
(Main paudhon ko paani de rahi hoon.)
I am watering the plants.

9. मैंने खाना खा लिया है।
(Maine khaana kha liya hai.)
I have eaten the food. /
I have taken the food. /
I have had the food.

10. आज ओले पड़ेंगे।
(Aaj ole padenge.)
It's going to hail today.

11. चार दिन हो गये हैं।
(4 din ho gaye hain.)
It has been 4 days.

12. चार दिन हो गये थे।
(4 din ho gaye the.)
It had been 4 days.

13. तुम किस शहर में हो?
(Tum kis shahar me ho?)
Which city are you in?

14. तुम्हारे पास क्या नहीं है?
(Tumhaare paas kya nahi hai?)
What do you not have?

15. अपने स्वास्थ्य का ध्यान रखो।
(Apne svaasthya ka dhyaan rakho.)
Take care of your health.

16. उसने मुझे कभी रोने नहीं दिया।
(Usne mujhe kabhi rone nahi diya.)
He never let me cry.

17. वह मुझे कभी रोने नहीं देता।
(Vah mujhe kabhi rone nahi deta.)
He never lets me cry.

18. ऐसा जान-बूझकर किया गया।
(Aisa jaan-boojhkar kiya gaya.)
It was done on purpose.

19. आपसे मिलने के बाद मैं निकल गया।
(Aapse milne ke baad main nikal gaya.)
Having met you, I left.

20. तुम वहाँ किसके साथ थे?
(Tum vahaan kiske saath the?)
With whom were you there? /
Who were you there with?

21. क्या मैं इसे पहनकर देख सकता हूँ?
(Kya main ise pahankar dekh sakta hoon?)
Can I try it on?

22. क्या मैं आपकी कलम का उपयोग कर सकता हूँ?
(Kya main aapki kalam ka upyog kar sakta hoon?)
Can I use your pen?

23. क्या मैं आपका फ़ोन इस्तेमाल कर सकता हूँ?
(Kya main aapka phone istemaal kar sakta hoon?)
Can I use your phone?

24. क्या हम वहाँ पर बैठ सकते हैं?
(Kya ham vahaan par baith sakte hain?)
Can we sit over there?

25. क्या आप बाद में वापस कॉल कर सकते हैं?
(Kya aap baad me vaapas call kar sakte hain?)
Can you call back later?

26. क्या मैं इसे सही तरीके से कर रहा हूँ?
(Kya main ise sahi tareeke se kar raha hoon?)
Am I doing it correctly?

27. क्या मैं इसे सही ढंग से उच्चारित कर रहा हूँ?
(Kya main ise sahi dhang se uchchaarit kar raha hoon?)
Am I pronouncing it correctly?

28. क्या मैं इसे सही तरीके से लिख रहा हूँ?
(Kya main ise sahi tareeke se likh raha hoon?)
Am I writing it correctly?

29. क्या वे आज शाम आ रहे हैं?
(Kya ve aaj shaam aa rahe hain?)
Are they coming this evening?

30. क्या आप इस सप्ताह आ रहे हैं?
(Kya aap is saptaah aa rahe hain?)
Are you coming this week?

31. क्या तुम मेरे साथ आ रहे हो?
(Kya tum mere saath aa rahe ho?)
Are you coming with me?

32. क्या आप लंच के समय फ्री हैं?
(Kya aap lanch ke samay free hain?)
Are you free at lunchtime?

33. क्या आप नाचने जा रहे हैं?
(Kya aap naachne ja rahe hain?)
Are you going to dance?

34. क्या आप किसी की प्रतीक्षा कर रहे हैं?
(Kya aap kisi ki prateeksha kar rahe hain?)
Are you waiting for someone?

35. क्या आपके बच्चे आपके साथ हैं?
(Kya aapke bachche aapke saath hain?)
Are your children with you?

36. मेरे माता-पिता दोनों शिक्षक हैं।
(Mere maata-pita donon shikshak hain.)
Both my parents are teachers.

37. मुझे मेरी ड्रेस ला दो, प्लीज़।
(Mujhe meri dress laa do, please.)
Bring me my dress, please.

38. मेरा ग्रे स्वेटर लाओ।
(Mera grey sweater laao.)
Bring me my grey sweater.

39. मुझे मेरी चाय ला दो, प्लीज़।
(Mujhe meri chaay la do, please.)
Bring me my tea, please.

40. क्या मैं कुछ पैसे उधार ले सकता हूँ?
(Kya main kuchh paise udhaar le sakta hoon?)
Can I borrow some money?

41. क्या मैं आपकी कलम उधार ले सकता हूँ?
(Kya main aapki kalam udhaar le sakta hoon?)
Can I borrow your pen?

42. क्या मैं अपने दोस्त को ला सकता हूँ?
(Kya main apne dost ko la sakta hoon?)
Can I bring my friend?

43. क्या मैं खिड़की बंद कर सकता हूँ?
(Kya main khidaki band kar sakta hoon?)
Could I close the window?

44. क्या मैं अपॉइंटमेंट ले सकता हूँ?
(Kya main appointment le sakta hoon?)
Can I make an appointment?

45. क्या आप इसे दोहरा सकते हैं, कृपया?
(Kya aap ise dohra sakte hain, kripya?)
Could you repeat that, please?

46. क्या आप थोड़ा ज़ोर से बोल सकते हैं, कृपया?
(Kya aap thoda zor se bol sakte hain, kripya?)
Could you speak louder, please?

47. क्या आप थोड़ा धीरे बोल सकते हैं, कृपया?
(Kya aap thoda dheere bol sakte hain, kripya?)
Could you speak slower, please?

48. क्या आप इसकी स्पेलिंग बोल सकते हैं, कृपया?
(Kya aap iski spelling bol sakte hain, kripya?)
Can you spell that, please?

49. क्या आप उसे फेंक सकते हैं?
(Kya aap use phenk sakte hain?)
Can you throw that away?

50. क्या आप उसे वापस ला सकते हैं?
(Kya aap use vaapas la sakte hain?)
Can you get that back?

भैंस के आगे बीन बजाना।
(Bhains ke aage been bajaana.)
Cast pearls before swine.
#BetterYourself

MAKING CONNECTIONS

EXERCISE - 13

Question 1: Complete the sentences with food related words.
(नीचे दिए गए वाक्यों को खान-पान से सम्बंधित शब्दों से पूरा करिये।) - {Reference Day 61}

a. Cut the .... in half.

b. The .... is boiling over.

c. .... is made from milk.

d. Pass me the .... jug.

e. I drink very little ....

Question 2: Translate the following sentences into English.
(नीचे दिए गए वाक्यों का अंग्रेजी में अनुवाद करिए।) - {Reference Day 62}

a. मेरा घूमने का मन कर रहा है। (Mera ghoomne ka man kar raha hai.)

....

b. तुम्हें भी आना चाहिए था। (Tumhe bhi aana chaahiye tha.)

....

c. ये कमरा रोज़ साफ़ किया जाता है। (Ye kamra roz saaf kiya jata hai.)

....

d. मुझसे अंग्रजी में बोलो। (Mujhse Angreji me bolo.)

....

e. तुम पर ये रंग बहुत फ़बता है। (Tum par ye rang bahut phabta hai.)

....

Question 3: Form suitable sentences / questions with the words given below.
(नीचे दिए गए शब्दों से उपयुक्त वाक्य / प्रश्न बनाइए।) - {Reference Day 63}

a. conscience (ज़मीर) ....

b. naughty (शरारती) ....

c. speak ill (बुराई) ....

d. harm (हर्ज) ....

e. remind (याद दिलाना) ....

Question 4: Match the sentences given below.
(नीचे दिए गए वाक्यों का मिलान कीजिए।) - {Reference Day 64}

उनमें धैर्य नहीं है।	Have you signed the form?
उसका व्यवहार अच्छा नहीं है।	His behaviour is not good.
क्या तुमने फॉर्म पर हस्ताक्षर कर दिये?	Stop beating around the bush.
घुमा-फ़िराकर बातें करना बंद करो।	I wish I were there!
काश मैं वहाँ होता!	They do not have patience.

Question 5: Write the sentence "मैंने खाना खा लिया है।" in 3 different ways.
(वाक्य "मैंने खाना खा लिया है।" को अंग्रेजी में 3 अलग-अलग तरीकों से लिखिए।) - {Reference Day 65}

a. ....

b. ....

c. ....

- Day 66 -

1. क्या आप मेरे लिए इसका अनुवाद कर सकते हैं?
(Kya aap mere liye iska anuvaad kar sakte hain?)
Can you translate this for me?

2. कल आकर मुझसे मिलो।
(Kal aakar mujhse milo.)
Come and see me tomorrow.

3. घर के अंदर आओ, बाहर ठंड है।
(Ghar ke andar aao, baahar thand hai.)
Come indoors, it's cold outside.

4. क्या तुमने यह सब पी लिया?
(Kya tumne yah sab pee liya?)
Did you drink it all?

5. क्या आपको मेरा ईमेल मिला?
(Kya aapko mera email mila?)
Did you get my email?

6. क्या आपने मुझे नोट्स भेजे?
(Kya aapne mujhe notes bheje?)
Did you send me notes?

7. क्या आपने अपनी दवाई ली थी?
(Kya aapne apni davaai li thi?)
Did you take your medicine?

8. अपना श्रेष्ठ प्रदर्शन करो।
(Apna shreshth pradarshan karo.)
Do the best you can.

9. क्या आप क्रेडिट कार्ड स्वीकार करते हैं?
(Kya aap credit card sveekaar karte hain?)
Do you accept credit cards? /
Do you take credit cards?

10. क्या आप अक्सर यहाँ आते हैं?
(Kya aap aksar yahaan aate hain?)
Do you come here often?

11. क्या आपका कोई बॉयफ्रेंड है?
(Kya aapka koi boyfriend hai?)
Do you have a boyfriend?

12. क्या आपकी कोई गर्लफ्रेंड है?
(Kya aapki koi girlfriend hai?)
Do you have a girlfriend?

13. मेरी कोई गर्लफ्रेंड नहीं है।
(Meri koi girlfriend nahi hai.)
I don't have a girlfriend.

14. क्या आपके पास बगीचा है?
(Kya aapke paas bageecha hai?)
Do you have a garden?

15. क्या आपके पास कोई पेन है?
(Kya aapke paas koi pen hai?)
Do you have a pen?

16. क्या आपको कोई समस्या है?
(Kya aapko koi samasya hai?)
Do you have any problem?

17. क्या आपका अपॉइंटमेंट है?
(Kya aapka appointment hai?)
Do you have an appointment?

18. क्या आपके पास एक और है?
(Kya aapke paas ek aur hai?)
Do you have another one?

19. क्या आपके कोई बच्चे हैं?
(Kya aapke koi bachche hain?)
Do you have any children?

20. क्या आपके पास कॉफ़ी है?
(Kya aapke paas coffee hai?)
Do you have any coffee?

21. क्या आपके यहाँ कोई पद खाली हैं?
(Kya aapke yahaan koi pad khali hain?)
Do you have any vacancies?

22. क्या आपके पास इससे सस्ता कुछ है?
(Kya aapke paas isase sasta kuchh hai?)
Do you have anything cheaper?

23. क्या तुम्हारे पास पर्याप्त पैसे हैं?
(Kya tumhaare paas paryaapt paise hain?)
Do you have enough money?

24. मेरे पास पर्याप्त पैसे नहीं है।
(Mere paas paryaapt paise nahi hai.)
I don't have enough money.

25. क्या आपको आइसक्रीम पसंद है?
(Kya aapko ice cream pasand hai?)
Do you like ice cream?

26. क्या आपको यहाँ अच्छा लगता है?
(Kya aapko yahaan achchha lagta hai?)
Do you like it here?

27. क्या आपको किताब पसंद है?
(Kya aapko kitaab pasand hai?)
Do you like the book?

28. क्या आपको अपना बॉस पसंद है?
(Kya aapko apna boss pasand hai?)
Do you like your boss?

29. क्या आप अपने सहकर्मियों को पसंद करते हैं?
(Kya aap apne sahkarmiyon ko pasand karte hain?)
Do you like your co-workers?

30. क्या आपको किसी मदद की ज़रूरत है?
(Kya aapko kisi madad ki zaroorat hai?)
Do you need any help?

31. क्या आपको और कुछ चाहिए?
(Kya aapko aur kuchh chaahiye?)
Do you need anything else?

32. क्या आपको लगता है कि यह संभव है?
(Kya aapko lagta hai ki yah sambhav hai?)
Do you think it's possible?

33. क्या यहाँ कोई अंग्रेजी बोलता है?
(Kya yahaan koi Angreji bolta hai?)
Does anyone here speak English?

34. क्या यहाँ अक्सर बर्फ़ पड़ती है?
(Kya yahaan aksar barf padti hai?)
Does it often snow here?

35. क्या उसे स्कूल पसंद है?
(Kya use school pasand hai?)
Does she like the school?

36. ऐसा मत करो। दर्द होता है!
(Aisa mat karo. Dard hota hai!)
Don't do that. It hurts!

37. इसे तुम्हें परेशान करने मत दो।
(Ise tumhe pareshaan karne mat do.)
Don't let it worry you.

38. बोतलें मिलाओ मत।
(Botalen milaao mat.)
Don't mix up the bottles.

39. सबके अपने-अपने विचार हैं।
(Sabke apne-apne vichaar hain.)
Everyone has their own ideas.

40. सभी लोग मुझ पर हँसेंगे।
(Sabhi log mujh par hansenge.)
Everyone will laugh at me.

41. मुझे वह जूठी प्लेट देना।
(Mujhe vah joothi plate dena.)
Give me that dirty plate.

42. क्या आप लंबे समय से इंतज़ार कर रहे हैं?
(Kya aap lambe samay se intzaar kar rahe hain?)
Have you been waiting long?

43. क्या आपने यह पहले किया है?
(Kya aapne yah pahle kiya hai?)
Have you done this before?

44. क्या आपने ये फिल्म देखी है?
(Kya aapne ye film dekhi hai?)
Have you seen this movie?

45. वह हर बार ऐसा करता है।
(Vah har baar aisa karta hai.)
He does this every time.

46. उसके पास बड़ी सी कार है।
(Uske paas badi si car hai.)
He has a big car.

47. उसे यह बहुत पसंद है।
(Use yah bahut pasand hai.)
He likes it very much.

48. उसे कुछ नए कपड़े चाहिए।
(Use kuchh naye kapde chaahiye.)
He needs some new clothes.

49. वह मुझे कभी कुछ नहीं देता।
(Vah mujhe kabhi kuchh nahi deta.)
He never gives me anything.

50. वह दिल्ली विश्वविद्यालय में पढ़ता है।
(Vah Dilli Vishvavidyaalay me padhta hai.)
He studies at Delhi university.

51. वह सोचता है कि मैं तुम्हें पसंद करता हूँ।
(Vah sochta hai ki main tumhe pasand karta hoon.)
He thinks I like you.

52. वह फिर कभी नहीं दिखा।
(Vah fir kabhi nahi dikha.)
He was never seen again.

जब जागे तभी सवेरा।
(Jab jaago tabhi saveraa.)
It's never too late to mend.
#BetterYourself

- Day 67 -

1. वह बहुत अच्छा कर्मचारी है।
(Vah bahut achchha karmchaari hai.)
He's a very good employee.

2. वह कभी दिल्ली नहीं गया।
(Vah kabhi Dilli nahi gaya.)
He's never been to Delhi.

3. वह अभी घर / दफ़्तर में नहीं है।
(Vah abhi ghar / daftar me nahi hai.)
He's not in right now.

4. उसका जन्मदिन मई में है।
(Uska janmdin maee me hai.)
His birthday is in May.

5. उसका परिवार कल आ रहा है।
(Uska parivaar kal aa raha hai.)
His family is coming tomorrow.

6. उसके दोस्त कल आ रहे हैं।
(Uske dost kal aa rahe hain.)
His friends are coming tomorrow.

7. उसका कमरा बहुत बड़ा है।
(Uska kamra bahut bada hai.)
His room is very big.

8. रोहन और मीरा कैसे हैं?
(Rohan aur Meera kaise hain?)
How are Rohan and Meera?

9. मैं वहाँ कैसे पहुँचूँ?
(Main vahaan kaise pahunchoon?)
How do I get there?

10. मैं इसका उपयोग कैसे करूँ?
(Main iska upyog kaise karoon?)
How do I use this?

11. आप इसे कैसे उच्चारित करते हैं?
(Aap ise kaise uchchaarit karte hain?)
How do you pronounce that?

12. यह मशीन कैसे काम करती है?
(Yah masheen kaise kaam karti hai?)
How does this machine work?

13. उड़ान कितने समय तक की है?
(Udaan kitne samay tak ki hai?)
How long is the flight?

14. आपको कितना समय लगेगा?
(Aapko kitna samay lagega?)
How long will you take?

15. ये कमीज़ें कितने की हैं?
(Ye kameezen kitne ki hain?)
How much are these shirts?

16. इसकी कीमत क्या है?
(Iski keemat kya hai?)
How much does this cost?

17. इसका मूल्य कितना होगा?
(Iska moolya kitna hoga?)
How much will it cost?

18. आप कितना लेना चाहेंगे?
(Aap kitna lena chaahenge?)
How much would you like?

19. कितनी ख़ुशी हुई तुम्हें देखकर!
(Kitni khushi huyi tumhe dekhkar!)
How nice to see you!

20. मैं घर जाना चाहूँगा।
(Main ghar jaana chaahoonga.)
I'd like to go home.

21. उनकी बेटी की उम्र कितनी है?
(Unki beti ki umra kitni hai?)
How old is his daughter?

22. मैं अब तैयार हो रहा हूँ।
(Main ab taiyaar ho raha hoon.)
I am getting ready now.

23. मैंने कल एक कमीज़ खरीदी।
(Maine kal ek kameez khareedi.)
I bought a shirt yesterday.

24. मैं अपने परिवार के साथ आया था।
(Main apne parivaar ke saath aaya tha.)
I came with my family.

25. मैं आपको स्पष्ट रूप से नहीं सुन पा रहा हूँ।
(Main aapko spasht roop se nahi sun pa raha hoon.)
I can't hear you clearly.

26. मैं बहुत अच्छा नहीं बोलता।
(Main bahut achchha nahi bolta.)
I don't speak very well.

27. मैंने अभी तक डिनर नहीं किया है।
(Maine abhi tak dinner nahi kiya hai.)
I haven't had dinner yet.

28. मैंने अभी तक लंच नहीं किया है।
(Maine abhi tak lunch nahi kiya hai.)
I haven't had lunch yet.

29. मुझे टीवी देखना पसंद है।
(Mujhe TV dekhna pasand hai.)
I like to watch TV.

30. मुझे ट्रेनों में यात्रा करना बहुत पसंद है।
(Mujhe trenon me yaatra karna bahut pasand hai.)
I love traveling on trains.

31. मुझे कपड़े बदलने हैं।
(Mujhe kapde badalne hain.)
I need to change clothes.

32. मुझे घर जाना है।
(Mujhe ghar jaana hai.)
I need to go home.

33. मुझे अब जाना है।
(Mujhe ab jaana hai.)
I need to go now.

34. मैं चेहरा कभी नहीं भूलता।
(Main chehra kabhi nahi bhoolta.)
I never forget a face.

35. मेरे पास केवल 500 रुपये हैं।
(Mere paas keval 500 rupaye hain.)
I only have 500 rupees.

36. मुझे केवल एक बिस्किट चाहिए।
(Mujhe keval ek biscuit chaahiye.)
I only want a biscuit.

37. मैंने आज सुबह उसे देखा।
(Maine aaj subah use dekha.)
I saw him this morning.

38. मुझे लगता है कि इसका स्वाद ख़राब है।
(Mujhe lagta hai ki iska svaad kharaab hai.)
I think it tastes bad.

39. मुझे लगता है कि इसका स्वाद अच्छा है।
(Mujhe lagta hai ki iska svaad achchha hai.)
I think it tastes good.

40. मुझे लगता है कि यह बहुत अच्छा है।
(Mujhe lagta hai ki yah bahut achchha hai.)
I think it's very good.

41. मुझे लगा कि उसने कुछ कहा।
(Mujhe laga ki usne kuchh kaha.)
I thought he said something.

42. मुझे अपनी कार चाहिए।
(Mujhe apni car chaahiye.)
I want my own car.

43. काश मेरे पास होता।
(Kaash mere paas hota.)
I wish I had one.

44. मैं कुछ खरीदना चाहता हूँ।
(Main kuchh khareedana chaahta hoon.)
I want to buy something.

45. मैं कुछ खरीदना चाहूँगा।
(Main kuchh khareedana chaahoonga.)
I'd like to buy something.

46. मैं पार्क में था।
(Main park me tha.)
I was in the park.

47. मैं तुम्हें हमेशा प्यार करूँगा।
(Main tumhe hamesha pyaar karoonga.)
I will love you forever.

48. मुझे एक कॉफ़ी चाहिए, कृपया।
(Mujhe ek coffee chaahiye, Kripya.)
I'd like a coffee, please.

49. मुझे एक सिंगल कमरा चाहिए।
(Mujhe ek singal kamra chaahiye.)
I'd like a single room.

50. मुझे थोड़ा पानी भी चाहिए।
(Mujhe thoda paani bhi chaahiye.)
I'd like some water too.

एक म्यान में दो तलवारें नहीं रह सकतीं।

(Ek myaan me do talvaaren nahi rah sakteen.)

Two of a trade never agree.

#BetterYourself

- Day 68 -

1. मैं खरीददारी करने जाना चाहूँगा।
(Main khareedadaari karne jaana chaahoonga.)
I'd like to go shopping.

2. मैं आपको शनिवार को फ़ोन करूँगा।
(Main aapko Shanivaar ko phone karoonga.)
I'll call you on Saturday.

3. मैं तुम्हें फ़ोन करूँगा।
(Main tumhe phone karoonga.)
I'll give you a call. /
I'll give you a ring.

4. मैं एक कप चाय लूँगा।
(Main ek cup chaay loonga.)
I'll have a cup of tea.

5. मैं भी वही लूँगा, कृपया।
(Main bhi vahi loonga, kripya.)
I'll have the same, please.

6. टिकट के लिए भुगतानं मैं करूँगा।
(Tikat ke liye bhugtaan main karoonga.)
I'll pay for the tickets.

7. मैं वह भी लूँगा।
(Main vah bhi loonga.)
I'll take that one also.

8. मैं जल्दी ही आप से बात करूँगा।
(Main jaldi hi aap se baat karoonga.)
I'll talk to you soon.

9. मैं उसे बोल दूँगा कि आपने फ़ोन किया था।
(Main use bol doonga ki aapne phone kiya tha.)
I'll tell him you called.

10. मैं इस समय व्यस्त हूँ।
(Main is samay vyast hoon.)
I'm busy at the moment.

11. मैं गलत नहीं हूँ, है न?
(Main galat nahi hoon, hai na?)
I'm not mistaken, am I?

12. माफ़ कीजियेगा, मैं सहमत नहीं हो सकता।
(Maaf kijiyega, main sahmat nahi ho sakta.)
I'm sorry, I can't agree.

13. क्या वह यहाँ से दूर है?
(Kya vah yahaan se door hai?)
Is it far from here?

14. क्या पूरा दूध ख़त्म हो गया?
(Kya poora doodh khatm ho gaya?)
Is the milk all gone?

15. क्या यह एक सुरक्षित क्षेत्र है?
(Kya yah ek surakshit kshetra hai?)
Is this a safe area?

16. यह मौसम पर निर्भर करता है।
(Yah mausam par nirbhar karta hai.)
It depends on the weather.

17. आज बहुत बारिश हुई।
(Aaj bahut baarish hui.)
It rained very hard today.

18. यह मेरा ख़ुद का फ़ैसला था।
(Yah mera khud ka phaisala tha.)
It was my own decision.

19. आज शाम ठंड होगी।
(Aaj shaam thand hogi.)
It'll be cold this evening.

20. आज बर्फ़ पड़ेगी।
(Aaj barf padegi.)
It's going to snow today.

21. यह 50 रुपये से कम है।
(Yah 50 rupaye se kam hai.)
It's less than 50 rupees.

22 यह 2 मील से लंबा है।
(Yah 2 meel se lamba hai.)
It's longer than 2 miles.

23. मैंने वह कहानी पहले सुनी है।
(Maine vah kahaani pahle suni hai.)
I've heard that story before.

24. मैं दफ़्तर से अभी आया हूँ।
(Main daftar se abhi aaya hoon.)
I've just come from work.

25. मैंने वो पहले कभी नहीं देखा।
(Maine vo pahle kabhi nahi dekha.)
I've never seen that before.

26. मुझे इसके बारे में सोचने दो।
(Mujhe iske baare me sochne do.)
Let me think about it.

27. अपने जूते पूरी तरह से सूखने दो।
(Apne joote poori tarah se sookhne do.)
Let your shoes dry completely.

28. चलकर एक बार देख लेते हैं।
(Chalkar ek baar dekh lete hain.)
Let's go have a look.

29. चलो समुद्र तट पर चलते हैं।
(Chalo samudra tat par chalte hain.)
Let's go to the beach.

30. क्या मैं अपने पति को ला सकती हूँ?
(Kya main apne pati ko la sakti hoon?)
May I bring my husband?

31. क्या मैं आपके टेलीफ़ोन का उपयोग कर सकता हूँ?
(Kya main aapke telephone ka upyog kar sakta hoon?)
May I use your telephone?

32. शायद आपने कोई सपना देखा हो।
(Shaayad aapne koi sapna dekha ho.)
Maybe you had a dream.

33. मेरा सेल फ़ोन काम नहीं करता है।
(Mera cell phone kaam nahi karta hai.)
My cell phone doesn't work.

34. मेरे पिता वकील हैं।
(Mere pita vakeel hain.)
My father is a lawyer.

35. मेरा दिमाग बिल्कुल खाली हो गया।
(Mera dimaag bilkul khali ho gaya.)
My mind went absolutely blank.

36. मेरा नाम कंचन केशरी है।
(Mera naam Kanchan Keshari hai.)
My name is Kanchan Keshari.

37. मेरी घड़ी चोरी हो गई है।
(Meri ghadi chori ho gayi hai.)
My watch has been stolen.

38. यह पहली बार है।
(Yah pahli baar hai.)
This is the first time.

39. अभी वहाँ कोई नहीं है।
(Abhi vahaan koi nahi hai.)
Nobody is there right now.

40. जैसा मैं कहूँ वैसा करो, प्लीज़।
(Jaisa main kahoon vaisa karo, please.)
Please do as I say.

41. कृपया इस फॉर्म को भरें।
(Kripya is form ko bharen.)
Please fill out this form.

42. क्या मुझे उनसे माफ़ी माँगनी चाहिए?
(Kya mujhe unse maafi maangani chaahiye?)
Should I apologize to him?

43. कोई मेरे लिए वो करता है।
(Koi mere liye vo karta hai.)
Someone does that for me.

44. क्षमा करें, मैंने स्पष्ट रूप से नहीं सुना।
(Kshama karen, maine spasht roop se nahi suna.)
Sorry, I didn't hear clearly.

45. क्षमा करें, हमारे पास एक भी नहीं है।
(Kshama karen, hamaare paas ek bhi nahi hai.)
Sorry, we don't have any.

46. क्षमा करें, हम केवल नकद स्वीकार करते हैं।
(Kshama karen, ham keval nakad sveekaar karte hain.)
Sorry, we only accept cash.

47. मुझे होटल ले चलो।
(Mujhe hotal le chalo.)
Take me to the hotel.

48. वह रेस्तराँ महँगा नहीं है।
(Vah restaraan mahanga nahi hai.)
That restaurant is not expensive.

49. यहाँ कई लोग हैं।
(Yahaan kai log hain.)
There are many people here.

50. दराज़ में कुछ भी नहीं है।
(Daraaz me kuchh bhi nahi hai.)
There's nothing in the drawer.

एक पंथ दो काज।
(Ek panth do kaaj.)
Kill two birds with one stone.
#BetterYourself

- Day 69 -

1. दरवाज़े पर कोई है।
(Darvaaze par koi hai.)
There's someone at the door.

2. यहाँ पास में एक रेस्तराँ है।
(Yahaan paas me ek restaraan hai.)
There's a restaurant near here.

3. वे उससे अभी तक नहीं मिले हैं।
(Ve usase abhi tak nahi mile hain.)
They haven't met her yet.

4. उन्होंने फ़ोन पर बात की।
(Unhonne phone par baat ki.)
They spoke over the phone

5. वे अगले हफ़्ते शादी कर रहे हैं।
(Ve agle hafte shaadi kar rahe hain.)
They're getting married next week.

6. यह कमरा गंदा है।
(Yah kamra ganda hai.)
This room is a mess.

7. वे आदमी अंग्रेजी बोल रहे हैं।
(Ve aadami Angreji bol rahe hain.)
Those men are speaking English.

8. आगे-आगे देखो होता है क्या!
(Aage-aage dekho hota hai kya!)
Wait and see what happens!

9. हम भारतीय खाना खा सकते हैं।
(Ham bhaarateey khaana kha sakte hain.)
We can eat Indian food.

10. हम भीगे और थके हुए थे।
(Ham bheege aur thake hue the.)
We were wet and tired.

11. ये उपकरण किसलिए हैं?
(Ye upkaran kisliye hain?)
What are these tools for?

12. आप किस बारे में सोच रहे हैं?
(Aap kis baare me soch rahe hain?)
What are you thinking about?

13. आपने कौन सी किताबें ख़रीदीं?
(Aapne kaun si kitaaben khareedeen?)
What books did you buy?

14. वह कार किस रंग की है?
(Vah car kis rang ki hai?)
What color is that car?

15. शिक्षक ने क्या कहा?
(Shikshak ne kya kaha?)
What did the teacher say?

16. आपने कल क्या किया?
(Aapne kal kya kiya?)
What did you do yesterday?

17. मेरे जाने के बाद क्या हुआ?
(Mere jaane ke baad kya hua?)
What happened after I left?

18. क्षेत्र कोड क्या है?
(Kshetra kod kya hai?)
What is the area code?

19. वे किस समय आ रहे हैं?
(Ve kis samay aa rahe hain?)
What time are they arriving?

20. यह किस समय शुरू होता है?
(Yah kis samay shuru hota hai?)
What time does it start?

21. तुम वापस कब आ रहे हो?
(Tum vaapas kab aa rahe ho?)
When are you coming back?

22. आप कब काम शुरू करते हैं?
(Aap kab kaam shuru karte hain?)
When do you start work?

23. बैंक कब खुलता है?
(Baink kab khulta hai?)
When does the bank open?

24. बस कब निकलती है?
(Bus kab nikalati hai?)
When does the bus leave?

25. विमान कब आता है?
(Vimaan kab aata hai?)
When does the plane arrive?

26. वह कब वापस आएगा?
(Vah kab vaapas aayega?)
When will he be back?

27. यह कब तक तैयार हो जाएगा?
(Yah kab tak taiyaar ho jaayega?)
When will it be ready?

28. मैं टिकट कहाँ से खरीद सकता हूँ?
(Main tikat kahaan se khareed sakta hoon?)
Where can I buy tickets?

29. आपने इसे कहाँ डाल दिया था?
(Aapne ise kahaan daal diya tha?)
Where did you put it?

30. आपकी पत्नी कहाँ काम करती हैं?
(Aapki patni kahaan kaam karti hain?)
Where does your wife work?

31. बस स्टेशन कहाँ है?
(Bus station kahaan hai?)
Where is the bus station?

32. निकटतम डाकघर कहाँ है?
(Nikatatam daakghar kahaan hai?)
Where's the nearest post office?

33. पार्टी कहाँ आयोजित की जा रही है?
(Party kahaan aayojit ki ja rahi hai?)
Where's the party being held?

34. आपने किस डॉक्टर को दिखाया?
(Aapne kis doktar ko dikhaaya?)
Which doctor did you see?

35. कौन सा सबसे अच्छा है?
(Kaun sa sabse achchha hai?)
Which one is the best?

36. मुझे कौन सी सड़क पर जाना चाहिए?
(Mujhe kaun si sadak par jana chaahiye?)
Which road should I take?

37. वे सभी लोग कौन हैं?
(Ve sabhi log kaun hain?)
Who are all those people?

38. तुम किसे ढूँढ रहे हो?
(Tum kise dhoondh rahe ho?)
Who are you looking for?

39. वहाँ पर वो आदमी कौन है?
(Vahaan par vo aadmi kaun hai?)
Who's that man over there?

40. तुमने ये क्यों कहा?
(Tumne ye kyon kaha?)
Why did you say that?

41. इंतज़ार क्यों? चलो अब चलते हैं।
(Intzaar kyon? Chalo ab chalte hain.)
Why wait? Let's leave now.

42. आप थोड़ा केक लेना चाहेंगे?
(Aap thoda cake lena chaahenge?)
Would you like some cake?

43. क्या आप और लेना पसंद करेंगे?
(Kya aap aur lena pasand karenge?)
Would you like some more?

44. क्या आप थोड़ा पानी लेना चाहेंगे?
(Kya aap thoda paani lena chaahenge?)
Would you like some water?

45. आपने कंटेनर खुला छोड़ दिया।
(Aapne container khula chhod diya.)
You left the container open.

46. तुम मेरी बहन जैसी लगती हो।
(Tum meri bahan jaisi lagti ho.)
You look like my sister.

47. तुम्हारा घर बहुत अच्छा है।
(Tumhaara ghar bahut achchha hai.)
Your house is very nice.

48. तुम उससे ज़्यादा होशियार हो।
(Tum usase zyada hoshiyaar ho.)
You are smarter than him.

49. तुम मेरे प्रति बहुत अच्छे हो!
(Tum mere prati bahut achchhe ho!)
You're so nice to me!

50. आप बहुत अच्छी तरह से अंग्रेजी बोलते हैं।
(Aap bahut achchhi tarah se Angreji bolte hain.)
You speak English very well.

पाँचों उँगलियाँ एक जैसी नही होतीं।

(Paancho ungaliyaan ek jaisi nahi hoteen.)

It takes all sorts to make a world.

#BetterYourself

- Day 70 -

1. वो पैसों को लेकर बहुत कंजूस है।
(Vo paison ko lekar bahut kanjoos hai.)
He is mean with money.

2. मैं दौलत का भूखा नहीं हूँ।
(Main daulat ka bhookha nahi hoon.)
I am not after money.

3. आजकल क्या कर रहे हो?
(Aajkal kya kar rahe ho?)
What are you doing nowadays?

4. वो ख़ुद के लिए सोच सकता है (उसे पता है कि उसके लिए क्या सही है)।
(Vo kudh ke liye soch sakta hai {use pata hai ki uske liye kya sahi hai}.)
He can think for himself.

5. मुझसे पंगे मत लो।
(Mujhse pange mat lo.)
Do not mess with me.

6. मैं तुम्हें बहुत झेल चुका हूँ।
(Main tumhe bahut jhel chuka hoon.)
I've had enough of you.

7. क्या तुम मेरी जगह काम कर सकते हो?
(Kya tum meri jagah kaam kar sakte ho?)
Can you cover for me?

8. क्या मैं कल आ सकता हूँ?
(Kya main kal aa sakta hoon?)
Can I drop in tomorrow?

9. तुम मुझे परेशान कर रहे हो।
(Tum mujhe pareshaan kar rahe ho.)
You are driving me nuts.

10. यह सब उसका विचार था।
(Yah sab uska vichaar tha.)
It was all his idea.

11. उसे यहाँ से बाहर निकालो।
(Use yahaan se baahar nikaalo.)
Get him out of here.

12. उस पर चोरी का इल्ज़ाम है|
(Us par chori ka ilzaam hai.)
She is accused of theft.

13. उसके साथ क्या-क्या हुआ?
(Uske saath kya-kya hua?)
What all happened with him?

14. क्या तुम उसे ढूँढ रहे हो?
(Kya tum use dhoondh rahe ho?)
Are you looking for her?

15. कपड़े सुखा दो।
(Kapde sukha do.)
Put the clothes to dry.

16. क्या इंसान है वह!
(Kya insaan hai vah!)
What a person he is!

17. मुझे तुम पर गर्व है।
(Mujhe tum par garv hai.)
I am proud of you.

18. तुम इस मामले से दूर रहो।
(Tum is maamle se door raho.)
You stay out of this.

19. इस पहेली को कैसे हल करना है?
(Is paheli ko kaise hal karna hai?)
How to solve this puzzle?

20. जो कुछ भी तुम्हारे पास है, सब मेरा है।
(Jo kuchh bhi tumhaare paas hai, sab mera hai.)
Whatever you have is mine.

21. तुमने जो कुछ भी कहा, वो गलत है।
(Tumne jo kuchh bhi kaha, vo galat hai.)
Whatever you said is wrong.

22. क्या अब मैं कुछ बोलूँ?
(Kya ab main kuchh boloon?)
Can I say something now?

23. क्या इससे कोई फ़र्क पड़ता है?
(Kya isase koi fark padta hai?)
Does it make any difference?

24. तुम मुझे समझते क्यों नहीं?
(Tum mujhe samajhte kyon nahi?)
Why don't you understand me?

25. मैंने मदद का हाथ बढ़ाया।
(Maine madad ka haath badhaya.)
I extended a helping hand.

26. उसके चार बड़े-बड़े बेटे हैं।
(Uske chaar bade-bade bete hain.)
He has four grown-up sons.

27. अपना अच्छे से ख़्याल रखना।
(Apna achchhe se khyaal rakhna.)
Take good care of yourself.

28. कभी भी कुछ भी हो सकता है!
(Kabhi bhi kuchh bhi ho sakta hai!)
Anything could happen any moment!

29. उसने कुछ गलत नहीं किया था।
(Usne kuchh galat nahi kiya tha.)
She had done nothing wrong.

30. कल फिर आकर मुझसे मिलना।
(Kal fir aakar mujhse milna.)
Come see me again tomorrow.

31. तुम्हारी याद्दाश्त अच्छी है।
(Tumhaari yaaddasht achchhi hai.)
You have a good memory.

32. वो बहुत ही खुश हो जाएगी।
(Vo bahut hi khush ho jaayegi.)
She will be very glad.

33. क्या वह जल्दी उठा था?
(Kya vah jaldi utha tha?)
Did he get up early?

34. आप आ रहे हैं, है न?
(Aap aa rahe hain, hai na?)
You are coming, aren't you?

35. इससे तुम्हारा कोई लेना देना नहीं है!
(Isase tumhaara koi lena dena nahi hai!)
That's no business of yours!

36. क्या तुम यही चाहते थे?
(Kya tum yahi chaahte the?)
Is this what you wanted?

37. तुम्हारी हिम्मत कैसे हुई ऐसा बोलने की?
(Tumhaari himmat kaise hui aisa bolne ki?)
How dare you say that?

38. तुम्हें किस बात की चिंता है?
(Tumhe kis baat ki chinta hai?)
What are you worried about?

39. मुझे तुम्हारे स्वास्थ्य की चिंता है।
(Mujhe tumhaare svaasthya ki chinta hai.)
I'm worried about your health.

40. शांति से खड़े रहो।
(Shaanti se khade raho.)
Stand still and keep silent.

41. मुझे तुम्हें थप्पड़ मारने के लिए मजबूर मत करो।
(Mujhe tumhe thappad maarne ke liye majboor mat karo.)
Don't make me slap you.

45. ये अजीब था, नहीं?
(Ye ajeeb tha, nahi?)
That was weird, wasn't that?

42. तुम्हें भूख लगी है, है न?
(Tumhe bhookh lagi hai, hai na?)
You are hungry, aren't you?

46. मुझसे ये और सहन नहीं होगा।
(Mujhse ye aur sahan nahi hoga.)
I can't stand it anymore.

43. क्या तुमने मुझसे झूठ बोला?
(Kya tumne mujhse jhooth bola?)
Did you lie to me?

47. वह मेरी ओर आ रहा है।
(Vah meri or aa raha hai.)
He is coming towards me.

44. वह मेरी बात नहीं सुनेगा।
(Vah meri baat nahi sunega.)
He won't listen to me.

48. वह आपकी ओर आ रहा है।
(Vah aapki or aa raha hai.)
He is coming towards you.

चोर-चोर मौसेरे भाई। / एक ही थाली के चट्टे-बट्टे।

(Chor-chor mausere bhai. /
Ek hi thaali ke chatte-batte.)
Birds of a feather flock together.

#BetterYourself

MAKING CONNECTIONS

EXERCISE - 14

Question 1: Tick the correct options.
(सही विकल्प पर टिक करिए।) - {Reference Day 66}

a. (Does / Did) she like the school?

b. (Does / Did) anyone here speak English?

c. (Does / Did) you take your medicine?

d. (Does / Did) it often snow here?

e. (Does / Did) you send me notes?

Question 2: Translate the following sentences into English.
(नीचे दिए गए वाक्यों का अंग्रेजी में अनुवाद करिए।) - {Reference Day 67}

a. उसके दोस्त कल आ रहे हैं। (Uske dost kal aa rahe hain.)

....

b. आप इसे कैसे उच्चारित करते हैं? (Aap ise kaise uchchaarit karte hain?)

....

c. मैं कुछ खरीदना चाहता हूँ। (Main kuchh khareedana chaahta hoon.)

....

d. मैं पार्क में था। (Main park me tha.)

....

e. मैं आपको स्पष्ट रूप से नहीं सुन पा रहा हूँ। (Main aapko spasht roop se nahi sun pa raha hoon.)

....

Question 3: Choose the correct answers from the Answer Bank.
(उत्तर बैंक से सही उत्तर चुनिए ।) - {Reference Day 68 }

ANSWER BANK				
now	decision	blank	before	hard

a. My mind went absolutely ....

b. Nobody is there right ....

c. It was my own ....

d. I've heard that story ....

e. It rained very .... today.

Question 4: Complete the sentences using 'Which / Who / When / What'.
(नीचे दिए गए वाक्यों को 'Which / Who / When / What' का उपयोग करके पूर्ण करिये ।) - {Reference Day 69 }

a. .... one is the best?

b. .... road should I take?

c. .... are you looking for?

d. .... does the bank open?

e. .... time does it start?

Question 5: Match the words with their meanings.
(नीचे दिए गए शब्दों का उनके अर्थ से मिलान कीजिए ।) - {Reference Day 70}

फ़र्क	Puzzle
समझना	Difference
पहेली	Understand
गर्व	Idea
विचार	Proud

- Day 71 -

1. क्या कल तुम्हारा स्कूल खुला है?
(Kya kal tumhaara school khula hai?)
Is your school open tomorrow?

2. रोहन पढ़ाई में कैसा है?
(Rohan padhaai me kaisa hai?)
How is Rohan at studies?

3. तुम्हें कितने नंबर मिले?
(Tumhe kitne nambar mile?)
What mark did you get?

4. सभी संख्याओं को जोड़ो।
(Sabhi sankhyaaon ko jodo.)
Add all the numbers together.

5. आपका बच्चा बहुत मेहनती है।
(Aapka bachcha bahut mehnati hai.)
Your child is very hard-working.

6. हमने साथ में कितने मजे किये!
(Hamne saath me kitne maje kiye!)
We had such fun together!

7. मैंने ये किताब कल पढ़ी थी।
(Maine ye kitaab kal padhi thi.)
I read this book yesterday.

8. दूसरों की बुराई कभी मत करो।
(Doosron ki buraai kabhi mat karo.)
Never speak ill of others.

9. मैंने कल पूरे दिन काम किया।
(Maine kal poore din kaam kiya.)
I worked all day yesterday.

10. मैं कल बाहर नहीं निकला था।]
(Main kal baahar nahi nikla tha.)
I didn't go out yesterday.

11. वह एक ज़िद्दी लड़का है।
(Vah ek ziddi ladka hai.)
He is a stubborn boy.

12. उसका सिर शर्म से झुक गया।
(Uska sir sharm se jhuk gaya.)
He bowed down in shame.

13. जहाँ भी फ़ेंकना है, फ़ेंक दो।
(Jahaan bhi phenkna hai, phenk do.)
Throw it wherever you like.

14. जहाँ भी रखना है, रख दो।
(Jahaan bhi rakhna hai, rakh do.)
Place it wherever you like. /
Put it wherever you like.

15. जहाँ भी रखना है, रख लो।
(Jahaan bhi rakhna hai, rakh lo.)
Keep it wherever you like.

16. जहाँ भी डालना है, डाल दो।
(Jahaan bhi daalna hai, daal do.)
Insert it wherever you like.

17. फ़ोन को झुककर मत देखो।
(Phone ko jhukakar mat dekho.)
Don't slouch over the phone.

18. वो तो बस तुम्हें छेड़ रही है।
(Vo to bas tumhe chhed rahi hai.)
She is just teasing you.

19. वो मदद के लिए बुला रहा है।
(Vo madad ke liye bula raha hai.)
He is calling for help.

20. मुझसे अब और नहीं सम्भाला जाता।
(Mujhse ab aur nahi sambhala jata.)
I can't handle this anymore.

21. छोटे-मोटे धन्धे बहुत कर लिए।
(Chhote-mote dhandhe bahut kar liye.)
I'm done running small businesses.

22. मुझसे गुस्सा मत हो।
(Mujhse gussa mat ho.)
Don't get angry with me.

23. वो ख़ुशी से गदगद हो गया।
(Vo khushi se gadgad ho gaya.)
He was overwhelmed with joy.

24. वह बक-बक करती रहती है।
(Vah bak-bak karti rahti hai.)
She prattles on and on.

25. उसका मजाक मत उड़ाओ।
(Uska majaak mat udaao.)
Don't make fun of him.

26. क्या आप पहले यहाँ आये हैं?
(Kya aap pahle yahaan aaye hain?)
Have you been here before?

27. क्या तुमने उसकी चिट्ठी का जवाब दिया?
(Kya tumne uski chitthi ka javaab diya?)
Did you answer his letter?

28. देखो बाहर क्या चल रहा है।
(Dekho baahar kya chal raha hai.)
See what's going on outside.

29. उस पर आँच नहीं आनी चाहिए।
(Us par aanch nahi aani chaahiye.)
She should not be harmed.

30. अनहोनी कब हुई?
(Anhoni kab hui?)
When did the mishap occur?

31. क्या यहाँ पास में कोई रेस्तराँ है?
(Kya yahaan paas me koi restaraan hai?)
Is there a nearby restaurant?

32. होनी को कौन टाल सकता है!
(Honi ko kaun taal sakta hai!)
Who can change the destiny!

33. जब तैयार हो जाना, बता देना।
(Jab taiyaar ho jana, bata dena.)
Tell me when you're ready.

34. मैं सब कुछ खाक में मिला दूँगा!
(Main sab kuchh khaak me mila doonga!)
I'll burn everything to ashes!

35. ऊपर वाला बटन खुला ही रहने दो।
(Oopar vala button khula hi rahne do.)
Leave the top button undone.

36. कमरे में सिगरेट की महक थी।
(Kamre me cigerrate ki mahak thi.)
The room smelled of smoking.

37. वह सड़क पार कर रहा था।
(Vah sadak paar kar raha tha.)
He was crossing the road.

38. मैंने उसे वहाँ जाते हुए देखा था।
(Maine use vahaan jaate hue dekha tha.)
I saw him going there.

39. वह खून से लथपथ था।
(Vah khoon se lathpath tha.)
He was drenched with blood.

40. मैं आपसे नाख़ुश हूँ।
(Main aapse naakhush hoon.)
I am displeased with you.

41. बताओ मुझे हम कहाँ जा रहे है।
(Bataao mujhe ham kahaan jaa rahe hain.)
Tell me where we're going.

42. चलो धूप सेंकते हैं।
(Chalo dhoop senkte hain.)
Let's bask in the sun.

- Day 72 -

1. दूध बह जाएगा।
(Doodh bah jaayega.)
The milk may boil over.

2. मुझसे भूख बर्दाश्त नहीं होती।
(Mujhse bhookh bardaasht nahi hoti.)
I can't control my hunger.

3. मैं और नहीं चल सकती। / मुझसे और नहीं चला जाएगा।
(Main aur nahi chal sakti. / Mujhse aur nahi chala jaayega.)
I can't walk any further.

4. थोड़ा और धीरे बोल सकते हैं क्या आप?
(Thoda aur dheere bol sakte hain kya aap?)
Could you speak more slowly?

5. चाकू बहुत तेज़ है।
(Chaaku bahut tez hai.)
The knife is very sharp.

6. मैं कुछ सोच नहीं पा रहा हूँ।
(Main kuchh soch nahi paa raha hoon.)
I can't think of anything.

7. चलो कुछ सोचते हैं।
(Chalo kuchh sochte hain.)
Let's just think of something.

8. दोपहर के भोजन तक क्यों नहीं रुकते?
(Dopahar ke bhojan tak kyon nahi rukte?)
Why not stay to lunch? /
Why not stay for lunch?

9. रिया को बार-बार बुखार हो जाता है।
(Riya ko baar-baar bukhaar ho jata hai.)
Riya often gets a fever.

10. बाथरूम किस तरफ़ है?
(Bathroom kis taraf hai?)
Which way is the bathroom?

11. ज़्यादातर उसका होमवर्क अधूरा रहता है।
(Zyadatar uska homework adhoora rahta hai.)
His homework is mostly incomplete.

12. बताने लायक नहीं लगा।
(Bataane laayak nahi laga.)
It didn't seem worth mentioning.

13. दोपहर के 2 बजे।
(Dopahar ke 2 baje.)
At 2 o'clock in the afternoon.

14. रात को 8 बजे।
(Raat ko 8 baje.)
At 8 o'clock at night.

15. सुबह 8 बजे।
(Subah 8 baje.)
At 8 o'clock in the morning.

16. क्या मैं सन्देश ले सकता हूँ?
(Kya main sandesh le sakta hoon?)
Can I take a message?

17. वह आपका कौन है?
(Vah aapka kaun hai?)
Who is he to you?

18. वो पिक्चर ब्लूटूथ से भेज दो।
(Vo picture Bluetooth se bhej do.)
Send that picture via Bluetooth.

19. गुस्सा होने से कोई काम नहीं बनता।
(Gussa hone se koi kaam nahi banta.)
Being angry doesn't help anything.

20. उल्लू बनाया बड़ा मज़ा आया!
(Ullu banaaya bada maza aaya!)
I had fun tricking you!

21. बहुत पिटोगे।
(Bahut pitoge.)
You'll get beaten up badly.

22. मेरे पास वापस मत आना।
(Mere paas vaapas mat aana.)
Don't come back to me.

23. मुझे वो अब नहीं चाहिए।
(Mujhe vo ab nahi chaahiye.)
I don't need that anymore.

24. मेरा पेन नहीं मिल रहा है।
(Mera pen nahi mil raha hai.)
I can't find my pen.

25. आपको टोकने के लिए माफ़ी चाहता हूँ।
(Aapko tokne ke liye maafi chaahta hoon.)
I'm sorry to interrupt you.

26. आप मेरा समय बर्बाद कर रहे हैं।
(Aap mera samay barbad kar rahe hain.)
You are wasting my time.

27. ट्रेन कब आ रही है?
(Train kab aa rahi hai?)
When is the train coming?

28. ट्रेन लेट चल रही है।
(Train late chal rahi hai.)
The train is running late.

29. सब तुम्हारे जैसे नहीं हैं।
(Sab tumhaare jaise nahi hain.)
All are not like you.

30. मैं आपकी कैसे मदद कर सकता हूँ?
(Main aapki kaise madad kar sakta hoon?)
How can I help you?

31. मैं कुछ ढूँढ रहा हूँ।
(Main kuchh dhoondh raha hoon.)
I am looking for something.

32. यह कोई मजाक नहीं है।
(Yah koi majaak nahi hai.)
This is not a joke.

33. तुम्हारी मेहनत रंग लाई।
(Tumhaari mehnat rang laai.)
Your hard work paid off.

34. यह तक़दीर का फ़ेर है।
(Yah taqdeer ka pher hai.)
It's a twist of fate.

35. तुम चुप क्यों नहीं बैठते?
(Tum chup kyon nahi baithte?)
Why don't you sit quietly?

36. अब तुम्हारी तबियत कैसी है?
(Ab tumhaari tabiyat kaisi hai?)
How is your health now?

37. इसमें हँसने वाली क्या बात है?
(Isme hansne vaali kya baat hai?)
What is there to laugh?

38. थोड़ी देर में मुझे मिलना।
(Thodi der me mujhe milna.)
See me in a while.

39. उसने तुम्हें थप्पड़ क्यों मारा?
(Usne tumhe thappad kyon mara?)
Why did he slap you?

40. मैं बस निकलने ही वाला था।
(Main bas nikalane hi vala tha.)
I was about to leave.

41. मेरी दाईं आँख फ़ड़क रही है।
(Meri daayeen aankh phadak rahi hai.)
My right eye is twitching.

42. मेरा शक सही निकला।
(Mera shak sahi nikla.)
My suspicion turned out right.

43. जो मन करे वो करो।
(Jo man kare vo karo.)
Do whatever you feel like.

44. जी चाहता है कि उसे मार दूँ।
(Jee chaahta hai ki use maar doon.)
I feel like hitting him.

45. तुम्हारा घमंड तुम्हें बर्बाद कर देगा।
(Tumhaara ghamand tumhe barbaad kar dega.)
Your arrogance will ruin you.

46. तभी के तभी उसने मना कर दिया।
(Tabhi ke tabhi usne mana kar diya.)
She refused then and there.

47. मैंने उसे हाल ही में देखा।
(Maine use haal hi me dekha.)
I have seen her recently.

48. आगे से ध्यान रखना।
(Aage se dhyaan rakhna.)
Keep in mind from now.

49. इस मामले को किसी तरह सुलझाओ।
(Is maamle ko kisi tarah suljhaao.)
Sort out this matter somehow.

50. क्या अनाप शनाप बक रहे हो?
(Kya anaap shanaap bak rahe ho?)
What rubbish are you talking?

जहाँ चाह, वहाँ राह।

(Jahaan chaah, vahaan raah.)

Where there's a will, there's a way.

#BetterYourself

Write down your learning so far

Write down your learning so far

Write down your learning so far

Write down your learning so far

SIX+ -WORD SENTENCES

You are truly hard-working. You have learnt so much in so little time! You have given your 72 days to this book so far; and you can see the result. Now, you can speak English with confidence. You are able to speak English in almost every context, but still, you can't speak long sentences; so, from today onwards you are going to practice long sentences that consist of SIX OR MORE THAN SIX WORDS. If you feel that it's going to be hard to add so many words to your sentences in one go, let me assure you it's nothing like that. As you have already learnt so many patterns of sentences so far that you'll find them super easy, and you'll become comfortable speaking them in no time. So, are you ready to become a fluent speaker? Yes? Then let's get started.

आप सचमुच मेहनती हैं। आपने इतने कम समय में इतना कुछ सीखा है! आपने अब तक इस पुस्तक को अपने 72 दिन दिए हैं; और आप परिणाम देख सकते हैं। अब आप आत्मविश्वास के साथ अंग्रेजी बोल सकते हैं। आप लगभग हर संदर्भ में अंग्रेजी बोलने में सक्षम हैं, लेकिन फिर भी आप लंबे वाक्य नहीं बोल पा रहे हैं; इसलिए, आज से आप छः या छः से अधिक शब्दों वाले लंबे वाक्यों का अभ्यास करने जा रहे हैं। अगर आपको लगता है कि आपके वाक्यों में एक बार में इतने सारे शब्द जोड़ना मुश्किल होगा, तो मैं आपको विश्वास दिलाती हूँ कि ऐसा कुछ नहीं है। जैसा कि आप अभी तक वाक्यों के इतने सारे पैटर्न सीख चुके हैं कि ये आपको बहुत आसान लगेंगे, और आप इन्हें तुरंत बोलने में सहज हो जायेंगे। तो, क्या आप एक धाराप्रवाह वक्ता बनने के लिए तैयार हैं? हाँ? तो आइए शुरू करते हैं।

- Day 73 -

1. क्या मुझे थोड़ी सी चीनी मिलेगी कॉफ़ी में?
(Kya mujhe thodi si cheeni milegi coffee me?)
Can I have a little sugar in my coffee?

2. मुझे बहुत ही थोड़ी सी चीनी चाहिए कॉफ़ी में।
(Mujhe bahut hi thodi si cheeni chaahiye coffee me.)
I want very little sugar in my coffee.

3. तुम्हें चीनी लेना कम कर देना चाहिए (चीनी खाना)।
(Tumhe cheeni lena kam kar dena chaahiye {cheeni khaana}.)
You should cut down on sugar.

4. शायद मुझे ये नहीं कहना चाहिए था।
(Shaayad mujhe ye nahi kahna chaahiye tha.)
Perhaps, I shouldn't have said that.

5. तुम्हें इतना ज़्यादा टीवी नहीं देखना चाहिए।
(Tumhe itna zyada TV nahi dekhna chaahiye.)
You shouldn't watch TV so much.

6. आपको पहल करनी चाहिए।
(Aapko pahal karni chaahiye.)
You should make the first move.

7. आपको पहल करनी चाहिए थी।
(Aapko pahal karni chaahiye thi.)
You should have made the first move.

8. हमें अपना कीमती वक़्त बर्बाद नहीं करना चाहिए।
(Hame apna keemti waqt barbaad nahi karna chaahiye.)
We should not waste our precious time.

9. जो काम जहाँ का होता है, वहीं करना चाहिए।
(Jo kaam jahaan ka hota hai, vaheen karna chaahiye.)
The work should be done where it belongs.

10 जो काम जिसका होता है उसी को करना चाहिए।
(Jo kaam jiska hota hai usi ko karna chaahiye.)
The work should be done by who it belongs to.

11. उसकी और मेरी दुनिया अलग है।
(Uski aur meri duniya alag hai.)
He and I belong to different worlds.

12. ये किसकी किताबें हैं?
(Ye kiski kitaaben hain?)
Who do these books belong to? /
Whose books are these?

13. कहीं तुमने तो मेरी किताब नहीं चुराई?
(Kaheen tumne to meri kitaab nahi churaai?)
Is that you who stole my book? /
Is that you who took my book?

14. मुझे मेरी किताब मेज के नीचे पड़ी हुई मिली।
(Mujhe meri kitaab mej ke neeche padi hui mili.)
I found my book lying under the table.

15. मुझे घर आते वक़्त रास्ते में ये मिला।
(Mujhe ghar aate waqt raaste me ye mila.)
I found this on the way home.

16. जब मैं घर आ रहा था तो रास्ते में बारिश होने लगी।
(Jab main ghar aa raha tha to raaste me baarish hone lagi.)
It started to rain while I was walking home.

17. बारिश की वजह से आ नहीं पाया।
(Baarish ki vajah se aa nahi paya.)
I couldn't come due to rain.

18. आसमान में बादल छाये हैं, बारिश हो सकती है।
(Aasmaan me baadal chhaye hain, baarish ho sakti hai.)
The sky is overcast, it may rain.

19. बारिश हो सकती है, तो इसे अपने साथ ले जाओ।
(Baarish ho sakti hai, to ise apne saath le jaao.)
It might rain, so take this with you.

20. मुझे नहीं लगता कि बारिश होगी आज।
(Mujhe nahi lagta ki baarish hogi aaj.)
I don't think it will rain today.

21. बारिश हो रही है। क्या छाता है तुम्हारे पास?
(Baarish ho rahi hai. Kya chhaata hai tumhaare paas?)
It's raining. Have you got an umbrella? / It's raining. Do you have an umbrella?

22. बारिश हो रही थी। क्या छाता था तुम्हारे पास?
(Baarish ho rahi thi. Kya chhaata tha tumhaare paas?)
It was raining. Did you have an umbrella?

23. मैं बारिश रुकने का इंतज़ार कर रहा हूँ।
(Main baarish rukne ka intzaar kar raha hoon.)
I'm waiting for the rain to stop.

24. सुबह बारिश रुकी थी।
(Subah baarish ruki thi.)
The rain had stopped in the morning.

25. लगता है बारिश होने वाली है।
(Lagta hai baarish hone vaali hai.)
It seems like it's going to rain.

26. आज बहुत बारिश हो रही है।
(Aaj bahut baarish ho rahi hai.)
It is raining a lot today.

27. आज बार-बार लाइट कट रही है।
(Aaj baar-baar light kat rahi hai.)
Today, the power is going out again and again.

28. हल्की-हल्की बारिश होने लगी।
(Halki-halki baarish hone lagi.)
A light rain began to fall.

- Day 74 -

1. आज मुझमें कुछ करने की हिम्मत नहीं है।
(Aaj mujhme kuchh karne ki himmat nahi hai.)
I don't have the energy to do anything today.

2. आज धूप है लेकिन गर्मी नहीं है।
(Aaj dhoop hai lekin garmi nahi hai.)
It's sunny today but it isn't warm.

3. आज दुकानें नहीं खुली हैं।
(Aaj dukaanen nahi khuli hain.)
The shops are not open today.

4. आज बड़ा प्यार आ रहा है आपको!
(Aaj bada pyaar aa raha hai aapko!)
Today, you are being so affectionate!

5. आज मुझे बहुत काम करने हैं।
(Aaj mujhe bahut kaam karne hain.)
I've got a lot to do today.

6. क्या बात है? बड़ी देर कर दी आज आपने घर आने में!
(Kya baat hai? Badi der kar di aaj aapne ghar aane me?)
What's the matter? You are so late today!

7. आज इतनी देर क्यों हो गई?
(Aaj itni der kyon ho gayi?)
Why are you so late today?

8. आज बहुत जाम था रास्ते में।
(Aaj bahut jaam tha raaste me.)
There was heavy traffic on the road today.

9. सड़क पर बहुत कम जाम था।
(Sadak par bahut kam jaam tha.)
There was very little traffic on the road.

10. आज जाम कम था।
(Aaj jaam kam tha.)
There was a little traffic today.

11. आज बहुत ही कम जाम था।
(Aaj bahut hi kam jaam tha.)
There was little (very little) traffic today.

12. कुछ मेहमान आये थे, तो थोड़ी थकावट हो रही है।
(Kuchh mehmaan aaye the, to thodi thakaavat ho rahi hai.)
Some guests came over, so I'm a little tired.

13. रिया सारा दिन सोती रहती है और सारी रात जागती है।
(Riya saara din soti rahti hai aur saari raat jaagti hai.)
Riya sleeps all day and stays up all night.

14. वह घोड़े बेचकर सो गया।
(Vah ghode bechkar so gaya.)
He fell asleep like a log.

15. वो अपनी नींद पूरी कर रहा है।
(Vo apni neend poori kar raha hai.)
He is catching up on his sleep.

16. मैं अच्छे से सो नहीं पाता।
(Main achchhe se so nahi pata.)
I can't manage to sleep properly

17. मैं थका था पर नींद नहीं आई।
(Main thaka tha par neend nahi aayi.)
I was tired but couldn't sleep.

18. आज ऑफ़िस नहीं जा रहे हैं क्या?
(Aaj office nahi jaa rahe hain kya?)
Aren't you going to office today?

19. थोड़ी देर और सोने दो ना!
(Thodi der aur sone do na!)
Let me sleep a little longer! /
Let me sleep a bit more!

20. ठीक है, लेकिन उसके बाद कोई बहाना नहीं!
(Theekh hai, lekin uske baad koi bahaana nahi!)
All right, but after that no excuse!

21. हाँ ठीक है! मंजन करो फ़टाफ़ट।
(Haan theek hai! Manjan karo phataaphat.)
All right! Brush your teeth fast.

22. मंजन कहाँ है? मिल नहीं रहा है।
(Manjan kahaan hai? Mil nahi raha hai.)
Where is the toothpaste? I can't find it.

23. वहीं होगा! ध्यान से देखो।
(Vaheen hoga! Dhyaan se dekho.)
It must be there! Look properly.

24. हाँ मिल गया, लेकिन इसमें तो मंजन है ही नहीं।
(Haan mil gaya, lekin isme to manjan hai hi nahi.)
Yes I've found it, but there is no toothpaste in it.

25. थोड़ा सा होगा अभी, कैंची से काट लो।
(Thoda sa hoga abhi, kainchi se kaat lo.)
There must be some, cut open with scissors.

26. तुम्हें बताना चाहिए था कि मंजन ख़त्म हो गया है।
(Tumhe bataana chaahiye tha ki manjan khatm ho gaya hai.)
You should have told me that we had run out of toothpaste.

27. बताया तो था, आपको ही याद नहीं रहता।
(Bataaya to tha, aapko hi yaad nahi rahta.)
I did tell you, but you don't remember.

28. नाश्ता तैयार है क्या? मैं 5 मिनट में नहाकर आता हूँ।
(Naashta taiyaar hai kya? Main 5 minat me nahaakar aata hoon.)
Is breakfast ready yet?
I'm coming in 5 minutes.

29. वैसे नाश्ते में है क्या?
(Vaise naashte me hai kya?)
By the way, what is for breakfast?

30. ला रही हूँ ख़ुद ही देख लेना।
(Laa rahi hoon kudh hi dekh lena.)
Check it for yourself once I get it.

- Day 75 -

1. ठीक है, जल्दी लाओ, देर हो रही है।
(Theek hai, jaldi laao. Der ho rahi hai.)
All right, get it fast. I'm getting late.

2. आज फिर ऑफ़िस देर से पहुँचूँगा।
(Aaj fir office der se pahunchoonga.)
Again, I'll reach the office late today.

3. आज फिर से बॉस की डाँट सुननी पड़ेगी।
(Aaj fir se boss ki daant sunani padegi.)
I'll have to get a scolding from my boss.

4. तो फिर क्यों 5 मिनट और सोये?
(To fir kyon 5 minat aur soye?)
Then, why did you sleep for 5 more minutes?

5. कल पक्का समय से उठूँगा।
(Kal pakka samay se uthoonga.)
I'll get up on time tomorrow for sure.

6. मेरे कपड़े तो अभी इस्त्री भी नहीं हैं।
(Mere kapde to abhi istri bhi nahi hain.)
My clothes are not ironed yet?

7. लाओ मैं अभी कर देती हूँ।
(Laao main abhi kar deti hoon.)
Let me do it right away.

8. रहने दो, मैं ख़ुद ही कर लूँगा।
(Rahne do, main khud hi kar loonga.)
Let it be, I'll do it myself.

9. ऑफ़िस से निकल गये क्या?
(Office se nikal gaye kya?)
Have you left the office yet?

10. नहीं, अभी ऑफ़िस में ही हूँ।
(Nahi, abhi office me hi hoon.)
No, I'm still in the office.

11. ठीक है, जब निकलना तो कॉल कर लेना।
(Theek hai, jab nikalana to call kar lena.)
All right, give me a call when you leave the office.

12. बताओ क्या-क्या लाना है?
(Bataao kya-kya lana hai.)
Tell me what all I need to bring.

13. कल के लिए कुछ सब्जियाँ, रोहन के लिए एक कॉपी और पापा की दवाइयाँ, बस।
(Kal ke liye kuchh sabjiyaan, Rohan ke liye ek copy aur papa ki dvaaiyaan, bas.)
Some vegetables for tomorrow, one notebook for Rohan and medicines for dad, that's all.

14. कुछ मिल्क वगैरह भी चाहिए हो तो बता दो।
(Kuchh milk vagairah bhi chaahiye ho to bata do.)
If you need milk or something then let me know.

15. नहीं, वो मैं पहले ही जाकर ले आई।
(Nahi, vo main pahle hi jaakar le aayi.)
No, I have fetched that already.

16. जल्दी से खाना लगाओ, भूख लगी है।
(Jaldi se khaana lagaao, bhookh lagi hai.)
Serve the dinner, I am hungry.

17. तुम लगाओ तो, मैं एक मिनट में आता हूँ।
(Tum lagaao to, main ek minat me aata hoon.)
You serve, I'll come in a minute.

18. तुमने डिनर में क्या खाया?
(Tumne dinner me kya khaya?)
What did you have for dinner?

19. मैंने एक सैंडविच खाया डिनर में।
(Maine ek sandwich khaaya dinner me.)
I have had a sandwich for dinner. /
I had a sandwich for dinner.

20. आज काम बहुत ज़्यादा था।
(Lekin kaam bahut zyada tha.)
There was so much work today.

21. मेरे सिर में बहुत ज़्यादा दर्द है।
(Mere sir me bahut zyada dard hai.)
I have a really bad headache. /
I have a terrible headache.

22. आपने मुझे पहले क्यों नहीं बताया?
(Aapne mujhe pahle kyon nahi bataaya?)
Why didn't you tell me earlier?

23. लाओ मैं आपके सिर में तेल लगा दूँ।
(Laao main aapke sir me tel laga doon.)
Let me put some oil on your head.

24. लाओ मैं तेल ख़ुद से लगा लूँगा; तुम भी तो थकी होगी।
(Laao main tel khud se laga loonga; tum bhi to thaki hogi.)
I'll apply oil myself; you must be tired too.

25. दिन में सोई थी कि नहीं?
(Din me soyi thi ki nahi?)
Did you take a nap or not?

26. नहीं, मौका ही नहीं मिला।
(Nahi, mauka hi nahi mila.)
No, I didn't get the chance to.

27. पूरा दिन दूसरों का ख़्याल रखती हो, थोड़ा आराम भी कर लिया करो।
(Poora din doosron ka khyaal rakhti ho, thoda aaraam bhi kar liya karo.)
You spend your whole day looking after others, you should have a little rest too.

28. चलो अभी फ़टाफ़ट सो जाओ।
(Chalo abhi phataphat so jaao.)
Come on, let's go to sleep right away.

29. अलार्म लगाओ और सो जाओ।
(Alarm lagaao aur so jaao.)
Set an alarm and go to sleep.

30. मैं तुमसे कल सुबह बात करता हूँ।
(Main tumse kal subah baat karta hoon.)
I'll talk to you tomorrow morning.

MAKING CONNECTIONS

EXERCISE - 15

Question 1: Translate the following sentences into English.
(नीचे दिए गए वाक्यों का अंग्रेजी में अनुवाद करिए।) - {Reference Day 71}

a. मुझसे अब और नहीं सम्भाला जाता। (Mujhse ab aur nahi sambhala jata.)

....

b. चलो धूप सेंकते हैं। (Chalo dhoop senkte hain.) —

....

c. वह एक ज़िद्दी लड़का है। (Vah ek ziddi ladka hai.) —

....

d. मैंने ये किताब कल पढ़ी थी। (Maine ye kitaab kal padhi thi.) —

....

e. सभी संख्याओं को जोड़ो। (Sabhi sankhyaaon ko jodo.) —

....

Question 2: Write the sentence "दोपहर के भोजन तक क्यों नहीं रुकते?" in 2 different ways.
(वाक्य "दोपहर के भोजन तक क्यों नहीं रुकते?" को अंग्रेजी में 2 अलग-अलग तरीकों से लिखिए।) - {Reference Day 72}

a. ....

b. ....

Question 3: Match the following sentences.
(नीचे दिए गए वाक्यों का मिलान कीजिए।) - {Reference Day 73}

मैं बारिश रुकने का इंतज़ार कर रहा हूँ।	It started to rain while I was walking home.
बारिश हो सकती है तो इसे अपने साथ ले जाओ।	I'm waiting for the rain to stop.
जब मैं घर आ रहा था तो रास्ते में बारिश होने लगी।	It might rain, so take this with you.
बारिश की वजह से आ नहीं पाया।	The sky is overcast, it may rain.
आसमान में बादल छाये हैं, बारिश हो सकती है।	I couldn't come due to rain.

Question 4: Tick the correct sentences and put a cross against the incorrect ones.
(सही वाक्यों पर टिक करिए और गलत वाक्यों पर क्रॉस लगाइए।) - {Reference Day 74}

a. You should have told me that we run out of toothpaste.

b. He fell asleep like a log.

c. Let me sleep a little big!

d. I can't manage to sleep properly.

e. What's the matter? You are so late today!

Question 5: Complete the sentences using 'today / tomorrow'.
(नीचे दिए गए वाक्यों को 'today / tomorrow' का उपयोग करके पूरा करिए।) - {Reference Day 75}

a. I'll talk to you .... morning.

b. Bring some vegetables for ....

c. I'll get up on time .... for sure.

d. There was so much work ....

e. Again, I'll reach the office late ....

- Day 76 -

1. हे भगवान, फिर से देर हो गई!
(Hey Bhagwan, fir se der ho gayi!)
Oh my God, it's late again!

2. माफ़ करना बॉस, मैं देर से उठा।
(Maaf karna boss, main der se utha.)
I'm sorry boss, I got up late.

3. उसे उधार चाहिए।
(Use udhaar chaahiye.)
He needs to borrow the money.

4. कभी-कभार पैसे उधार लेना ठीक है, लेकिन इसे आदत मत बनने दो।
(Kabhi-kabhaar paise udhaar lena theek hai, lekin ise aadat mat banane do.)
It's all right to borrow money occasionally, but don't let it become a habit.

5. कितने पैसे चाहिए तुम्हें?
(Kitne paise chaahiye tumhe?)
How much money do you need?

6. फुटकर खर्च के लिए पैसे दे दो।
(Phutkar kharch ke liye paise de do.)
Give me money for miscellaneous expenses.

7. सौ रुपए के छुट्टे हैं क्या?
(Sau rupaye ke chhutte hain kya?)
Do you have change for hundred rupees?

8. मेरे पास पैसे नहीं है वरना कब का लौटा देता।
(Mere paas paise nahi hain varna kab ka lauta deta.)
I haven't got any money otherwise I would have returned it long ago.

9. उस पर पैसे चोरी करने का आरोप है।
(Us par paise chori karne ka aarop hai.)
He is accused of stealing money.

10. तुमने उसे कितने रुपए दिये?
(Tumne use kitne rupaye diye?)
How much money did you give him?

11. तुम्हें इसके लिए कितने पैसे चाहिए?
(Tumhe iske liye kitne paise chaahiye?)
How much money do you need for this?

12. जाकर उससे पैसे ले आओ।
(Jaakar usase paise le aao.)
Go and get the money from him.

13. क्या मैं तुम्हारे पैसे शनिवार को दूँ तो चलेगा?
(Kya main tumhaare paise Shanivar ko doon to chalega?)
Will it do if I repay your money on Saturday?

14. मेरी कसम खा के कहो कि तुम झूठ नहीं बोल रहे हो।
(Meri kasam kha ke kaho ki tum jhooth nahi bol rahe ho.)
Swear to me that you are not lying.

15. समय किसी का इन्तज़ार नहीं करता।
(Samay kisi ka intzaar nahi karta.)
Time and tide wait for none.

16. मुझे तो साँस लेने तक की भी फ़ुर्सत नहीं है।
(Mujhe to saans lene tak ki bhi phursat nahi hai.)
I don't even have a moment to breathe.

17. मेरे जीते-जी ऐसा कभी नहीं होगा।
(Mere jeete-ji aisa kabhi nahi hoga.)
It will never ever happen during my lifetime.

18. मेरे जीते-जी मैं ऐसा कभी नहीं होने दूँगा।
(Mere jeete-ji main aisa kabhi nahi hone doonga.)
I'll never let this happen during my lifetime.

19. अन्त में / आख़िर में सब सही हो जाता है।
(Ant me / Aakhir me sab sahi ho jaata hai.)
Eventually, all things fall into place.

20. इस हद तक सोचना तुम्हारे लिए अच्छा नहीं है।
(Is had tak sochna tumhaare liye achchha nahi hai.)
Thinking to such an extent is not good for you.

21. वो इस / उस तरह की लड़की नहीं है!
(Vo is / us tarah ki ladki nahi hai!)
She is not a girl of this sort! /
She is not this sort of a girl!

22. उसकी बातें पूरी रात मेरे दिमाग में घूमती रहीं।
(Uski baaten poori raat mere dimaag me ghoomati raheen.)
His words stayed with me all night.

23. ऐसी चीज़ें आपको ताउम्र याद रहती हैं।
(Aisi cheezen aapko taaumra yaad rahti hain.)
These kinds of things stay with you for the rest of your life.

24. फिल्मों में ज़िन्दगी बहुत अच्छी दिखती है।
(Filmon me zindagi bahut achchhi dikhti hai.)
Life looks so wonderful in the movies.

25. तुम्हारे सामने तुम्हारी पूरी ज़िन्दगी पड़ी है!
(Tumhaare saamne tumhaari poori zindagi padi hai!)
You have your whole life ahead of you!

26. मैं ज़िन्दगी में कहाँ से कहाँ आ गया।
(Main zindagi me kahaan se kahaan aa gaya.)
I have reached the point far better in my life where I started from.

27. ये तुम्हारी ज़िन्दगी है, तो इसे अपने मुताबिक जियो।
(Ye tumhaari zindagi hai, to ise apne mutaabik jiyo.)
It's your life, so live it how you want.

28. मैंने अपनी ज़िन्दगी में कभी किसी को नहीं मारा।
(Maine apni zindagi me kabhi kisi ko nahi mara.)
I've never hit anybody in my life.

29. चलो कोई नहीं भाई, पास फेल तो लगा रहता है ज़िन्दगी में।
(Chalo koi nahi bhaai, paas fail to laga rahta hai zindagi me.)
Leave it brother, success and failure are parts of life.

30. जो कर सकते हो करो और बाकी भाग्य पर छोड़ दो।
(Jo kar sakte ho karo aur baaki bhagya par chhod do.)
Do what you can and leave the rest to fate.

- Day 77 -

1. तुम ही हो जिसके साथ मैं पूरी ज़िन्दगी बिताना चाहती / चाहता हूँ।
(Tum hi ho jiske saath main poori zindagi bitaana chaahti / chaahta hoon.)
You are the person I want to spend my life with. / You are the one I want to spend my life with.

2. तुम मेरी ज़िन्दगी की रोशनी हो; तुम्हारे बिना मेरा वजूद नहीं है।
(Tum meri zindagi ki roshani ho; tumhaare bina mera vajood nahi hai.)
You are the light of my life; I am lost without you.

3. तुमसे मेरी दुनिया चलती है। जब तक तुम मेरे साथ हो, मैं ठीक हूँ।
(Tumse meri duniya chalti hai. Jab tak tum mere saath ho, main theekh hoon.)
You rock my world. As long as I have you in my life, I'll be OK.

4. आपके बिना ज़िन्दगी के बारे में सोचना नामुमकिन है।
(Aapke bina zindagi ke baare me sochna naamumkin hai.)
Imagining life without you is impossible.

5. तुम इतनी लापरवाह कैसे हो सकती हो?
(Tum itni laaparvaah kaise ho sakti ho?)
How could you be so irresponsible?

6. तुम इतनी लापरवाह कैसे हो गई?
(Tum itni laaparvaah kaise ho gayi?)
How have you turned out to be so irresponsible?

7. ये तो तुम्हारी उम्मीद से बिल्कुल उलट / अलग निकला।
(Ye to tumhaari ummeed se bilkul ulat / alag nikla.)
It turned out to be just the opposite what you had expected.

8. इसके लिए मेरे पास बिल्कुल भी समय नहीं है, मुझे जाना है।
(Iske liye mere paas bilkul bhi samay nahi hai, mujhe jana hai.)
I have no time for this, I've got to go.

9. मुझे थोड़ा समय चाहिए सोचने के लिए।
(Mujhe thoda samay chaahiye sochne ke liye.)
I need a little time to think.

10. कितने बजे तक वहाँ पहुँच जाओगे?
(Kitne baje tak vahaan pahunch jaaoge?)
By what time will you reach there?

11. आप कब तक आ रहे हैं? / आप कितने बजे तक आ जायेंगे?
(Aap kab tak aa rahe hain? / Aap kitne baje tak aa jaayenge?)
What time will you be here?

12. जो भी थोड़ा-बहुत समय है हमारे पास, हम बातें कर सकते हैं।
(Jo bhi thoda-bahut samay hai hamaare paas, ham baaten kar sakte hain.)
The little time we've got, we can have a chat.

13. हर काम का अपना एक समय होता है।
(Har kaam ka apna ek samay hota hai.)
There is a time for everything.

14. कितने बजे तक अँधेरा हो जाता है?
(Kitne baje tak andhera ho jata hai?)
What time does it get dark?

15. समय आने पर सबको पता चल जाएगा।
(Samay aane par sabko pata chal jaayega.)
Everyone will get to know when the time comes.

16. अभी मेरे पास समय नहीं है।
(Abhi mere paas samay nahi hai.)
I don't have time right now.

17. मेरे पास तुमसे मिलने के लिए समय नहीं है।
(Mere paas tumse milne ke liye samay nahi hai.)
I have no time to see you.

18. कल समय नहीं रहेगा।
(Kal samay nahi rahega.)
There will not be time tomorrow.

19. तुम कितने बजे उठती हो?
(Tum kitne baje uthti ho?)
What time do you get up? /
What time do you wake up?

20. मैं सुबह छः बजे उठती हूँ।
(Main subah 6 baje uthti hoon.)
I get up at 6 in the morning.

21. वो ज़्यादातर समय पढ़ाई करती है।
(Vo zyaadatar samay padhaai karti hai.)
She spends much of her time studying.

22. कुछ नया करने में एक अलग ही मज़ा है।
(Kuchh naya karne me ek alag hi maza hai.)
There is the added thrill doing something new.

23. तुम क्यों परेशान हो उसके लिए?
(Tum kyon pareshaan ho uske liye?)
Why are you worried about him?

24. जब उसको ही चिंता नहीं है अपने भविष्य की, तो मैं क्यों करूँ?
(Jab usko hi chinta nahi hai apne bhavishya ki, to main kyon karoon?)
If he is not worried for his future, why would I?

25. काश वो दिन वापस आ जायें!
(Kaash vo din vaapas aa jayen!)
I wish those days would come back!

26. एक कप कॉफ़ी पियोगे?
(Ek cup coffee piyoge?)
Would you like a cup of coffee?

27. ज़रा सुनना, हमें ऑर्डर करना है, प्लीज़।
(Zara sunanaa, hame order karna hai, please.)
Excuse me, we would like to order, please.

28. मैं पीत्सा आर्डर करना चाहूँगा।
(Main pizza order karna chaahoonga.)
I would like to order a pizza.

29. क्या कोई मुझे थोड़ा पानी देगा?
(Kya koi mujhe thoda paani dega?)
Would anybody give me some water?

30. एक बार और लेना चाहूँगा।
(Ek baar aur lena chaahoonga.)
I would like a refill, please.

- Day 78 -

1. जाओ पापा को बुला लाओ, वो बाहर हैं।
(Jaao papa ko bula laao, vo baahar hain.)
Go and get your father, he's outside.

2. मैं देखकर आता हूँ वो बाहर हैं या नहीं।
(Main dekhkar aata hoon vo baahar hain ya nahi.)
I'm going to see whether he is outside or not.

3. मैं पार्टी में किसी को नहीं जानता था।
(Main party me kisi ko nahi jaanta tha.)
I didn't know anybody at the party.

4. मैं नहीं चाहता मेरी वजह से कोई परेशान हो।
(Main nahi chaahta meri vajah se koi pareshaan ho.)
I don't want anybody to face problems because of me.

5. ज़बरजस्ती किसी को खाना मत खिलाओ।
(Zabarjasti kisi ko khaana mat khilaao.)
Don't force anybody to have food. /
Don't feed anybody forcibly.

6. मैं किसी का एहसान नहीं लेना चाहता।
(Main kisi ka ehsaan nahi lena chaahta.)
I don't want to ask a favor of anybody. /
I don't want to ask anybody a favor.

7. क्या कोई मेरे सवाल का जवाब दे सकता है?
(Kya koi mere savaal ka javaab de sakta hai?)
Can anybody answer the question I have?

8. क्या मैं आपसे कुछ सवाल कर सकती हूँ?
(Kya main aapse kuchh savaal kar sakti hoon?)
Can I ask you a few questions?

9. अगर मैं यहाँ पर एक सवाल खड़ा करूँ, तो क्या आप उसका जवाब देंगे?
(Agar main yahaan par ek savaal khada karoon, to kya aap uska javaab denge?)
If I raised a question here, would you give a reply?

10. आपने यहाँ पर ये सवाल क्यों उठाया?
(Aapne yahaan par ye savaal kyon uthaaya?)
Why did you raise this question here?

11. क्या मैं आपसे कुछ पूछ सकता हूँ, सर?
(Kya main aapse kuchh poochh sakta hoon, sir?)
Sir, may I ask you a question?

12. प्रश्न को किताब से देखकर हूबहू लिख लो।
(Prashn ko kitaab se dekhkar hoobahu likh lo.)
Copy down the question from your book.

13. उन शब्दों के नीचे रेखा खींच दो जो आपको मुझसे पूछना हो।
(Un shabdon ke neeche rekha kheench do jo aapko mujhse poochhna ho.)
Underline the words you want to ask me. /
Underscore the words you want to ask me.

14. तुम्हारी हिम्मत कैसे हुई अपने पापा को पलटकर जवाब देने की?
(Tumhaari himmat kaise hui apne papa ko palatkar javaab dene ki?)
How dare you answer your father back?

15. आदत की वजह से मैंने पापा से पूछ लिया ''हैलो सर, हाउ मे आई हेल्प यू?''
(Aadat ki vajah se maine papa se poochh liya "hello sir, how may I help you?")
I asked my father "Hello sir, how may I help you?" by force of habit.

16. इस समय तक पिताजी घर आ गए होंगे।
(Is samay tak pita ji ghar aa gaye honge.)
Father will have reached home by this time.

17. पापा मुझे अकेले नहीं जाने देते।
(Papa mujhe akele nahi jaane dete.)
Father doesn't allow me to go alone.

18. जब पापा का मूड सही हो जाएगा, तब मैं बात करूँगा।
(Jab papa ka mood sahi ho jaayega, tab main baat karoonga.)
When father is in a good mood, I'll talk to him.

19. मैं उनसे बात कर लूँगा, चिंता मत करों।
(Main unse baat kar loonga, chinta mat karo.)
I'll talk to him, don't worry.

20. काश मेरे पास कार होती!
(Kaash mere paas car hoti!)
I wish I had a car!

21. क्या तुम मुझसे कुछ कह रही थी?
(Kya tum mujhse kuchh kah rahi thi?)
Were you saying something to me?

22. मैं चाहता हूँ कि बस हम अपना काम करें।
(Main chaahta hoon ki bas ham apna kaam karen.)
I just want us to do our job.

23. किसी भी कीमत पर मैं वहाँ नहीं जाऊँगा।
(Kisi bhi keemat par main vahaan nahi jaaunga.)
I'll not go there at any cost.

24. मैं तुम्हारा सपना ज़रूर पूरा करूँगा।
(Main tumhaara sapna zaroor poora karoonga.)
I'll surely make your dream come true.

25. क्या तुम थोड़ा जल्दी कर सकते हो?
(Kya tum thoda jaldi kar sakte ho?)
Can you make it a little faster?

26. तुम्हें पहले ही बता देना था।
(Tumhe pahle hi bata dena tha.)
You should have told me earlier.

27. तुमने उसे अभी तक बताया क्यों नहीं?
(Tumne use abhi tak bataaya kyon nahi?)
Why haven't you told him yet?

28. मैंने हज़ार बार तुमसे कहा है!
(Maine hazaar baar tumse kaha hai!)
I've told you a thousand times!

29 एक बार बोल दिया आपको समझ नहीं आता?
(Ek baar bol diya aapko samajh nahi aata?)
I told you once, don't you get it?

78. मुझे दुर्घटना के बारे में क्यों नहीं बताया गया?
(Mujhe durghatna ke baare me kyon nahi bataaya gaya?)
Why wasn't I told about the accident?

- Day 79 -

1. ज़्यादा टीवी देखना अच्छी बात नहीं है।
(Zyada TV dekhna achchhi baat nahi hai.)
Watching TV for too long is not good.

2. इतना घमंड ठीक नहीं है; ऐसा ना हो कि बाद में पछताना पड़े।
(Itna ghamand theek nahi hai; aisa na ho ki baad me pachhtaana pade.)
Such arrogance is not good; you might regret later.

3. उसने मुझे कुर्सी से उठा दिया।
(Usne mujhe kursi se utha diya.)
He lifted me out of chair.

4. एक मेज और दो-चार कुर्सियाँ ले आओ।
(Ek mej aur do-chaar kursiyaan le aao.)
Get a table and a few chairs.

5. थैला ज़मीन पर मत रखो, कोई फ़ँसकर गिर सकता है।
(Thaila zameen par mat rakho, koi phanskar gir sakta hai.)
Don't leave your bag on the floor, someone might trip over it.

6. सूखकर काँटा हो गई हो।
(Sookhakar kaanta ho gayi ho.)
You are reduced to a skeleton.

7. धुएँ से मेरी आँखों से पानी निकलने लगा।
(Dhuen se meri aankhon se paani nikalane laga.)
The smoke made my eyes water.

8. इसकी महक इतनी अच्छी है, इससे मेरे मुँह में पानी आ रहा है।
(Iski mahak itni achchhi hai, isase mere muh me paani aa raha hai.)
It smells so delicious, it's making my mouth water.

9. उसे पता है वो क्या कर रही है।
(Use pata hai vo kya kar rahi hai.)
She knows what she is doing.

10. मुझे सच में नहीं पता था कि मैं क्या कर रही थी।
(Mujhe sach me nahi pata tha ki main kya kar rahi thi.)
I really didn't know what I was doing.

11 कल रात क्या कर रहे हो?
(Kal raat kya kar rahe ho?)
What are you doing tomorrow night?

12. तुम सुबह से यहाँ क्या कर रहे हो?
(Tum subah se yahaan kya kar rahe ho?)
What have you been doing here since morning?

13. मैं तो अपना काम कर रहा हूँ।
(Main to apna kaam kar raha hoon.)
I have been doing my work.

14. ऐसा करने में हर्ज ही क्या है?
(Aisa karne me harj hi kya hai?)
What's the harm in doing so?

15. वो दिन भर मोबाइल ही चलाता रहता है बस।
(Vo din bhar mobile hi chalaata rahta hai bas.)
He is just doing something on the phone all day long.

16. पता नहीं वो लोग वहाँ क्या कर रहे होंगे।
(Pata nahi vo log vahaan kya kar rahe honge.)
I've no idea what they could be doing there.

17. पता नहीं उसने कुछ खाया भी होगा या नहीं।
(Pata nahi usne kuchh khaaya bhi hoga ya nahi.)
I don't know whether he has eaten something or not.

18. जो कर रहे हो, करते रहो।
(Jo kar rahe ho, karte raho.)
Go on with what you are doing.

19. तुम बस अपना काम करते जाओ।
(Tum bas apna kaam karte jaao.)
You just keep on doing your job.

20. मुझे मेरा काम पूर्णता से करना पसंद है।
(Mujhe mera kaam poornataa se karna pasand hai.)
I like doing my work to perfection.

21. मुझसे जितना जल्दी हो सक रहा है, मैं कर रही हूँ।
(Mujhse jitna jaldi ho sak raha hai, main kar rahi hoon.)
I'm doing as fast as I can.

22. उसने मुझसे पूछा वह क्या कर रहा था।
(Usne mujhse poochha vah kya kar raha tha.)
She asked me what he was doing.

23. मैं इतना ज़रूर कहूँगा कि जो आप कर रहे हैं वो गलत है।
(Main itna zaroor kahoonga ki jo aap kar rahe hain vo galat hai.)
I must say what you are doing is wrong.

24. मुझे पता है जो मैं कर रही हूँ वो वैध है लेकिन कहीं न कहीं मुझे ये सही नहीं लगता।
(Mujhe pata hai jo main kar rahi hoon vo vaidh hai lekin kaheen na kaheen mujhe ye sahi nahi lagta.)
I know what I'm doing is legal but somehow it doesn't feel right.

25. ये करने से मेरा क्या फ़ायदा होगा?
(Ye karne se mera kya faayda hoga?)
What benefit would I draw by doing this? / What would I benefit from this?

26. आजकल क्या हाल है आपका?
(Aajkal kya haal hai aapka?)
How are you doing these days?

27. आपका बेटा कक्षा में बहुत अच्छा कर रहा है।
(Apka beta kaksha me bahut achchha kar raha hai.)
Your son is doing really well in the class.

28. टेस्ट्स में अच्छे मार्क्स लाता है।
(Tests me achchhe marks laata hai.)
He gets good marks on the tests.

29. वह समय से स्कूल आता है।
(Vah samay se school aata hai.)
He comes to school right on time.

30. वह अपने सारे काम ख़ुद करता है।
(Vah apne saare kaam khud karta hai.)
He does all his work by himself.

- Day 80 -

1. मुझसे एक गिलास पानी गिर गया / लुढ़क गया।
(Mujhse ek gilaas paani gir gaya / ludhak gaya.)
I spilt / spilled a glass of water.

2. पूरे फ़र्श पर कागज़ बिखरे हुए हैं।
(Poore farsh par kaagaz bikhre huye hain.)
Papers are scattered all over the floor.

3. दीवार में दरार है।
(Deevaar me daraar hai.)
There is a crack in the wall.

4. दीवार पर जाला लगा हुआ है।
(Deevaar par jaala laga hua hai.)
There are cobwebs lining on the wall.

5. मैं दीवार के सहारे खड़ा हूँ। / मैं दीवार पर टेक लेकर खड़ा हूँ।
(Main deevaar ke sahaare khada hoon. / Main deevaar par tek lekar khada hoon.)
I am standing against the wall.

6. सीलिंग पर जाला लगा हुआ है / लटक रहा है।
(Ceiling par jaala laga hua hai / latak raha hai.)
There are cobwebs hanging from the ceiling.

7. ज़मीन पोछने के लिए एक गीला कपड़ा ले आओ।
(Zameen pochhne ke liye ek geela kapda le aao.)
Get a damp cloth to wipe the floor with.

8. ज़रा बर्तन धोने में हाथ बटा दो, प्लीज़।
(Zara bartan dhone me haath bata do, please.)
Give a hand with the washing-up, please.

9. बर्तन छोड़ दो, मैं सुबह कर लूँगी।
(Bartan chhod do, main subah kar loongi.)
Leave the washing-up, I'll do it in the morning.

10. बर्तन ले जाकर सिंक में डाल दो।
(Bartan le jaakar sink me daal do.)
Take the dishes to the sink.

11. बर्तन उठाकर यहाँ से ले जाओ।
(Bartan uthaakar yahaan se le jaao.)
Pick up the dishes and carry them away.

12. सिंक हमेशा जूठे बर्तनों से भरा रहता है।
(Sink hamesha joothe bartanon se bhara rahta hai.)
The sink is always full of washing-up.

13. कपड़े धो चुकी क्या?
(Kapde dho chuki kya?)
Are you done with the laundry?

14. तुम जाकर कपड़े धो लो।
(Tum jaakar kapde dho lo.)
You go and do the laundry.

15. खाना खाने से पहले अपने हाथ ज़रूर से धोयें।
(khaana khane se pahle apne haath zaroor se dhoyen.)
Do wash your hands before eating meals.

16. अपने हाथ साबुन और पानी से धोयें।
(Apne haath saabun aur paani se dhoyen.)
Wash your hands with soap and water.

17. रसोई में जूठे बर्तन रखे हैं।
(Rasoi me joothe bartan rakhe hain.)
Dirty dishes are in the kitchen.

18. बर्तन ठीक से साफ़ नहीं हुए हैं।
(Bartan theek se saaf nahi huye hain.)
The dishes are not cleaned properly.

19. मेरे लिए थोड़ा पानी गर्म कर दो।
(Mere liye thoda paani garm kar do.)
Heat up a little water for me. /
Heat up some water for me.

20. मेरा हाथ बटाओगे क्या?
(Mera haath bataaoge kya?)
Would you please lend me a hand?

21. सारी चीज़ें उठाओ और वापस उनकी जगह पर रखो।
(Saari cheezen uthaao aur vaapas unki jagah par rakho.)
Pick up all the stuff and put everything back to its place.

22. कपड़ा ले आकर इसे झाड़ दो।
(Kapda le aakar ise jhaad do.)
Get a cloth and dust this.

23. कपड़े धोकर सूखने को डाल दो।
(Kapde dhokar sookhne ko daal do.)
Do the laundry and hang it out to dry.

24. कपड़ों को इस्त्री करने से पहले नम कर लो।
(Kapdon ko istri karne se pahle nam kar lo.)
Damp the clothes down before you iron them.

25. मैं बालों में कंघी करने से पहले बाल नम करती हूँ।
(Main baalon me kanghi karne se pahle baal nam karti hoon.)
I damp down my hair before combing it.

26. जब माँ आस-पास होती हैं तो चीज़ें आसान हो जाती हैं।
(Jab maa aas-paas hoti hain to cheezen aasaan ho jati hain.)
When mom is around, things become easy for me.

27. माँ, आप पूरा दिन काम करती रहती हैं।
(Maa, aap poora din kaam karti rahti hain.)
Mom, you keep on working all day.

28. तुम घर पर रुक कर घर के काम करो।
(Tum ghar par ruk kar ghar ke kaam karo.)
You stay at home and do the chores.

29. कचड़ा कूड़ेदान में डाल दो।
(Kachada koodedaan me daal do.)
Put the sweepings in the dustbin. /
Throw the sweepings in the dustbin.

30. बहुत साफ़-सफ़ाई करनी बाकी है।
(Bahut saaf-safaai karni baaki hai.)
There is a lot of cleaning to be done.

MAKING CONNECTIONS

EXERCISE - 16

Question 1: Make 5 sentences using the word 'money'.
('Money' शब्द का उपयोग करते हुए पाँच वाक्य बनाइए।) - {Reference Day 76}

a. ....

b. ....

c. ....

d. ....

e. ....

Question 2: Translate the following sentences into Hindi.
(नीचे दिए गए वाक्यों का हिन्दी में अनुवाद करिए।) - {Reference Day 77}

a. I don't have time right now. ....

b. What time do you get up? ....

c. There is the added thrill doing something new. ....

d. I wish those days would come back! ....

e. There is a time for everything. ....

Question 3: Choose the correct answers from the Answer Bank.
(उत्तर बैंक से सही उत्तर चुनिए।) - {Reference Day 78}

ANSWER BANK				
faster	forcibly	cost	answer	times

a. Don't feed anybody ....

b. Can anybody .... my question?

c. I'll not go there at any ....

d. Can you make it a little .... ?

e. I've told you a thousand ....

Question 4: Make sentences using the words below.
(नीचे दिए गए शब्दों का उपयोग करते हुए वाक्य बनाइए।) - {Reference Day 79}

a. arrogance ....

b. perfection ....

c. benefit ....

d. harm ....

e. smoke ....

Question 5: Tick the correct sentences and put a cross against the incorrect ones.
(सही वाक्यों पर टिक करिए और गलत वाक्यों पर क्रॉस लगाइए।) - {Reference Day 80}

a. Papers is scattered all over the floor.

b. Pick up all the stuff and put everything back to its place.

c. When mom are around, things become easy for me.

d. Throw the sweepings on the dustbin.

e. Do wash our hands before eating food.

- Day 81 -

1. रोहन को छोड़ो, तुम बताओ।
(Rohan ko chhodo, tum bataao.)
Let Rohan be, you tell me.

2. अगर मैं जाऊँगा तो सबको पता लग जायेगा।
(Agar main jaaunga to sabko pata lag jaayega.)
If I go, everyone will get to know about this.

3. चिन्ता मत करो, उसे कुछ नहीं हुआ।
(Chinta mat karo, use kuchh nahi hua.)
Don't worry, nothing has happened to her.

4. उसने क्या कहा, मैं समझ नहीं पाया।
(Usne kya kaha, main samajh nahi paya.)
I couldn't understand what he said. /
I couldn't make out what he said.

5. देखो, ये सीधा लगा है कि नहीं।
(Dekho ye seedha laga hai ki nahi.)
Check whether it's inserted the right way up.

6. पेन का ढक्कन कहाँ है?
(Pen ka dhakkan kahaan hai?)
Where is the cap of the pen?

7. पेन बन्द करके नीचे रख दो।
(Pen band karke neeche rakh do.)
Cap the pen and put down.

8. मैं यहाँ आते-आते खो गया था।
(Main yahaan aate-aate kho gaya tha.)
I got lost while coming here.

9. वो अच्छे / भले घर का लड़का है।
(Vo achchhe / bhale ghar ka ladka hai.)
He comes from a decent family.

10. मैं तो बस तुम्हारी खुशी चाहती हूँ।
(Main to bas tumhaari khushi chaahti hoon.)
I just want you to be happy.

11. तुम हमेशा कुछ न कुछ उल्टी-पुल्टी हरकतें करते रहते हो।
(Tum hamesha kuchh na kuchh ulti-pulti harkaten karte rahte ho.)
You are always up to some mischief.

12. तुमने अभी क्या कहा मुझे?
(Tumne abhi kya kaha mujhe?)
What did you just say to me?

13. मैं याद नहीं कर पा रहा हूँ कि मैंने ये किया है या नहीं।
(Main yaad nahi kar pa raha hoon ki maine ye kiya hai ya nahi.)
I can't remember if I did it or not.

14. देखो, तुम्हें बहुत कड़ी मेहनत करनी होगी।
(Dekho, tumhe bahut kadi mehnat karni hogi.)
See, you've got to work very hard.

15. जो हमें चाहिए था वो पहले ही मिल गया।
(Jo hame chaahiye tha vo pahle hi mil gaya.)
We already got what we wanted.

16. तुमने अपने बाल कटवाये हैं? बहुत अच्छे लग रहे हैं।
(Tumne apne baal katvaaye hain? Bahut achchhe lag rahe hain.)
You've had your hair cut? It looks great.

17. हमें खर्च में कटौती करनी होगी।
(Hame kharch me katauti karni hogi.)
We have to cut back on spending.

18. मुझे इस बारे में बिल्कुल भी नहीं पता।
(Mujhe is baare me bilkul bhi nahi pata.)
I don't know about this at all.

19. समय तो देखो, साढ़े 6 बज रहे हैं।
(Samay to dekho, saadhe 6 baj rahe hain.)
Look at the time, it's half past 6.

20. माफ़ करना देर हो गई, मैं जाम में फँस गया था।
(Maaf karna der ho gayi, main jaam me phans gaya tha.)
Sorry I'm late, I was held up in traffic. / Sorry I'm late, I was caught in traffic.

21. हम सबकी नज़र तुम पर है।
(Ham sabki nazar tum par hai.)
We all have eyes on you.

22. मुझे एक घर चाहिए, मेरा अपना घर।
(Mujhe ek ghar chaahiye, mera apna ghar.)
I want a home, my own home.

23. लेकिन आप क्यों तकलीफ़ करेंगे?
(Lekin aap kyon takleef karenge?)
But why would you take the trouble?

24. एक पल के लिए मुझे लगा, मैंने तुम्हें खो दिया।
(Ek pal ke liye mujhe laga, maine tumhe kho diya.)
For a moment, I thought I had lost you.

25. मुझे ऐसा क्यों लग रहा है कि मैं किसी षड़यंत्र में फ़ँस रहा हूँ?
(Mujhe aisa kyon lag raha hai ki main kisi shadyantra me phans raha hoon?)
Why do I feel, I am walking into a trap?

26. पलक झपकते ही वो भाग गया।
(Palak jhapakte hi vo bhaag gaya.)
He ran away in the blink of an eye.

27. तुम हमें मुश्किल में डाल दोगे।
(Tum hame mushkil me daal doge.)
You are going to get us into trouble.

28. वो तुम्हारा पूरा-पूरा फ़ायदा उठा रही है।
(Vo tumhaara poora-poora faayda utha rahi hai.)
She is taking full advantage of yours.

29. मैं ही अकेले शामिल नहीं था।
(Main hi akele shaamil nahi tha.)
I wasn't the only one involved.

30. मेरा पीछा क्यों नहीं छोड़ देते तुम?
(Mera peechha kyon nahi chhod dete tum?)
Why don't you stop pursuing me?

- Day 82 -

1. मेरे मना करने के बावजूद तुम वहाँ क्यों जा रहे हो?
(Mere mana karne ke bavjood tum vahaan kyon ja rahe ho?)
Why are you going there despite my denial?

2. मेरे होते हुए कोई तुम्हारा कुछ भी नहीं बिगाड़ सकता ।
(Mere hote huye koi tumhaara kuchh bhi nahi bigaad sakta.)
Nobody can harm you in my presence.

3. मेरी और तुम्हारी अच्छी जमेगी ।
(Meri aur achchhi jamegi.)
You and I will get on / along pretty well.

4. आपके हारने का क्या कारण था?
(Aapke haarne ka kya kaaran tha?)
What was the reason behind your defeat?

5. वो मुझे हरा नहीं पाया; उसके बस की ही नहीं थी ।
(Vo mujhe hara nahi paya; uske bas ki hi nahi thi.)
He couldn't beat me; he was unable to do that.

6. केवल दो तीन लोगों से काम चलता था ।
(Keval do teen logon se kaam chalta tha.)
Only 2 to 3 people were there to serve.

7. भगवान ने आपको सब कुछ दिया है; काश एक दिल भी दिया होता ।
(Bhagwan ne aapko sab kuchh diya hai; kaash ek dil bhi diya hota.)
God has blessed you with everything; I wish you were blessed with a heart too.

8. वो मुझसे कम जानती है ।
(Vo mujhse kam jaanti hai.)
She knows less than I do.

9. तुम्हें इतनी देर क्यों लगती है?
(Tumhe itni der kyon lagti hai?)
Why do you take so long?

10. मैं कब से कह रहा हूँ ऐसा मत करो ।
(Main kab se kah raha hoon, aisa mat karo.)
I'm telling you for so long not to do so.

11. मुझे ये काम करना है ।
(Mujhe ye kaam karna hai.)
I have to do this work.

12. कब से कब तक?
(Kab se kab tak?)
From what time to what time? / From when to when?

13. काम कब ख़त्म होगा?
(Kaam kab khatm hoga?)
When will the work be finished?

14. ऐसा लगता है जैसे मैंने कोई पाप किया हो ।
(Aisa lagta hai jaise maine koi paap kiya ho.)
It seems as if I have committed a sin.

15. वह मेरी नाक में दम कर रहा है ।
(Vah meri naak me dam kar raha hai.)
He is getting on my nerves.

16. मेरी भैया से कहा-सुनी हो गई ।
(Meri bhaiya se kaha-suni ho gayi.)
I had a tiff with my brother.

17. मैंने उस लड़की को पहले कहीं देखा है, लेकिन कहाँ ये याद नहीं आ रहा है।
(Maine us ladki ko pahle kaheen dekha hai, lekin kahaan ye yaad nahi aa raha hai.)
I've seen that girl before, but I can't remember where.

18. मैं क्या बोलने वाला था भूल गया।
(Main kya bolne vala tha bhool gaya.)
I lost my train of thought.

19. इतनी आसानी से नहीं मिलेगा।
(Itni aasaani se nahi milega.)
You won't get it so easily.

20. बेहतर होता कि तुम वहाँ नहीं जाते।
(Behtar hota ki tum vahaan nahi jaate.)
It would have been better if you hadn't gone there.

21. तुम समझ सकते हो मेरे लिए उन्हें माफ़ करना कितना मुश्किल होगा।
(Tum samajh sakte ho mere liye unhe maaf karna kitna mushkil hoga.)
You can understand how difficult it would be for me to forgive them.

22. इंसान हो, इंसान जैसा ही बर्ताव करो।
(Insaan ho, insaan jaisa hi bartaav karo.)
You are a human, so behave like a human.

23. स्वभाव का कोई इलाज नहीं होता।
(Svabhaav ka koi ilaaj nahi hota.)
There is no cure of behavior.

24. वो किस तरह का इंसान है!
(Vo kis tarah ka insaan hai!)
What sort of person he is!

25. कारीगर हड़ताल पर चले गये हैं।
(Kareegar hadtal par chale gaye hain.)
The workers have gone on strike.

26. ये मेरी आज तक की सबसे बड़ी गलती थी।
(Ye meri aaj tak ki sabse badi galti thi.)
It was the worst mistake I've ever made.

27. मुझे ये नहीं चाहिए; तुम ले सकते हो।
(Mujhe ye nahi chaahiye; tum le sakte ho.)
I don't want this; you can have it.

28. जब तुमने मुझे देखा तो तुम बात करने के लिए रुके क्यों नहीं?
(Jab tumne mujhe dekha to tum baat karne ke liye ruke kyon nahi?)
Why didn't you stop to talk when you saw me?

29. मैं जल्दी में था; वरना ज़रूर रुकता।
(Main jaldi me tha; varna zaroor rukta.)
I was in a hurry; otherwise, I would have stopped for sure.

30. मैं जाना चाहता हूँ और आप मुझे रोक नहीं सकते।
(Main jaana chaahta hoon aur aap mujhe rok nahi sakte.)
I want to go and you can't stop me.

- Day 83 -

1. मसाला एकदम महीन पीसना।
(Masaala ekdam maheen peesna.)
Grind the spices into a fine powder.

2. मसाला एकदम महीन पीसना।
(Masaala ekdam maheen peesna.)
Grind the spices into a thin paste.

3. अदरक लहसुन को दरदरा पीस लो (महीन न करो)।
(Adrak lahsun ko dardara pees lo {maheen na karo}.)
Grind ginger and garlic into a coarse paste.

4. सब्जी में नमक कम है।
(Sabji me namak kam hai.)
There is less salt in the vegetable.

5. थोड़ा नमक और डाल दो।
(Thoda namak aur daal do.)
Put / Add a little more salt in.

6. इस करी में नमक कुछ ज़्यादा ही है।
(Is curry me namak kuchh zyada hi hai.)
There is far too much salt in this curry.

7. छोटी-छोटी लोइआँ बना लो।
(Chhoti-chhoti loiaan bana lo.)
Roll / Shape the dough into small balls.

8. दूध फ़ाड़ने के लिए उसमें नींबू का रस डाल दो।
(Doodh phaadane ke liye usme neembu ka ras daal do.)
Add lemon juice to curdle the milk.

9. इसे धीमी आँच पर 10 मिनट के लिए पकाओ।
(Ise dheemi aanch par 10 minat ke liye pakaao.)
Cook it over a low heat for 10 minutes.

10. टमाटरों को दो हिस्सों में काट के छोटे-छोटे टुकड़ों में काट डालो।
(Tamaataron ko do hisson me kaat ke chhote-chhote tukadon me kaat daalo.)
Halve the tomatoes and cut them up. / Halve the tomatoes and chop them up.

11. पलट के दोनों तरफ़ फ्राइ कर लो।
(Palat ke donon taraf fry kar lo.)
Turn over and fry on both sides.

12. क्या आप सोच रहे हैं कि क्या बनाऊँ?
(Kya aap soch rahe hain ki kya banaaun?)
Are you wondering what to make?

13. राजमा चावल बना दो बस।
(Rajma chaaval bana do bas.)
Just make kidney beans and rice.

14. तुमने कॉफ़ी बना दी क्या?
(Tumne coffee bana di kya?)
Have you made the coffee yet?

15. मैं बस बनाने ही जा रही हूँ।
(Main bas banaane hi jaa rahi hoon.)
I'm just going to make it.

16. आम का रस निकालो।
(Aam ka ras nikaalo.)
Squeeze the juice out of the mango.

17. मैंने थोड़ी कॉफ़ी बनाई है; थोड़ा सा लोगे?
(Maine thodi coffee banaai hai; thoda sa loge?)
I have made some coffee; would you like some?

18. ये तो खाली है, मुझे भरा वाला दो।
(Ye to khaali hai, mujhe bhara vala do.)
This is empty, give me the filled one.

19. तार पर कपड़े डाले हैं, उतार लाओ।
(Taar par kapde daale hain, utaar laao.)
Get down the clothes hanging on the line.

20. धूप में कपड़ों का रंग उड़ जाएगा।
(Dhoop me kapdon ka rang ud jaayega.)
Clothes would fade in the sunlight.

21. तार पे कपड़े डाल दो।
(Taar pe kapde daal do.)
Hang the clothes on the line.

22. वह खाना नहीं बना रही है, है न?
(Vah khaana nahi bana rahi hai, hai na?)
She isn't making food, is she?

एक हाथ से ताली नहीं बजती।

(Ek haath se taali nahi bajti.)

It takes two to make a quarrel. /
It takes two to tango.

#BetterYourself

- Day 84 -

1. मेरे छत पे चिड़िया ने घोंसला बनाया है।
(Mere chhat pe chidiya ne ghonsla banaaya hai.)
A bird has built a nest on my roof.

2. ऐसा तो है नहीं कि उसने जानबूझकर किया हो।
(Aisa to hai nahi ki usne jaanboojhkar kiya ho.)
It's not like she did it on purpose.

3. हाँ, ऐसा हो सकता है (ये बात भी हो सकती है)।
(Haan, aisa ho sakta hai {ye baat bhi ho sakti hai}.)
Yeah, that could be a thing.

4. कब आपको इसकी सबसे ज़्यादा ज़रूरत होती है?
(Kab aapko iski sabse zyaada zaroorat hoti hai?)
When do you need it the most?

5. उसने मेरा काम झट से कर दिया।
(Usne mera kaam jhat se kar diya.)
He did my work at once.

6. मुझे खरीददारी करनी है।
(Mujhe khareedadaari karni hai.)
I have to do the shopping.

7. कितने तक की शॉपिंग कर सकते हो?
(Kitne tak ki shopping kar sakte ho?)
How much can you shop for?

8. तुम्हारी खरीददारी हो गई?
(Tumhaari khareedadari ho gayi?)
Are you done with your shopping?

9. मेरा शॉपिंग करने का मूड नहीं है।
(Mera shopping karne ka mood nahi hai.)
I am not in the mood for shopping. /
I am not in the mood to shop.

10. मेरा मूड ख़राब है।
(Mera mood kharaab hai.)
I am in a bad mood.

11. उसका मूड अच्छा है।
(Uska mood achchha hai.)
She is in a good mood.

12. मेरा मूड नहीं है।
(Mera mood nahi hai.)
I am not in the mood.

13. आधा किलो कितने का है?
(Aadha kilo kitne ka hai?)
How much for half a kilo?

14. जितने चाहिए उतने ले लो।
(Jitne chaahiye utne le lo.)
Take as many as you want.

15. उसने मोबाइल ले लिया होगा।
(Usne mobile le liya hoga.)
He would have taken the mobile. /
He would have purchased the mobile.

16. मैं नहीं चाहती थी कि ऐसा हो।
(Main nahi chaahti thi ki aisa ho.)
I didn't want this to happen.

17. मैं नहीं चाहती हूँ कि ऐसा हो।
(Main nahi chaahti hoon ki aisa ho.)
I don't want this to happen.

18. रात गई बात गई।
(Raat gayi baat gayi.)
Forget what happened in the past. /
Night passed; matter ended. /
Let bygones be bygones.

19. उस दिन कुछ अजीब सा हुआ।
(Us din kuchh ajeeb sa hua.)
Something weird happened the other day.

20. ऐसा फिर मत होने देना।
(Aisa fir mat hone dena.)
Do not let this happen again.

21. माफ़ कर दीजिये, ऐसा फिर नहीं होगा।
(Maaf kar deejiye, aisa fir nahi hoga.)
I'm sorry, it won't happen again.

22. पता नहीं आज जाने क्या हुआ होगा!
(Pata nahi aaj jaane kya hua hoga!)
I've no idea what might have happened today!

23. क्या आपने कभी सोचा कि अगर मैं ऐसा करूँगा तो क्या होगा?
(Kya aapne kabhi socha ki agar main aisa karoonga to kya hoga?)
Have you ever thought what would happen if I did this?

24. अगर मैं आपको पहले बताती तो आप मुझे नौकरी नहीं देते।
(Agar main aapko pahle bataati to aap mujhe naukari nahi dete.)
If I had told you earlier, you wouldn't have given me the job.

25. अगर ऐसा ही चलता रहा तो, सँभालना मुश्किल हो जायेगा।
(Agar aisa hi chalta raha to sambhalna muskil ho jaayega.)
If things keep going like this, it will be difficult to manage.

26. अगर वो लड़का कुछ कर लेता तो तुम क्या करते?
(Agar vo ladka kuchh kar leta to tum kya karte?)
What would you do if that boy had done something wrong?

27. अगर कुछ भी गलत हुआ तो मैं तुम्हें ही दोषी मानूँगा।
(Agar kuchh bhi galat hua to main tumhe hi doshi maanoonga.)
If anything goes wrong, I will hold you responsible.

28. अच्छे बुरे की पहचान है मुझे!
(Achchhe bure ki pahchaan hai mujhe.)
I know what's right and what's wrong. /
I know the difference between right and wrong. /
I can distinguish right from wrong.

29. थोड़े मजे करने में क्या बुराई है?
(Thode maje karne me kya buraai hai?)
What's wrong with having a bit of fun?

30. हमने बहुत मजे किये!
(Hamne bahut maje kiye.)
We had a lot of fun.

- Day 85 -

1. जॉब अप्लाई किये हुए मुझे 1 महीना हो गया।
(Job apply kiye hue mujhe 1 maheena ho gaya.)
It's been a month since I applied for the job.

2. तुमने सुना? रोहन की नौकरी लग गई!
(Tumne suna? Rohan ki naukari lag gayi!)
Did you hear? Rohan has got a new job!

3. अब मैं अपनी पहले वाली नौकरी में जितना कमाता था उससे ज़्यादा कमा लेता हूँ।
(Ab main apni pahle vaali naukari me jitna kamaata tha usase zyada kama leta hoon.)
I earn more now than I did in my old job.

4. मुझे दूसरी जॉब नहीं मिल रही, नहीं तो मैं कब का ये जॉब छोड़ देता।
(Mujhe doosari job nahi mil rahi, nahi to main kab ka ye job chhod deta.)
I'm not getting a new job, otherwise I would have left this job long ago.

5. मेरी नौकरी बहुत तनाव वाली है।
(Meri naukari bahut tanaav vaali hai.)
I have a very stressful job.

6. तुम बस अपना काम करो और उन्हें अपना काम करने दो।
(Tum bas apna kaam karo aur unhe apna kaam karne do.)
You just do your job and let them do theirs.

7. ये सब तुम्हारा वहम है और कुछ नहीं।
(Ye sab tumhaara vaham hai aur kuchh nahi.)
It's all your imagination, nothing else.

8. अपने दिमाग के घोड़े दौड़ाना बन्द करो।
(Apne dimaag ke ghode daudaana band karo.)
Stop taking a reach of the imagination.

9. फ़ालतू की हरकतें बंद करो और मेरी बात सुनो।
(Faaltu ki harkaten band karo aur meri baat suno.)
Stop messing around and listen to me.

10. मैं जा रही हूँ रोहन को बस स्टॉप से लाने।
(Main jaa rahi hoon Rohan ko bus stop se laane.)
I'm going to pick Rohan up from the bus stop.

11. जहाँ कल छोड़ा था वहीं से शुरू करते हैं।
(Jahaan kal chhoda tha vaheen se shuru karte hain.)
Let's pick up where we left off yesterday.

12. किताब का पेज नंबर 20 खोलो।
(Kitaab ka page number 20 kholo.)
Open your book to page 20.

13. पेन्सिल से लिखो, पेन से नहीं।
(Pencil se likho, pen se nahi.)
Write in pencil, not in ink. /
Write with a pencil, not with a pen.

14. पेंसिल की नोक टूट गई।
(Pencil ki nok toot gayi.)
The tip / point of the pencil broke.

15. एक फूल बनाओ और रंग भरो।
(Ek phool banaao aur rang bharo.)
Draw / Make a flower and color it.

16. पेन्सिल के छिलके ज़मीन पर मत फेंको।
(Pencil ke chhilake zameen par mat phenko.)
Don't throw pencil shavings onto the ground.

17. कलम की पावर को कम मत समझना!
(Kalam ki power ko kam mat samajhna!)
Don't underestimate the power of a pen!

18. पेन्सिल निकालो मुँह से।
(Pencil nikaalo muh se.)
Take out the pencil from your mouth.

19. और अब दोबारा मुँह में पेन्सिल मत डालना।
(Aur ab dobaara muh me pencil mat daalna.)
And don't insert the pencil again in your mouth. /
And don't put the pencil in your mouth again.

20. मेरे पेन की स्याही ख़त्म हो रही है।
(Mere pen ki syaahi khatm ho rahi hai.)
My pen is running out of ink.

21. मेरे पास एक ही दो कलमें हैं; मुझे दो-चार और चाहिए।
(Mere paas ek hi do kalamen hain; mujhe do-chaar aur chaahiye.)
I have got few pens; I need a few more.

22. मेरी गणित की कॉपी नहीं मिल रही थी।
(Meri ganit ki copy nahi mil rahi thi.)
I couldn't find my Math notebook.

23. क्या किसी के पास मेरी गणित की कॉपी है?
(Kya kisi ke paas meri ganit ki copy hai?)
Does any of you have my Math notebook?

24. अपनी कॉपी लेकर यहाँ आओ।
(Apni copy lekar yahaan aao.)
Come here along with your notebook.

25. सर, क्या मैं आगे बैठ सकता हूँ?
(Sir, kya main aage baith sakta hoon?)
Sir, may I sit at the front?

26. तुम यहाँ नहीं बैठ सकते; ये किसी और की जगह है।
(Tum yahaan nahi baith sakte; ye kisi aur ki jagah hai.)
You can't sit here; this is someone else's seat.

27. आकर अपनी जगह पर बैठो।
(Aakar apni jagah par baitho.)
Come and sit at your place.

28. हमें शुरू किये 5 मिनट हो गये।
(Hame shuru kiye 5 minat ho gaye.)
It's been 5 minutes since we started.

29. क्या मैं आपसे कुछ पूछ सकता हूँ, सर?
(Kya main aapse kuchh poochh sakta hoon, sir?)
Sir, may I ask you a question?

30. थोड़ा ज़ोर से बोलो मुझे सुनाई नहीं दे रहा है।
(Thoda zor se bolo mujhe sunaai nahi de raha hai.)
Speak louder, I can't hear you.

MAKING CONNECTIONS

EXERCISE - 17

Question 1: Tick the correct options.
(सही विकल्प पर टिक करिए ।) - {Reference Day 81}

a. (Couldn't / Don't) worry, nothing has happened to her.

b. I (don't / couldn't) know about this at all.

c. I (couldn't / didn't) understand what he said.

d. Sorry I'm late, I (would / was) held up in traffic.

e. For a moment, I thought I (had / has) lost you.

Question 2: Replace the Hindi words in brackets with the correct English words.
(कोष्ठक में दिए गए हिन्दी शब्दों के स्थान पर अंग्रेजी के सही शब्द लिखिए ।) - {Reference Day 82 }

a. I had a (कहा-सुनी) with my brother. (nerves / tiff / harm / cut)

....

b. What was the (कारण) behind your defeat? (thought / fought / reason / doubt)

....

c. I (भूल गया) my train of thought. (thought / lost / remember / couldn't)

....

d. It would have been (बेहतर) if you hadn't gone there. (best / better / good / great)

....

e. I was in a hurry; (वरना), I would have stopped. (nor / otherwise / reason / except)

....

Question 3: Translate the following sentences into English.
(नीचे दिए गए वाक्यों का अंग्रेजी में अनुवाद करिए ।) - {Reference Day 83}

a. अदरक लहसुन को दरदरा पीस लो । (Adrak lahsun ko dardara pees lo.)

....

b. इस करी में नमक कुछ ज़्यादा ही है । (Is curry me namak kuchh zyada hi hai.)

....

c. दूध फ़ाड़ने के लिए उसमें नींबू का रस डाल दो । (Doodh phaadane ke liye usme neembu ka ras daal do.)

....

d. टमाटरों को दो हिस्सों में काट के छोटे-छोटे टुकड़ों में काट डालो । (Tamaataron ko do hisson me kaat ke chhote-chhote tukadon me kaat daalo.)

....

e. ये तो खाली है, मुझे भरा वाला दो । (Ye to khaali hai, mujhe bhara vala do.)

....

Question 4: Choose words from the Hints and place them in correct places in the sentences below.
(संकेतों में से शब्द चुनकर उन्हें नीचे दिए गए वाक्यों में सही स्थान पर रखिए ।) - {Reference Day 84}

a. .... bird .... built .... nest .... my roof. – (Hint: on, a, a, has)

b. .... not .... she did .... on purpose. – (Hint: it, It's, like)

c. I've .... idea.................. might .... happened today! – (Hint: what, have, no)

d. .... you ever thought .... would happen .... I .... this! – (Hint: did, have, what, if)

e. .... things keep going like ...., it will .... difficult .... manage. – (Hint: to, be, this, if)

Question 5: Make 5 sentences with the word 'pencil'.
('pencil' शब्द से 5 वाक्य बनाइए ।) - {Reference Day 85}

a. ....

b. ....

c. ....

d. ....

e. ....

- Day 86 -

1. मैं समझ नहीं पा रहा हूँ। क्या आप एक बार फिर से बता देंगे, प्लीज़?
(Main samajh nahi paa raha hoon. Kya aap ek baar fir se bata denge, please?)
I don't understand. Can you repeat, please?

2. स्लेट को साफ़ करके पूरा फिर से लिखो।
(Slate ko saaf karke poora fir se likho.)
Wipe the slate clean and start all over again.

3. कलर बाहर मत करो।
(Color baahar mat karo.)
Don't color out of the figure. /
Don't color out of the line.

4. मैं ये किताब हर रोज़ पढ़ती हूँ।
(Main ye kitaab har roz padhti hoon.)
I read this book every day.

5. तुम स्कूल कैसे जाती हो?
(Tum school kaise jati ho?)
How do you go to school?

6. मैं स्कूल पैदल जाती हूँ।
(Main school paidal jati hoon.)
I go to school on foot.

7. तुम किस स्कूल में पढ़ते हो?
(Tum kis school me padhte ho?)
What school do you go to? /
What school do you study in?

8. जाकर अपना बस्ता ले आओ।
(Jaakar apna basta le aao.)
Go and get your school bag.

9. तुम्हारी छुट्टी कितने बजे होती हैं?
(Tumhaari chhutti kitne baje hoti hai?)
What time does your school finish?

10. तुम्हारा कॉलेज कितने बजे से शुरू होता है?
(Tumhaara college kitne baje se shuru hota hai?)
What time does your college start?

11. मैं एक महीने से कॉलेज आ रहा हूँ।
(Main ek maheene se college aa raha hoon.)
I have been coming to college for 1 month. /
I started college 1 month ago.

12. तुम्हारे कॉलेज में कुल कितने बच्चे हैं?
(Tumhaare college me kul kitne bachche hain?)
How many students are there at your college in total?

13. कोई भी कल कॉलेज जाने वाला नहीं है।
(Koi bhi kal college jaane vala nahi hai.)
No one is going to attend college tomorrow.

14. आज रेखा मैम आई हैं क्या कॉलेज?
(Aaj Rekha ma'am aayi hain kya college?)
Is Rekha ma'am present at college today?

15. दिव्या मैम क्यों नहीं आई थीं आज कॉलेज?
(Divya ma'am kyon nahi aayi theen aaj college?)
Why did Divya ma'am not come to college today?

16. कल तुम मेरी कॉपी भी चेक करवा देना।
(Kal tum meri copy bhi check karva dena.)
Get my notebook also checked tomorrow.

17. इस बार बहुत सारे बच्चे कॉलेज छोड़ रहे हैं।
(Is baar bahut saare bachche college chhod rahe hain.)
This year, many students are leaving college.

18. कल मैं कॉलेज नहीं गई थी।
(Kal main college nahi gayi thi.)
I didn't go to college yesterday.

19. ऑफ़िस जाते समय रोहन को भी स्कूल छोड़ देना।
(Office jaate samay Rohan ko bhi school chhod dena.)
Drop Rohan off at school on the way to your office.

20. वे एक ही स्कूल में पढ़ते हैं।
(Ve ek hi school me padhte hain.)
They study in the same school.

21. इस बार उसके नम्बर ख़राब आये हैं।
(Is baar uske nambar kharaab aaye hain.)
He has got poor marks this time.

22. पिछले साल उसके मार्क्स बहुत अच्छे आये थे।
(Pichhale saal uske marks bahut achchhe aaye the.)
Last year, he had got really good marks.

23. हम पेज नम्बर 37 पर थे।
(Ham page nambar 37 par the.)
We were on page number 37.

24. 1 से लेकर 10 के बीच का कोई नम्बर सोचो।
(1 se lekar 10 ke beech ka koi nambar socho.)
Think of a number between 1 and 10.

25. अब जो नंबर आया उसे ब्लैकबोर्ड पर लिखो।
(Ab jo nambar aaya use blackboard par likho.)
Now the number you've got, write on the blackboard.

26. मैं हाजिरी लेने जा रहा हूँ।
(Main haajiri lene ja raha hoon.)
I am going to call out the roll numbers. / I am going to take the register.

27. कौन-कौन से पाठ से टेस्ट लेंगी आप?
(Kaun-kaun se paath se test lengi aap?)
Which chapters are you going to test us on?

28. कितने नंबर का पेपर है?
(Kitne nambar ka paper hai?)
What is the total score of the paper? / What is the highest possible score of the paper?

29. मेरे हिसाब से मैम आज टेस्ट लेंगी बच्चों का।
(Mere hisaab se ma'am aaj test lengi bachchon ka.)
I think, ma'am would give students a test today. /
I think, ma'am would test students today.

30. आपका बेटा कक्षा में ज़्यादा ध्यान नहीं देता।
(Aapka beta kaksha me zyada dhyaan nahi deta.)
Your son doesn't pay much attention during the class.

- Day 87 -

1. वह कक्षा के समय दूसरे बच्चों से बातें करता रहता है।
(Vah kaksha ke samay doosre bachchon se baaten karta rahta hai.)
He keeps talking with other students during the class.

2. टेस्ट्स में अच्छा परफॉर्म नहीं करता।
(Tests me achchha perform nahi karta.)
He doesn't perform well in the class tests.

3. जब मैं पढ़ाती हूँ तो लगता है वो कुछ और ही सोच रहा है।
(Jab main padhaati hoon to lagta hai vo kuchh aur hi soch raha hai.)
When I teach, he seems absent-minded.

4. वो ज़्यादातर होमवर्क किये ही नहीं रहता।
(Vo zyaadaatar homework kiye hi nahi rahta.)
He is not done with his homework mostly.

5. जब मैं पूछती हूँ तो वो इस पर बेकार के बहाने बनाता है।
(Jab main poochhati hoon to vo is par bekaar ke bahaane banaata hai.)
When I ask, he gives lame excuses on it.

6. कभी-कभी अपनी कॉपी चेक नहीं करवाता।
(Kabhi-kabhi apni copy check nahi karvata.)
Sometimes, he doesn't get his notebook checked.

7. इसकी लिखावट पढ़ने में मुश्किल होती है।
(Iski likhaavat padhne me mushkil hoti hai.)
His handwriting is difficult to read. /
His handwriting is very hard to read.

8. लंच टाइम में बाहर खेलने जाता है।
(Lunch time me baahar khelne jata hai.)
He goes out to play during lunchtime.

9. कक्षा में मुझसे ज़बान लड़ाता है।
(Kaksha me mujhse zabaan ladaata hai.)
He argues with me in the class.

10. मैं उस पर ज़्यादा ध्यान नहीं देती।
(Main us par zyada dhyaan nahi deti.)
I don't pay much attention to him.

11. इसकी लिखावट बहुत अच्छी है।
(Iski likhaavat bahut achchhi hai.)
His handwriting is very neat and clean.

12. ये किसी से लड़ाई नहीं करता।
(Ye kisi se ladaai nahi karta.)
He doesn't fight with anybody.

13. ये कॉपी समय से चेक करवाता है।
(Ye copy samay se check karvaata hai.)
He gets his notebook checked on time.

14. घंटी बज गई; लिखना बंद करो अब।
(Ghanti baj gayi; likhna band karo ab.)
The bell has rung; stop writing now.

15. हाजिरी लेने का समय हो गया।
(Haajiri lene ka samay ho gaya.)
Now, it's time to take the register. /
Now, it's time to do the register.

16. इसमें कितने पृष्ठ हैं?
(Isme kitne prishth hain?)
How many pages has it got? /
How many pages does it have?

17. उसने दो या तीन पृष्ठ पलटे।
(Usne do ya teen prishth palte.)
He turned over two or three pages.

18. कृपया हाथ उठाइये, चीखिए नहीं।
(Kripya haath uthaaiye, cheekhiye nahi.)
Hands up please, don't call out.

19. घंटी बजने ही वाली है; बस थोड़ा इंतज़ार करो।
(Ghanti bajne hi vaali hai; bas thoda intzaar karo.)
The bell is about to go; wait a little while.

20. मैं आज रोहन के शिक्षक से बात करने के लिए स्कूल जा रहा हूँ।
(Main aaj Rohan ke shikshak se baat karne ke liye school ja raha hoon.)
I'm going to the school today to talk to Rohan's teacher.

हर चमकने वाली चीज सोना नहीं होती।
(Har chamakne vali cheez sona nahi hoti.)
All that glitters is not gold.
#BetterYourself

- Day 88 -

1. मेरे हाथ में दर्द है।
(Mere haath me dard hai.)
I have a pain in my hand.

2. मेरे पैरों में दर्द है।
(Mere pairon me dard hai.)
I have pain in my legs.

3. मेरे पैरों की उँगलियाँ सूज के लाल हो गई हैं।
(Mere pairon ki ungaliyaan sooj ke laal ho gayi hain.)
I have chilblains on my toes.

4. मेरे पैर की उँगली में घट्टा हो गया है।
(Mere pair ki ungali me ghatta ho gaya hai.)
I have got corn on my toe.

5. उसके सिर में जुएँ चल रही हैं।
(Uske sir me juen chal rahi hain.)
Lice are crawling on her head.

6. लगता है, मुझे सर्दी हो रही है।
(Lagta hai, mujhe sardi ho rahi hai.)
I think, I am getting a cold.

7. ठंडी हवा से उसके होंठ फ़ट गए हैं।
(Thandi hava se uske honth phat gaye hain.)
The cold wind has chapped her lips.

8. मेरी पीठ दुःख रही है।
(Meri peeth dukh rahi hai.)
I have got a sore back.

9. मेरी पीठ के ऊपरी हिस्से में दर्द है।
(Meri peeth ke oopari hisse me dard hai.)
I have pain in my upper back.

10. मेरी पीठ के निचले हिस्से में दर्द है।
(Meri peeth ke nichle hisse me dard hai.)
I have pain in my lower back.

11. उसका एक दाँत हिल रहा है।
(Uska ek daant hil raha hai.)
One of her teeth is loose / wobbly.

12. मुझे दाँत निकलवाना है।
(Mujhe daant nikalvaana hai.)
I have to get my tooth extracted. /
I have to get a tooth taken out.

13. मेरे मसूड़े पर फोड़ा निकल आया है।
(Mere masoode par foda nikal aaya hai.)
I have an abscess on my gum.

14. उसके दाँत में कीड़ा लग गया है।
(Uske daant me keeda lag gaya hai.)
He has a cavity in his tooth.

15. उसके दाँत सड़ने लगे हैं।
(Uske daant sadne lage hain.)
Her teeth have begun to decay.

16. मैंने दाँत में मसाला भरवाया है।
(Maine daant me masaala bharvaaya hai.)
I have a filling in my tooth.

17. मैंने एक दाँत निकलवाया है।
(Maine ek daant nikalvaaya hai.)
I have had a tooth taken out.

18. मेरे मुँह में छाला हो गया है।
(Mere muh me chhaala ho gaya hai.)
I have got ulcer in my mouth. /
I have a mouth ulcer.

19. मेरे हाथ की नस चढ़ी हुई है।
(Mere haath ki nas chadhi hui hai.)
I've got a cramp in my hand.

20. अचानक से मेरे पैर की नस चढ़ गई।
(Achaanak se mere pair ki nas chadh gayi.)
My leg suddenly went into spasm. / Suddenly I had a cramp in my leg.

21. सर्दियों में मेरे होंठ फ़ट जाते हैं।
(Sardiyon me mere honth phat jate hain.)
I get chapped lips in winters.

22. मेरी पीठ खुजला दो, मुझे खुजली हो रही है।
(Meri peeth khujala do, mujhe khujali ho rahi hai.)
Scratch my back, I've got an itch

23. मेरे सिर में बहुत बुरी खुजली हो रही है / बहुत ज़्यादा खुजली हो रही है।
(Mere sir me bahut buri khujali ho rahi hai / bahut zyada khujali ho rahi hai.)
My head is itching like crazy.

24. मेरे पीठ में खुजली हो रही है।
(Mere peeth me khujali ho rahi hai.)
I have got an itch on my back.

25. बहुत खुजली हो रही है लेकिन मैं कर नहीं सकती।
(Bahut khujali ho rahi hai lekin main kar nahi sakti.)
It itches a lot but I can't scratch.

26. क्या तुम मेरी पीठ में खुजली कर सकते हो?
(Kya tum meri peeth me khujali kar sakte ho?)
Could you scratch my back for me?

27. रैशेज़ पर खुजली मत करो, खून बहने लगेगा।
(Rashes par khujali mat karo, khoon bahane lagega.)
Don't scratch the rashes, you'll make them bleed.

28. उसके पैर में एक फोड़ा हो गया है।
(Uske pair me ek phoda ho gaya hai.)
She has an abscess on her leg. / She has a boil on her leg.

29. मैं गिर गया और हाथ में चोट लग गई।
(Main gir gaya aur haath me chot lag gayi.)
I fell and hurt my arm.

30. जब मैं अपना पैर उठाता हूँ तो दर्द होता है।
(Jab main apna pair uthaata hoon to dard hota hai.)
It hurts when I lift my leg.

- Day 89 -

1. मेरी नाक जाम है, ज़रूर मुझे सर्दी हो रही है।
(Meri naak jaam hai, zaroor mujhe sardi ho rahi hai.)
My nose is bunged up, I must be getting a cold.

2. मच्छर के काटने से मुझे बहुत खुजली होती है।
(Machchhar ke kaatne se mujhe bahut khujali hoti hai.)
The mosquito bite gives me an awful itch.

3. बच्चे के माथे पर उभार आ गया है।
(Bachche ke maathe par ubhaar aa gaya hai.)
The baby has got a bump on his forehead.

4. बच्चे का नया दाँत निकल रहा है।
(Bachche ka naya daant nikal raha hai.)
The baby is cutting a new tooth.

5. मेरे दाँत में बहुत ज़्यादा दर्द है।
(Mere daant me bahut zyada dard hai.)
I have a throbbing pain in my tooth.

6. मेरी जीभ चाय से जल गई।
(Meri jeebh chaay se jal gayi.)
I burnt my tongue with hot tea. /
I scalded my tongue with hot tea.

7. मेरे कान में दर्द है।
(Mere kaan me dard hai.)
I have a pain in my ear.

8. मेरे पेट में दर्द है।
(Mere pet me dard hai.)
I have a pain in my stomach.

9. मझे बहुत ज़्यादा खाँसी हो रही है।
(Mujhe bahut zyada khaansi ho rahi hai.)
I have got a bad cough.

10. आज सुबह मैं कुछ देर तक लगातार खाँसता ही रहा।
(Aaj subah main kuchh der tak lagaataar khaansta hi raha.)
I had a coughing fit this morning.

11. मेरे पीठ मे लाल-लाल छोटे-छोटे दाने हो गए हैं।
(Mere peeth me laal-laal chhote-chhote daane ho gaye hain.)
I have got a rash on my back.

12. मेरी हथेली सूज गई है।
(Meri hatheli sooj gayi hai.)
There is swelling in my palm. /
My palm is swollen.

13. मैं साँस नहीं ले पा रहा हूँ।
(Main saans nahi le pa raha hoon.)
It's hard for me to breathe.

14. मुझे साँस लेने में दिक्कत हो रही है।
(Mujhe saans lene me dikkat ho rahi hai.)
I'm having a hard time breathing.

15. वह ठंड से काँप रहा है।
(Vah thand se kaanp raha hai.)
He is shivering due to cold.

16. मुझे अक्सर ठंड में जुखाम हो जाता है।
(Mujhe aksar thand me jukhaam ho jata hai.)
I often catch a cold in winters.

17. मुझे अक्सर सर्दियों में ठंड लग जाती है।
(Mujhe aksar sardiyon me thand lag jati hai.)
I often catch a chill in winters.

18. ठंड से मेरे हाथ पैर जमे जा रहे हैं।
(Thand se mere haath pair jame jaa rahe hain.)
My hands and feet are freezing due to cold.

19. इतनी ठंड है कि मेरे रोंगटे खड़े हो गये हैं।
(Itni thand hai ki mere rongte khade ho gaye hain.)
It's so cold that I've got goosebumps.

20. बाहर बहुत ज़्यादा ठंड है; मेरी तो कुल्फी बनती जा रही है।
(Baahar bahut zyada thand hai; meri to kulfi banti jaa rahi hai.)
It's arctic outside; I'm turning icy cold.

21. आजकल ज़्यादा भूख नहीं लगती।
(Aajkal zyada bhookh nahi lagti.)
I don't have much of an appetite these days.

22. मेरी नाक जाम है।
(Meri naak jaam hai.)
I have got a stuffed-up nose. /
I have got nasal congestion. /
I have a stuffy nose. /
My nose is stuffed up. /
My nose is bunged up.

23. मेरी नाक पूरी तरह जाम है।
(Meri naak poori tarah jaam hai.)
My nose is all stuffed up.

24. आजकल मामूली / हल्की ठंड है।
(Aajkal maamooli / halki thand hai.)
It is slight cold nowadays. /
It is slight cold these days.

25. मेरे पेट में थोड़ा दर्द है।
(Mere pet me thoda dard hai.)
I have got a slight pain in my stomach.

26. मेरे पेट की नस चढ़ गई है।
(Mere pet ki nas chadh gayi hai.)
I have got a stomach cramp.

27. मेरे पेट में मरोड़न है।
(Mere pet me marodan hai.)
I have griping pain in my stomach.

28. पेट में कुछ अजीब सा लग रहा है।
(Pet me kuchh ajeeb sa lag raha hai.)
I have got a strange feeling in my stomach.

29. माफ़ करना मेरा पेट गुड़गुड़ा रहा है - मैंने पूरा दिन कुछ नहीं खाया है।
(Maaf karna mera pet gudguda raha hai - maine poora din kuchh nahi khaaya hai.)
Please excuse my stomach rumbling - I haven't eaten all day.

30. एग्ज़ाम वाले दिन मेरे पेट में खलबली मची हुई थी।
(Exam vaale din mere pet me khalbali machi hui thi.)
My stomach was churning on the day of the exam. /
I had butterflies in my stomach on the day of the exam.

- Day 90 -

1. बाद में मिलती हूँ!
(Baad me milti hoon!)
Catch you on the flip side! /
Catch you later! /
See you later!

2. मैं उसे और नहीं झेल सकता।
(Main use aur nahi jhel sakta.)
I can't put up with him any longer.

3. मैं ये गर्मी और नहीं झेल सकता।
(Main ye garmi aur nahi jhel sakta.)
I can't put up with this hot weather.

4. क्या तुम उससे मिलना चाहते हो?
(Kya tum usase milna chaahte ho?)
Do you want to meet her?

5. नहीं, मैंने उसे अभी नहीं बताया है।
(Nahi, maine use abhi nahi bataaya hai.)
No, I haven't told her yet.

6. क्या तुम देर से सोई थी?
(Kya tum der se soyi thi?)
Did you go to bed late?

7. नहीं, मैं दस बजे तक सो गई थी।
(Nahi, main das baje tak so gayi thi.)
No, I went to bed by 10.

8. नहीं, लेकिन मौसम बहुत अच्छा था।
(Nahi, lekin mausam bahut achchha tha.)
No, but the weather was very nice.

9. रिया कितने बजे आ रही है?
(Riya kitne baje aa rahi hai?)
At what time is Riya arriving? /
What time is Riya arriving?

10. तुम उसे ऐसे क्यों देख रही हो?
(Tum use aise kyon dekh rahi ho?)
Why are you looking at her like this?

11. अब से मैं टीवी पर कार्टून चैनल नहीं लगाऊँगी।
(Ab se main TV par cartoon channel nahi lagaaungi.)
From now onwards, I'll not switch over to Cartoon channel on TV.

12. तुम टीवी कब-कब देखते हो?
(Tum TV kab-kab dekhte ho?)
How often do you watch television?

13. अच्छा होगा आप इसी समय टीवी बंद कर दें।
(Achchha hoga aap isi samay TV band kar den.)
You'd better switch off the TV right away.

14. मैं टीवी चलते समय भी पढ़ाई कर सकता हूँ; मुझे इसकी आदत है।
(Main TV chalte samay bhi padhaai kar sakta hoon; mujhe iski aadat hai.)
I can study with the TV on; I am used to it.

15. आप कब से टीवी देख रहे हैं!
(Aap kab se TV dekh rahe hain!)
You have been watching TV for so long!

16. बंद करिए टीवी और बिस्तर में चलिए।
(Band kariye TV aur bistar me chaliye.)
Turn the TV off and get into bed.

17. घर पहुँचकर मुझे एक बार फ़ोन कर देना।
(Ghar pahunchkar mujhe ek baar phone kar dena.)
Give me a call when you get home.

18. इनको घर में चैन नहीं मिलता है क्या?
(Inko ghar me chain nahi milta hai kya?)
Don't they find their home good enough to stay?

19. मुझे घर पे बुलाकर ख़ुद गायब हो गए आप!
(Mujhe ghar pe bulaakar khud gaayab ho gaye aap!)
After calling me home, you've vanished!

20. कुछ ज़रूरी काम आ गया था; इसीलिए जाना पड़ा।
(Kuchh zaroori kaam aa gaya tha; isiliye jana pada.)
Something urgent had come up; so, I had to leave.

21. रास्ते में कोई मिल गया था क्या?
(Raaste me koi mil gaya tha kya?)
Did you bump into someone on the way home?

22. हाँ, वो रास्ते में सुरेश मिल गया था।
(Haan, vo raaste me Suresh mil gaya tha.)
Yes, I bumped into Suresh on the way home.

23. वरना, मैं कब का घर आ जाता।
(Varna, main kab ka ghar aa jata.)
Otherwise, I could have come earlier.

24. तुमने उसके मुँह पर ही उसे बेवकूफ़ बोल दिया!
(Tumne uske muh par hi use bevkoof bol diya!)
You called him a fool to his face!

25. तुम समझते क्या हो ख़ुद को?
(Tum samajhte kya ho khud ko?)
Who do you think you are?

26. उसकी किसी से नहीं पटती।
(Uski kisi se nahi patati.)
She doesn't get along with anyone.

27. शुरुआत तुमने की, ख़त्म भी तुम ही करोगे।
(Shuruaat tumne ki, khatm bhi tum hi karoge.)
You started it and you will finish.

28. वो मेरी कोई दोस्त-वोस्त नहीं है।
(Vo meri koi dost-vost nahi hai.)
She is no friend of mine.

29. सच में 8 बज गए या मेरी घड़ी तेज़ है?
(Sach me 8 baj gaye ya meri ghadi tez hai?)
Is it really 8 o'clock or is my watch fast?

30. इतना समय नहीं हो सकता; ज़रूर मेरी घड़ी ही तेज़ होगी।
(Itna samay nahi ho sakta; zaroor meri ghadi hi tez hogi.)
That can't be the time; my watch must be fast.

MAKING CONNECTIONS

EXERCISE - 18

Question 1: Choose the correct answers from the Answer Bank.
(उत्तर बैंक से सही उत्तर चुनिए।) - {Reference Day 86}

ANSWER BANK				
didn't	does	Don't	Is	are

a. How many pages .... it have?

b. .... colour out of the figure.

c. I .... go to college yesterday.

d. Which chapters .... you going to test us on?

e. .... Rekha ma'am present at college today?

Question 2: Make four sentences using each of these "He / His / Him / I" words.
("He / His / Him / I" में से प्रत्येक शब्द का प्रयोग करते हुए 4 वाक्य बनाइये।) - {Reference Day 87}

a. ....

b. ....

c. ....

d. ....

Question 3: Match the sentences given below.
(नीचे दिए गए वाक्यों का मिलान कीजिए।) - {Reference Day 88}

मेरे पैरों की उँगलियाँ सूज के लाल हो गई हैं।	My leg suddenly went into spasm.
अचानक से मेरे पैर की नस चढ़ गई।	I have got corn on my toe.
मेरे पैर की उँगली में घट्टा हो गया है।	The cold wind has chapped her lips.
सर्दियों में मेरे होंठ फ़ट जाते हैं।	I get chapped lips in winters.
ठंडी हवा से उसके होंठ फ़ट गए हैं।	I have chilblains on my toes.

Question 4: Tick the correct sentences and put a cross against the incorrect ones.
(सही वाक्यों पर टिक करिए और गलत वाक्यों पर क्रॉस लगाइए।) - {Reference Day 89}

a. My nose are bunged up, I must be getting a cold.

b. I often catch a chill in winters.

c. My hands and feet is freezing due to cold.

d. It's so cold that I am got goosebumps.

e. I have a pain on my stomach.

Question 5: Choose words from the Hints and place them in correct places in the sentences below.
(संकेतों में से शब्द चुनकर उन्हें नीचे दिए गए वाक्यों में सही स्थान पर रखिए।) - {Reference Day 90}

a. Don't .... find .... home good enough to stay? – (Hint: their, they, our, his, her)

b. You called .... a fool to .... face! – (Hint: him, his, he, her, their, our)

c. .... started .... and .... will finish. – (Hint: you, your, it, you, ours)

d. .... can't be .... time, my watch must be fast. – (Hint: he, that, a, an, this)

e. .... can study with the TV on; .... am used to it. – (Hint: I, our, I, us, you, your)

- Day 91 -

1. जागे हुए मुझे एक घंटा हो गया।
(Jaage hue mujhe ek ghanta ho gaya.)
It's been an hour since I woke up.

2. कौन बता सकता है आज कौन सा दिन है?
(Kaun bata sakta hai aaj kaun sa din hai?)
Who can tell me what day it is today?

3. शाबाश, तुम वापस अपनी जगह पर जाकर बैठ सकते हो।
(Shaabaash, tum vaapas apni jagah par jaakar baith sakte ho.)
Well done, you may go back to your place.

4. चलो, वापस कक्षा में चलते हैं।
(Chalo vaapas kaksha me chalte hain.)
Let's go back into the classroom.

5. मेरा जन्मदिन आने वाले शुक्रवार को है।
(Mera janmdin aane vaale Shukravaar ko hai.)
My birthday is on the upcoming Friday.

6. मैं हर साल अपना जन्मदिन मनाती हूँ।
(Main har saal apna janmdin manaati hoon.)
I celebrate my birthday every year.

7. कल मेरा सत्रहवाँ जन्मदिन है।
(Kal mera satrahavaan janmdin hai.)
It's my seventeenth birthday tomorrow. / Tomorrow is my seventeenth birthday.

8. उसने 1000 किराया जमा कर दिया है, और 1200 रुपए बाकी है।
(Usne 1000 kiraaya jama kar diya hai, aur 1200 rupaye baaki hain.)
He has paid 1000 for the rent, and 1200 is due / unpaid.

9. तुम्हें उसमें कुछ बदलाव दिखा?
(Tumhe usme kuchh badlaav dikha?)
Have you noticed any change in him?

10. अभी भी वक़्त है सुधर जाओ।
(Abhi bhi waqt hai, sudhar jaao.)
You still have time, mend your ways.

11. ऐसा लगता है काफ़ी वक़्त हो गया।
(Aisa lagta hai kaaphi waqt ho gaya.)
It feels like a long time.

12. मुझे मक्खन लगाने की कोशिश मत करो।
(Mujhe makkhan lagaane ki koshish mat karo.)
Don't try to butter me up. /
Don't try to flatter me.

13. तुम्हें वहाँ गए कितने दिन हो गए हैं?
(Tumhe vahaan gaye kitne din ho gaye hain?)
How many days have been passed since you went there?

14. वह ज़रूर यहीं कहीं होगा।
(Vah zaroor yaheen kaheen hoga.)
He must be around here somewhere.

15. सब ना सही, तो कुछ तो दे दो।
(Sab na sahi, to kuchh to de do.)
If not all, give me some.

16. आप मेरे लिए तकल्लुफ़ क्यों उठा रहे हैं?
(Aap mere liye takalluf kyon utha rahe hain?)
Why are you taking trouble for me?

17. कल तुमने क्या-क्या किया?
(Kal tumne kya-kya kiya?)
What all did you do yesterday?

18. मैंने कल बहुत काम किये।
(Maine kal bahut kaam kiye.)
I did a lot of work yesterday.

19. और आपने यहाँ किया क्या?
(Aur aapne yahaan kiya kya?)
And what did you do here?

20. तुम कमरे से बाहर क्यों आये?
(Tum kamre se baahar kyon aaye?)
Why did you come out of the room?

21. कमरे में बहुत गर्मी थी।
(Kamre me bahut garmi thi.)
It was really hot in the room.

22. क्या रिया पार्टी में आई थी?
(Kya Riya party me aayi thi?)
Did Riya come to the party?

23. नहीं, उसके पास समय नहीं था।
(Nahi, uske paas samay nahi tha.)
No, she didn't have the time.

24. तुम ऑफ़िस / काम पर कैसे जाते हो?
(Tum office / kaam par kaise jaate ho?)
How do you go to work? /
How do you go to the office?

25. मैं काम पर कार से जाता हूँ।
(Main kaam par car se jata hoon.)
I go to the office by car.

26. लाओ, मैं लिए चलता हूँ।
(Laao, main liye chalta hoon.)
Let me carry this for you.

27. छुट्टियाँ बिताने कहाँ जा रह हो?
(Chhuttiyan bitaane kahaan jaa rahe ho?)
Where are you going for the holidays?

28. शायद माँ के घर जाऊँ।
(Shaayad maa ke ghar jaaun.)
I might go to my parental home.

29. तुम उसकी हरकतों पर पर्दा मत डालो।
(Tum uski harkaton par parda mat daalo.)
You don't draw a veil over his deeds.

30. ख़ूबसूरती दिल और ज़मीर में होनी चाहिए।
(Khoobsoorati dil aur zameer me honi chaahiye.)
Beauty should lie in the heart and conscience.

लालच बुरी बला है।
(Laalach buri bala hai.)
Avarice is the root of all evil.

#BetterYourself

- Day 92 -

1. काश मैं उसके जैसा होता!
(Kaash, main uske jaisa hota!)
I wish I were like him!

2. काश मैं प्रधानमंत्री होता!
(Kaash main pradhaanmantri hota!)
I wish I were prime minister!

3. जब तक दिल करे तब तक रहो।
(Jab tak dil kare tab tak raho.)
Stay as long as you wish.

4. क्या तुम्हारी शादी तुम्हारी मर्ज़ी के खिलाफ़ हुई है?
(Kya tumhaari shaadi tumhaari marzi ke khilaaf hui hai?)
Did you get married against your wish / will?

5. जल्दी से जल्दी उसकी शादी करा दो।
(Jaldi se jaldi uski shaadi kara do.)
Get her married at the earliest.

6. मेरी शादी चार साल पहले हुई थी।
(Meri shaadi chaar saal pahle hui thi.)
I got married 4 years ago.

7. 15 साल हो गए हमारी शादी को।
(15 saal ho gaye hamaari shaadi ko.)
We have been married for 15 years.

8. कल कुछ मेहमान आ रहे हैं डिनर पे।
(Kal kuchh mehmaan aa rahe hain dinner pe.)
We're having some guests to dinner tomorrow.

9. खाना बन गया। रिया को बुला लाओगे क्या?
(Khaana ban gaya. Riya ko laaoge kya?)
Dinner is ready. Can you get Riya?

10. वह खाना खाते समय अख़बार पढ़ता है।
(Vah khaana khaate samay akhbaar padhta hai.)
He reads newspaper while having food.

11. पापा कुछ मिनटों पहले ही गये हैं।
(Papa kuchh minaton pahle hi gaye hain.)
Dad went a few minutes ago.

12. माँ-पापा खा चुके।
(Maa-papa kha chuke.)
Mom and dad have already eaten.

13. एक बार पापा को इस बारे में पता लग गया ना, तो वो मुझे घर से बाहर फेंक देंगे।
(Ek baar papa ko is baare me pata lag gaya na, to vo mujhe ghar se baahar phenk denge.)
Dad will throw me out of the house, once he gets to know about this.

14. मेरे बजाय पापा वहाँ गए।
(Mere bajaay papa vahaan gaye.)
Dad went there instead of me.

15. मैं चाय कॉफ़ी नहीं पीता।
(Main chaay coffee nahi peeta.)
I don't take tea or coffee.

16. वो मेरी सोच से कहीं ज़्यादा बुद्धिमान है।
(Vo meri soch se kaheen zyada buddhimaan hai.)
She is far more intelligent than I thought.

17. ये मेरा अब तक का सबसे महँगा बैग है।
(Ye mera ab tak ka sabse mahanga baig hai.)
This is the most expensive bag I've ever had / bought.

18. और कम कीमत में कुछ है क्या?
(Aur kam keemat me kuchh hai kya?)
Do you have anything that is less expensive?

19. मैं उसको ये समझाऊँगा।
(Main usko ye samjhaaunga.)
I will explain it to her.

20. कल मेरी एक पुराने दोस्त से मुलाक़ात हो गई।
(Kal meri ek puraane dost se mulaakaat ho gayi.)
I ran into an old friend of mine.

21. तुम हमसे मिलने क्यों नहीं आ जाते?
(Tum hamse milne kyon nahi aa jate?)
Why don't you come visit us?

22. क्या तुम्हें ऐसा करने के लिए कहा गया था?
(Kya tumhe aisa karne ke liye kaha gaya tha?)
Were you told to do so?

23. उनके सामने मेरा नाम लिया था क्या आपने?
(Unke saamne mera naam liya tha kya aapne?)
Did you mention my name to him?

24. मैंने उनके आगे तुम्हारा नाम लिया था।
(Maine unke aage tumhaara naam liya tha.)
I mentioned your name to him.

25. क्या मैं आपका नाम जान सकता हूँ, प्लीज़?
(Kya main aapka naam jaan sakta hoon, please?)
May I know your name, please?

26. वो केवल नाम का हीरो है।
(Vo keval naam ka hero hai.)
He is a hero in name only.

27. कितना परिश्रम करना पड़ता है मुझे ही पता है।
(Kitna parishram karna padta hai, mujhe hi pata hai.)
Only I know how hard one has to work.

28. उसने जानबूझ कर गिलास तोड़ा।
(Usne jaanboojh kar gilaas toda.)
He broke the glass on purpose.

29. क्या तुम ये गिलास हटा सकते हो?
(Kya tum ye gilaas hata sakte ho?)
Can you put this glass away?

30. मेरे लिए एक गिलास ला दो वहाँ से।
(Mere liye ek gilaas laa do vahaạn se.)
Get me a glass from there.

- Day 93 -

1. जाकर मेरे लिए एक गिलास पानी लाओ, प्लीज़।
(Jaakar mere liye ek gilaas paani laao, please.)
Go and get me a glass of water, please.

2. मैं पढ़ नहीं पाया क्योंकि मेरे पास चश्मा नहीं था।
(Main padh nahi paya kyonki mere paas chashma nahi tha.)
I couldn't read because I didn't have my glasses.

3. मैं नहीं चाहता कि कल को लोग मुझे कहें कि हमने तुम्हारे लिए ये किया।
(Main nahi chaahta ki kal ko log mujhe kahen ki hamne tumhaare liye ye kiya.)
I don't want people to say afterwards that they had done that for me.

4. अभी फ़ोन रखो। निकलता हूँ आधे घण्टे में।
(Abhi phone rakho. Nikalta hoon aadhe ghante me.)
Hang up now. I'll leave in half an hour.

5. क्यों? इतनी देर क्यों लग रही है?
(Kyon? Itni der kyon lag rahi hai.)
Why? Why is it taking so long?

6. काम ही इतना है! क्या करूँ?
(Kaam hi itna hai! Kya karoon?)
There is so much work! What can I do?

7. तुम्हारा काम हुआ या नहीं?
(Tumhaara kaam hua ya nahi?)
Is your work done or not?

8. वह अपना होमवर्क करने में लगा हुआ है।
(Vah apna homework karne me laga hua hai.)
He is busy with his homework.

9. उसने काम अपने आप किया।
(Usne kaam apne aap kiya.)
He did the work on his own.

10. उसने ये सब अपने आप किया।
(Usne ye sab apne aap kiya.)
She did it all by herself.

11. मुझे कुछ काम करना है।
(Mujhe kuchh kaam karna hai.)
I have to do some work.

12. वो करो जो तुम्हें करना है।
(Vo karo jo tumhe karna hai.)
Do what you have to do.

13. कल मैंने बहुत काम किया था रात को।
(Kal maine bahut kaam kiya tha raat ko.)
I did a lot of work last night.

14. देर रात तक काम मत किया करो।
(Der raat tak kaam mat kiya karo.)
Don't work till late at night.

15. हिलना मत! जहाँ हो वहीं खड़े रहना।
(Hilna mat! Jahaan ho vaheen khade rahna.)
Don't move! Stay right where you are.

16. ऐसा दोबारा बोलने की ज़ुर्रत मत करना!
(Aisa dobaara bolne ki zurrat mat karna!)
Don't you dare say that again!

17. मेरे कपड़ों से छेड़छाड़ मत करो।
(Mere kapdon se chhedchhad mat karo.)
Don't mess around with my clothes.

18. ऐसी रोंदू शक्ल लेकर मत जाना।
(Aisi rondu shakl lekar mat jana.)
Don't go with this weepy face.

19. अँधेरे में मत पढ़ो, आँखों पर ज़ोर पड़ेगा।
(Andhere me mat padho, aankhon par zor padega.)
Don't read in the dark, you'll strain your eyes.

20. मैंने आँखों पर ज़ोर डाला, तब मुझे दिखा।
(Maine aankhon par zor daala, tab mujhe dikha.)
I strained my eyes, then I could see.

21. उसने अपने कानों पर ज़ोर डाला ताकि वो सुन पाये कि वो क्या कह रहे थे।
(Usne apne kaano par zor daala taaki vo sun paye ki vo kya kah rahe the.)
She strained her ears to catch what they were saying.

22. मैंने उसका जवाब सुनने पर ज़ोर दिया।
(Maine uska javaab sunane par zor diya.)
I strained to hear his reply.

23. मैंने उसे मुँहतोड़ जवाब दिया।
(Maine use muhtod javaab diya.)
I gave her an apt reply.

24. मेरे ऑफ़िस में कुछ लोग बहुत ही कम, मतलब न के बराबर काम करते हैं।
(Mere office me kuchh log bahut hi kam, matlab na ke barabar kaam karte hain.)
At my office, some people do very little work.

25. मुझे ऑफ़िस पहुँचने में 25 मिनट लगते हैं।
(Mujhe office pahunchne me 25 minat lagte hain.)
It takes me 25 minutes to get to work.

26. मैम अभी ऑफ़िस में नहीं हैं, आप उनके नंबर पर कॉल कर लीजिये।
(Ma'am abhi office me nahi hain, aap unke nambar par call kar leejiye.)
Ma'am is not in the office at the moment, so call her number, please.

27. कहीं जाना है आपको क्या?
(Kaheen jana hai aapko kya?)
Do you want to go somewhere?

28. इस नंबर पर कॉल करके रोहन से बात कर लो।
(Is nambar par call karke Rohan se baat kar lo.)
Call this number and speak to Rohan.

- Day 94 -

1. मुझे मेरे मन की करने दो।
(Mujhe mere man ki karne do.)
Let me do what I want.

2. वो मुझे मेरे मन की करने ही नहीं देते।
(Vo mujhe mere man ki karne hi nahi dete.)
They don't let me do what I want.

3. मुझे सामान बाँधना / पैक करना है।
(Mujhe saamaan baandhna / pack karna hai.)
I have to do the packing.

4. तुम्हें क्या लगता है कौन जीतेगा?
(Tumhe kya lagta hai kaun jeetega?)
Who do you think will win?

5. तुम रोहन को कितना जानते हो?
(Tum Rohan ko kitna jaante ho?)
How well do you know Rohan?

6. तुम उसे कितना जानते हो?
(Tum use kitna jaante ho?)
How well do you know him?

7. हम एक-दूसरे को तब से जानते हैं जब हम ६ साल के थे।
(Ham ek-doosre ko tab se jaante hain jab ham 6 saal ke the.)
We have known each other since we were six.

8. मैं इन लोगों को अच्छे से जानती हूँ।
(Main in logon ko achchhe se jaanti hoon.)
I know these people very well.

9. क्या तुम्हें उसके माँ-बाप का पता-ठिकाना मालूम है?
(Kya tumhe uske maa-baap ka pata-thikana maaloom hai?)
Do you know the whereabouts of his parents?

10. मैं रिया को जानती हूँ पर उसके पति से कभी नहीं मिली हूँ।
(Main Riya ko jaanti hoon par uske pati se kabhi nahi mili hoon.)
I know Riya but I've never met her husband.

11. ये मुझसे बेहतर कौन जानता है?
(Ye mujhse behtar kaun jaanta hai?)
Who knows it better than me?

12. कोई नहीं जानता कि उसके कर्मों का फ़ल क्या होगा।
(Koi nahi jaanta ki uske karmon ka phal kya hoga.)
No one knows what the outcome of their deeds /
actions would be.

13. मैं इस बारे में ज़्यादा नहीं जानता।
(Main is baare me zyada nahi jaanta.)
I don't know much about this.

14. हमें नहीं पता हम कहाँ हैं।
(Hame nahi pata ham kahaan hain.)
We don't know where we are.

15. तुम एक दूसरे को और अच्छे से जान पाओगे।
(Tum ek doosre ko aur achchhe se jaan paaoge.)
You will get to know each other better.

16. तुम उसे कब से जानते हो?
(Tum use kab se jaante ho?)
How long have you known her?

17. मैं उसे 10 सालों से जानता हूँ।
(Main use 10 saalon se jaanta hoon.)
I've known her for 10 years.

18. मुझसे पूछने का कोई फ़ायदा नहीं है; मुझे पता ही नहीं है।
(Mujhse poochhane ka koi faayda nahi hai; mujhe pata hi nahi hai.)
It's no use asking me; I don't know.

19. समझ नहीं आ रहा है कैसे कहूँ!
(Samajh nahi aa raha hai kaise kahoon!)
I don't know how to say!

20. मुझे समझ नहीं आ रहा था कि तुमसे कैसे बोलूँ!
(Mujhe samajh nahi aa raha tha ki tumse kaise boloon!)
I didn't know how to tell you!

21. उसने कन्धे उचका दिये जैसे कि उसे पता ही न हो।
(Usne kandhe uchka diye jaise ki use pata hi na ho.)
She shrugged as if she didn't know.

22. मैं बाज़ार कुछ सामान लेने जा रहा हूँ, तुम्हें चलना हो तो बता दो।
(Main baazaar kuchh saamaan lene jaa raha hoon, tumhe chalna ho to bata do.)
I'm going to the market to buy something, let me know if you want to come along.

23. मुझे पता है तुम सच छिपा रहे हो।
(Mujhe pata hai tum sach chhipa rahe ho.)
I know you are hiding the truth.

24. मैंने तो बस हाल-चाल लेने के लिए फ़ोन किया था।
(Maine to bas haal-chaal lene ke liye phone kiya tha.)
I called just to know your well-being.

25. अगर राम आये तो बता देना, प्लीज़।
(Agar Ram aaye to bata dena, please.)
If Ram comes, please let me know.

26. मुझे नहीं पता वो घर क्यों गई।
(Mujhe nahi pata vo ghar kyon gayi.)
I don't know why she went home.

27. क्या तुम्हें पता है उसने क्या किया है?
(Kya tumhe pata hai usne kya kiya hai?)
Do you know what he has done?

28. अगर कोई दिक्कत आती है तो मुझे बताना।
(Agar koi dikkat aati hai to mujhe bataana.)
If any problems arise, please let me know.

29. जब आपकी बातें ख़त्म हो जायें तो बता देना।
(Jab aapki baaten khatm ho jaayen to bata dena.)
Let me know when you are done talking.

30. अगर स्थिति पैदा होती है तो हम इससे निपट लेंगे।
(Agar sthiti paida hoti hai to ham isase nipat lenge.)
We will deal with that if the situation arises.

- Day 95 -

1. पता नहीं इतना क्यों शर्माता है वो।
(Pata nahi itna kyon sharmata hai vo.)
I don't know why he is so shy.

2. पता नहीं इतना क्यों डरता है वो।
(Pata nahi itna kyon darta hai vo.)
I don't know why he is so afraid.

3. मुझे नहीं पता वो कहाँ काम करती है।
(Mujhe nahi pata vo kahaan kaam karti hai.)
I don't know where she works.

4. क्या तुम्हें बाइक चलाना आता है?
(Kya tumhe bike chalaana aata hai?)
Do you know how to ride a bike?

5. क्या तुम्हें कार चलाना आता है?
(Kya tumhe car chalaana aata hai?)
Do you know how to drive a car?

6. मैं तुमसे छिपाना नहीं चाहती।
(Main tumse chhipaana nahi chaahti.)
I don't want to hide from you.

7. कितना कुछ है बात करने को।
(Kitna kuchh hai baat karne ko.)
There is so much to talk about.

8. रिया आज कल में आ जाएगी।
(Riya aaj kal me aa jaayegi.)
Riya will come in a day or two.

9. वह आजकल-आजकल कहकर टाल देता है।
(Vah aajkal-aajkal kahkar taal deta hai.)
He evades by saying today or tomorrow.

10. वह कल या परसों आएगा।
(Vah kal ya parson aayega.)
He will come tomorrow or the day after.

11. वह कल या परसों गया था।
(Vah kal ya parson gaya tha.)
He went yesterday or the day before.

12. परसों मिलते हैं।
(Parson milte hain.)
See you the day after tomorrow.

13. वह कल तुमसे मिलने आया था।
(Vah kal tumse milne aaya tha.)
He came to see you yesterday.

14. आज हम कुछ जगहों पर जायेंगे।
(Aaj ham kuchh jagahon par jaayenge.)
We'll visit a few places today.

15. मैं इसे कल साफ़ करूँगा।
(Main ise kal saaf karoonga.)
I'm going to clean it tomorrow.

16. मैं कल पार्टी कर रहा हूँ / पार्टी दे रहा हूँ।
(Main kal party kar raha hoon / party de raha hoon.)
I am having a party tomorrow. /
I am throwing a party tomorrow. /
I am giving a party tomorrow.

17. क्या हम पार्टी में जा रहे हैं?
(Kya ham party me jaa rahe hain?)
Are we going to the party?

18. पिछले रविवार हमने पार्टी की थी।
(Pichhale Ravivaar hamne party ki thi.)
We had a party last Sunday.

19. हम पार्टी में मजे कर रहे थे।
(Ham party me maje kar rahe the.)
We were having fun at the party.

20. पार्टी कैसी रही कल रात की?
(Party kaisi rahi kal raat ki?)
How was the party last night?

21. मुझे पूरी रात जागने की आदत है।
(Mujhe poori raat jaagne ki aadat hai.)
I am in the habit of staying up all night.

22. तुम इतनी जल्दी क्यों सो गए थे कल?
(Tum itni jaldi kyon so gaye the kal?)
Why did you go to bed so early last night?

23. इतनी देर हो गई और तुम अभी तक रात के कपड़े पहने हुए हो!
(Itni der ho gayi aur tum abhi tak raat ke kapde pahne hue ho!)
It's so late and you're still in night dress!

24. मैं भी कल रात देर तक जागता रहा।
(Main bhi kal raat der tak jaagta raha.)
I was up late last night too.

25. मैं पूरी रात जाग कर पढ़ाई करती हूँ।
(Main poori raat jaag kar padhaai karti hoon).
I stay up all night studying.

26. मुझे रात-रात भर जागना पड़ता है दादी के लिए।
(Mujhe raat-raat bhar jaagna padta hai dadi ke liye.)
I have to stay up all night for my grandmother.

27. मैंने कल अजीब सा सपना देखा।
(Maine kal ajeeb sa sapna dekha.)
I had a strange dream last night.

28. हमारे टाउन में बहुत ही कम लोग रात को बाहर निकलते हैं।
(Hamaare town me bahut hi kam log raat ko baahar nikalate hain.)
In our town, very few people go out at night.

29. उसने कल कितने रन बनाये?
(Usne kal kitne run banaaye?)
How many runs he made yesterday? / How many runs he scored yesterday?

30. आज केवल बादल ही बादल हैं।
(Aaj keval baadal hi baadal hain.)
The sky is only grey and cloudy today.

MAKING CONNECTIONS

EXERCISE - 19

Question 1: Make sentences using the words below.
(नीचे दिए गए शब्दों का उपयोग करते हुए वाक्य बनाइए।) - {Reference Day 91}

a. upcoming ....

b. seventeenth ....

c. noticed ....

d. holidays ....

e. conscience ....

Question 2: Make four sentences using the word "Married".
('Married' शब्द का उपयोग करते हुए 4 वाक्य बनाइए।) - {Reference Day 92}

a. ....

b. ....

c. ....

d. ....

Question 3: Translate the following sentences into English.
(नीचे दिए गए वाक्यों का अंग्रेजी में अनुवाद करिए।) - {Reference Day 93}

a. मैं पढ़ नहीं पाया क्योंकि मेरे पास चश्मा नहीं था। (Main padh nahi paya kyonki mere paas chashma nahi tha.)

....

....

b. मैं नहीं चाहता कि कल को लोग मुझे कहें कि हमने तुम्हारे लिए ये किया। (Main nahi chaahta ki kal ko log mujhe kahen ki hamne tumhaare liye ye kiya.)

....

....

c. उसने अपने कानों पर ज़ोर डाला ताकि वो सुन पाये कि वो क्या कह रहे थे। (Usne apne kaano par zor daala taaki vo sun paye ki vo kya kah rahe the.)

....

....

d. मेरे ऑफ़िस में कुछ लोग बहुत ही कम, मतलब न के बराबर काम करते हैं। (Mere office me kuchh log bahut hi kam, matlab na ke barabar kaam karte hain.)

....

....

e. मैम अभी ऑफ़िस में नहीं हैं, आप उनके नंबर पर कॉल कर लीजिये। (Ma'am abhi office me nahi hain, aap unke nambar par call kar leejiye.)

....

....

Question 4: Correct the sentences below.
(नीचे दिए गए वाक्यों को सही करिए।) - {Reference Day 94}

a. How long have you know her? ....

b. How do you think will win? ....

c. She shrugged as if her didn't know. ....

d. I'm going to the market to buy something, let me know if your want to come along.

....

e. I called just to know our well-being. ....

Question 5: Choose the correct answers from the Answer Bank.
(उत्तर बैंक से सही उत्तर चुनिए।) - {Reference Day 95}

ANSWER BANK				
going	had	having	were	was

a. I am .... a party tomorrow.

b. Are we .... to the party?

c. We .... a party last Sunday.

d. How.. the party last night?

e. We .... having fun at the party.

- Day 96 -

1. मीरा आजकल मायके में है।
(Meera aajkal maayke me hai.)
Meera is in her parental home these days.

2. अगले दो दिन मैं छुट्टी पर हूँ।
(Agle do din main chhutti par hoon.)
I'm off for the next two days.

3. क्या बात है, आज मार्केट में कैसे?
(Kya baat hai, aaj market me kaise?)
What brings you in the market today?

4. अरे, घर पर सब्जी ख़त्म हो गई थी; तो सब्जी लेने आया हूँ।
(Arey, ghar par sabji khatm ho gayi thi; to sabji lene aaya hoon.)
Oh, we have run out of vegetables, so I'm here to buy some.

5. पहले माँ आ रही थी तो मैंने कहा मैं ले आता हूँ सब्जी, तो मैं आ गया।
(Pahle maa aa rahi thi to maine kaha main le aata hoon sabji, to main aa gaya.)
First, mom was coming here but then I suggested that I would get vegetables myself, so I'm here.

6. कभी ख़ुद भी आना चाहिए सब्जी लेने; रोज़ तो माँ ही आती हैं।
(Kabhi khud bhi aana chaahiye sabji lene; roz to maa hi aati hain.)
Sometimes, we ourselves should come to buy vegetables; as our mothers do every day.

7. वो दिन में चार बार यही करती हैं।
(Vo din me chaar baar yahi karti hain.)
She does this four times a day.

8. कल मैं एक घूँट पानी के लिए तरस गई।
(Kal main ek ghoont paani ke liye taras gayi.)
I longed for a sip of water yesterday. /
I pined for a sip of water yesterday.

9. मैं तुमसे कभी तो मिलूँगा।
(Main tumse kabhi to milunga.)
I will meet you some day.

10. मैंने दो दिनों से कुछ नहीं खाया।
(Maine do dinon se kuchh nahi khaaya.)
I have not eaten anything for two days.

11. आजकल मैं अंग्रेजी सीख रहा हूँ।
(Aajkal main Angreji seekh raha hoon.)
I am learning English these days.

12. अगर मैं कोई गाना सुबह सुन लूँ तो वो पूरा दिन मेरे दिमाग में घूमता रहता है।
(Agar main koi gaana subah sun loon to vo poora din mere dimaag me ghoomta rahta hai.)
If I hear a song in the morning, it stays with me all day.

13. तुम सारा दिन घर पर करते क्या हो?
(Tum sara din ghar par karte kya ho?)
What do you do at home all day?

14. अगले सप्ताह दो दिन की छुट्टी है।
(Agle saptaah do din ki chhutti hai.)
I've got two days off next week.

15. दिन पर दिन हालात बिगड़ते / बदतर होते जा रहे हैं।
(Din par din haalaat bigadate / badtar hote ja rahe hain.)
Things are deteriorating day by day.

16. उस दिन के बाद से उन्होंने एक-दूसरे से कभी बात नहीं की।
(Us din ke baad se unhone ek-doosre se kabhi baat nahi ki.)
From that day forth, they never spoke to each other.

17. ये दवाई दिन में कितनी बार लेनी है?
(Ye davaai din me kitni baar leni hai?)
How many times a day should I take this medicine?

18. मेरा जन्मदिन 15 मार्च को है।
(Mera janmdin 15 march ko hai.)
My birthday is on March 15th. /
My birthday is on 15th of March.

19. मेरा जन्मदिन 3 फ़रवरी को आता है। / मेरा जन्मदिन 3 फ़रवरी को पड़ता है।
(Mera janmdin 3 Farvari ko aata hai. / Mera janmdin 3 Farvari ko padta hai.)
My birthday falls on February 3rd.

20. मेरा जन्मदिन 3 फ़रवरी को था।
(Mera janmdin 3 Farvari ko tha.)
My birthday was on February 3rd.

21. इस साल मेरा जन्मदिन शनिवार को पड़ेगा।
(Is saal mera janmdin Shanivaar ko padega.)
My birthday falls on a Saturday this year. /
My birthday is on a Saturday this year.

22 मुझे पता ही नहीं चला कि सवेरा कब हो गया!
(Mujhe pata hi nahi chala ki savera kab ho gaya!)
I didn't realize when the day dawned.

23. मैं तुम्हें चार दिनों की मोहलत दे रही हूँ।
(Main tumhe chaar dinon ki mohlat de rahi hoon.)
I'm giving you four days' grace.

24. उसके बाद मैं तुम्हारी खबर लूँगी।
(Uske baad main tumhaari khabar loongi.) After that, I'll take you to task.

25. तुम ऐसा काम कैसे कर सकते हो?
(Tum aisa kaam kaise kar sakte ho?)
How could you do such a deed?

26. कितनी बार कहना पड़ेगा आपसे कि चीज़ें इस तरह से मत रखा करिए?
(Kitni baar kahna padega aapse ki cheezen is tarah se mat rakha kariye?)
How many times do I have to tell you not to put the things this way?

27. मैं तुम्हारा साथ कब तक दे पाऊँगा?
(Main tumhaara saath kab tak de paaunga?)
How long will I be able to support you?

28. वो जो करती है, करने दो।
(Vo jo karti hai, karne do.)
Let her do what she wants.

29. तुम्हें क्या पड़ी है - कौन कहाँ जाता है, क्या करता है? (Tumhe kya padi hai - kaun kahaan jaata hai, kya karta hai?)
How does it concern you - who goes where, does what?

30. मैं तुम्हारी धमकियों से डरने वाला नहीं हूँ।
(Main tumhaari dhamkiyon se darne vala nahi hoon.)
I'm not going to yield to your threats.

- Day 97 -

1. मैं तुम्हारे मुँह से चूँ भी नहीं सुनना चाहती।
(Main tumhaare muh se choon bhi nahi sunanaa chaahti.)
I don't want to hear a peep out of you.

2. हम उसके भरोसे बैठे नहीं रह सकते।
(Ham uske bharose baithe nahi rah sakte.)
We can't depend on him to help.

3. मुफ्त की राय देना आसान है, ख़ुद उस राय पर अमल करना मुश्किल।
(Muft ki raay dena aasaan hai, khud us raay par amal karna mushkil.)
It's easy to offer free advice, tough to follow.

4. वो हम दोनों के बीच दरार डालने की कोशिश कर रहा है।
(Vo ham donon ke beech daraar daalne ki koshish kar raha hai.)
He is trying to create a rift between us.

5. ये कोई ऐसे-वैसे लोग नहीं हैं।
(Ye koi aise-vaise log nahi hain.)
They are not just ordinary people.

6. वह ख़ुद अपनी ही कब्र खोद रहा है!
(Vah khud apni hi kabra khod raha hai!)
He is digging his own grave!

7. मेरा समय और बर्बाद मत करो।
(Mera samay aur barbaad mat karo.)
Don't waste any more of my time.

8. उसे छोड़ो और यहाँ आओ।
(Use chhodo aur yahaan aao.)
Let that be and come here.

9. बीच बाज़ार में इसने मुझे गाली दी।
(Beech baazaar me isne mujhe gaali di.)
He abused me in the midst of everybody.

10. तुम ये लेकर फिर से शुरू हो गए!
(Tum ye lekar fir se shuru ho gaye!)
You have started again with this!

11. तुम ऐसा बोलने वाले होते कौन हो?
(Tum aisa bolne vaale hote kaun ho?)
Who are you to say this? /
Who are you to say so?

12. तुमने कभी किसी और की भावनाओं की कद्र की है क्या?
(Tumne kabhi kisi aur ki bhavnaaon ki kadra ki hai kya?)
Have you ever cared about other's feelings?

13. उसने परवाह नहीं की, मैं क्यों करूँ?
(Usne parvaah nahi ki, main kyon karoon?)
He didn't care, why would I?

14. बड़ा खुराफ़ाती दिमाग है आपका!
(Bada khuraaphaati dimaag hai aapka!)
Such a mischievous mind you have got!

15. कई बार नतीजा वैसा नहीं निकलता जैसा आपने सोच रखा होता है।
(Kai baar nateeja vaisa nahi nikalta jaisa aapne soch rakha hota hai.)
At times, the result might not turn out exactly as you had expected.

16. चुप हो जाओ! इसके आगे एक शब्द भी बोला ना तो मुँह तोड़ दूँगा! समझे?
(Chup ho jaao! Iske aage ek shabd bhi bola naa to muh tod doonga! Samjhe?)
Shut up! If you utter one more word, I'll break your face! Got it?

17. मैं तुझे आखिरी मौका देता हूँ।
(Main tujhe aakhiri mauka deta hoon.)
I give you one last chance. / I'm giving you one last chance.

18. दो नावों पर पैर मत रखो।
(Do naavon par pair mat rakho.)
Don't ride two horses at once. /
Don't ride two horses at the same time.

19. मुझे शुरू से ही पता था।
(Mujhe shuru se hi pata thaa.)
I knew from the very beginning.

20. मैंने तुम्हारी बहुत सुन ली।
(Maine tumhaari bahut sun li.)
I am done listening to you.

21. अब सुनने और कहने को बचा ही क्या है?
(Ab sunane aur kahne ko bacha hi kya hai?)
What is left to discuss now?

22. मैं तुम्हारे बहाने सुन-सुन कर पक गई हूँ।
(Main tumhaare bahaane sun-sun kar pak gayi hoon.)
I'm tired of listening to your excuses.

23. मैंने सुना नहीं उसने क्या कहा।
(Maine suna nahi usne kya kaha.)
I didn't hear what she said.

24. कोई आपकी बात सुने या ना सुने, ये ज़रूर सुनेगा।
(Koi aapki baat sune ya na sune, ye zaroor sunega.)
Whether any one listens to you or not, he certainly will.

25. जो मेरा नहीं वो किसी का नहीं!
(Jo mera nahi vo kisi ka nahi!)
Who is not mine, is not anyone else's!

26. आप एक आँख से सबको क्यों नहीं देखते?
(Aap ek aankh se sabko kyon nahi dekhte?)
Why don't you treat one and all alike?

27. देख! मेरे से तीन-पाँच मत कर।
(Dekh! mere se teen-paanch mat kar.)
Look! Do not quarrel with me.

28. मैं तुझे सबक सिखाऊँगा।
(Main tujhe sabak sikhaaunga)
I will teach you a lesson.

29. उसे सबक सिखाने की ज़रूरत है।
(Use sabak sikhaane ki zaroorat hai.)
He needs to be taught a lesson.

30. तू कर क्या सकता है - दो कौड़ी का आदमी?
(Tu kar kya sakta hai - do kaudi ka aadmi?)
What could you do - a man of little worth?

- Day 98 -

1. मेरे दाहिने पैर में फुटका / छलका हुआ है।
(Mere daahine pair me phutka / chhalka hua hai.)
I've got blister on my right foot. / I have blister on my right foot.

2. उसकी हथेली की चमड़ी मोटी हो गई है / में घट्टा हो गया है।
(Uski hatheli ki chamadi moti ho gayi hai / me ghatta ho gaya hai.)
His palm is covered with calluses.

3. उसके दाहिने हाथ में जन्म का निशान है।
(Uske daahine haath me janm ka nishaan hai.)
He has a birthmark on his right arm.

4. गिरने से मेरी जाँघ काली पड़ गई।
(Girne se meri jaangh kaali pad gayi.)
The fall left my thigh black and blue. / My thigh got bruised from the fall.

5. मेरा पैर टेबल से भिड़ गया और नीला पड़ गया।
(Mera pair table se bhid gaya aur neela pad gaya.)
I hit my leg against the table and got a purple bruise.

6. मेरा हाथ छिल गया है। / मेरे हाथ में खरोंच आ गई है।
(Mera haath chhil gaya hai. / Mere haath me kharonch aa gayi hai.)
I've got scratches on my hand.

7. तुम्हारे हाथ में ये काला / चकत्ता सा कैसे पड़ गया?
(Tumhaare haath me ye kaala / chakatta sa kaise pad gaya?)
How did you bruise your arm?

8. उसके पैरों में बहुत ज़ोर से लगी है।
(Uske pairon me bahut zor se lagi hai.)
She has a nasty bruise on her shin.

9. मैं गिर गया और मेरा सिर टेबल के कोने से भिड़ गया।
(Main gir gaya aur mera sir table ke kone se bhid gaya.)
I fell and struck my head on the corner of the table.

10. वो साइकिल से गिर कैसे गया?
(Vo cycle se gir kaise gaya?)
How did he fall off the bicycle?

11. हर समय थकान सी लगती है।
(Har samay thakaan see lagti hai.)
I feel tired all the time.

12. कुछ खाने का मन नहीं करता।
(Kuchh khaane ka man nahi karta.)
I don't feel like eating anything.

13. वो बहुत बीमार हैं और लगता नहीं कि बचेंगे।
(Vo bahut beemaar hain aur lagta nahi ki bachenge.)
He is extremely ill and not expected to live.

14. मुझे थोड़ा बुखार सा लग रहा है। / मुझे हरारत महसूस हो रही है।
(Mujhe thoda bukhaar sa lag raha hai. / Mujhe haraarat mahsoos ho rahi hai.)
I am feeling a bit feverish.

15. कल रिया को बुखार था।
(Kal Riya ko bukhaar tha.)
Riya was running a fever / temperature yesterday.

16. लगता है मुझे सर्दी होने वाली है।
(Lagta ha mujhe sardi hone vaali hai.)
I think, I am catching a cold.

17. उसे बहुत बुरी तरह से ज़ुखाम हो गया है।
(Use bahut buri tarah se jukhaam ho gaya hai.)
She has got a stinking cold. /
She has got a streaming cold.

18. मुझे हल्का बुखार है।
(Mujhe halka bukhaar hai.)
I have got a slight fever.

19. उसे बहुत तेज़ बुखार है।
(Use bahut tez bukhaar hai.)
He has got a high fever.

20. लग रहा है, मुझे उल्टी होने वाली है।
(Lag raha hai, mujhe ulti hone vaali hai.)
I think, I am going to throw up. /
I think, I am going to vomit.

21. मेरी आँख में कुछ चला गया है।
(Meri aankh me kuchh chala gaya hai.)
I've got something into my eye.

22. मैं फूँक दूँगी, ठीक हो जाएगा।
(Main phoonk doongi, theek ho jaayega.)
I'll blow and you'll be fine.

23. मेरी गर्दन अकड़ी / जकड़ी हुई है।
(Meri gardan akdi / jakdi hui hai.)
I have got a stiff neck.

24. कैंसर से उसका शरीर घुला जा रहा है।
(Cancer se uska shareer ghula jaa raha hai.)
His body is wasting away from cancer.

25. उसकी नब्ज़ चल रही है या नहीं?
(Uski nabz chal rahi hai ya nahi?)
Is her pulse beating or not?

26. मेरी सर्दी अभी ठीक नहीं हुई है।
(Meri sardi abhi theek nahi hui hai.)
My cold hasn't cleared up yet.

27. उसको भी मेरी तरह सिर दर्द हो गया।
(Usko bhi meri tarah sir dard ho gaya.)
She's got a headache like me.

28. ख़ूब रोने के बाद मुझे काफ़ी बेहतर लग रहा है।
(Khoob rone ke baad mujhe kaaphi behtar lag raha hai.)
After a good cry, I feel much better.

29. धूप में बाहर जाने से मेरे सिर में दर्द हो जाता है।
(Dhoop me baahar jaane se mere sir me dard ho jata hai.)
Going out in the sun gives me a headache.

30. अगर मुझे पर्याप्त नींद नहीं मिलती है, तो मेरा सिर दर्द होता है।
(Agar mujhe paryaapt neend nahi milati hai, to mera sir dard hota hai.)
If I don't get enough sleep, I get a headache.

- Day 99 -

1. कोल्ड ड्रिंक नहीं है, पानी चलेगा?
(Cold drink nahi hai, paani chalega?)
There is no cold drink, will the water do?

2. एक कटोरी सूप चलेगा।
(Ek katori soup chalega.)
A bowl of soup will do.

3. अगर वो ज़रा सा भी तुम्हारे जैसी है तो चलेगी।
(Agar vo zara sa bhi tumhaare jaisi hai to chalegi.)
If she is anything like you, she will do.

4. इस काम के लिए रोहन चलेगा।
(Is kaam ke liye Rohan chalega.)
Rohan will do for this work.

5. मैंने पहले ही कह दिया, वो नहीं चलेगी।
(Maine pahle hi kah diya, vo nahi chalegi.)
I've told you already, she won't do.

6. विकल्प ही नहीं है, चलाना पड़ेगा।
(Vikalp hi nahi hai, chalaana padega.)
There is no option, it will have to do.

7. इससे कम नहीं चलेगा।
(Isase kam nahi chalega.)
No less than this will do.

8. तुम्हारी मनमानी नहीं चलेगी।
(Tumhaari manmaani nahi chalegi.)
Your own ways will not be acceptable.

9. तुम्हारी मनमानी हमेशा नहीं चलेगी।
(Tumhaari manmaani hamesha nahi chalegi.)
Your tantrums will not be accepted always.

10. और ज़्यादा देरी नहीं चलेगी / स्वीकार की जायेगी।
(Aur zyada deri nahi chalegi / saveekaar ki jaayegi.)
No further delay will be acceptable.

11. तुम इसे स्वीकार करोगे या नहीं?
(Tum ise sveekaar karoge ya nahi?)
Will you accept it or not?

12. मैं इधर बहुत व्यस्त चल रही हूँ।
(Main idhar bahut vyast chal rahi hoon.)
I have been very busy recently.

13. पैदल चलें या बस कर लें?
(Paidal chalen ya bus kar len?)
Shall we walk or get the bus?

14. बस में एक-दो लोग थे।
(Bas me ek-do log the.)
There were few people on the bus.

15. तुम बस पर क्यों नहीं चढ़े?
(Tum bus par kyon nahi chadhe?)
Why didn't you get on the bus?

16. मैं थोड़ा व्यस्त हूँ अभी।
Main thoda vyast hoon abhi.)
I'm a little busy right now.

17. मैं एक कम्पनी में काम किया करती थी।
(Main ek company me kaam kiya karti thi.)
I used to work at a company.

18. मैं कल काम पर नहीं जा रहा हूँ।
(Main kal kaam par nahi jaa raha hoon.)
I'm not going to work tomorrow.

19. मुझे नहीं लगता कि हो पायेगा।
(Mujhe nahi lagta ki ho payega.)
I don't think that it will work out.

20. मेरे हिसाब से तुम गलत कर रहे हो।
(Mere hisaab se tum galat kar rahe ho.)
I think that you are being unfair.

21. तुम्हें लगता है ये इस बारे में है?
(Tumhe lagta hai ye is baare me hai?)
That's what you think this is about?

22. तुम बड़ों जैसा बर्ताव करने की कोशिश क्यों नहीं करते?
(Tum badon jaisa bartaav karne ki koshish kyon nahi karte?)
Why don't you try behaving like a grown-up?

23. वह एक नम्बर का बेवकूफ़ है।
(Vah ek nambar ka bevkoof hai.)
He is stupid of first order.

24. अगर तुम वहाँ हो तो बोल दो ना!
(Agar tum vahaan ho to bol do naa!)
If you are there, just say so!

25. वो जगह यहाँ से दूर है।
(Vo jagah yahaan se door hai.)
That place is far from here.

26. बस इतना ही मैं कर सकता था।
(Bas itna hi main kar sakta tha.)
It was the last I could do.

27. हम 15 मिनट में निकल रहे हैं।
(Ham 15 minat me nikal rahe hain.)
We are leaving in 15 minutes.

28. मेरा फ़ोन खो गया है; मुझे कहीं नहीं मिल रहा है।
(Mera phone kho gaya hai; mujhe kaheen nahi mil raha hai.)
I've lost my phone; I can't find it anywhere.

29. ध्यान से देखो, वहीं होगा।
(Dhyaan se dekho, vaheen hoga.)
Look properly, it must be there.

30. तुमने ज़रूर घर पर ही छोड़ दिया होगा।
(Tumne zaroor ghar par hi chhod diya hoga.)
You must have left it at home.

31. घर जाकर ढूँढो।
(Ghar jaakar dhoondho.)
Go home and search for it there.

32. हमने ऊपर से नीचे तक घर की तलाशी ली।
(Hamne oopar se neeche tak ghar ki talaashi li.)
We searched the house from top to bottom.

- Day 100 -

1. उसके दिमाग में भूसा / गोबर भरा है।
(Uske dimaag me bhoosa / gobar bhara hai.)
His head is filled with trash.

2. ये मेरा नहीं लग रहा है।
(Ye mera nahi lag raha hai.)
It doesn't seem to be mine.

3. मैं अपने दोस्त के घर में था।
(Main apne dost ke ghar me tha.)
I was at my friend's home.

4. ये मुझे किसी ने दिया नहीं है, ये मेरा है।
(Ye mujhe kisi ne diya nahi hai, ye mera hai.)
No one gave me this, it's mine.

5. यह मेरे एक दोस्त के लिए है।
(Yah mere ek dost ke liye hai.)
This is for a friend of mine.

6. मैं मेरी एक दोस्त से मिलने गई थी।
(Main meri ek dost se milne gayi thi.)
I went to meet a friend of mine.

7. गलती तुम्हारी थी, न कि मेरी।
(Galti tumhaari thi, na ki meri.)
The fault was yours, not mine.

8. क्या वो कभी सुधरेगा?
(Kya vo kabhi sudharega?)
Will he ever mend his ways?

9. तुम हमेशा वो नहीं कर सकते जो तुम्हें अच्छा लगे।
(Tum hamesha vo nahi kar sakte jo tumhe achchha lage.)
You can't always do as you please.

10. वो हमेशा अपने मन की करता है।
(Vo hamesha apne man ki karta hai.)
He always does what he wants.

11. मैं इस पर ज़्यादा पैसे नहीं फूँकना चाहती।
(Main is par zyada paise nahi foonkna chaahti.)
I'm not willing to splurge on this. /
I don't want to splurge on this.

12. मुझे इससे कम दाम में कुछ दिखाइये।
(Mujhe isase kam daam me kuchh dikhaaiye.)
Show me something cheaper than this.

13. ठीक है भैया मैं इतना देने के लिए तैयार हूँ अगर आप डिलिवरी फ्री में कर दें तो।
(Theek hai bhaiya main itna dene ke liye taiyaar hoon, agar aap delivery free me kar den to.)
All right brother, I'll agree to this price if you deliver this for free.

14. क्या कुछ छूट मिलेगी / दे सकते हैं?
(Kya kuchh chhoot milegi / de sakte hain?)
Could you give / offer me a discount?

15. ये तो बहुत ज़्यादा रक़म है / दाम है।
(Ye to bahut zyada raqam hai / daam hai.)
That's an awful lot of money.

16. थोड़ा दाम कम कर देंगे क्या / कर सकते हैं क्या?
(Thoda daam kam kar denge kya /
kar sakte hain kya?)
Could you please lower the price a bit?

17. अगर मैं ऐसे दो लूँ तो कितना दाम लगाएँगे?
(Agar main aise do loon to kitna daam lagaayenge?)
What would you charge if I bought two of these?

18. अच्छा आखिरी दाम क्या लगाएँगे आप?
(Achchha aakhiri daam kya lagaayenge aap?)
Well, what is the best price that you can offer?

19. मुझे ये थोक में लेना है, बताइए एक पीस का मोटा-मोटी / अंदाज़न कितना पड़ेगा?
(Mujhe ye thok me lena hai, bataaiye ek piece ka mota-moti / andaazan kitna padega.)
I want to buy these in bulk, give me a rough estimate of the price per piece.

20. क्या ये मुझ पर अच्छा लग रहा है?
(Kya ye mujh par achchha lag raha hai?)
Does this look good on me?

21. क्या आपके पास ये लार्ज / एक्स्ट्रा लार्ज / स्मॉल / मीडियम साइज़ में है?
(Kya aapke paas ye large / extra large / small / medium (size) me hai?)
Do you have this in large / extra-large / small / medium size?

22. क्या ये जूते 18 नम्बर में हैं?
(Kya ye joote 18 nambar me hain?)
Do you have these shoes in size 18?

23. रसीद देंगे, प्लीज़?
(Raseed denge, please?)
Would you give me the receipt, please?

24. ये ड्रेस अच्छी है लेकिन इसमें दुपट्टा नहीं है।
(Ye dress achchhi hai lekin isme dupatta nahi hai.)
It's a nice dress but it hasn't got a scarf. / It's a nice dress but it doesn't have a scarf.

चार दिन की चाँदनी, फिर अँधेरी रात!

(Chaar din ki chaandani, fir andheri raat!)

A nine days' wonder!

#BetterYourself

MAKING CONNECTIONS

EXERCISE - 20

Question 1: Translate the following sentences into Hindi.
(नीचे दिए गए वाक्यों का हिन्दी में अनुवाद करिए।) - {Reference Day 96}

a. How many times a day should I take this medicine?

....

b. Oh, we have run out of vegetables, so I'm here to buy some.

....

c. Sometimes, we ourselves should come to buy vegetables; as our mothers do every day.

....

d. How have you turned out to be so irresponsible?

....

e. If I hear a song in the morning, it stays with me all day.

....

Question 2: Replace the Hindi words in brackets with correct English words.
(कोष्ठक में दिए गए हिन्दी शब्दों के स्थान पर अंग्रेजी के सही शब्दों को लिखिए।) - {Reference Day 97}

a. I don't want to hear a (चूँ) out of you. ....

b. It's easy to offer free (राय), tough to follow. ....

c. He is (खोदना) his own grave! ....

d. I'm tired of listening to your (बहाने). ....

e. I will teach you a (सबक). ....

Question 3: Make your own sentences using the words given below.
(नीचे दिए गए शब्दों का प्रयोग करते हुए खुद से वाक्य बनाइए I) - {Reference Day 98}

a. leg, bruise, table ....

b. struck, corner, table ....

c. ill, expected, live ....

d. good, feel, better ....

e. don't, sleep, headache ....

Question 4: Tick the correct sentences and put a cross against the incorrect ones.
(सही वाक्यों पर टिक करिए और गलत वाक्यों पर क्रॉस लगाइए I) - {Reference Day 99}

a. The is no cold drink, will the water do?

b. I've told you already, she won't do.

c. That place are far from here.

d. Your own ways will not be acceptable.

e. I'm lost my phone; I can't find it anywhere.

Question 5: Choose words from the Hints and place them in correct places in the sentences below.
(संकेतों में से शब्द चुनकर उन्हें नीचे दिए गए वाक्यों में सही स्थान पर रखिए I) - {Reference Day 100}

a. .... you .... lower the .... a bit? – (Hint: price, could, please)

b. What .... you .... if I .... two of these? – (Hint: charge, would, bought)

c. I .... to .... these in .... – (Hint: buy, bulk, want)

d. His .... is .... with .... – (Hint: filled, head, trash)

e. It's a nice .... but it .... have a .... – (Hint: scarf, doesn't, dress)

- Day 101 -

1. आपने कमीज़ उल्टी पहनी है।
(Aapne kameez ulti pahni hai.)
You have got your shirt on inside out.

2. कपड़े उल्टे टँगे हुए हैं।
(Kapde ulte tange huye hain.)
The clothes are hanging up inside out.

3. कमीज़ पहले से ही सीधी है उसे सीधा करने की ज़रूरत नहीं है।
(Kameez pahle se hi seedhi hai use seedha karne ki zaroorat nahi hai.)
The shirt is already right side out, there is no need to turn it right side out.

4. ये बच्चे हर वक़्त फ़ालतू की / उल्टी-सीधी हरकतें करते रहते हैं।
(Ye bachche har waqt faaltu ki / ulti-seedhi harkaten karte rahte hain.)
These children mess around all the time.

5. उसे नाचने की इतनी आदत पड़ गई है कि कभी सीधे खड़ी ही नहीं रहती।
(Use naachane ki itni aadat pad gayi hai ki kabhi sidhe khadi hi nahi rahti.)
The force of habit to dance / of dancing is so strong that she never stands still.

6. उसके कमीज़ के दो बटन खुले हुए हैं।
(Uske kameez ke do button khule huye hain.)
Two buttons on his shirt are undone.

7. अपनी कमीज़ के बटन्स खोलो।
(Apni kameez ke buttons kholo.)
Undo the buttons of your shirt.

8. अपने जैकेट की चेन खोलो।
(Apne jacket ki chen kholo.)
Undo the zip of your jacket.

9. अपने पतलून की चेन खोलो।
(Apne patloon ki chen kholo.)
Undo the zip of your pants.

10. हे भगवान! मैंने दरवाज़ा तो खुला ही छोड़ दिया।
(Hey Bhagwan! Maine darvaaza to khula hi chhod diya.)
Oh God! I left the door open.

11. मैंने इतना खुलकर कभी किसी से बात नहीं की जितना मैं आपसे कर रही हूँ।
(Maine itna khulkar kabhi kisi se baat nahi ki jitna main aapse kar rahi hoon.)
I have never opened up to anyone like I do to you.

12. दरवाज़े के नीचे लकड़ी का गुटका लगा दो ताकि ये खुला रहे।
(Darvaaze ke neeche lakdi ka gutka laga do taaki ye khula rahe.)
Push a wedge under the door to keep it open. / Place a wedge under the door to keep it open.

13. मैंने इशारे से वेटर को बुलाया।
(Maine ishaare se waiter ko bulaaya.)
I motioned the waiter to come. / I motioned to the waiter.

14. उसने मुझे इशारे से बैठने के लिए कहा।
(Usne mujhe ishaare se baithne ke liye kaha.)
He motioned me to sit down.

15. मैंने उसे साथ आने का इशारा किया।
(Maine use saath aane ka ishaaraa kiya.)
I motioned him to join us.

16. उसने भट से / ज़ोर से दरवाज़ा बन्द कर दिया।
(Usne bhat se / zor se darvaaza band kar diya.)
He closed the door with a slam. /
He shut the door with a slam. /
He slammed the door shut.

17. दरवाज़ा धीरे से बन्द करना, भट से नहीं।
(Darvaaza dheere se band karna, bhat se nahi.)
Close the door carefully, don't slam it.

18. आग से चिंगारी निकल रही है; पास मत जाओ।
(Aag se chingari nikal rahi hai; paas mat jaao.)
Sparks are shooting out from the fire; don't go closer.

19. तुम आग में घी क्यों डाल रह हो?
(Tum aag me ghee kyon daal rahe ho?)
Why are you adding fuel to the fire? /
Why are you adding fuel to the flames?

20. मैं ये खिड़की बन्द नहीं कर पा रही हूँ।
(Main ye khidaki band nahi kar pa rahi hoon.)
I can't get this window shut.

21. ये खिड़की बन्द नहीं हो रही है – ये जाम है।
(Ye khidaki band nahi ho rahi hai – ye jaam hai.)
This window won't shut – it's jammed.

22. जब निकलना तो दरवाज़े लॉक कर देना।
(Jab nikalana to darvaaze lock kar dena.)
Lock the door when you leave.

23. दरवाज़ा अंदर से बन्द है।
(Darvaaza andar se band hai.)
The door is locked from the inside.

24. पड़ोस में एक नया परिवार रहने आया है।
(Pados me ek naya parivaar rahne aaya hai.)
A new family has moved in next door.

25. मैं आज आपके यहाँ आने ही वाला था।
(Main aaj aapke yahaan aane hi vala tha.)
I was about to come to your place today.

26. मैं घूमने जा रही हूँ; मुझे घूमना पसंद है।
(Main ghoomne jaa rahi hoon; mujhe ghoomna pasand hai.)
I'm going on a trip; I like visiting places.

27. लाइन में मेरी जगह बनाये रखना।
(Line me meri jagah banaaye rakhna.)
Keep my place in the line.

28. हमारे घर में सुबह सात बजे पानी आता है।
(Hamaare ghar me subah saat baje paani aata hai.)
At our place, water supply starts at 7 in the morning.

29 बहुत ही थोड़ा पानी है; हमें नहाने के लिए थोड़ा और चाहिए।
(Bahut hi thoda paani hai; hame nahaane ke liye thoda aur chaahiye.)
There is little water; We need a little more to take a bath.

30. मुझे पानी में मेरा प्रतिबिंब दिख रहा था।
(Mujhe pani me mera pratibimb dikh raha tha.)
I could see my reflection in the water.

- Day 102 -

1. तुम क्या बनना चाहते हो?
(Tum kya bananaa chaahte ho?)
What do you want to be?

2. तुम्हारे बिना मेरा क्या होता / मैं क्या करती?
(Tumhaare bina mera kya hota / main kya karti?)
What would I do without you?

3. मेरे पास जो भी है, उसमें से तुम थोड़ा ले सकते हो।
(Mere paas Jo bhi hai, usme se tum thoda le sakte ho.)
You can take some of whatever I have.

4. चाहे जो हो जाये, मैं ऐसा नहीं करूँगा।
(Chaahe jo ho jaaye, main aisa nahi karoonga.)
Come what may, I'll not do so.

5. तुम सोच रहे होगे कि ये कैसे लोग हैं।
(Tum soch rahe hoge ki ye kaise log hain.)
You must be thinking what kind of people they are.

6. उसने तुमसे क्या कहा?
(Usne tumse kya kaha?)
What did he say to you?

7. मुझे विश्वास नहीं हो रहा है उसने मेरे लिए ऐसा कहा।
(Mujhe vishvaas nahi ho raha hai usne mere liye aisa kaha.)
I can't believe he said that about me.

8. मैंने कुछ भी ऐसा नहीं कहा था।
(Maine kuchh bhi aisa nahi kaha tha.)
I had said no such thing.

9. जो मैंने कहा उससे उसके ग़ुरूर को ठेस पहुँची।
(Jo maine kaha usase uske guroor ko thes pahunchi.)
What I said hurt his pride.

10. तुम्हें समझ में आया उसने क्या कहा?
(Tumhe samajh me aaya usne kya kaha?)
Did you understand what he said?

11. उन्होंने उतना नहीं किया जितना उन्होंने बोला था कि करेंगे।
(Unhone utna nahi kiya jitna unhone bola tha ki karenge.)
They didn't do as much as they said they would.

12. जो तुमने कहा, क्या साबित कर सकते हो?
(Jo tumne kaha, kya saabit kar sakte ho?)
Can you prove what you said?

13. तुम्हारे दिमाग में क्या चल रहा है?
(Tumhaare dimaag me kya chal raha hai?)
What is going on in your mind?

14. मुझे ये करवाना है।
(Mujhe ye karvaana hai.)
I have to get this done.

15. उसके शब्द / उसकी बातें मेरे दिमाग में चलती रहती थीं।
(Uske shabd / Uski baaten mere dimaag me chalti rahti theen.)
Her words kept running through my mind.

16. मेरी सोच में / मेरे ज़हन में सिर्फ़ तुम ही हो।
(Meri soch me / Mere zahan me sirf tum hi ho.)
You are the only one on my mind.

17. आपका चेहरा मुझे किसी की याद दिलाता है।
(Aapka chehra mujhe kisi ki yaad dilaata hai.)
Your face reminds me of someone.

18. तुमने अपना चेहरा ऐसे क्यों पकड़ा हुआ है?
(Tumne apna chehra aise kyon pakda hua hai?)
Why are you holding your face like that?

19. तुम इतने भीगे कैसे?
(Tum itne bheege kaise?)
How come you are so soaked?

20. मैं किसी से आँख नहीं मिला पा रही थी।
(Main kisi se aankh nahi mila paa rahi thi.)
I wasn't able to face anybody.

21. तुम कभी उससे नज़रें नहीं मिला पाओगे।
(Tum kabhi usase nazaren nahi mila paaoge.)
You will never be able to look her in the eye.

22. हमारे इस रिश्ते को कभी किसी की बुरी नजर ना लगे! (Hamaare is rishte ko kabhi kisi ki buri nazar naa lage!)
May no one cast evil eye on our relationship!

23. ये बुरी नजर उतारता है।
(Ye buri nazar utaarta hai.)
It can nullify the evil eye.

24. संसार में बहुत बुराइयाँ हैं।
(Sansaar me bahut buraaiyaan hain.)
There is too much evil in the world.

25. तुम मेरा पहला और आखिरी प्यार हो।
(Tum mera pahla or aakhiri pyaar ho.)
You are my first and only love.

26. वो भाग्यशाली है; उसके पास कुछ ही समस्याएँ हैं।
(Vo bhaagyashaali hai; uske paas kuchh hi samasyaayen hain.)
He's lucky; he has few problems.

27. उसके साथ थोड़ी दिक्कतें हैं; तो वो खुश नहीं है।
(Uske saath thodi dikkaten hain; to vo khush nahi hai.)
She has a few problems; so, she is not happy.

28. कभी-कभी बहुत समस्याएँ होती हैं; पर मैं सँभाल लेती हूँ।
(Kabhi-kabhi bahut samasyaayen hoti hain; par main sambhaal leti hoon.)
Sometimes, many problems arise; but I tackle them. /
Sometimes, many problems arise; but I handle them.

29. तुम जहाँ भी जाते हो छा जाते हो!
(Tum jahaan bhi jaate ho chhaa jaate ho!)
You make an impression wherever you go!

30. वह जब भी आती है, एक सहेली को ले आती है।
(Vah jab bhi aati hai, ek saheli ko le aati hai.)
Whenever she comes, she brings a friend.

- Day 103 -

1. चाबी का गुच्छा कहाँ है?
(Chaabi ka guchchha kahaan hai?)
Where is the bunch of keys?

2. मुझे तुम्हारी ड्रेस अच्छी लगी। कहाँ से ली?
(Mujhe tumhaari dress achchhi lagi. Kahaan se li?)
I like your dress. Where did you get it?

3. तुम दोनों में इतनी दुश्मनी कहाँ से पैदा हो गई?
(Tum donon me itni dushmani kahaan se paida ho gayi?)
Where did this enmity between you two come from?

4. कहाँ से सीखते हो ये सब?
(Kahaan se seekhte ho ye sab?)
Where do you get such ideas?

5. तुम यहाँ किसलिए आये हो?
(Tum yahaan kisliye aaye ho?)
What have you come here for?

6. ये रोहित क्यों नहीं आया अभी तक?
(Ye Rohit kyon nahi aaya abhi tak?)
Why this Rohit hasn't arrived yet?

7. उसे तो आ जाना चाहिए था अभी तक!
(Use to aa jana chaahiye tha abhi tak!)
He should be here by now!

8. लेकिन क्या समस्या हुई होगी उसके साथ?
(Lekin kya samasya hui hogi uske saath?)
But what issues could be there with him?

9. इतने कम समय में तुम ये सब कैसे मैनेज करोगे?
(Itne kam samay me tum ye sab kaise manage karoge?)
How will you manage all this in so little time?

10. मैं आपको कैसे समझाऊँ?
(Main aapko kaise samjhaaun?)
How do I make you understand?

11. तुम होते कौन हो मुझे समझाने वाले?
(Tum hote kaun ho mujhe samajhaane vale?)
Who are you to make me understand?

12. तुम कितनी तारीख को आ रहे हो?
(Tum kitni taareekh ko aa rahe ho?)
What date are you coming on?

13. क्या तुम कभी भी समय पर आओगे?
(Kya tum kabhi bhi samay par aaoge?)
Will you ever be on time?

14. हे भगवान, इतना समय हो गया? मुझे निकलना होगा।
(Hey Bhagwan, itna samay ho gaya? Mujhe nikalna hoga.)
Oh my God, is that the time? I've got to go.

15. तुम्हें दवाइयाँ समय पर ले लेनी चाहिए।
(Tumhe davaaiyaan samay par le leni chaahiye.)
You should take medicines on time.

16. अब कुछ बड़ा करने की बारी है।
(Ab kuchh bada karne ki baari hai.)
It's time to do something big.

17. मैंने उसे पहली दफ़ा देखा।
(Maine use pahli dafaa dekha.)
I saw her for the first time.

18. मैं वहाँ दसियों बार जा चुका हूँ।
(Main vahaan dasiyon baar ja chuka hoon.)
I have been there dozens of times.

19. क्या मैं एक फ़ोन कर सकती हूँ?
(Kya main ek phone kar sakti hoon?)
Can I make a phone call?

20. मेरा फ़ोन ख़राब है।
(Mera phone kharaab hai.)
My phone is out of order.

21. क्या आप देख नहीं रहे हैं, मैं फ़ोन पर बात कर रही हूँ?
(Kya aap dekh nahi rahe hain, main phone par baat kar rahi hoon?)
Can't you see, I'm on the phone?

22. तुम्हें मुझे तुरंत फ़ोन करना चाहिए था।
(Tumhe mujhe turant phone karna chaahiye tha.)
You should have called me right then.

23. जब वो आएगा तो मुझे फ़ोन करेगा।
(Jab vo aayega to mujhe phone karega.)
When he comes, he will give me a call.

24. दरअसल मैं किसी और को फ़ोन मिला रहा था।
(Darasal main kisi aur ko phone mila raha tha.)
Actually, I was calling up someone else.

25. गलती से आपका नम्बर लग गया।
(Galti se aapka nambar lag gaya.)
I dialed your number by mistake.

26. अगर तुम फ्री हो तो मैं तुम्हें कॉल करूँ?
(Agar tum free ho to main tumhe call karoon?)
Shall I give you a call if you are free?

27. अगर तुम फ्री हो तो फ़ोन कर लो।
(Agar tum free ho to phone kar lo.)
If you are free, call me up. /
Call me up if you are free.

28. शाम को फ़ोन करना; मैं घर पर रहूँगा।
(Shaam ko phone karna; main ghar par rahoonga.)
Call me this evening; I'll be at home.

29. मीरा हमेशा फ़ोन पर फ़ालतू कामों मे लगी रहती है।
(Meera hamesha phone par faaltu kaamon me lagi rahti hai.)
Meera is always messing around with the phone.

30. सबसे पहले फ़ोन करना मुझे सही लगा।
(Sabse pahle phone karna mujhe sahi laga.)
I thought it best to call first.

- Day 104 -

1. और उसका कोई काम नहीं है मोबाइल चलाने के अलावा।
(Aur uska koi kaam nahi hai mobile chalaane ke alaava.)
He has nothing to do except playing on the phone.

2. मुझे फ़ोन चार्ज करना है।
(Mujhe phone chaarg karna hai.)
I need to charge my phone.

3. मुझे लैपटॉप चार्ज करना है।
(Mujhe laptop charge karna hai.)
I need to charge my laptop.

4. मैंने अपना ऑर्डर फ़ोन पर ही लिखवा दिया था।
(Maine apna order phone par hi likhvaa diya tha.)
I dictated my order over the phone.

5. आप क्या बढ़िया बता सकते हैं मेन्यू में?
(Aap kya badhiya bata sakte hain menu me?)
What can you recommend on the menu?

6. चार लोगों के लिए टेबल बुक करना चाहूँगा, 8 बजे के लिए।
(Chaar logon ke liye table book karna chaahoonga, 8 baje ke liye.)
I would like to book a table for 4 at 8.

7. क्या मैं मेन्यू देख सकता हूँ, प्लीज़?
(Kya main menu dekh sakta hoon, please?)
May I see the menu, please?

8. मैं थोड़ा सा सूप पीना चाहूँगी, प्लीज़।
(Main thoda sa soup peena chaahoongi, please.)
I would like a little soup, please.

9. एक बार और लेना चाहूँगा, प्लीज़।
(Ek baar aur lena chaahoonga, please.)
I would like a refill, please.

10. क्या पियोगे?
(Kya piyoge?)
What would you like to drink?

11. कुछ खाओगे?
(Kuchh khaaoge?)
Would you like something to eat?

12. मुझे अभी खाने का मन नहीं है।
(Mujhe abhi khaane ka man nahi hai.)
I don't feel like eating now.

13. मेरे पास दो रोटियाँ हैं; तुम लोगे एक?
(Mere paas do rotiyaan hain; tum loge ek?)
I have two chapattis; would you like one? / I have got two chapattis; would you like one?

14. मैं दोपहर के खाने में एक रोटी खाता हूँ।
(Main dopahar ke khaane me ek roti khata hoon.)
I have one chapatti for lunch.

15. खाना खा लो इससे पहले कि ये ठंडा हो जाये।
(Khaana kha lo isase pahle ki ye thanda ho jaaye.)
Eat your food before it gets cold.

16. चाय पी लो, ठंडी हो रही है।
(Chaay pee lo, thandi ho rahi hai.)
Drink your tea, it's getting cold.

17. और कितने बिस्किट्स खायेंगे आप?
(Aur kitne biscuits khaayenge aap?)
How many more biscuits will you eat?

23. क्या राम की मम्मी ने खाना खिलाया?
(Kya Ram ki mummy ne khaana khilaaya?)
Did Ram's mother serve the food?

18. मुझे भूख लगी थी; फ्रिज में बहुत ही कम खाना था।
(Mujhe bhookh lagi thi; fridge me bahut hi kam khaana tha.)
I was hungry; there was very little food in the fridge.

24. AC चल नहीं रहा है।
(AC chal nahi raha hai.)
The air conditioning is not working.

19. खाली दूध पीना अच्छा नहीं लगता है; अगर उसमें दूध पाउडर डाल दो तो अच्छा लगता है।
(Khaali doodh peena achchha nahi lagta hai; agar usme doodh powder daal do to achchha lagta hai.)
Plain milk doesn't taste good; adding milk powder gives it a yummy taste.

25. क्या तुम्हारा कम्प्यूटर चलता है?
(Kya tumhaara computer chalta hai?)
Is your computer in working condition?

20. खाने के तुरंत बाद नहीं लेटो।
(Khaane ke turant baad nahi leto.)
Don't lie down right after eating.

26. उसके पास मोबाइल है, मेरे पास मोबाइल नहीं है।
(Uske paas mobile hai, mere paas mobile nahi hai.)
She has got a mobile, I haven't got.

21. उसने कुछ खाया नहीं; पर थोड़ा सा पानी पिया था।
(Usne kuchh khaaya nahi; par thoda sa paani piya tha.)
He didn't eat anything; but he drank a little water.

27. तुम्हारे पास मोबाइल था पर तुमने खो दिया।
(Tumhaare paas mobile tha par tumne kho diya.)
You had a mobile but you lost that.

22. मुझे घर जाकर खाना बनाना है।
(Mujhe ghar jaakar khaana banaana hai.)
I have to go home and cook food.

28. मेरे पास मेरा फोन नहीं था।
(Mere paas mera phone nahi tha.)
I hadn't got my phone with me.

- Day 105 -

1. जब मैं छोटी थी तो मेरे बाल लम्बे थे।
(Jab main chhoti thi to mere baal lambe the.)
I had long hair when I was a child.

2. जब मैं छोटी थी तो मेरे बाल छोटे नहीं थे।
(Jab main chhoti thi to mere baal chhote nahi the.)
I didn't have short hair when I was a child.

3. हवा से मेरे बाल उलझ गए।
(Hava se mere baal ulajh gaye.)
The wind knotted my hair up. /
The wind tangled my hair up.

4. हवा से तुम्हारे बाल बिगड़ गए।
(Hava se tumhaare baal bigad gaye.)
The wind has messed your hair.

5. मैं बाल कटवाने जा रहा हूँ।
(Main baal katvaane jaa raha hoon.)
I am going to get my hair cut.

6. तकिया लगा लो।
(Takiya laga lo.)
Rest your head on a pillow.

7. मुझे आँखों की जाँच करानी है।
(Mujhe aankhon ki jaanch karaani hai.)
I need to get my eyes tested.

8. तुम नाक क्यों सिकोड़ रहे हो?
(Tum naak kyon sikod rahe ho.)
Why are you wrinkling your nose?

9. तुम्हारी नाक पर कुछ धूल सा लगा है।
(Tumhaari naak par kuchh dhool sa laga hai.)
There is some dirt on your nose.

10. सुड़कना बंद करो; जा कर नाक साफ़ करो।
(Sudakna band karo; jaakar naak saaf karo.)
Stop sniffing; go and blow your nose.

11. मैं अपने कान छिदवा रही हूँ।
(Main apne kaan chhidava rahi hoon.)
I am getting my ears pierced.

12. मीरा इतनी पतली हो गई है कि उसके गाल पिचक गए हैं।
(Meera itni patli ho gayi hai ki uske gaal pichak gaye hain.)
Meera has become so thin that her cheeks are pinched.

13. क्या तुम मुझ पर उँगली उठा रहे हो?
(Kya tum mujh par ungali utha rahe ho?)
Are you pointing the finger at me?

14. क्या वो मुझसे ज़्यादा ख़ूबसूरत है?
(Kya vo mujhse zyada khoobsoorat hai?)
Is she more beautiful than me?

15. वो तुमसे ज़्यादा ख़ूबसूरत है।
(Vo tumse zyada khoobsoorat hai.)
She is more beautiful than you.

16. वो सबसे सुन्दर है।
(Vo sabse sundar hai.)
She is the most beautiful of all.

17. वो सबसे बड़ी है।
(Vo sabse badi hai.)
She is the eldest of all.

18. दोनों में कौन बड़ा है?
(Donon me kaun bada hai?)
Who is the elder of the two? /
Who is older than the other?

19. वो 50 साल का है लेकिन और बड़ा दिखता है।
(Vo 50 saal ka hai lekin aur bada dikhta hai.)
He is only 50 but he looks older.

20. मेरे दो बेटे हैं, राम और श्याम।
(Mere do bete hain, Ram aur Shyam.)
I have two sons, Ram and Shyam.

21. इस साल मैं 2 इंच लम्बी हुई हूँ।
(Is saal main 2 inch lambi hui hoon.)
I have grown 2 inches this year.

22. उसके दाढ़ी आने लगी है।
(Uske dadhi aane lagi hai.)
He has begun to grow a beard.

23. क्या आप मेरी एक फ़ोटो खींच सकते हैं?
(Kya aap meri ek photo kheench sakte hain?)
Could you take a photograph of me, please?

24. कल सुबह तक का समय लग जायेगा।
(Kal subah tak ka samay lag jaayega.)
It's going to take until tomorrow morning.

25. नतीजा तुम्हें भुगतना होगा।
(Nateeja tumhe bhugatna hoga.)
You'll have to suffer the consequences. /
You'll have to face the consequences.

26. आराम से करो, कोई जल्दी नहीं है।
(Aaraam se karo, koi jaldi nahi hai.)
Take your time, there's no hurry.

27. मैं यहाँ पहली बार आई हूँ।
(Main yahaan pahli baar aayi hoon.)
I'm here for the first time.

28. मैं वहाँ समय पर आ जाऊँगी।
(Main vahaan samay par aa jaaungi.)
I will be there on time.

29. मुझे थोड़ा समय चाहिए था।
(Mujhe thoda samay chaahiye tha.)
I needed a little bit of time.

30. कहते हैं कि समय हर घाव भर देता है।
(Kahte hain ki samay har ghaav bhar deta hai.)
They say that time heals all wounds.

भगवान के घर देर है, अंधेर नहीं।
(Bhagwan ke ghar der hai, andher nahi.)
Mills of the Gods grind slowly,
but they grind exceedingly fine.

#BetterYourself

MAKING CONNECTIONS

EXERCISE - 21

Question 1: Choose the correct answers from the Answer Bank.
(उत्तर बैंक से सही उत्तर चुनिए।) - {Reference Day 101}

ANSWER BANK				
in	slam	out	on	Undo

a. Sparks are shooting .... from the fire; don't go closer.

b. Two buttons .... his shirt are undone.

c. .... the zip of your jacket.

d. A new family has moved .... next door.

e. Close the door carefully, don't .... it.

Question 2: Translate the following sentences into English.
(नीचे दिए गए वाक्यों का अंग्रेजी में अनुवाद करिए।) - {Reference Day 102}

a. आपका चेहरा मुझे किसी की याद दिलाता है। (Aapka chehra mujhe kisi ki yaad dilaata hai.)

....

....

b. तुम कभी उससे नज़रें नहीं मिला पाओगे। (Tum kabhi usase nazaren nahi mila paaoge.)

....

....

c. उन्होंने उतना नहीं किया जितना उन्होंने बोला था कि करेंगे। (Unhone utna nahi kiya jitna unhone bola tha ki karenge.)

....

....

d. कभी-कभी बहुत समस्याएँ होती हैं; पर मैं सँभाल लेती हूँ। (Kabhi-kabhi bahut samasyaayen hoti hain; par main sambhaal leti hoon.)

....

....

e. उसके शब्द / उसकी बातें मेरे दिमाग में चलती रहती थीं। (Uske shabd / Uski baaten mere dimaag me chalti rahti theen.)

....

....

Question 3: Replace the Hindi words in brackets with the correct English word.
(कोष्ठक में दिए गए हिन्दी शब्दों के स्थान पर अंग्रेजी के सही शब्द लिखिए।) - {Reference Day 103}

a. Where is the (गुच्छा) of keys? ....

b. But what (समस्या) could be there with him? ....

c. (दरअसल), I was calling up someone else. ....

d. How do I make you (समझाना)? ....

e. Meera is always (फ़ालतू कामों मे लगे रहना) around with the phone. ....

Question 4: Tick the correct sentences and put a cross against the incorrect ones.
(सही वाक्यों पर टिक करिए और गलत वाक्यों पर क्रॉस लगाइए।) - {Reference Day 104}

a. He has nothing to do except playing on the phone.

b. Drink your tea, it's getting cold.

c. I have one chapatti of lunch.

d. Plain milk doesn't taste good, adding milk powder gives it a yummy taste.

e. He didn't eat anything; but he drank a little water.

Question 5: Make your own sentences using the words below.
(नीचे दिए गए शब्दों का उपयोग करते हुए खुद से वाक्य बनाइए।) - {Reference Day 105}

a. child, when, long ....

b. hair, wind ....

c. pierced, ears ....

d. nose, blow, sniffing ....

e. cheeks, pinched, thin ....

- Day 106 -

1. मुझे इन्हे कितनी बार बताना पड़ेगा?
(Mujhe inhe kitni baar bataana padega?)
How many times am I supposed to tell them?

2. उससे पूछो कि ज़रूरत है भी या नहीं।
(Usase poochho ki zaroorat hai bhi ya nahi.)
Ask her whether it is needed or not.

3. जल्दी करो! हमारे पास ज़्यादा समय नहीं है।
(Jaldi karo! Hamaare paas zyada samay nahi hai.)
Hurry up! We haven't got much time. / Hurry up! We don't have much time.

4. मुझे थोड़ा समय और दो।
(Mujhe thoda samay aur do.)
Give me a little more time.

5. ये सरासर समय की बर्बादी है।
(Ye saraasar samay ki barbaadi hai.)
This is a sheer waste of time.

6. मैंने आपसे कितनी बार कहा है, इस तरह से इधर-उधर मत घूमा करिये?
(Maine aapse kitni baar kaha hai, is tarah se idhar-udhar mat ghooma kariye?)
How many times have I told you not to wander off like that?

7. मैं आपको हर रोज़ कपड़े पहनाती हूँ, ना?
(Main aapko har roz kapde pahnaati hoon, na?)
I dress you every day, don't I?

8. आपको ख़ुद से कपड़े पहनना सीखना चाहिए।
(Aapko khud se kapde pahananaa seekhna chaahiye.)
You must learn to dress yourself.

9. पूरा कमरा बिखरा हुआ है!
(Poora kamra bikhra hua hai!)
The room is a complete mess!

10. तुमने सब गड़बड़ कर दिया।
(Tumne sab gadbad kar diya.)
You have made mess of everything.

11. जब तक मैं तीन तक गिनूँ, आप बिस्तर में होने चाहिए।
(Jab tak main teen tak ginoon, aap bistar me hone chaahiye.)
By the time I count to three, you'd better be in bed.

12. तुम बहुत देर से सोते हो।
(Tum bahut der se sote ho.)
You go to bed very late.

13. तुम्हें और जल्दी सोना चाहिए।
(Tumhe aur jaldi sona chaahiye.)
You should go to bed earlier.

14. मुझे सुबह जल्दी उठने की आदत है।
(Mujhe subah jaldi uthne ki aadat hai.)
I am in the habit of waking early in the morning.

15. सर्दी में बहुत जल्दी अँधेरा हो जाता है।
(Sardi me bahut jaldi andhera ho jata hai.)
It gets dark very early in the winter.

16. मुझे लगा कि वो जल्दी आ जायेगा।
(Mujhe laga ki vo jaldi aa jaayega.)
I thought that he would come early.

17. रेलगाड़ी 3 घण्टे देर से आई।
(Relgaadi 3 ghante der se aayi.)
The train arrived late by three hours.

18. मुझे सुबह कुछ काम करने हैं, लेकिन बाद में मैं फ्री हूँ।
(Mujhe subah kuchh kaam karne hain, lekin baad me main free hoon.)
I've got a few things to do in the morning, but I'm free later.

19. सड़क खाली है (रास्ता साफ़ है), जल्दी आ जाओ।
(Sadak khaali hai {rasta saaf hai}, Jaldi aa jaao.)
The road is clear, come quickly.

20. मेरे वापस आने तक यहाँ इंतज़ार करो।
(Mere vaapas aane tak yahaan intzaar karo.)
Please wait here till I come back.

21. एक घण्टे से ऊपर हो गया मुझे इंतज़ार करते हुए।
(Ek ghante se oopar ho gaya mujhe intzaar karte huye.)
I have been waiting for over an hour.

22. मैं बस आपसे मिलने आया हूँ।
(Main bas aapse milne aaya hoon.)
I've come just to see you.

23. काफ़ी दिनों से आपसे मुलाकात नहीं हुई थी।
(Kaaphi dinon se aapse mulaakaat nahi hui thi.)
It's been long since I last saw you.

24. बहुत लम्बे समय बाद मैं मुंबई आई हूँ।
(Bahut lambe samay baad main Mumbai aayi hoon.)
I am visiting Mumbai after a very long time.

25. तुम वहाँ कब तक रहोगे?
(Tum vahaan kab tak rahoge?)
How long will you stay there?

26. मेरे लौटने तक यहाँ रुको।
(Mere lautane tak yahaan ruko.)
Stay here till I get back.

27. तुम यहीं रुको, मैं अभी आई।
(Tum yaheen ruko, main abhi aayi.)
You stay here, I'll be right back.

28. मैं 2 बजे रात तक जगी।
(Main 2 baje raat tak jagi.)
I stayed up until 2 a.m.

29. ये कपड़े ज़्यादा दिन तक नहीं टिकने वाले।
(Ye kapde zyada din tak nahi tikne vaale.)
These clothes are not going to stay long.

30. जब तक मैं ज़िंदा हूँ, मैं खाली नहीं बैठूँगा।
(Jab tak main zinda hoon, main khaali nahi baithoonga.)
I will not sit idle as long as I am alive.

- Day 107 -

1. किससे बात कर रहे थे इतनी देर से?
(Kisase baat kar rahe the itni der se?)
Who were you talking to for so long?

2. उसकी जब मर्ज़ी होती है तब वो मुझसे बात करता है।
(Uski jab marzi hoti hai tab vo mujhse baat karta hai.)
He talks to me whenever he wants to.

3. मुझे इस बारे में बात नहीं करनी है।
(Mujhe is baare me baat nahi karni hai.)
I don't want to talk about it.

4. ये कोई तरीका नहीं है बात करने का!
(Ye koi tarika nahi hai baat karne ka!)
This is not the way to talk!

5. मुझे आपसे बात करनी है।
(Mujhe aapse baat karni hai.)
I want to talk to you.

6. आपको मुझसे किस बारे में बात करनी है?
(Aapko mujhse kis baare me baat karni hai?)
What do you want to talk to me about?

7. अगर आपने ये दोबारा किया तो मैं आपसे बात नहीं करूँगी।
(Agar aapne ye dobaara kiya to main aapse baat nahi karoongi.)
If you do this again, I'll not talk to you.

8. यहाँ मेरे अलावा कोई नहीं है।
(Yahaan mere alaava koi nahi hai.)
There is nobody here apart from me.

9. वो ससुराल से कब वापस आएगी?
(Vo sasuraal se kab vaapas aayegi?)
When will she be back from her in-laws' home.

10. मैं माँ से मिलने के लिए तरस रही हूँ।
(Main maa se milne ke liye taras rahi hoon.)
I am longing to see my mother. / I am pining for my mother.

11. रोहन की माँ अस्पताल में हैं।
(Rohan ki maa asptaal me hain.)
Rohan's mother is in the hospital.

12. बहुत सारे लोग होंगे।
(Bahut saare log honge.)
There will be a lot of people.

13. ये लोग किसी के सगे नहीं है।
(Ye log kisi ke sage nahi hain.)
These people are not loyal to anyone.

14. उसे आदमी की पहचान है।
(Use aadmi ki pahchaan hai.)
He has the ability to judge a person.

15. क्या तुम अख़बार पढ़ चुके?
(Kya tum akhbaar padh chuke?)
Have you finished with the newspaper yet?

16. नहीं, साढ़े छः बजे मेरी मीटिंग है।
(Nahi, saadhe chhah baje meri meeting hai.)
No, I have a meeting at 6:30.

17. मैं नहीं थकी हूँ, पर तुम थके हो।
(Main nahi thaki hoon, par tum thake ho.)
I'm not tired, but you are.

18. मेरे पास कार नहीं है, लेकिन मेरे भाई के पास है।
(Mere paas car nahi hai, lekin mere bhaai ke paas hai.)
I haven't got a car, but my brother has.

19. तुम उसके साथ खेलने जा सकते हो; लेकिन सिर्फ़ इस बार।
(Tum uske saath khelne ja sakte ho; lekin sirf is baar.)
You can go to play with her; but just this once.

20. मैंने ये सुन रखा था लेकिन कभी देखा नहीं था।
(Maine ye sun rakha tha lekin kabhi dekha nahi tha.)
I had heard of it but hadn't seen it ever.

21. मैंने ये गाना पहले नहीं सुना है।
(Maine ye gana pahle nahi suna hai.)
I have not heard this song before.

22. मैंने इस बारे में कभी नहीं सुना।
(Maine is baare me kabhi nahi suna.)
I have never heard of it.

23. क्या मैं उसे बस एक बार देख सकता हूँ?
(Kya main use bas ek baar dekh sakta hoon?)
Can I see her just once?

24. मैं तुम्हें उससे मिलने नहीं दे सकती
(Main tumhe usase milne nahi de sakti.)
I can't let you see her. /
I can't let you meet her.

25. मैं तुम्हारी शक्ल तक नहीं देखना चाहता!
(Main tumhaari shakl tak nahi dekhna chaahta!)
I don't even want to see your face!

26. क्या तुम उससे अक्सर मिल पाते हो?
(Kya tum usase aksar mil paate ho?)
Do you get to see her often?

27. मैं यहाँ से गुज़र रहा था तो सोचा आपसे मिलता चलूँ।
(Main yahaan se guzar raha tha to socha aapse milta chaloon.)
I was just passing by and thought I'd drop in to see you.

28. उनकी शादी को कितने साल हो गये हैं?
(Unki shaadi ko kitne saal ho gaye hain?)
How long have they been married?

29. उसकी शादी होने वाली है।
(Uski shaadi hone vaali hai.)
She is going to get married. / She is going to marry. /
She is getting married.

30. शादी मे किसी बात की कसर नहीं थी।
(Shaadi me kisi baat ki kasar nahi thi.)
There was nothing wanting in the marriage. /
There was no shortcoming in the marriage.

- Day 108 -

1. बच्चों को बुरी आदतों में नहीं पड़ना चाहिए।
(Bachhon ko buri aadton me nahi padna chaahiye.)
Kids should not get into bad habits.

2. फ्लश दाहिने हाथ से दबाना।
(Flush daahine haath se dabaana.)
Press the flush with your right hand.

3. अपनी ठुड्डी पर से थूक पोछो।
(Apni thuddi par se thook pochho.)
Wipe the spit off your chin.

4. अपने कपड़ों में हाथ मत पोछो।
(Apne kapdon me haath mat pochho.)
Don't wipe your hands on your clothes.

5. तौलिए से हाथ पोछो।
(Tauliye se haath pochho.)
Wipe your hands with the towel.

6. खाने के बाद दाँत अच्छे से साफ़ किया करो।
(Khaane ke baad daant achchhe se saaf kiya karo.)
Clean your teeth properly after meals.

7. जीभ से होंठ मत चाटो।
(Jeebh se honth mat chato.)
Don't run your tongue over your lips.

8. चाकू नीचे रखो, हाथ कट जायेगा।
(Chaaku neeche rakho, haath kat jaayega.)
Put the knife down, you'll cut your hand.

9. जब खाँसी आये तो मुँह को हाथ / हाथों से ढक लिया करो।
(Jab khaansi aaye to muh ko haath / haathon se dhak liya karo.)
Cover your mouth with your hand / hands when you cough.

10. रुमाल से नाक साफ़ करो।
(Rumaal se naak saaf karo.)
Blow your nose on your hankie.

11. जो है उसमें खुश रहो।
(Jo hai usme khush raho.)
Be happy with what you have.

12. सड़क पार करने से पहले दोनों तरफ़ देख लेना।
(Sadak paar karne se pahle donon taraf dekh lena.)
Look both ways before you cross over.

13. अपने जूते पहनो, नहीं तो पैर में कुछ चुभ जायेगा।
(Apne joote pahno, nahi to pair me kuchh chubh jaayega.)
Put on your shoes, or else you'll prick your sole.

14. सब ठीक हो जायेगा; टेंशन मत लो।
(Sab theek ho jaayega; tension mat lo.)
Everything will be fine; don't worry.

15. मोबाइल दोनों हाथों से पकड़ो।
(Mobile donon hathon se pakdo.)
Hold the mobile with both hands.

16. खाँसते और छींकते समय टीशू का उपयोग करें या फिर अपनी कोहनी मोड़ कर मुँह ढकें।
(Khaanste aur chheenkate samay tissue ka upyog karen ya fir apni kohani mod kar muh dhaken.)
At the time of coughing or sneezing, use a tissue or your bent elbow.

17. जो लोग खाँस या छींक रहे हों उनसे कम से कम एक मीटर की दूरी पर रहें।
(Jo log khaans ya chheenk rahe hon unse kam se kam ek metre ki doori par rahen.)
Stay at least 1 metre away from people who are coughing or sneezing.

18. जब आप बाहर हों तो अपना चेहरा छूने से बचें।
(Jab aap baahar hon to apna chehra chhoone se bachen.)
Avoid touching your face when you are out.

19. अपनी आँखें, नाक, और मुँह को छूने से बचें।
(Apni aankhen, naak, aur muh ko chhoone se bachen.)
Avoid touching your eyes, nose, and mouth.

20. जो बीमार हैं उनके ज़्यादा करीब न जायें।
(Jo beemaar hain unke zyada kareeb na jaayen.)
Avoid close contact with people who are sick.

अंधों में काना राजा।
(Andhon me kaana raja.)
A figure among ciphers.

#BetterYourself

- Day 109 -

1. उसने मुझे बदनाम करने में कोई कसर नहीं छोड़ी।
(Usne mujhe badnaam karne me koi kasar nahi chhodi.)
He did not leave anything undone to defame me.

2. मैंने शादी में जाने के बहाने छुट्टी ली।
(Maine shaadi me jaane ke bahaane chhutti li.)
I took leave on the pretext of attending a wedding. /
I took leave under the pretext of attending a wedding.

3. वो मजाक था पर तुमने तो सीरियसली ले लिया।
(Vo majaak tha par tumne to seriously le liya.)
That was a joke, but you took it literally / seriously.

4. कोई कुछ कड़वी बात बोलता है तो मुझे दिल पर लगती है।
(Koi kuchh kadvi baat bolta hai to mujhe dil par lagti hai.)
If someone says something critical, I take it to heart.

5. उसने बात दिल पे ले ली होगी तभी वो इतना परेशान है।
(Usne baat dil pe le li hogi tabhi vo itna pareshaan hai.)
He must have taken the criticism to heart that's why he is so upset.

6. बेचारा रोहन! वो बहुत परेशान है।
(Bechara Rohan! Vo bahut pareshaan hai.) Poor Rohan! He is very upset.

7. कोई भी संतुष्ट नहीं है; क्या गरीब क्या अमीर!
(Koi bhi santusht nahi hai; kya gareeb kya ameer!)
No one is satisfied; whether the poor or the rich!

8. जैसे मैंने सोचा था, वो वैसी बिल्कुल भी नहीं थी।
(Jaise maine socha tha, vo vaisi bilkul bhi nahi thi.)
She wasn't at all like I expected.

9. जब भगवान देता है, छप्पर फ़ाड़ के देता है।
(Jab Bhagwan deta hai, chhappar phaad ke deta hai.)
When God gives, He gives in an unexpected way. /
When God gives, He gives in a miraculous way.

10. वो तुम्हारे खिलाफ़ जाल बिछा रहे हैं।
(Vo tumhaare khilaaf jaal bichha rahe hain.)
They are setting a trap for you.

11. मैं इन सब में नहीं पड़ना चाहता।
(Main in sab me nahi padna chaahta.)
I don't want to get into all this.

12. मैंने धूम्रपान करना दो साल पहले ही छोड़ दिया।
(Maine dhoomrapaan karna do saal pahle hi chhod diya.)
I gave up smoking two years ago.

13. मेरे पास जो भी था मैंने उसे दे दिया।
(Mere paas jo bhi tha maine use de diya.)
I gave him what I had.

14. मैंने तो कुछ कहा ही नहीं!
(Maine to kuchh kaha hi nahi!)
I did not say a word!

15. वो जितना कमाती है उतना खर्च भी कर देती है।
(Vo jitna kamaati hai utna kharch bhi kar deti hai.)
She spends the whole of her earnings.

23. हर किसी का हर जगह जाना ज़रूरी नहीं है।
(Har kisi ka har jagah jana zaroori nahi hai.)
It's not necessary for everyone to go everywhere.

16. मैंने ऐसा कुछ भी नहीं किया है।
(Maine aisa kuchh bhi nahi kiya hai.)
I have done no such thing.

24. हर चीज़ हर किसी को मिले, ये ज़रूरी नहीं हैं।
(Har cheez har kisi ko mile, ye zaroori nahi hai.)
It's not necessary for everyone to get everything.

17. कुछ भी हो, सबका दोष मुझे ही दिया जाता है।
(Kuchh bhi ho sabka dosh mujhe hi diya jata hai.)
I get blamed for all kinds of things.

25. बटुआ यहाँ मत छोड़ो वरना चोरी हो जायेगा।
(Batuaa yahaan mat chhodo varna chori ho jaayega.)
Don't leave your wallet here or it will get stolen.

18. चाचा जी को मेरी तरफ़ से नमस्ते कहना।
(Chacha ji ko meri taraf se namaste kahna.)
Say hi to uncle for me.

26. तुम्हें मेरी फ़िक्र करने की ज़रूरत नहीं है।
(Tumhe meri fikra karne ki zaroorat nahi hai.)
You need not worry about me.

19. क्या तुम मेरा एक छोटा सा काम कर सकते हो, प्लीज़?
(Kya tum mera ek chhota sa kaam kar sakte ho, please?)
Could you do me a little favor, please?

27. अगर ज़रूरत पड़ेगी मेरी तो मैं ज़रूर जाऊँगा वहाँ।
(Agar zaroorat padegi meri to main zaroor jaaunga vahaan.)
If the need arises, I'll certainly go there.

20. तुमसे छोटा है क्या वो जो तुम उससे तू करके बात कर रहे हो?
(Tumse chhota hai kya vo jo tum usase tu karke baat kar rahe ho?)
Is he younger than you as you are talking with him rudely?

28. अगर ज़रूरत पड़ती है तो मैं हूँ तुम्हारे साथ।
(Agar zaroorat padti hai to main hoon tumhaare sath.)
If the need arises, I am with you. /
If the need arises, I am there with you.

21. तुमसे बड़ा है वो, समझे? इज़्ज़त से बात किया करो उससे।
(Tumse bada hai vo, samjhe? Izzat se baat kiya karo usase.)
He is older than you, OK? Treat him with respect.

29. क्या आपको ये चीज़ चाहिए?
(Kya aapko ye cheez chaahiye?)
Is this the stuff you need?

22. मेरा छोटा भाई मेरे पीछे-पीछे लगा रहता है।
(Mera chhota bhaai mere peechhe-peecche laga rahta hai.)
My little brother follows me everywhere.

30. जब कभी भी कोई मदद चाहिए हो तो माँग सकते हो।
(Jab kabhi bhi koi madad chaahiye ho to maang sakte ho.)
You can ask for help whenever you need it.

- Day 110 -

1. मेरा ऐसा इरादा बिल्कुल भी नहीं था।
(Mera aisa iraadaa bilkul bhi nahi tha.)
Such was not my intention at all.

2. तुम्हारी बेटी तो तुम पर बिल्कुल भी नहीं गई है।
(Tumhaari beti to tum par bilkul bhi nahi gayi hai.)
Your daughter does not take after you at all. / Your daughter does not take after you in any way.

3. मुझे उस पर बिल्कुल भी यकीन नहीं है।
(Mujhe us par bilkul bhi yakeen nahi hai.)
I don't believe him at all.

4. वो इससे बिल्कुल भी खुश नहीं है।
(Vo isase bilkul bhi khush nahi hai.)
She is not at all happy with this.

5. तुम्हारी गलती थी इसलिए तुम्हें सज़ा मिली।
(Tumhaari galti thi isliye tumhe saza mili.)
You were at fault, that's why you were punished.

6. मैं आपको अपना बड़ा भाई मानता हूँ, इसलिए अपनी हर बात बताता हूँ आपसे।
(Main aapko apna bada bhaai maanta hoon, isliye apni har baat bataata hoon aapse.)
I consider you as my elder brother, that's why I share everything with you.

7. मैं उससे उम्र में थोड़ी सी बड़ी हूँ।
(Main usase umra me thodi si badi hoon.)
I am slightly older than her. / I am a little older than her.

8. वो मुझसे थोड़ी सी लम्बी है।
(Vo mujhse thodi si lambi hai.)
She is slightly taller than me.

9. मैं तुम्हें परिवार से बढ़कर मानता हूँ।
(Main tumhe parivaar se badhkar maanta hoon.)
I consider you more than family.

10. बिजली की कीमत फिर से बढ़ गई है।
(Bijli ki keemat fir se badh gayi hai.)
The cost of electricity has risen again.

11. पहले तीन महीनों तक आपको एक पैसा भी नहीं देना होगा।
(Pahle teen maheenon tak aapko ek paisa bhi nahi dena hoga.)
It won't cost you a penny for the first three months.

12. ये बच्चे मुझे पागल कर रहे हैं।
(Ye bachche mujhe paagal kar rahe hain.)
These children are driving me crazy. / These children are driving me mad.

13. मुझे (कार में) आगे बैठना है।
(Mujhe {kaar me} aage baithna hai.)
I want to sit in the front.

14. उसने थैलों को ज़ोर से टेबल पर पटक दिया।
(Usne thailon ko zor se tebal par patak diya.)
She dumped the bags on the table.

15. क्या आप थोड़ा सा बगल हो जायेंगे, प्लीज़? मुझे दिख नहीं रहा है।
(Kya aap thoda sa bagal ho jaayenge, please? Mujhe dikh nahi raha hai.)
Could you please move a bit? You are blocking my view.

16. पार्किंग के लिए जगह नहीं मिल रही थी।
(Parking ke liye jagah nahi mil rahi thi.)
I couldn't find a parking spot.

17. लगता है, आपने मुझे पहचाना नहीं।
(Lagta hai, aapne mujhe pahchaana nahi.)
I think, you didn't recognize me. / It seems, you didn't recognize me.

18. वह मेरे दोस्त का मजाक उड़ाता है।
(Vah mere dost ka majaak udaata hai.)
He makes fun of my friend.

19. उसने मुझे बताया कि कहाँ जाना है।
(Usne mujhe bataaya ki kahaan jaana hai.)
He told me where to go.

20. मुझे उसकी हालत देखकर रोना आ रहा है।
(Mujhe uski haalat dekhkar rona aa raha hai.)
I feel like crying on seeing his condition.

21. क्या तुम मुझे करके दिखा सकते हो कि इसे कैसे करना है?
(Kya tum mujhe karke dikha sakte ho ki ise kaise karna hai?)
Can you show me how to do this?

22. दिखाना, कैसे करना है।
(Dikhaana, kaise karna hai.)
Show me how to do it.

23. मेरे पास तुम्हें दिखाने के लिए कुछ है।
(Mere paas tumhe dikhaane ke liye kuchh hai.)
I have something to show you.

24. दिखा दो उसे कि एक औरत कितनी ताकतवर / मजबूत हो सकती है!
(Dikha do use ki ek aurat kitni takatvar / majboot ho sakti hai!)
Show him how strong a woman can be!

25. यहाँ पर माहौल काफ़ी गर्म है।
(Yahaan par mahaul kaaphi garm hai.)
Here, the situation is pretty heated up.

26. इसका अपना ही मज़ा है।
(Iska apna hi maza hai.)
It has a feel of its own.

27. मैं खून नहीं देख सकता।
(Main khoon nahi dekh sakta.)
I can't stand the sight of blood.

28. वह छाया में खड़ी है।
(Vah chhaaya me khadi hai.)
She is standing in the shade.

29. वो सड़क के बीचो-बीच खड़ा था।
(Vo sadak ke beecho-beech khada tha.)
He was standing in the middle of the road.

30. तुम तब तक खड़े रहोगे जब तक मैं बैठने को न बोलूँ!
(Tum tab tak khade rahoge jab tak main baithne ko na boloon!)
You shall keep standing until I ask you to sit down!

MAKING CONNECTIONS

EXERCISE - 22

Question 1: Choose words from the Hints and place them in correct places in the sentences below.
(संकेतों में से शब्द चुनकर उन्हें नीचे दिए गए वाक्यों में सही स्थान पर रखिए।) - {Reference Day 106}

a. I .... that he .... come early. – (Hint: will, would, thought, think)

b. I've .... a few things to do .... morning, but I'm free later. – (Hint: get, got, this, that)

c. How many times............................... I told you not to wander off like ....? – (Hint: have, has, this, that)

d. I am .... the habit............................... waking early in the morning. – (Hint: in, at, of, for)

e. I will not sit idle .... long .... I am alive. – (Hint: as, for, of, as)

Question 2: Translate the following sentences into HIndi.
(नीचे दिए गए वाक्यों का हिन्दी में अनुवाद करिए।) - {Reference Day 107}

a. He talks to me whenever he wants to.

....

b. You can go to play with her; but just this once.

....

c. I am longing to see my mother.

....

d. I was just passing by and thought I'd drop in to see you.

....

e. There was no shortcoming in the marriage.

....

Question 3: Choose the correct answers from the Answer Bank.
(उत्तर बैंक से सही उत्तर चुनिए ।) - {Reference Day 108}

ANSWER BANK				
coughing	wipe	hands	spit	sneezing

a. .... the .... off your chin.

b. Don't .... your .... on your clothes.

c. At the time of .... or ...., use a tissue or your bent elbow.

d. Stay at least 1 metre away from people who are .... or ....

e. .... your hands with the towel.

Question 4: Correct the sentences given below.
(नीचे दिए गए वाक्यों को सही करिये ।) - {Reference Day 109}

a. He did not leave anything indone to defame me.

....

b. That was a joke, but you took at literally.

....

c. Could you does me a little favor, please?

....

d. It's not necessary of everyone to go everywhere.

....

e. If the need arises, I'll certainly got there.

....

Question 5: Use "This / That / Than" and make five sentences.
("This / That / Than" का उपयोग करते हुए 5 वाक्य बनाइए ।) - {Reference Day 110}

a. ....

b. ....

c. ....

d. ....

e. ....

- Day 111 -

1. उसे घण्टों बाहर खड़ा रखा गया।
(Use ghanton baahar khada rakha gaya.)
He was kept standing outside for hours.

2. तुम अख़बार पर बैठे हो।
(Tum akhbaar par baithe ho.)
You are sitting on a newspaper.

3. क्योंकि बैठने के लिए जगह ही नहीं है।
(Kyonki baithne ke liye jagah hi nahi hai.)
Because, there isn't anywhere to sit.

4. बैठ कर बातचीत कर लो, फिर डिसाइड करो।
(Baith kar baatcheet kar lo, fir decide karo.)
Sit down and have a conversation, then decide.

5. वे मेरे यहाँ आने वाले हैं।
(Ve mere yahaan aane vaale hain.)
They are going to visit me.

6. वो तुम्हारे यहाँ कब-कब आता है?
(Vo tumhaare yahaan kab-kab aata hai?)
How often does he visit you?

7. वो मुझसे अक्सर मिलने आता है।
(Vo mujhse aksar milne aata hai.)
He comes to meet me often.

8. तुम उससे कब-कब मिलते हो?
(Tum usase kab-kab milte ho?)
How often do you meet her?

9. जब वो आयेंगे तो मैं कॉल कर दूँगी।
(Jab vo aayenge to main call kar doongi.)
I'll call you when he comes.

10. कल तक आने की कोशिश करूँगा।
(Kal tak aane ki koshish karoonga.)
I'll try to come by tomorrow.

11. तुम यहाँ कार से आये या पैदल?
(Tum yahaan car se aaye ya paidal?)
Did you come here by car or on foot?

12. मैं ये मामला सुलझाकर आती हूँ।
(Main ye maamala sulajhaakar aati hoon.)
I'll come after settling this matter.

13. क्या तुम चलोगे मेरे साथ?
(Kya tum chaloge mere saath?)
Will you come along with me? /
Will you come along?

14. अगर फ्री नहीं हो तो कोई बात नहीं।
(Agar free nahi ho to koi baat nahi.)
If you are not free, then never mind.

15. क्या तुम भी आना चाहते हो?
(Kya tum bhi aana chaahte ho?)
Do you also want to come?

16. अंदर नहीं आना चाहते हो क्या?
(Andar nahi aana chaahte ho kya?)
Don't you want to come in?

17. लड़के वाले रिश्ता लेकर आये हैं।
(Ladke vaale rishta lekar aaye hain.)
Suitors have come with the proposal.

18. हो सकता है हमें घर बेचना पड़ जाये, लेकिन मैं आशा करती हूँ कि इसकी नौबत ही न आये।
(Ho sakta hai hame ghar bechna pad jaaye, lekin main aasha karti hoon ki iski naubat hi na aaye.)
We may have to sell the house, but I hope, it won't come to that.

19. मैंने भी सोचा जाने दो, मेरा बहस करने का मन नहीं था।
(Maine bhi socha jaane do, mera bahas karne ka man nahi tha.)
I thought to let that go, I didn't feel like arguing.

20. मैं थोड़ी देर के लिए लेटने जा रही हूँ।
(Main thodi der ke liye letne ja rahi hoon.)
I'm going to lie down for a while.

21. मुझे तुम्हारी बात पर रत्ती भर भी भरोसा नहीं है।
(Mujhe tumhaari baat par ratti bhar bhi bharosa nahi hai.)
I don't believe you even a bit.

22. क्या तुमने मेरे लिए कभी कुछ किया है?
(Kya tumne mere liye kabhi kuchh kiya hai?)
Have you ever done anything for me?

23. क्या आप कभी प्रयागराज गये हैं?
(Kya aap kabhi Prayagraj gaye hain?)
Have you ever been to Prayagraj?

24. हम सालों से साथ हैं।
(Ham saalon se saath hain.)
We have been together for years.

25 वो सोचने में मगन थी।
(Vo sochne me magan thi.)
She had been lost in thought.

26. ये अभी तक हो जाना चाहिए था।
(Ye abhi tak ho jana chaahiye tha.)
It should have been done by now.

27. कब से सीख रहे हो?
(Kab se seekh rahe ho?)
How long have you been learning?

28. पीढ़ियों से यही होता चला आया है।
(Peedhiyon se yahi hota chala aaya hai.)
This has been the custom for generations.

29. इस तरह की बातें तो इस जगह शुरू से ही होती हैं।
(Is tarah ki baaten to is jagah shuru se hi hoti hain.)
This type of conversation has been going on here since the beginning.

30. यहाँ घर जैसा माहौल है।
(Yahaan ghar jaisa mahaul hai.)
Here, it has a homely atmosphere.

31. उन लोगों से बहस करने का कोई फ़ायदा नहीं है।
(Un logon se bahas karne ka koi faayda nahi hai.)
It's no use arguing with them.

32. उसके बहुत ही कम दोस्त हैं और वह अकेला महसूस करता है।
(Uske bahut hi kam dost hain aur vah akela mahsoos karta hai.)
He has few friends and he feels lonely.

- Day 112 -

1. उसके थोड़े-बहुत दोस्त हैं और वे अक्सर मिलते हैं।
(Uske thode bahut dost hain aur ve aksar milte hain.)
He has a few friends and they meet quite often.

2. क्या तुम्हें इस हफ़्ते कुछ काम है?
(Kya tumhe is hafte kuchh kaam hai?)
Do you have something on this week?

3. तब तक मैं नहा चुका था।
(Tab tak main naha chuka tha.)
I had taken a bath by then.

4. वो गीले कपड़े उतार दो, वरना ज़ुखाम हो जाएगा।
(Vo geele kapde utaar do, varna jukhaam ho jaayega.)
Take off those wet clothes, or you will catch a cold.

5. बाहर जाने से पहले अच्छी तरह से गर्म कपड़े पहन लो।
(Baahar jane se pahle achchhi tarah se garm kapde pahan lo.)
Bundle up yourself before going out.

6. एक मकान बनाने में कितने पैसे लगते हैं?
(Ek makaan banaane me kitne paise lagte hain?)
How much money is needed to build a house?

7. मैंने प्रॉपर्टी का बयाना दे दिया है।
(Maine property ka bayaana de diya hai.)
I have paid earnest money for the property.

8. तुम्हें एक फूटी कौड़ी भी नहीं मिलेगी।
(Tumhe ek phooti kaudi bhi nahi milegi.)
You will not get even a single penny.

9. ज़बान फिसल गई थी।
(Zabaan phisal gayi thi.)
It was a slip of the tongue.

10. बाहर जाने से पहले अपना स्वेटर पहन लो।
(Baahar jane se pahle apna sweater pahan lo.)
Put on your sweater before going out.

11. एक शॉल लेकर ओढ़ लो।
(Ek shawl lekar odh lo.)
Take a shawl and wrap yourself up.

12. और बताओ! सब बढ़िया?
(Aur bataao! Sab badhiya?)
Tell me more! Is everything fine?

13. अगले चौराहे / चौक से बायें मुड़ जाना।
(Agle chaurahe / chauk se baayen mud jana.)
Turn left at the next crossing. / Turn left at the next crossroads.

14. आस्तीन कोहनियों के ऊपर कर लो।
(Aasteen kohaniyon ke oopar kar lo.)
Roll your sleeves above your elbows.

15. मैं तुम्हारे बिना यहाँ से हिलूँगी भी नहीं!
(Main tumhaare bina yahaan se hiloongi bhi nahi!)
I won't budge from here without you!

16. आओ, तुम्हें गोद में ले लूँ।
(Aao, tumhe god me le loon.)
Come, I'll take you in my arms.

17. उसने अपना करियर बर्बाद कर लिया।
(Usne apna career barbaad kar liya.)
He has messed up his career.

24. किसकी कितनी उम्र है आपको क्या करना है?
(Kiski kitni umra hai aapko kya karna hai?)
Why do you care what someone's age is?

18. मैं अपने पर्स में हमेशा सेफ्टी पिंस रखती हूँ कि शायद कहीं कोई ज़रूरत पड़ जाये।
(Main apne purse me hamesha safety pins rakhti hoon ki shaayad kaheen koi zaroorat pad jaye.)
I carry safety pins in my purse, just in case.

25. रास्ते में बताऊँगा।
(Raaste me bataaunga.)
I'll tell you on the way.

19. बच्चे को कम्बल उढ़ा दो।
(Bachche ko kambal udha do.)
Put the blanket over the baby.

26. वहाँ से मेरे लिए एक कॉफ़ी ले आना।
(Vahaan se mere liye ek coffee le aana.)
Get me a coffee from there.

20. बच्चे को चादर उढ़ा दो।
(Bachche ko chaadar udha do.)
Put the sheet over the baby.

27. आपकी आवाज़ रुक-रुक कर आ रही है।
(Aapki aavaaz ruk-ruk kar aa rahi hai.)
Your voice is coming in and out. / You're breaking up.

21. कौन से ज़माने में जी रहे हैं आप?
(Kaun se zamaane me jee rahe hain aap?)
In which era are you living?

28. इसे ऐसे नहीं किया जाता।
(Ise aise nahi kiya jata.)
This is not the way to do it.

22. गाड़ियाँ सड़क पर धूल-मिट्टी उड़ाती हैं।
(Gaadiyaan sadak par dhool-mitti udaati hain.)
Cars blow dust on the roads.

29. अगर तुमने ये जल्दी नहीं किया तो तुम ये मौका खो दोगे।
(Agar tumne ye jaldi nahi kiya to tum ye mauka kho doge.)
If you don't do it soon, you're going to lose the opportunity.

23. तुम्हारी कार ने मुझ पर कीचड़ उछाल दिया।
(Tumhaari car ne mujh par keechad uchhaal diya.)
Your car splashed mud on me.

30. ये मेरे और मेरे पति की तरफ़ से है।
(Ye mere aur mere pati ki taraf se hai.)
This is from my husband and me.

- Day 113 -

1. सूर्य पूर्व में उगता है।
(Surya poorv me ugta hai.)
The Sun rises in the East.

2. सूर्य पश्चिम में डूबता है।
(Surya pashchim me doobta hai.)
The Sun sets in the West.

3. मैं और तुम हमेशा दोस्त रहेंगे।
(Main aur tum hamesha dost rahenge.)
You and I will be friends forever.

4. ध्यान से चलो कहीं ऐसा न हो कि फिसल जाओ।
(Dhyaan se chalo kaheen aisa na ho ki phisal jaao.)
Walk carefully lest you should slip.

5. चप्पल पहनकर मन्दिर में नहीं जाते।
(Chappal pahankar mandir me nahi jaate.)
You must not enter the temple with footwear on.

6. अब तुम्हें क्यों बुरा लग रहा है?
(Ab tumhe kyon bura lag raha hai?)
Why do you feel sorry now?

7. ऐसा लग रहा था जैसे बच्चे थके हों।
(Aisa lag raha tha jaise bachhe thake hon.)
The children seemed as if they were tired.

8. मीरा सुबह काफ़ी खुश लग रही थी।
(Meera subah kaaphi khush lag rahi thi.)
Meera seemed quite happy this morning.

9. मुझे कुछ काम करने हैं।
(Mujhe kuchh kaam karne hain.)
I've got a few things to do.

10. तुम ये अकेले कर सकते हो।
(Tum ye akele kar sakte ho.)
You can do it on your own.

11. तुम बहुत मजबूत हो और तुम इससे उबर जाओगे।
(Tum bahut majboot ho aur tum isase ubar jaaoge.)
You are strong enough and will get over it.

12. करीब-करीब ठीक ही है।
(Kareeb-kareeb theek hi hai.)
It is more or less correct.

13. हम करीब-करीब एक ही उम्र के हैं।
(Ham kareeb-kareeb ek hi umra ke hain.)
We are more or less the same age.

14. मुझे कबाब में हड्डी नहीं बनना।
(Mujhe kabaab me haddi nahi banana.)
I don't want to be the fifth wheel. /
I don't want to be the third wheel.

15. मुझे लगा मेरी वहाँ कोई ज़रूरत ही नहीं है।
(Mujhe laga meri vahaan koi zaroorat hi nahi hai.)
I felt like a fifth wheel there. /
I felt like a third wheel there.

16. अभी तुम्हारी उम्र नहीं है ये करने की।
(Abhi tumhaari umra nahi hai ye karne ki.)
You are not old enough to do this.

17. अगर ट्राइ करना चाहो तो कर सकते हो।
(Agar try karna chaaho to kar sakte ho.)
You may try if you want to.

18. मैं शिकायत करना चाहूँगी / दर्ज कराना चाहूँगी।
(Main shikaayat karna chaahungi / darj karaana chaahungi.)
I would like to make a complaint.

19. इन सब में मुझे मत घसीटो।
(In sab me mujhe mat ghaseeto.)
Don't drag me into all this.

20. इतना ही नहीं, उसने मुझे मारा भी।
(Itna hi nahi, usne mujhe maara bhi.)
Not only this, he hit me as well.

21. वो फ़ाइनल में पहुँचने के लायक ही नहीं था।
(Vo final me pahunchne ke laayak hi nahi tha.)
He was not worth reaching the final.

22. ये मूवी मुझे सबसे ज़्यादा पसंद है।
(Ye movie mujhe sabse zyada pasand hai.)
This movie, I like the most.

23. मुझे टॉयलेट जाना है।
(Mujhe toilet jaana hai.)
I need to use the restroom. /
I need to go to the toilet. /
I have to pee.

24. लाइट अभी तक नहीं आई है।
(Light abhi tak nahi aayi hai.)
The electricity is not back on yet.

25. कस के पकड़ना, छोड़ना मत।
(Kas ke pakadna, chhodna mat.)
Hold on tight, don't let go.

26. उसने मुझे कमरे से निकाल दिया।
(Usne mujhe kamre se nikaal diya.)
He drove me out of the room.

27. इतिहास गवाह है।
(Itihaas gavaah hai.)
History is witness to the fact. /
History is witness.

28. माता-पिता का ऋण हम कभी नहीं चुका सकते।
(Mata-pita ka rin ham kabhi nahi chuka sakte.)
We can never repay our parents for all they have done for us.

29. रिया और मैं अच्छे दोस्त हैं।
(Riya aur main achchhe dost hain.)
Riya and I are good friends.

30. टीवी बन्द कर दो; मैं देख नहीं रही हूँ।
(TV band kar do; main dekh nahi rahi hoon.)
Turn off the TV; I'm not watching it.

- Day 114 -

1. तुम हमेशा यही गलती करते हो।
(Tum hamesha yahi galti karte ho.)
You always make the same mistake.

2. मैं उससे बात-चीत कर रहा था।
(Main usase baat-cheet kar raha tha.)
I was having a chat with him.

3. मेरे पास स्विमिंग कॉस्ट्यूम है।
(Mere paas swimming costume.)
I have got a swimming costume.

4. मैं ये करने पर मजबूर हूँ।
(Main ye karne par majboor hoon.)
I am compelled to do this.

5. ये स्वेटर बुनने में कितने गोले ऊन लगे?
(Ye sweater bunane me kitne gole oon lage?)
How many bolls of wool did you need to knit this sweater?

6. तुम्हारे जूते के फ़ीते फिर से खुल गए।
(Tumhaare joote ke pheete fir se khul gaye.)
Your shoelaces have come undone again.

7. वो मेरे साथ कन्धे से कन्धा मिलाकर खड़ा रहा।
(Vo mere saath kandhe se kandha milaakar khada raha.)
He stood shoulder to shoulder with me.

8. शायद इससे तुममें कुछ अक्ल आ जाये।
(Shaayad isase tumame kuchh akl aa jaye.)
Maybe, it could knock some sense into you. / Maybe, it could drive some sense into you.

9. सारा माल इस्तेमाल हो गया।
(Saara maal istemaal ho gaya.)
The entire goods were used up. / The entire goods were consumed.

10. ट्रेन पटरी से उतर गई।
(Train patari se utar gayi.)
The train ran off the tracks.

11. उसने मुझे नियम समझाए।
(Usne mujhe niyam samjhaaye.)
He explained the rules to me.

12. मैं बाज़ार तक उसके साथ गया।
(Main baazaar tak uske saath gaya.)
I accompanied her to the market.

13. उसने अपने बाप-दादा का नाम रोशन कर दिया।
(Usne apne baap-dada ka naam roshan kar diya.)
He earned a name for his ancestors.

14. दूल्हे ने सेहरा पहन रखा है।
(Doolhe ne sehra pahan rakha hai.)
The groom is wearing a diadem.

15. मैं अपनी टीम को स्टोरी सुनाकर मोटिवेट करूँगा।
(Main apni team ko story sunaakar motivate karoonga.)
I'll motivate my team by telling them a story.

16. ये वाला मेरे लिए ज़्यादा अच्छा है।
(Ye vala mere liye zyada achchha hai.)
This one is better for me.

17. मेरी कार ले लो चाहिए हो तो।
(Meri car le lo chaahiye ho to.)
Take my car if you want.

18. तुम इसे पूरा किये बिना नहीं जा सकते।
(Tum ise poora kiye bina nahi jaa sakte.)
You cannot leave without completing it.

19. मैं एक डॉक्टर बन सकती थी।
(Main ek doktar ban sakti thi.)
I could have become a doctor.

20. तुमने मेरे लिए क्या किया है?
(Tumne mere liye kya kiya hai?)
What have you done for me?

21. मैं कभी नहीं भूलूँगा जो तुमने मेरे लिए किया है।
(Main kabhi nahi bhoolunga jo tumne mere liye kiya hai.)
I'll never forget what you have done for me.

22. क्या आप मुझे कश्मीरी गेट छोड़ देंगे, प्लीज़?
(Kya aap mujhe Kashmiri gate chhod denge, please?)
Would you drop me at Kashmiri Gate, please?

23. आपको मेरी तरफ़ से उपहार मिलेगा।
(Aapko meri taraf se uphaar milega.)
You will have a gift from me.

24. मैं इस सप्ताह उससे नहीं मिली हूँ।
(Main is saptaah usase nahi mili hoon.)
I have not seen him this week.

25. मैं तुमसे बहुत नाराज़ हूँ।
(Main tumse bahut naaraaz hoon.)
I am very angry with you.

26. मैं तुमसे बहुत खुश हूँ।
(Main tumse bahut khush hoon.)
I am very happy with you.

27. तमाशा खड़ा करने कि क्या ज़रूरत थी?
(Tamaasha khada karne ki kya zaroorat thi?)
What was the need to create a scene?

28. तुमने अपनी शर्मो हया सब बेच खाई है क्या?
(Tumne apni sharmo haya sab bech khayi hai kya?)
Have you lost your sense of shame?

29. ध्यान से! बोतल मुँह तक भरा है।
(Dhyaan se! Botal muh tak bhara hai.)
Be careful! The bottle is full to the brim.

30. आगे से और ज़्यादा ध्यान रखना।
(Aage se aur zyada dhyaan rakhna.)
Be more careful from now on.

- Day 115 -

1. मैंने तो वो डर के मारे कर दिया।
(Maine to vo dar ke maare kar diya.)
I've done that out of fear.

2. क्या तुम बच्चों की देखभाल कर रहे हो?
(Kya tum bachchon ki dekhbhaal kar rahe ho?)
Are you looking after the kids?

3. जो भी थोड़े-बहुत खिलौने हैं उसके पास, तुम ले सकते हो।
(Jo bhi thode-bahut khilaune hain uske paas, tum le sakte ho.)
The few toys he has, you can take.

4. राहुल मेरे खिलाफ़ मेरे बॉस के कान भरता है।
(Rahul mere khilaaf mere boss ke kaan bharta hai.)
Rahul poisons my boss's mind against me.

5. मीरा अपनी शर्मिंदगी छुपाने के लिए हँसी।
(Meera apni sharmindagi chhupaane ke liye hansi.)
Meera laughed to cover her embarrassment.

6. ये चीज़ यहाँ आई कैसे?
(Ye cheez yahaan aayi kaise?)
How did this thing get here?

7. तुम ऐसे निकलोगे मैंने कभी सोचा भी नहीं था।
(Tum aise nikaloge maine kabhi socha bhi nahi tha.)
I never imagined you would turn out to be like this. /
I never thought you would turn out to be like this.

8. रोहन और मीरा ने अलग-अलग होने का फ़ैसला कर लिया है।
(Rohan aur Meera ne alag-alag hone ka phaisla kar liya hai.)
Rohan and Meera have decided to split.

9. मैं शाम को कुछ नहीं कर रहा हूँ।
(Main shaam ko kuchh nahi kar raha hoon.)
I don't have anything planned for the evening.

10. तुम्हें किस तरह का म्यूज़िक पसंद है?
(Tumhe kis tarah ka music pasand hai?)
What kind of music do you like?

11. तुम सोचते हो कि मैं वहाँ थी तो सबसे मिली होंगी।
(Tum sochte ho ki main vahaan thi to sabse mili hongi.)
You think as I was there, I must have met everyone.

12. मुझे रोहन से बात करनी है।
(Mujhe Rohan se baat karni hai.)
I want to speak with Rohan. /
I want to speak to Rohan.

13. ये किसी और से करा लो।
(Ye kisi aur se kara lo.)
Have someone else to do it.

14. राम से मत बताना कि मैंने तुम्हें बोला है।
(Ram se mat bataana ki maine tumhe bola hai.)
Don't tell Ram that I've told you.

15.. इस पेज की पाँच कॉपी कर दो।
(Is page ki paanch copy kar do.)
Make five copies of this page.

16. देखना कहीं उसे छू ना लेना!
(Dekhna kaheen use chhoo naa lena!)
Be careful not to touch that!

17. मुझे 6:30 बजे जगा देना।
(Mujhe 6:30 baje jaga dena.)
Wake me up at 6:30. /
Wake me up at half past 6.

18. फिर से अनुमान लगाओ, अभी तो तुम काफ़ी दूर हो।
(Fir se anuman lagaao, abhi to tum kaaphi door ho.)
Guess again, you are way off.

19. तुम मुझे ऐसे क्यों देख रहे हो?
(Tum mujhe aise kyon dekh rahe ho?)
Why are you looking at me like this?

20. वह यहीं पास में रहता है।
(Vah yaheen paas me rahta hai.)
He lives just around the corner.

21. ये सेब अंदर से सड़ा है।
(Ye seb andar se sada hai.)
This apple is rotten on the inside.

22. तुम्हें इसकी आदत हो जाएगी।
(Tumhe iski aadat ho jaayegi.)
You will get used to it.

23. उसे समझाने का कोई फ़ायदा नहीं है।
(Use samjhaane ka koi faayda nahi hai.)
It's no use making her understand.

24. हमारी बनती / जमती नहीं।
(Hamaari banti / jamti nahi.)
We are not on good terms.

25. बाहर से अख़बार ले आओ, वरना भीग जाएगा।
(Baahar se akhbaar le aao, varna bheeg jaayega.)
Get the newspaper inside, or else it will get wet.

26. केवल एक गलती पूरे वाक्य का मतलब बदल देती है।
(Keval ek galti poore vaakya ka matlab badal deti hai.)
Only one mistake can change the meaning of the whole sentence.

27. बाहर टहलने जा रहा हूँ।
(Baahar tahalne ja raha hoon.)
I'm going out for a walk.

28. मैं अपनी कार बेचने जा रहा हूँ।
(Main apni car bechne jaa raha hoon.)
I'm going to sell my car.

29. तुम्हारे कितने दोस्त हैं?
(Tumhaare kitne dost hain?)
How many friends have you got? /
How many friends do you have?

30. क्या वह कपड़े पर ज़्यादा पैसे खर्च करती है?
(Kya vah kapde par zyada paise kharch karti hai?)
Does she spend much money on clothes?

MAKING CONNECTIONS

EXERCISE - 23

Question 1: Translate the following sentences into English.
(नीचे दिए गए वाक्यों का अंग्रेजी में अनुवाद करिए ।) - {Reference Day 111}

a. लड़के वाले रिश्ता लेकर आये हैं। (Ladke vaale rishta lekar aaye hain.)

....

....

b. हो सकता है हमें घर बेचना पड़ जाये, लेकिन मैं आशा करती हूँ कि इसकी नौबत ही न आये। (Ho sakta hai hame ghar bechna pad jaaye, lekin main aasha karti hoon ki iski naubat hi na aaye.)

....

....

c. बैठ कर बातचीत कर लो, फिर डिसाइड करो। (Baith kar baatcheet kar lo, fir decide karo.)

....

....

d. मैं ये मामला सुलझाकर आती हूँ। (Main ye maamala sulajhaakar aati hoon.)

....

....

e. इस तरह की बातें तो इस जगह शुरू से ही होती हैं। (Is tarah ki baaten to is jagah shuru se hi hoti hain.)

....

....

Question 2: Replace the Hindi words in brackets with the correct English word.
(कोष्ठक में दिए गए हिन्दी शब्दों के स्थान पर अंग्रेजी के सही शब्द लिखिए।) - {Reference Day 112}

a. He has a (थोड़े-बहुत) friends and they meet quite often. ....

b. He has (बर्बाद) up his career. ....

c. How much money is needed to (बनाना) a house? ....

d. Cars (उड़ाना) dust on the roads. ....

e. Your car (उछाल दिया) mud on me. ....

Question 3: Make your own sentences using the words below.
(नीचे दिए गए शब्दों का उपयोग करते हुए खुद से वाक्य बनाइए।) - {Reference Day 113}

a. old enough ....

b. you should ....

c. worth reaching ....

d. quite happy ....

e. strong enough ....

Question 4: Choose the correct answers from the Answer Bank.
(उत्तर बैंक से सही उत्तर चुनिए।) - {Reference Day 114}

ANSWER BANK				
of	is	to	for	were

a. This one .... better for me.

b. How many balls .... wool did you need to knit this sweater?

c. I'll never forget what you have done .... me.

d. He stood shoulder .... shoulder with me.

e. The entire goods .... used up. / The entire goods .... consumed.

Question 5: Correct the sentences below.
(नीचे दिए गए वाक्यों को सही करिये ।) - {Reference Day 115}

a. It's careful not to touch that! ....

b. Wake me up on 6:30. / Wake me up on half past 6. ....

c. Why are you looking on me like this? ....

d. Rohan and Meera has decided to split. ....

e. Do she spend much money on clothes? ....

- Day 116 -

1. पुलिस घर में घुसी कैसे?
(Pulis ghar me ghusi kaise?)
How did police get into the house?

2. तुम्हें यह चाहिए या मैं फेंक दूँ?
(Tumhe yah chaahiye yaa main phenk doon?)
Do you want this or shall I throw it away?

3. मुझे पता था तुम ये बात उठाओगे।
(Mujhe pata tha tum ye baat uthaaoge.)
I knew, you'd bring that up.

4. मुझे पता था तुम पैसे का मुद्दा उठाओगे।
(Mujhe pata tha tum paise ka mudda uthaaoge.)
I knew, you'd bring up the subject of money.

5. तुम क्या सोचती हो क्या नहीं सोचती मुझे फ़र्क नहीं पड़ता।
(Tum kya sochati ho kya nahi sochti mujhe fark nahi padta.)
I don't care whatever you think.

6. अगर उसने मुझे कॉल कर दिया तो?
(Agar usne mujhe call kar diya to?)
What if he called me up?

7. मैं इतनी ख़ुश हूँ कि क्या बताऊँ।
(Main itni khush hoon ki kya bataaun.)
I am so happy that I can't tell you. /
I am so thrilled that I can't tell you.

8. मौके ऐसे ही अपने आप नहीं मिल जाते।
(Mauke aise hi apne aap nahi mil jaate.)
Opportunities don't just come out of thin air.

9. बाहर नहीं जाना चाहते हो क्या?
(Baahar nahi jana chaahte ho kya?)
Don't you want to go out?

10. क्या तुम इसे राज़ रख सकते हो?
(Kya tum ise raaz rakh sakte ho?)
Can you keep it a secret?

11. वो तीस से पैंतीस साल के बीच कहीं होगी।
(Vo tees se paintees saal ke beech kaheen hogi.)
She could be anywhere from 30 to 35 years old.

12. अन्त में सब सही हो जाता है।
(Ant me sab sahi ho jaata hai.)
Eventually, all things fall into place.

13. मैं तुम्हारी वजह से राम के साथ दोस्ती नहीं तोड़ सकता।
(Main tumhaari vajah se Ram ke saath dosti nahi tod sakta.)
I can't end my friendship with Ram because of you.

14. टहलना आपके लिए अच्छा रहेगा।
(Tahalna aapke liye achchha rahega.)
The walk will do you good.

15. ये मेरे लिए सबसे ज़्यादा मायने रखता है।
(Ye mere liye sabse zyada maayne rakhta hai.)
It matters to me the most.

16. मुझे बाथरूम में 10 मिनट लगेंगे।
(Mujhe bathroom me 10 minat lagenge.)
I'll take 10 minutes in the bathroom. /
It will take me 10 minutes in the bathroom.

17. जब मैंने उसे देखा तो तुरंत पहचान लिया।
(Jab maine use dekha to turant pahchaan liya.)
When I saw him, I recognized him at once.

18. मैं दो काम एक साथ नहीं कर सकता।
(Main do kaam ek saath nahi kar sakta.)
I can't do two things at once.

19. ख़ुद को देखो आइने में!
(Khud ko dekho aaine me!)
Look at yourself in the mirror!

20. आप देखोगे तो हैरान हो जाओगे।
(Aap dekhoge to hairaan ho jaaoge.)
When you see, you'll be astonished.

21. हम रात के ठीक 10 बजे मिले।
(Ham raat ke theek 10 baje mile.)
We met at 10 p.m. sharp.

22. वो दूध जैसी गोरी है।
(Vo doodh jaisi gori hai.)
She has a complexion as white as milk.

23. पूरे पैसे क्यों नहीं लौटाए उसने?
(Poore paise kyon nahi lautaaye usne?)
Why didn't he return the whole amount?

24. मुझे एक के बाद एक समस्याएँ आ रही हैं।
(Mujhe ek ke baad ek samasyaayen aa rahi hain.)
I am facing problems one after another.

25. तुम इतने बेरहम क्यों बन रहे हो?
(Tum itne beraham kyon ban rahe ho?)
Why are you being so cruel?

26. आशा करती हूँ कि आप मजे में हों।
(Aasha karti hoon ki aap maje me hon.)
I hope you are enjoying yourself.

27. मैं इससे बहुत पक चुका हूँ।
(Main isase bahut pak chuka hoon.)
I am so sick of this.

28. तुम मुझे घूर क्यों रहे हो?
(Tum mujhe ghoor kyon rahe ho?)
Why are you staring at me?

29. मेरा नाम लिस्ट में तुम्हारे नाम के ऊपर है।
(Mera naam list me tumhaare naam ke oopar hai.)
My name is above your name on the list.

30. तुमने इस सुझाव के लिए किसे फ़ोन किया था?
(Tumne is sujhaav ke liye kise phone kiya tha?)
Whom did you call for this suggestion?

- Day 117 -

1. मैंने किसी का क्या बिगाड़ा है?
(Maine kisi ka kya bigaada hai?)
What wrong have I done to anyone?

2. मैंने उसका क्या बिगाड़ा है?
(Maine uska kya bigaada hai?)
What wrong have I done to him?

3. तुमने मेरा क्या बिगाड़ा है?
(Tumne mera kya bigaada hai?)
What wrong have you done to me?

4. उसने मेरा क्या बिगाड़ा है?
(Usne mera kya bigaada hai?)
What wrong has she / he done to me?

5. इस पिक्चर में ये कौन है?
(Is picture me ye kaun hai?)
Who is this in this picture?

6. तुम वहाँ से क्यों भागे?
(Tum vahaan se kyon bhaage?)
Why did you run from there?

7. शक की कोई गुंजाइश ही नहीं है।
(Shak ki koi gunjaaish hi nahi hai.)
There is no room for doubt.

8. तुम मुझसे बहुत बेहतर हो।
(Tum mujhse bahut behtar ho.)
You are much better than me.

9. यह काम करना कोई बच्चों का खेल नहीं है।
(Yah kaam karna koi bachchon ka khel nahi hai.)
Doing this work is not child's play.

10. तुम्हें इतना समय क्यों लग रहा है?
(Tumhe itna samay kyon lag raha hai?)
Why are you taking this long?

11. तुम उसके कान में क्या फुसफुसा रहे हो?
(Tum uske kaan me kya fusfusa rahe ho?)
What are you whispering in his ear?

12. देखते-देखते भीड़ लग गई।
(Dekhate-dekhate bheed lag gayi.)
A crowd gathered within a few seconds.

13. औरतों के पेट में कोई बात नहीं पचती।
(Auraton ke pet me koi baat nahi pachti.)
Women cannot keep anything to themselves.

14. औरतों के नख़रे तो कभी ख़त्म होने का नाम ही नहीं लेते।
(Auraton ke nakhre to kabhi khatm hone ka naam hi nahi lete.)
Women's tantrums never seem to end.

15. मुझे इन पर शक हो रहा है।
(Mujhe in par shak ho raha hai.)
I am getting suspicious of them.

16. जो हुआ सो हुआ, आगे से ध्यान रखना।
(Jo hua so hua, aage se dhyaan rakhna.)
Let bygones be bygones, take care in the future.

17. वो कई दिनों से कोशिश कर रहा है।
(Vo kai dinon se koshish kar raha hai.)
He has been trying for many days.

24. गड़े मुर्दे मत उखाड़ो।
(Gade murde mat ukhaado.)
Do not rip up old sores.

18. उससे बोलो मुर्गा बने।
(Usase bolo murga bane.)
Tell him to crouch like a chicken.

19. मैं कल रात देर से सोया था।
(Main kal raat der se soya tha.)
I went to bed late last night.

20. पीछे की तरफ़ एक तार ढीला हो गया है।
(Peechhe ki taraf ek taar dheela ho gaya hai.)
A wire has come loose at the back.

21. एक छोटी लड़की मेरे पास आई और पैसे माँगे।
(Ek chhoti ladki mere paas aayi aur paise maange.)
A young girl came up to me and asked for money.

22. मुझे बस मेरे सिर पर छत और अच्छा भोजन चाहिए।
(Mujhe bas mere sir par chhat aur achchha bhojan chaahiye.)
All I need is a roof over my head and a decent meal.

23. उसके चारों बच्चे छः वर्ष से कम उम्र के हैं।
(Uske chaaron bachche chhah varsh se kam umra ke hain.)
All four of her children are under six.

25. मुझे बस गर्म पानी से नहाना है।
(Mujhe bas garm paani se nahaana hai.)
All I need is a hot shower.

26. क्या आप उनकी शादी में शामिल होने जा रहे हैं?
(Kya aap unki shaadi me shaamil hone ja rahe hain?)
Are you going to attend their wedding?

27. क्या आप उसकी मदद करने जा रहे हैं?
(Kya aap uski madad karne ja rahe hain?)
Are you going to help her?

28. यह किस समय हुआ?
(Yah kis samay hua?)
At what time did it happen?

29. किस समय जाओगे?
(Kis samay jaaoge?)
At what time will you go?

30. तुम कितने बजे वहाँ पहुँचोगे?
(Tum kitne baje vahaan pahunchoge?)
At what time will you reach there?

- Day 118 -

1. क्या मुझे यहाँ इंटरनेट की ऐक्सेस मिल सकती है?
(Kya mujhe yahaan internet ki access mil sakti hai?)
Can I access the internet here?

2. क्या मुझे एक गिलास पानी मिल सकता है, प्लीज़?
(Kya mujhe ek gilaas paani mil sakta hai, please?)
Can I have a glass of water, please?

3. क्या मुझे मेन्यू मिल सकता है, कृपया?
(Kya mujhe menu mil sakta hai, kripya?)
Can I have the menu, please?

4. क्या मुझे एक टिशू मिल सकता है, कृपया?
(Kya mujhe ek tishu mil sakta hai, kripya.)
Can I have a tissue, please?

5. क्या मुझे बिल मिल सकता है, प्लीज़?
(Kya mujhe bil mil sakta hai, please?)
Can I have the bill, please?

6. क्या मैं अगले शुक्रवार के लिए अपॉइंटमेंट ले सकता हूँ?
(Kya main agle Shukravaar ke liye appointment le sakta hoon?)
Can I make an appointment for next Friday?

7. क्या मैं आपकी ID देख दकता हूँ, कृपया?
(Kya main aapki ID dekh sakta hoon, kripya?)
Could I see your ID, please?

8. क्या मैं आपका पासपोर्ट देख सकता हूँ, कृपया?
(Kya main aapka passport dekh sakta hoon, kripya?)
Could I see your passport, please?

9. क्या मैं खिड़की के पास बैठ सकता हूँ?
(Kya main khidaki ke paas baith sakta hoon?)
Can I sit next to the window?

10. क्या आप इतनी दूरी से वह वाक्य पढ़ सकते हैं?
(Kya aap itni doori se vah vaakya padh sakte hain?)
Can you read that sentence from this distance?

11. क्या आप अपने सिर पर खड़े हो सकते हैं?
(Kya aap apne sir par khade ho sakte hain?)
Can you stand on your head?

12. क्या आप अपने दोस्त के साथ आए थे?
(Kya aap apne dost ke saath aaye the?)
Did you come with your friend?

13. क्या आपके पास इसका साइज़ 9 है?
(Kya aapke paas iska size 9 hai?)
Do you have this in size 9?

14. क्या आप जानते हैं कि कितने लोग आ रहे हैं?
(Kya aap jaante hain ki kitne log aa rahe hain?)
Do you know how many people are coming?

15. क्या आप जानते हैं कि इसकी लागत कितनी है?
(Kya aap jaante hain ki iski laagat kitni hai?)
Do you know how much it costs?

16. क्या हमें कुछ और रोटियाँ मिल सकती हैं, कृपया?
(Kya hame kuchh aur rotiyaan mil sakti hain, kripya?)
Can we have some more chapattis, please?

17. क्या आप मेरे लिए यह बैग लेकर चल सकते हैं?
(Kya aap mere liye yah baig lekar chal sakte hain?)
Could you carry this bag for me?

18. क्या तुम मेरी पार्टी में आ सकते हो?
(Kya tum meri party me aa sakte ho?)
Can you come to my party?

19. क्या आप मेरा एक काम कर सकते हैं?
(Kya aap mera ek kaam kar sakte hain?)
Can you do me a favor?

20. क्या आप मुझे एक उदाहरण दे सकते हैं?
(Kya aap mujhe ek udaaharan de sakte hain?)
Can you give me an example?

21. क्या आप मेरी इस बॉक्स को उठाने में मदद कर सकते हैं?
(Kya aap meri is box ko uthaane me madad kar sakte hain?)
Can you help me lift this box?

22. क्या आप मेरे लिए इसे पकड़ सकते हैं?
(Kya aap mere liye ise pakad sakte hain?)
Can you hold this for me?

23. क्या आप समझ सकते हैं कि वह क्या कहना चाह रही है?
(Kya aap samajh sakte hain ki vah kya kahna chaah rahi hai?)
Can you make out what she is trying to say?

24. क्या आप फिर से बोल सकते हैं?
(Kya aap fir se bol sakte hain?)
Can you please say that again?

25. क्या आप अक्सर दिल्ली जाते हैं?
(Kya aap aksar Dilli jaate hain?)
Do you go to Delhi often?

26. क्या आपके पास कोई कागज़ है?
(Kya aapke paas koi kaagaz hai?)
Do you have a piece of paper?

27. क्या आपको मेरी उम्र मालूम है?
(Kya aapko meri umra maaloom hai?)
Do you know how old I am?

28. क्या आपको खाना पकाना आता है?
(Kya aapko khaana pakaana aata hai?)
Do you know how to cook?

29. क्या आप जानते हैं कि ताज होटल कैसे जाना है?
(Kya aap jaante hain ki Taaj hotal kaise jaana hai?)
Do you know how to get to the Taj hotel?

30. क्या ऐसा करना सही होगा?
(Kya aisa karna sahi hoga?)
Will it be right to do so?

- Day 119 -

1. क्या आप इसका मतलब जानते हैं?
(Kya aap iska matlab jaante hain?)
Do you know what this means?

2. क्या आप जानते हैं कि इसमें क्या लिखा है?
(Kya aap jaante hain ki isme kya likha hai?)
Do you know what this says?

3. क्या आप जानते हैं कि मुझे टैक्सी कहाँ मिल सकती है?
(Kya aap jaante hain ki mujhe taxi kahaan mil sakti hai?)
Do you know where I can get a taxi?

4. क्या आप जानते हैं कि मेरा चश्मा कहाँ हैं?
(Kya aap jaante hain ki mera chashma kahaan hain?)
Do you know where my glasses are?

5. क्या आप जानते हैं कि मेरा पर्स कहाँ है?
(Kya aap jaante hain ki mera purse kahaan hai?)
Do you know where my purse is?

6. क्या आप जानते हैं वह कहाँ पर है?
(Kya aap jaante hain vah kahaan par hai?)
Do you know where she is?

7. क्या आप क्रिकेट खेलना पसंद करते हैं?
(Kya aap cricket khelna pasand karte hain?)
Do you like to play cricket?

8. क्या आपको टीवी देखना पसंद है?
(Kya aapko TV dekhna pasand hai?)
Do you like to watch TV?

9. क्या आपको लगता है कि आज बारिश होगी?
(Kya aapko lagta hai ki aaj baarish hogi?)
Do you think it'll rain today?

10. क्या आपको लगता है कि कल बारिश होगी?
(Kya aapko lagta hai ki kal baarish hogi?)
Do you think it's going to rain tomorrow?

11. क्या आपको लगता है कि वह फ़ोन करेगी?
(Kya aapko lagta hai ki vah phone karegi?)
Do you think she'll call up?

12. क्या आपको लगता है कि आप 10:30 बजे तक वापस आ जायेंगे?
(Kya aapko lagta hai ki aap 10:30 baje tak vaapas aa jaayenge?)
Do you think you'll be back by 10:30?

13. क्या आप चाहते हैं कि मैं आऊँ आपको लेने?
(Kya aap chaahte hain ki main aaun aapko lene?)
Do you want me to come and pick you up?

14. क्या आप चाहते हैं कि मैं आपकी मदद करूँ?
(Kya aap chaahte hain ki main aapki madad karoon?)
Do you want me to give you a hand? /
Do you want me to help you?

15. क्या आप मेरे साथ आना चाहते हैं?
(Kya aap mere saath aana chaahte hain?)
Do you want to come with me?

16. क्या आप मेरे साथ जाना चाहते हैं?
(Kya aap mere saath jaana chaahte hain?)
Do you want to go with me?

17. क्या यह सड़क कानपुर जाती है?
(Kya yah sadak Kanpur jati hai?)
Does this road go to Kanpur?

18. मुझसे तुम इस तरह से बात मत करो!
(Mujhse tum is tarah se baat mat karo!)
Don't you speak to me like that!

19. दरवाज़ा लॉक करना मत भूलना।
(Darvaaza lock karna mat bhoolna.)
Don't forget to lock the door.

20. सिर्फ़ मेरे लिए एक नई बोतल मत खोलो।
(Sirf mere liye ek nayi botal mat kholo.)
Don't open a new bottle just for me.

21. मैं रोज़ सुबह 5 बजे उठता हूँ।
(Main roz subah 5 baje uthta hoon.)
Every day I get up at 5 a.m.

22. क्षमा करें – क्या यह किसी की सीट है, या मैं यहाँ बैठ सकता हूँ?
(Kshama karen – kya yah kisi ki seet hai, ya main yahaan baith sakta hoon?)
Excuse me – is this seat taken, or may I sit here?

23. माफ़ करना – मेरी बारी है, मैं अगला था।
(Maaf karna – meri baari hai, main agala tha.)
Excuse me – it's my turn, I was next.

24. पैकेट के पीछे दिए गए निर्देशों का ध्यानपूर्वक पालन करें।
(Packet ke peechhe diye gaye nirdeshon ka dhyaanpoorvak paalan karen.)
Follow the instructions given on the back of the packet carefully.

25. घर पहुँचने पर मुझे फ़ोन कर देना।
(Ghar pahunchne par mujhe phon kar dena.)
Give me a call when you get home.

26. क्या आपने उस रेस्तराँ में खाया है?
(Kya aapne us restaraan me khaaya hai?)
Have you eaten at that restaurant?

27. क्या आपने कभी आलू का सूप पिया है?
(Kya aapne kabhi aaloo ka soup piya hai?)
Have you ever had potato soup?

28. वह हमेशा मेरे लिए ऐसा करता है।
(Vah hamesha mere liye aisa karta hai.)
He always does that for me.

29. वह हमेशा बत्तियाँ जलती ही छोड़ देता है।
(Vah hamesha battiyaan jalati hi chhod deta hai.)
He always leaves the lights on.

30. वह एक प्लमर की तरह नहीं दिख रहा है।
(Vah ek plumber ki tarah nahi dikh raha hai.)
He doesn't look like a plumber.

- Day 120 -

1. वह बिना किसी सवाल के अपने बॉस के आदेशों का पालन करता है।
(Vah bina kisi savaal ke apne boss ke aadeshon ka paalan karta hai.)
He follows the orders of his boss without question.

2. वह सोचता है कि हम जाना नहीं चाहते।
(Vah sochta hai ki ham jaana nahi chaahte.)
He thinks we don't want to go.

3. वह मेरा दोस्त बनना चाहता था।
(Vah mera dost banana chaahta tha.)
He wanted to be my friend.

4. वह दिल्ली में एक कंपनी में काम करता है।
(Vah Dilli me ek company me kaam karta hai.)
He works at a company in Delhi.

5. वह 10 मिनट में वापस आ जाएगा।
(Vah 10 minat me vaapas aa jaayega.)
He'll be back in 10 minutes.

6. उसके बच्चे ही उसके लिए सब कुछ हैं।
(Uske bachche hi uske liye sab kuchh hain.)
Her children are everything to her.

7. ये लीजिए, थोड़ा इसे चखिए – यह स्वादिष्ट है!
(Ye leejiye, thoda ise chakhiye – yah svaadisht hai!)
Here, try some of this – it's delicious!

8. ये रहे वो पैसे जो बकाया थे।
(Ye rahe vo paise jo bakaaya the.)
Here's the money I owe you.

9. ये रही वो किताब जो मैंने कहा था कि मैं आपको उधार दूँगा।
(Ye rahi vo kitaab jo maine kaha tha ki main aapko udhaar doonga.)
Here's the book I said I'd lend you.

10. वह हमेशा बच्चों पर चिल्लाता रहता है।
(Vah hamesha bachchon par chillaata rahta hai.)
He's always shouting at the children.

11. आप कैसे हैं? – मैं अच्छा हूँ, धन्यवाद।
(Aap kaise hain? – Main achchha hoon, dhanywad.)
How are you doing? – I'm good, thanks.

12. वह इतना मूर्ख कैसे हो सकता है?
(Vah itna moorkh kaise ho sakta hai?)
How could he be so stupid?

13. आपको व्याख्यान कैसा लगा?
(Aapko vyaakhyaan kaisa laga?)
How did you find the lecture?

14. आपको कॉन्सर्ट कैसा लगा?
(Aapko concert kaisa laga?)
How did you like the concert?

15. आपको फिल्म कैसी लगी?
(Aapko film kaisi lagi?)
How did you like the movie?

16. आप इसे अंग्रेज़ी में कैसे बोलते हैं?
(Aap ise Angreji me kaise bolte hain?)
How do you say it in English?

17. आप "bowl" शब्द का उच्चारण कैसे करते हैं?
(Aap "bowl" shabd ka uchchaaran kaise karte hain?)
How do you pronounce the word "bowl"?

18. आप दिल्ली में कब तक रहने वाले हैं?
(Aap Dilli me kab tak rahne vaale hain?)
How long are you going to stay in Delhi?

19. तुम कितने दिन तक रहने वाले हो?
(Tum kitne din tak rahne vaale ho?)
How long are you going to stay?

20. बाइक से कितना समय लगता है?
(Bike se kitna samay lagta hai?)
How long does it take by bike?

21. कार से कितना समय लगता है?
(Car se kitna samay lagta hai?)
How long does it take by car?

22. प्रयागराज पहुँचने में कितना समय लगता है?
(Prayagraj pahunchne me kitna samay lagta hai?)
How long does it take to get to Prayagraj?

23. आप यहाँ पर कितने समय से हैं?
(Aap yahaan par kitne samay se hain?)
How long have you been here?

24. आप यहाँ पर कितने समय से रह रहे हैं?
(Aap yahaan par kitne samay se rah rahe hain?)
How long have you lived here?

25. आप कितने समय तक रहेंगे?
(Aap kitne samay tak rahenge?)
How long will you be staying?

26. आपके कितने बच्चे हैं?
(Aapke kitne bachche hain?)
How many children do you have?

27. आप सप्ताह में कितने दिन काम करते हैं?
(Aap saptaah me kitne din kaam karte hain?)
How many days a week do you work?

28. आप सप्ताह में कितने घण्टे काम करते हैं?
(Aap saptaah me kitne ghante kaam karte hain?)
How many hours a week do you work?

29. आप कितनी भाषाएँ बोल लेते हैं?
(Aap kitni bhaashaayen bol lete hain?)
How many languages do you speak?

30. आपके परिवार में कितने लोग हैं?
(Aapke parivaar me kitne log hain?)
How many people are there in your family?

MAKING CONNECTIONS

EXERCISE - 24

Question 1: Choose the correct answers from the Word Bank.
(शब्द बैंक से सही उत्तर चुनिए।) - {Reference Day 116}

WORD BANK				
shall	once	did	with	just

a. How .... police get into the house?

b. Do you want this or .... I throw it away?

c. When I saw him, I recognised him at ....

d. Opportunities don't .... come out of thin air.

e. I can't end my friendship .... Ram because of you.

Question 2: Choose the correct answers from the Answer Bank.
(उत्तर बैंक से सही उत्तर चुनिए।) - {Reference Day 117}

ANSWER BANK				
came up	come loose	within a few	bygones be bygones	roof over

a. Let ...., take care in the future.

b. A wire has .... at the back.

c. A young girl .... to me and asked for money.

d. All I need is a .... my head and a decent meal.

e. A crowd gathered .... seconds.

Question 3: Tick the correct sentences and put a cross against the incorrect ones.

(सही वाक्यों पर टिक करिए और गलत वाक्यों पर क्रॉस लगाइए।) - {Reference Day 118}

a. Can you help me lift this box?

b. Can we have some more chapattis, please?

c. Can I make an appointment of next Friday?

d. Can you read those sentence of this distance?

e. Do you know how to got to the Taj hotel?

Question 4: Replace the Hindi words in brackets with the correct English word.
(कोष्ठक में दिए गए हिन्दी शब्दों के स्थान पर अंग्रेजी के सही शब्द लिखिए।) - {Reference Day 119}

a. Does (यह सड़क) go to Kanpur? ....

b. (मत खोलो) a new bottle just for me. ....

c. Do you like to (क्रिकेट खेलना)? ....

d. (माफ़ करना) – it's my turn, I was next. ....

e. Follow the instructions given on the (पैकेट के पीछे) carefully. ....

Question 5: Make bigger sentences using small sentences given below.
(नीचे दिए गए छोटे वाक्यों से बड़े वाक्य बनाइए।) - {Reference Day 120}

a. He follows the orders. ....

b. Try some of this. ....

c. I said I'd lend you. ....

d. How many days a week? ....

e. How many languages? ....

- Day 121 -

1. मुझे आपका कितना पैसा देना है?
(Mujhe aapka kitna paisa dena hai?)
How much do I owe you?

2. तुम्हारे पास कितने पैसे हैं?
(Tumhaare paas kitne paise hain?)
How much money do you have?

3. आप कितना कमा लेते हैं?
(Aap kitna kama lete hain?)
How much money do you make?

4. एक घण्टे के कितने पैसे लगेंगे?
(Ek ghante ke kitne paise lagenge?)
How much will it cost for an hour?

5. मैंने इंटरनेट पर टिकट खरीदे।
(Maine internet par tikat khareede.)
I bought the tickets over the internet.

6. मैं आपके जितना तेज़ नहीं चल सकता।
(Main aapke jitna tez nahi chal sakta.)
I can't walk as fast as you.

7. मुझे नहीं पता कि इसका उपयोग कैसे करना है।
(Mujhe nahi pata ki iska upyog kaise karna hai.)
I don't know how to use it.

8. मुझे समझ नहीं आ रहा है कि आप क्या कह रहे हैं।
(Mujhe samajh nahi aa raha hai ki aap kya kah rahe hain.)
I don't understand what you're saying.

9. मैं आपको परेशान नहीं करना चाहता।
(Main aapko pareshaan nahi karna chaahta.)
I don't want to bother you.

10. मेरे पास बहुत कुछ है करने के लिए।
(Mere paas bahut kuchh hai karne ke liye.)
I have a lot of things to do.

11. मेरा एक सवाल है जो मैं आपसे पूछना चाहता हूँ।
(Mera ek savaal hai jo main aapse poochhna chaahta hoon.)
I have a question I want to ask you.

12. मेरे पास आपको बताने के लिए कुछ नया नहीं है।
(Mere paas aapko bataane ke liye kuchh naya nahi hai.)
I have nothing new to tell you.

13. मेरे तीन बच्चे हैं, दो लड़कियाँ और एक लड़का।
(Mere teen bachche hain, do ladkiyaan aur ek ladka.)
I have three children, two girls and one boy.

14. मुझे ऑफ़िस जाना है।
(Mujhe office jaana hai.)
I have to go to the office.

15. मुझे अपने कपड़े धोने हैं।
(Mujhe apne kapde dhone hain.)
I have to wash my clothes.

16. मुझे आज रात के लिए कुछ पैसे चाहिए।
(Mujhe aaj raat ke liye kuchh paise chaahiye.)
I need some money for tonight.

17. मैंने आज सुबह कुछ गुलाब तोड़े।
(Maine aaj subah kuchh gulaab tode.)
I picked some roses this morning.

24. मैं आम तौर पर इस समय टहलने जाता हूँ।
(Main aam taur par is samay tahalane jaata hoon.)
I usually go for a walk at this time.

18. मैं अपने एक पुराने दोस्त से मिला।
(Main apne ek puraane dost se mila.)
I saw an old friend of mine.

19. मुझे अभी भी बहुत सी चीज़ें खरीदनी हैं।
(Mujhe abhi bhi bahut si cheezen khareedani hain.)
I still have a lot of things to buy.

20. मुझे अभी भी बहुत कुछ करना है।
(Mujhe abhi bhi bahut kuchh karna hai.)
I still have a lot to do.

21. मुझे लगता है कि मुझे डॉक्टर को दिखाने की ज़रूरत है।
(Mujhe lagta hai ki mujhe doktar ko dikhaane ki zaroorat hai.)
I think I need to see a doctor.

22. मुझे लगता है कि आपके पास कुछ ज़्यादा ही चीज़ें हैं।
(Mujhe lagta hai ki aapke paas kuchh zyada hi cheezen hain.)
I think you have too many things.

23. मुझे लगा कि उसने कुछ और कहा।
(Mujhe laga ki usne kuchh aur kaha.)
I thought he said something else.

25. मैं पूरी बात भूलना चाहता हूँ।
(Main poori baat bhoolna chaahta hoon.)
I want to forget the whole thing.

26. मैं उसे एक उपहार देना चाहता हूँ।
(Main use ek uphaar dena chaahta hoon.)
I want to give her a gift.

27. मुझे आपको कुछ दिखाना है।
(Mujhe aapko kuchh dikhaana hai.)
I want to show you something.

28. मैं पार्क जा रहा था।
(Main paark ja raha tha.)
I was going to the park.

29. मैं सलॉन गया, और फिर किराने की दुकान पर।
(Main salon gaya, aur fir kiraane ki dukaan par.)
I went to the salon, and then to the grocery store.

30. मुझे दो बेड वाला कमरा चाहिए।
(Mujhe do bed vala kamra chaahiye.)
I'd like a room with two beds, please.

जो गरजते हैं वो बरसते नहीं।
(Jo garajate hain vo barasate nahi.)
Barking dog never bites.
#BetterYourself

- Day 122 -

1. आप मेरे जीवन में बहार लेकर आये हैं।
(Aap mere jeevan me bahaar lekar aaye hain.)
You have brought fortune to my life.

2. मुझे बिल्कुल भी भूख नहीं है।
(Mujhe bilkul bhi bhookh nahi hai.)
I am not hungry at all. /
I am not at all hungry.

3. आपकी बड़ी मेहरबानी होगी।
(Aapki badi meharbaani hogi.)
It will be very kind of you. /
It would be so kind of you.

4. मैं आपके बहानों से तंग आ गया हूँ।
(Main aapke bahaanon se tang aa gaya hoon.)
I'm fed up with your excuses. /
I'm tired of your excuses. /
I'm sick and tired of your excuses.

5. भले ही तुम मुझे मार दो लेकिन यह मैं नहीं करूँगा।
(Bhale hi tum mujhe maar do lekin yah main nahi karoonga.)
Even if you kill me, I won't do it.

6. क्या आपको पता है, हम कहाँ जा रहे हैं?
(Kya aapko pata hai, ham kahaan jaa rahe hain?)
Do you know where we are going?

7. क्या आपको पता है, वह कहाँ गया?
(Kya aapko pata hai, vah kahaan gaya?)
Do you know where he went?

8. आपके काम में कोई गलती नहीं है।
(Aapke kaam me koi galti nahi hai.)
There is no flaw in your work.

9. मैंने उसे उसका वादा याद दिलाया।
(Maine use uska vaada yaad dilaaya.)
I reminded him of his promise.

10. मैं आज थोड़ी देर से जगा |
(Main aaj thodi der se jaga.)
I woke up a little late today.

11. तुम ख़ामख़ाँ परेशान हो रहे हो।
(Tum khaamakhaan pareshaan ho rahe ho.)
You are stressed for no reason.

12. वह किसकी ओर आ रहा है?
(Vah kiski or aa raha hai?)
Who is he coming towards?

13. क्या तुम कभी झूठ नहीं बोलते?
(Kya tum kabhi jhooth nahi bolte?)
Do you never tell a lie? /
Do you never lie?

14. मुझे आपको सब कुछ समझाने की ज़रूरत नहीं है।
(Mujhe aapko sab kuchh samajhaane ki zaroorat nahi hai.)
I don't need to explain everything to you.

15. अगर वो तुमसे बात न करे तो?
(Agar vo tumse baat na kare to?)
What if he didn't talk to you?

16. मैंने इस साल शायद ही कोई छुट्टी ली है।
(Main is saal shaayad hi koi chhutti li hai.)
I have hardly taken a day off this year.

17. ये कपड़ा घटिया क्वालिटी का है।
(Ye kapda ghatiya quality ka hai.)
This cloth is of inferior quality. /
The quality of this cloth is inferior.

18. तुमने उसे जाने क्यों दिया?
(Tumne use jaane kyon diya?)
Why did you let him go?

19. उसकी आँखों से आँसू टपक रहे थे।
(Uski aankhon se aansoo tapak rahe the.)
The tears were trickling from her eyes.

20. तुम्हें अपने आप पर शर्म आनी चाहिए।
(Tumhe apne aap par sharm aani chaahiye.)
You should be ashamed of yourself.

21. हम तीनों ही वहाँ जा रहे हैं।
(Ham teeno hi vahaan ja rahe hain.)
All three of us are going there.

22. हम दोनों ही वहाँ जा रहे हैं।
(Ham donon hi vahaan ja rahe hain.)
Both of us are going there.

23. मेरे लिए सबसे ऊपर मेरा देश है।
(Mere liye sabse oopar mera desh hai.)
I value my country above everything else.

24. मेरे लिए सबसे ऊपर मेरा परिवार है।
(Mere liye sabse oopar mera parivaar hai.)
I value my family above everything else.

25. मेरा पैर दर्द हो रहा था। / मेरे पैर में दर्द था।
(Mera pair dard ho raha tha. / Mere pair me dard tha.)
I had a pain in my leg. /
My leg was aching.

26. तुम मुझे बिल्कुल मेरे जैसी लगती हो।
(Tum mujhe bilkul mere jaisi lagti ho.)
You seem to me just like me.

27. तुम बिल्कुल मेरे भाई के जैसे हो।
(Tum bilkul mere bhaai ke jaise ho.)
You are just like my brother.

28. मैं न्यूज़पेपर रोज़ पढ़ता हूँ।
(Main newspaper roz padhta hoon.)
I read the newspaper every day.

बिना आग के धुँआ नहीं निकलता।
(Bina aag ke dhuaan nahi nikalta.)
There's no smoke without fire.

#BetterYourself

- Day 123 -

1. तुम अपनी प्रतिभा से सबको चौंका सकते हो।
(Tum apni pratibha se sabko chaunka sakte ho.)
You can astound everyone with your talent.

2. परसों फिर ओले पड़ेंगे।
(Parson fir ole padenge.)
It will hail again the day after tomorrow.

3. मीरा अगले हफ़्ते छुट्टी पर है।
(Meera agle hafte chhutti par hai.)
Meera is on holiday next week.

4. आपको कितने दिनों की छुट्टी मिलती है?
(Aapko kitne dinon ki chhutti milti hai?)
How many days' holiday do you get?

5. तुम्हें नियमों को मानना होगा।
(Tumhe niyamon ko mananaa hoga.)
You'll have to abide by the rules.

6. तुम्हारे दोस्त तुम्हारे लिए रुके हुए हैं।
(Tumhaare dost tumhaare liye ruke hue hain.)
Your friends are waiting for you.

7. क्या तुम मुझे चैन से जीने दे सकते हो?
(Kya tum mujhe chain se jeene de sakte ho?)
Can you let me live peacefully?

8. क्या तुम मुझे चैन से जीने नहीं दे सकते?
(Kya tum mujhe chain se jeene nahi de sakte?)
Can't you let me live peacefully?

9. मीरा क्लास में अकेली थी।
(Meera class me akeli thi.)
Meera was alone in the class.

10. हम दाईं ओर खड़े थे।
(Ham daayeen or khade the.)
We were standing on the right.

11. वे बाँयी ओर खड़े थे।
(Ve baayeen or khade the.)
They were standing on the left.

12. वह आधे घण्टे से पत्र लिख रहा है।
(Vah aadhe ghante se patra likh raha hai.)
He has been writing a letter for half an hour.

13. मैंने किताब को उल्टा कर दिया।
(Maine kitaab ko ulta kar diya.)
I turned the book upside down.

14. किताब को सीधा कर दो।
(Book ko seedha kar do.)
Turn the book right side up.

15. मैंने कप को उल्टा रख दिया।
(Maine cup ko ulta rakh diya.)
I put the cup upside down. /
I kept the cup upside down.

16. कप को सीधा कर दो।
(Cup ko seedha kar do.)
Turn the cup right side up.

17. वह उल्टा लेटा हुआ है।
(Vah ulta leta hua hai.)
He is lying on his stomach. /
He is lying upside down.

24. तुम्हें ढूँढने में मुझे 10 मिनट लगे।
(Tumhe dhoondhne me mujhe 10 minat lage.)
It took me 10 minutes to find you.

18. मैं शहर का कोना-कोना जानता हूँ।
(Main shahar ka kona-kona jaanta hoon.)
I know every inch of the city.

19. मैं तुम्हें रोज़ देखने आता था।
(Main tumhe roz dekhne aata tha.)
I came to see you every day. /
I came to see you daily.

20. मैं आपका बहुत बड़ा फैन हूँ।
(Main aapka bahut bada fan hoon.)
I'm a big fan of yours.

21. ऐसा घर मेरे पास हो, मेरा सपना था।
(Aisa ghar mere paas ho, mera sapna tha.)
Having such a house was my dream.

22. बहुत से लोग एक बड़ा घर होने का सपना देखते हैं।
(Bahut se log ek bada ghar hone ka sapna dekhte hain.)
Many people dream about having a big house.

23. इसमें काफ़ी समय लगेगा।
(Isme kaaphi samay lagega.)
It will take plenty of time.

25. आपका घर ढूँढने में मुझे एक दिन लग गया।
(Aapka ghar dhoondhne me mujhe ek din lag gaya.)
It took me one day to find your house.

26. मेरे पास इतना पैसा नहीं है।
(Mere paas itna paisa nahi hai.)
I don't have that much money on me.

27. आप मेरे पास कब आयेंगे?
(Aap mere paas kab aayenge?)
When will you come to me?

28. हम 3 बजे पार्क में घूम रहे थे।
(Ham 3 baje park me ghoom rahe the.)
We were walking in the park at 3 o'clock.

29. 5 बजे तक तुम कहाँ थे?
(5 baje tak tum kahaan the?)
Where were you till 5 o'clock?

30 मैं 5 बजे तक घर पर था।
(Main 5 baje tak ghar par tha.)
I was at home till 5.

ऊँट के मुँह में जीरा।
(Oont ke muh me jeera.)
A drop in the ocean. /
A drop in the bucket.
#BetterYourself

- Day 124 -

1. हमने वाकई में ज़िन्दगी जी भर के जी।
(Hamne vaakaee me zindagi jee bhar ke jee.)
We really lived life to the fullest.

2. टैंक में अभी भी पानी है।
(Taink me abhi bhi paani hai.)
The tank still has water in it.

3. उसने दोपहर में आराम किया था।
(Usne dopahar me aaraam kiya tha.)
She had a rest in the afternoon.

4. मुझे मत बताओ क्या करना है।
(Mujhe mat bataao kya karna hai.)
Don't tell me what to do.

5. तुम्हें कार नहीं रोकना चाहिए था।
(Tumhe car nahi rokna chaahiye tha.)
You shouldn't have stopped the car.

6. तुम्हें कार चलाते रहना चाहिए था।
(Tumhen car chalaate rahna chaahiye tha.)
You should have kept driving the car.

7. अगर तुम्हारी योजना काम नहीं करती है तो क्या होगा?
(Agar tumhaari yojanaa kaam nahi karti hai to kya hoga?)
What if your plan didn't work out?

8. तुम मेरी बात क्यों नहीं सुनते?
(Tum meri baat kyon nahi sunte?)
Why don't you listen to me?

9. तुम कितनी बार दिल्ली गए हो?
(Tum kitni baar Dilli gaye ho?)
How many times have you been to Delhi?

10. उसने मुझे पीटा था, वो भी छड़ी से।
(Usne mujhe peeta tha, vo bhi chhadi se.)
He had beaten me, that too with a stick.

11. वो कमरे में जा रहा है।
(Vo kamre me ja raha hai.)
He is going into the room.

12. मैं एक फ़ोन करना चाहूँगा।
(Main ek phone karna chaahoonga.)
I'd like to make a phone call.

13. मैं एक साइकिल किराए पर लेना चाहूँगा।
(Main ek cycle kiraaye par lena chaahoonga.)
I'd like to rent a bicycle.

14. मैं एक कार किराए पर लेना चाहूँगा।
(Main ek car kiraaye par lena chaahoonga.)
I'd like to rent a car.

15. अगर उसने कॉल नहीं किया होता तो मुझे पता ही न चलता।
(Agar usne call nahi kiya hota to mujhe pata hi na chalta.)
If she hadn't called, I wouldn't have known.

16. यदि आपको ये पसंद है, तो मैं और अधिक खरीद सकता हूँ।
(Yadi aapko ye pasand hai, to main aur adhik khareed sakta hoon.)
If you like it, I can buy more.

17. यदि आपको मेरी सहायता की आवश्यकता हो, तो कृपया मुझे बता दीजियेगा।
(Yadi aapko meri sahaayata ki aavashyakata ho, to kripya mujhe bata deejiyega.)
If you need my help, please let me know.

18. मैं चार बजे से घर पर रहूँगा।
(Main chaar baje se ghar par rahoonga.)
I'll be at home from four o'clock onwards.

19. जब मैं निकलूँगा तब मैं आपको फ़ोन कर दूँगा।
(Jab main nikaloonga tab main aapko phone kar doonga.)
I'll call you when I leave.

20. मैं एक गिलास पानी लूँगा, प्लीज़।
(Main ek gilaas paani loonga, please.)
I'll have a glass of water, please.

21. मैं देखता हूँ मैं क्या कर सकता हूँ।
(Main dekhta hoon main kya kar sakta hoon.)
I'll see what I can do.

22. मैं आपसे 6.30 बजे मिलूँगा, ठीक है?
(Main aapse 6.30 baje miloonga, theek hai?)
I'll see you at 6.30, OK?

23. मैं उससे इस बारे में बात करूँगा।
(Main usase is baare me baat karoonga.)
I'll talk to him about this.

24. मैं इसे अभी लिख लेता हूँ ताकि भूलूँ ना।
(Main ise abhi likh leta hoon taaki bhooloon na.)
Let me write it down now so I won't forget.

25. मैं तुम्हें लेने आ रहा हूँ।
(Main tumhe lene aa raha hoon.)
I'm coming to pick you up.

26. मैं बाहर जाने के लिए तैयार हो रहा हूँ।
(Main baahar jaane ke liye taiyaar ho raha hoon.)
I'm getting ready to go out.

27. मैं पाँच दिनों में घर जा रहा हूँ।
(Main paanch dinon me ghar ja raha hoon.)
I'm going home in five days.

28. मैं अगले साल भारत जा रहा हूँ।
(Main agle saal Bhaarat ja raha hoon.)
I'm going to India next year.

29. मैं पोस्ट ऑफ़िस खोज रहा हूँ।
(Main post office khoj raha hoon.)
I'm looking for the post office.

30. मैं अपनी नई नौकरी में ज़्यादा खुश हूँ।
(Main apni nayi naukari me zyada khush hoon.)
I'm much happier in my new job.

- Day 125 -

1. मैं बुनाई में बहुत अच्छा नहीं हूँ।
(Main bunaai me bahut achchha nahi hoon.)
I'm not much good at knitting.

2. आपको इंतज़ार कराने के लिए मैं माफ़ी चाहता हूँ।
(Aapko intzaar karaane ke liye main maafi chaahta hoon.)
I'm so sorry to keep you waiting.

3. माफ़ कीजियेगा, लेकिन मुझे लगता है कि आपने गलती की है।
(Maaf keejiyega, lekin mujhe lagta hai ki aapne galti ki hai.)
I'm sorry, but I think you've made a mistake.

4. माफ़ कीजियेगा, मैं आपका नाम भूल गया।
(Maaf keejiyega, main aapka naam bhool gaya.)
I'm sorry, I've forgotten your name.

5. मैं बहुत व्यस्त हूँ। मेरे पास अभी समय नहीं है।
(Main bahut vyast hoon. Mere paas abhi samay nahi hai.)
I'm very busy. I don't have time now.

6. मैं एक नई किताब पर काम कर रहा हूँ।
(Main ek nayi kitaab par kaam kar raha hoon.)
I'm working on a new book.

7. क्या यहाँ पास में कोई स्टोर है?
(Kya yahaan paas me koi store hai?)
Is there a store near here?

8. मैंने पहले कभी ऐसा नहीं किया है, लेकिन मैं एक बार कोशिश करना चाहूँगा।
(Maine pahle kabhi aisa nahi kiya hai, lekin main ek baar koshish karna chaahoonga.)
I've never done it before but I'd like to have a try.

9. क्या कमरे में एयर कंडीशनिंग है?
(Kya kamre me air conditioning hai?)
Is there air conditioning in the room?

10. क्या मेरे लिए कोई ईमेल है?
(Kya mere liye koi email hai?)
Is there any email for me?

11. क्या आपका घर इस वाले घर जैसा है?
(Kya aapka ghar is vaale ghar jaisa hai?)
Is your house like this one?

12. कार से 2 घण्टे लगते हैं।
(Kaar se 2 ghante lagte hain.)
It takes 2 hours by car.

13. अक्टूबर था, इसलिए काफ़ी ठंड थी।
(Aktoobar tha, isliye kaaphi thand thi.)
It was October, so it was quite cold.

14. आज गर्मी होगी।
(Aaj garmi hogi.)
It's going to be hot today.

15. मैंने सुना है कि अमृतसर एक ख़ूबसूरत जगह है।
(Maine suna hai ki Amritsar ek khoobsoorat jagah hai.)
I've heard that Amritsar is a beautiful place.

16. मेरा ऑफ़िस यहाँ से एक मील की दूरी पर है।
(Mera office yahaan se ek meel ki doori par hai.)
My office is about a mile from here.

17. मैंने इस कार पर बहुत पैसा बर्बाद किया है।
(Maine is car par bahut paisa barbaad kiya hai.)
I've wasted a lot of money on this car.

18. मैंने वहाँ पाँच साल काम किया है।
(Maine vahaan paanch saal kaam kiya hai.)
I've worked there for five years.

19. रोहन कल छुट्टी पर जा रहा है।
(Rohan kal chhutti par ja raha hai.)
Rohan is going on vacation tomorrow.

20. मैं तुम्हें तुम्हारे कमरे में ले चलता हूँ।
(Main tumhe tumhaare kamre me le chalta hoon.)
Let me take you to your room.

21. चलो होटल के सामने मिलते हैं।
(Chalo hotal ke saamne milte hain.)
Let's meet in front of the hotel.

22. मेरी दादी का पिछले साल निधन हो गया।
(Meri daadi ka pichhle saal nidhan ho gaya.)
My grandmother passed away last year.

23. मेरा घर बैंक के करीब है।
(Mera ghar baink ke kareeb hai.)
My house is close to the bank.

24. अभी उससे बात करने का अच्छा समय नहीं है।
(Abhi usase baat karne ka achchha samay nahi hai.)
Now isn't a good time to speak to him.

25. मैंने अपना पर्स कहाँ रखा?
(Maine apna purse kahaan rakha?)
Where did I put my purse?

26. ओह, माफ़ करना - मैंने तुम्हें वहाँ देखा नहीं।
(Oh, maaf karna - maine tumhe vahaan dekha nahi.)
Oh, I'm sorry - I didn't see you there.

27. ठीक है, यदि आप तैयार हैं तो हम शुरू करेंगे।
(Theek hai, yadi aap taiyaar hain to ham shuru karenge.)
Okay then, if you're ready we'll start.

28. आज मैं आपको भगत सिंह के बारे में थोड़ा बताने जा रहा हूँ।
(Aaj main aapko Bhagat Singh ke baare me thoda bataane ja raha hoon.)
Today I'm going to tell you a bit about Bhagat Singh.

29. पैक से एक कार्ड चुनो।
(Paik se ek kaard chuno.)
Pick a card from the pack.

30. कृपया देर से आने के लिए मुझे क्षमा करें।
(Kripya der se aane ke liye mujhe kshama karen.)
Please excuse me for arriving late.

MAKING CONNECTIONS

EXERCISE - 25

Question 1: Translate the following sentences into English.
(नीचे दिए गए वाक्यों का अंग्रेजी में अनुवाद करिए।) - {Reference Day 121}

a. मुझे आज रात के लिए कुछ पैसे चाहिए। (Mujhe aaj raat ke liye kuchh paise chaahiye.)

....

b. मुझे अभी भी बहुत कुछ करना है। (Mujhe abhi bhi bahut kuchh karna hai.)

....

c. मुझे लगता है कि आपके पास कुछ ज़्यादा ही चीज़ें हैं। (Mujhe lagta hai ki aapke paas kuchh zyada hi cheezen hain.)

....

d. मैं आपको परेशान नहीं करना चाहता। (Main aapko pareshaan nahi karna chaahta.)

....

e. मैं पार्क जा रहा था। (Main paark ja raha tha.)

....

Question 2: Choose the correct answers from the Answer Bank.
(उत्तर बैंक से सही उत्तर चुनिए।) - {Reference Day 122}

ANSWER BANK				
ashamed	fortune	hardly	explain	flaw

a. You have brought .... to my life.

b. You should be .... of yourself.

c. I don't need to .... everything to you.

d. I have .... taken a day off this year.

e. There is no .... in your work.

Question 3: Correct the sentences given below.
(नीचे दिए गए वाक्यों को सही करिये ।) - {Reference Day 123)

a. Having such a house was my dreamt. ....

b. It will take plenty of hour. ....

c. We were standing on the write. ....

d. He has been righting a letter for half an hour. ....

e. Turn the cup write side up. ....

Question 4: Choose the correct answers from the Answer Bank.
(उत्तर बैंक से सही उत्तर चुनिए ।) - {Reference Day 124}

ANSWER BANK				
forget	driving	lived	rent	coming

a. You should have kept .... the car.

b. Let me write it down now so I won't ....

c. I'd like to .... a bicycle.

d. We really .... life to the fullest.

e. I'm .... to pick you up.

Question 5: Make 2 sentences with 'I'm' and 2 sentences with 'I've'.
('I'm' से 2 वाक्य और 'I've' से 2 वाक्य बनाइए ।) - {Reference Day 125}

a. ....

b. ....

c. ....

d. ....

Write down your learning so far

Write down your learning so far

Write down your learning so far

Write down your learning so far

Can you believe it? You are a fluent speaker now. You have given your 125 days to this book and it did wonders for you. I hope you enjoyed this 125 days' journey while learning a lot. You did great! I did my bit by writing this book for you, now it's your turn to do your bit by using all these sentences when and where possible. I'm proud of you that you have reached this page, which means YOU are UNIQUE; because very few people finish a book, though many start. I feel very proud to say I have you as my reader.

Now all you need to do is PRACTICE. I'm always with you through this book.

क्या आपको विश्वास हो रहा है? अब आप एक धाराप्रवाह वक्ता हैं। आपने इस पुस्तक को अपने 125 दिन दिए हैं और इसने आपके लिए चमत्कार किया है। मुझे आशा है कि आपने बहुत कुछ सीखते हुए 125 दिनों की इस यात्रा का आनंद लिया। आपने बहुत अच्छा किया! मैंने आपके लिए यह पुस्तक लिखकर अपना योगदान दिया है, अब आपकी बारी है कि आप जब और जहाँ संभव हो इन सभी वाक्यों का उपयोग करके अपना योगदान दें। मुझे आप पर गर्व है कि आप इस पृष्ठ तक पहुँचे हैं, जिसका अर्थ है कि आप अद्वितीय हैं; क्योंकि बहुत कम लोग एक किताब को पूरा करते हैं, हालाँकि शुरू बहुत से लोग करते हैं। मुझे यह कहते हुए बहुत गर्व महसूस हो रहा है कि आप मेरे पाठक हैं। अब आपको केवल अभ्यास करना है। मैं इस किताब के माध्यम से हमेशा आपके साथ हूँ।

#BetterYourself

Exercise 1 - Answer Sheet

Answer 1:

Come	Go
Throw	Catch
Take	Give
Open	Close
Stay	Leave

Answer 2:

C	B	N	T	W	**W**	Q	F	H
F	**D**	A	**B**	**E**	**A**	**T**	S	C
T	**R**	**U**	**N**	O	**L**	**I**	**F**	**T**
N	**O**	**D**	P	T	**K**	**N**	T	T
H	**P**	E	X	F	D	F	**C**	H
J	**S**	F	**R**	**E**	**T**	**U**	**R**	**N**
S	G	A	A	S	**A**	W	**Y**	U
N	Y	**W**	**O**	**R**	**K**	R	E	E
L	R	L	A	**L**	**E**	**A**	**V**	**E**
A	Q	X	S	L	Q	O	P	M

Answer 3:

a. amazing

b. brilliant

c. carefully

d. confidently

e. cautiously

Answer 4:

a. कुछ छिपा रहे हो? (Kuchh chhipa rahe ho?)

b. कुछ करो। (Kuchh karo.)

c. बाहर जाओ । (Baahar jaao.)

d. मेरा विश्वास करो । (Mera vishvaas karo.)

e. मैं खुश हूँ । (Main khush hoon.)

Answer 5:

a. Greet him / her.

b. Chew well.

c. Goodbye, everybody.

d. Any problem?

e. Stay focused.

f. I forget.

g. I'm lost.

h. Over here.

i. Think twice.

j. Let's share.

Exercise 2 - Answer Sheet

Answer 1:

a. Don't

b. Stop

c. Don't

d. Stop

e. Write

f. Watch

Answer 2:

a. No one. / It's me.

b. No, thanks.

c. Having Fun.

d. It's me. / No one.

e. A ball.

Answer 3:

a. This year.

b. Rest assured!

c. Completely wrong.

d. No wonder.

e. Nice one!

Answer 4:

a. Wake up. (Correct)

b. Let go. (Correct)

c. Look forget. (Incorrect)

d. Stand jump. (Incorrect)

e. Console alon. (Incorrect)

f. Guess what? (Correct)

g. Smart move. (Correct)

h. Observe everything. (Correct)

i. Stand slower. (Incorrect)

j. Speak slowly. (Correct)

Answer 5:

a. Cajole her.

b. Convince her.

c. Persuade her.

Exercise 3 - Answer Sheet

Answer 1:

a. Impress him.

b. That's perfect.

c. Challenge yourself.

d. Use it.

e. I bet.

Answer 2:

a. How come?

b. What time? | Since when? | Until when?

c. With whom?

d. You'll lose.

e. How so? / How's that?

Answer 4:

a. look

b. getting

c. getting

d. Stop

e. Let

Exercise 4 - Answer Sheet

Answer 1: (Possible Answers)

a. He / She / They / My friends asked me.

b. No, I don't. / Yes, I do.

c. Whichever you want.

d. I'll tell you.

e. She is good / fine / doing well.

Answer 2: (Possible Answers)

a. Is it durable?

b. Are you married?

c. Are you busy?

d. Do you want?

e. Are you done?

Answer 3:

a. Don't act cute.

b. Don't lose heart. / Don't lose hope.

c. Don't tire me!

d. Don't be mad.

e. I don't remember.

Answer 4:

a.	They befriended me.	उन्होंने मुझसे दोस्ती कर ली।
b.	Come this way.	इस तरफ़ से आओ।
c.	Bear in mind.	दिमाग में रख लो।
d.	Finish your homework.	गृहकार्य ख़त्म करो।
e.	Hold the door.	दरवाज़ा पकड़ो।

Exercise 5 - Answer Sheet

Answer 1:

a. out

b. fishy

c. dawned

d. carefully

e. tongue

Answer 2:

a. False

b. True

c. False

d. True

e. True

Answer 3:

a. Speak more slowly.

b. I lost it!

c. Let's practice English.

d. Get your book.

e. Thanks for reading!

Answer 4:

a. Serve the food.

b. Knead the flour.

c. Sauté the onion.

d. Grate the carrots.

e. Strain the tea.

Answer 5:

a. Right

b. Keep

c. Take

d. Keep

e. Keep

Exercise 6 - Answer Sheet

Answer 1:

a.	Never to return.	कभी वापस न आने के लिए।
b.	10 minutes ago.	10 मिनट पहले।
c.	It's next week.	अगले सप्ताह है।
d.	For three months.	3 महीने से।
e.	At that time..	उस समय।

Answer 2:

a. Pedal the bicycle.

b. No worries, mate!

c. Answer the phone.

d. Never give up.

e. Read this out.

Answer 3:

a. दरवाज़ा खोलो।

b. दरवाज़ा बन्द करो।

c. दरवाज़े को लॉक कर दो।

d. दरवाज़ा खोलो।

e. ताला खोलो।

Answer 4:

a. Are you free?

b. From today onwards.

c. Are you scared?

d. Can you drive?

e. Am I included?

Answer 5: (Possible Answers)

a. love / like / trust

b. getting

c. from

d. can

e. feel

Exercise 7 - Answer Sheet

Answer 1:

a.	Take a rest.	आराम करो।
b.	That looks great.	वह बहुत अच्छा दिखता है।
c.	Money isn't everythin.	पैसा ही सब कुछ नहीं है।
d.	Thanks for everything!	सभी चीज़ों के लिए धन्यवाद!
e.	See you tonight.	आपसे आज रात को मिलते हैं।

Answer 2:

a. I've just come here.

b. I've just arrived here.

c. I've just got here.

Answer 3: (Possible Answers)

a. No, I don't know.

b. He has gone out.

c. She has gone home.

d. I bought an umbrella.

e. I can't hear you.

Answer 4:

a. What's there to cry?

b. Today is my birthday. / It's my birthday today.

c. What do you lose?

d. It's all my fault.

e. Maybe you are right.

Answer 5:

a. Is something bothering you?

b. You helped me indeed. / I'm indeed very sorry.

c. What's your appetite like? / I've lost my appetite.

d. Give up bad habits! / Old habits die hard.

e. We are wasting time.

Exercise 8 - Answer Sheet

Answer 1:

a. Tell me the time.

b. Let the time pass.

c. What time is it?

Answer 2:

a. Your pencil is blunt.

b. Your pencil is dull.

c. Your pencil's point is dull.

d. Your pencil's tip is dull.

Answer 3:

a. trust

b. trustworthy

c. distrust

Answer 4:

a. This is no brainer.

b. Have a wonderful journey!

c. Do you feel better?

d. Has she been invited?

e. Your stomach is rumbling.

Answer 5: (Possible Answers)

a. I have a stomachache.

b. My head is splitting.

c. My stomach is growling.

d. My arm got kinked.

e. Wash your hands frequently.

Exercise 9 - Answer Sheet

Answer 1:

a. worse

b. messed

c. rugged

d. deportment

e. argument

Answer 2:

a. You don't deserve Vishvaas.

b. Why are you hesitating?

c. I recognized his voice.

d. Don't talk too much.

e. Don't you have patience?

Answer 3: (Possible Answers)

a. She burst into tears.

b. You are misleading him. / You are misguiding him.

c. My heart got dejected.

d. He is very annoying.

e. This is totally unacceptable.

Answer 4:

a. वो आँसू बहा रही थी।

b. हम किसी तरह से वहाँ पहुँचे।

c. मेरी आवाज़ नहीं निकल रही थी।

d. कुछ दुविधा हो गई है।

e. ये तो रोज़ की बात है। / ये तो रोज़ ही होता है।

Answer 5:

a. Hover

b. Wither

c. Promise

d. Shoelace

e. Clever

Exercise 10 - Answer Sheet

Answer 1:

a.	मैंने तुम्हें तकलीफ़ दी क्या?	Did I hurt you?
b.	उसने मुझे ज़ोर से मारा।	He hit me hard.
c.	तुम किसे फ़ोन कर रहे हो?	Who are you calling?
d.	मैं पापा को फ़ोन कर रहा हूँ।	I am calling dad.
e.	मेरे पास पैसे नहीं हैं।	I have no money.

Answer 2:

a. Sprinkle

b. decorate

c. rubbish

d. chores

e. Wring

Answer 3:

a. Correct

b. Incorrect [hairs (wrong) – hair (right)]

c. Incorrect [are (wrong) – is (right)]

d. Incorrect [my (wrong) – your (right)]

e. Correct

Answer 4:

a. Sneeze into your hankie.

b. It's up to you.

c. Black doesn't suit me.

d. Let's hang the paintings.

e. It's not that complicated.

Answer 5:

a. तुममें बहुत सारी कमियाँ हैं।

b. मैं कभी पैसे उधार नहीं लेता |

c. भगवान आपके बच्चे को आशीर्वाद दे!

d. वह फूट-फूट कर रो रही है।

e. मौत कभी बताकर नहीं आती।

Exercise 11 - Answer Sheet

Answer 1: (Possible Answers)

a. you know

b. your parents

c. it taste / it work

d. are you / is she

e. is it

Answer 2:

a. It's far from here.

b. It's not too far.

c. What do you do?

d. Thanks for your help!

e. This is very difficult.

Answer 3:

a. Which

b. Who

c. Where

d. When

e. What's

Answer 4:

a.	My eyelids are getting heavy.	मेरी पलकें भारी हो रही हैं।
b.	Her lids began to close.	उसकी पलकें झपने लगीं।
c.	Don't take it to heart.	दिल पे मत लो।
d.	I had a sleepless night.	मैं रात भर तारे गिनता रहा।
e.	I can't sleep at night.	मैं रात में सो नहीं पाता।

Answer 5:

a. My birthday is drawing closer.

b. My birthday is drawing nearer.

c. My birthday is approaching.

Exercise 12 - Answer Sheet

Answer 1:

a. His intentions are not good.

b. Is there a house specialty?

c. I'm really indebted to you.

d. I don't have any appetite.

e. He was trembling with fear.

Answer 2:

a. Incorrect

b. Incorrect

c. Correct

d. Correct

e. Incorrect

Answer 3:

a. I'm not finished with you.

b. It's messing with my head.

c. It's all become a mess.

d. Don't mess around with it.

e. No one will ever know.

Answer 4:

a. misspelt

b. insignificant

c. worth

d. secret

e. fulfil

Answer 5: (Possible Answers)

a. Life is not that easy.

b. This is part of life.

c. You make life worth living.

Exercise 13 - Answer Sheet

Answer 1:

a. tomato

b. milk

c. Butter

d. water / juice

e. coffee / tea

Answer 2:

a. I feel like going away.

b. You should have come too.

c. This room is cleaned daily.

d. Speak to me in English.

e. This color really suits you.

Answer 3: (Possible Answers)

a. My conscience doesn't allow me.

b. You have become very naughty.

c. Don't speak ill of others.

d. What's the harm in going?

e. You reminded me of somebody.

Answer 4:

a.	उनमें धैर्य नहीं है।	They do not have patience.
b.	उसका व्यवहार अच्छा नहीं है।	His behaviour is not good.
c.	क्या तुमने फॉर्म पर हस्ताक्षर कर दिये?	Have you signed the form?
d.	घुमा-फ़िराकर बातें करना बंद करो।	Stop beating around the bush.
e.	काश मैं वहाँ होता!	I wish I were there!

Answer 5:

a. I have eaten the food.

b. I have taken the food.

c. I have had the food.

Exercise 14 - Answer Sheet

Answer 1:

a. Does she like the school?

b. Does anyone here speak English?

c. Did you take your medicine?

d. Does it often snow here?

e. Did you send me notes?

Answer 2:

a. His friends are coming tomorrow.

b. How do you pronounce that?

c. I want to buy something.

d. I was in the park.

e. I can't hear you clearly.

Answer 3:

a. blank

b. now

c. decision

d. before

e. hard

Answer 4:

a. Which one is the best?

b. Which road should I take?

c. Who are you looking for?

d. When does the bank open?

e. What time does it start?

Answer 5:

a.	फ़र्क	Difference
b.	समझना	Understand
c.	पहेली	Puzzle
d.	गर्व	Proud
e.	विचार	Idea

Exercise 15 - Answer Sheet

Answer 1:

a. I can't handle this anymore.

b. Let's bask in the sun.

c. He is a stubborn boy.

d. I read this book yesterday.

e. Add all the numbers together.

Answer 2:

a. Why not stay to lunch?

b. Why not stay for lunch?

Answer 3:

a.	मैं बारिश रुकने का इंतज़ार कर रहा हूँ।	I'm waiting for the rain to stop.
b.	बारिश हो सकती है तो इसे अपने साथ ले जाओ।	It might rain, so take this with you.
c.	जब मैं घर आ रहा था तो रास्ते में बारिश होने लगी।	It started to rain while I was walking home.
d.	बारिश की वजह से आ नहीं पाया।	I couldn't come due to rain.
e.	आसमान में बादल छाये हैं, बारिश हो सकती है।	The sky is overcast, it may rain.

Answer 4:

a. Incorrect

b. Correct

c. Incorrect

d. Correct

e. Correct

Answer 5:

a. I'll talk to you tomorrow morning.

b. Bring some vegetables for today / tomorrow.

c. I'll get up on time today / tomorrow for sure.

d. There was so much work today.

e. Again, I'll reach the office late today / tomorrow.

Exercise 16 - Answer Sheet

Answer 1: (Possible Answers)

a. He needs to borrow the money.

b. It's all right to borrow money occasionally, but don't let it become a habit.

c. How much money do you need?

d. Give me money for miscellaneous expenses.

e. I haven't got any money; otherwise, I would have returned it long ago.

Answer 2:

a. अभी मेरे पास समय नहीं है।

b. तुम कितने बजे उठती हो?

c. कुछ नया करने में एक अलग ही मज़ा है।

d. काश वो दिन वापस आ जायें!

e. हर काम का अपना एक समय होता है।

Answer 3:

a. forcibly

b. answer

c. cost

d. faster

e. times

Answer 4:

a. Such arrogance is not good; you might regret later.

b. I like doing my work to perfection.

c. What would I benefit from this?

d. What's the harm in doing so?

e. The smoke made my eyes water.

Answer 5:

a. Incorrect (Papers are scattered all over the floor.)

b. Correct

c. Incorrect (When mom is around, things become easy for me.)

d. Incorrect (Throw the sweepings in the dustbin.)

e. Incorrect (Do wash your hands before eating food.)

Exercise 17 - Answer Sheet

Answer 1:

a. Don't

b. don't

c. couldn't / didn't

d. was

e. had

Answer 2:

a. tiff

b. reason

c. lost

d. better

e. otherwise

Answer 3:

a. Grind ginger and garlic into a coarse paste.

b. There is far too much salt in this curry.

c. Add lemon juice to curdle the milk.

d. Halve the tomatoes and cut / chop them up.

e. This is empty, give me the filled one.

Answer 4:

a. a, has, a, on

b. it's, like, it

c. no, what, have

d. have, what, if, did

e. if, this, be, to

Answer 5: (Possible Answers)

a. Don't throw pencil shavings onto the ground.

b. Write in pencil, not in ink.

c. Take out the pencil from your mouth.

d. Don't insert the pencil again in your mouth.

e. The tip / point of the pencil broke.

Exercise 18 - Answer Sheet

Answer 1:

a. does

b. Don't

c. didn't

d. are

e. Is

Answer 2: (Possible Answers)

a. He keeps talking with other students during the class.

b. Sometimes, he doesn't get his notebook checked.

c. His handwriting is difficult to read.

d. I don't pay much attention to him.

Answer 3:

a.	मेरे पैरों की उँगलियाँ सूज के लाल हो गई हैं।	I have chilblains on my toes.
b.	अचानक से मेरे पैर की नस चढ़ गई।	My leg suddenly went into spasm.
c.	मेरे पैर की उँगली में घट्टा हो गया है।	I have got corn on my toe.
d.	सर्दियों में मेरे होंठ फ़ट जाते हैं।	I get chapped lips in winters.
e.	ठंडी हवा से उसके होंठ फ़ट गए हैं।	The cold wind has chapped her lips.

Answer 4:

a. Incorrect

b. Correct

c. Incorrect

d. Incorrect

e. Incorrect

Answer 5:

a. they, their

b. him, his

c. you, it, you, it

d. that, the

e. I, I

Exercise 19 - Answer Sheet

Answer 1: (Possible Answers)

a. My birthday is on the upcoming Friday.

b. It's my seventeenth birthday tomorrow.

c. Have you noticed any change in him?

d. Where are you going for the holidays?

e. Beauty should lie in the heart and conscience.

Answer 2: (Possible Answers)

a. Did you get married against your wish / will?

b. Get her married at the earliest.

c. I got married 4 years ago.

d. We have been married for 15 years.

Answer 3:

a. I couldn't read because I didn't have my glasses.

b. I don't want people to say afterwards that they had done that for me.

c. She strained her ears to catch what they were saying.

d. At my office, some people do very little work.

e. Ma'am is not in the office at the moment, so call her number, please.

Answer 4:

a. How long have you known her?

b. Who do you think will win?

c. She shrugged as if she didn't know.

d. I'm going to the market to buy something, let me know if you want to come along.

e. I called just to know your well-being.

Answer 5:

a. having

b. going

c. had

d. was

e. were

Exercise 20 - Answer Sheet

Answer 1:

a. ये दवाई दिन में कितनी बार लेनी है?

b. अरे, घर पर सब्जी ख़त्म हो गई थी; तो सब्जी लेने आया हूँ।

c. कभी ख़ुद भी आना चाहिए सब्जी लेने; रोज़ तो माँ ही आती हैं।

d. तुम इतनी लापरवाह कैसे हो गई?

e. अगर मैं कोई गाना सुबह सुन लूँ तो वो पूरा दिन मेरे दिमाग में घूमता रहता है।

Answer 2:

a. peep

b. advice

c. digging

d. excuses

e. lesson

Answer 3: (Possible Answers)

a. I hit my leg against the table and got a purple bruise.

b. I fell and struck my head on the corner of the table.

c. He is extremely ill and not expected to live.

d. After a good cry, I feel much better.

e. If I don't get enough sleep, I get a headache.

Answer 4:

a. Incorrect

b. Correct

c. Incorrect

d. Correct

e. Incorrect

Answer 5:

a. could, please, price

b. would, charge, bought

c. want, buy, bulk

d. head, filled, trash

e. dress, doesn't, scarf

Exercise 21 - Answer Sheet

Answer 1:

a. out

b. on

c. Undo

d. in

e. slam

Answer 2:

a. Your face reminds me of someone.

b. You will never be able to look her in the eye.

c. They didn't do as much as they said they would.

d. Sometimes, many problems arise; but I tackle them. / Sometimes, many problems arise; but I handle them.

e. Her words kept running through my mind.

Answer 3:

a. bunch

b. issues

c. Actually

d. understand

e. messing

Answer 4:

a. Correct

b. Correct

c. Incorrect

d. Correct

e. Correct

Answer 5: (Possible Answers)

a. I had long hair when I was a child.

b. The wind has messed your hair.

c. I am getting my ears pierced.

d. Stop sniffing; go and blow your nose.

e. Meera has become so thin that her cheeks are pinched.

Exercise 22 - Answer Sheet

Answer 1:

a. thought, would

b. got, this

c. have, that

d. in, of

e. as, as

Answer 2:

a. उसकी जब मर्ज़ी होती है तब वो मुझसे बात करता है।

b. तुम उसके साथ खेलने जा सकते हो; लेकिन सिर्फ़ इस बार।

c. मैं माँ से मिलने के लिए तरस रही हूँ।

d. मैं यहाँ से गुज़र रहा था तो सोचा आपसे मिलता चलूँ।

e. शादी मे किसी बात की कसर नहीं थी।

Answer 3:

a. Wipe, spit

b. wipe, hands

c. coughing, sneezing

d. coughing, sneezing

e. Wipe

Answer 4:

a. He did not leave anything undone to defame me.

b. That was a joke, but you took it literally.

c. Could you do me a little favor, please?

d. It's not necessary for everyone to go everywhere.

e. If the need arises, I'll certainly go there.

Answer 5: (Possible Answers)

a. She is not at all happy with this.

b. You were at fault, that's why you were punished.

c. Can you show me how to do this?

d. I consider you as my elder brother, that's why I share everything with you.

e. I am slightly older than her.

Exercise 23 - Answer Sheet

Answer 1:

a. Suitors have come with the proposal.

b. We may have to sell the house, but I hope it won't come to that.

c. Sit down and have a conversation, then decide.

d. I'll come after settling this matter.

e. This type of conversation has been going on here since the beginning.

Answer 2:

a. few

b. messed

c. build

d. blow

e. splashed

Answer 3: (Possible Answers)

a. You are not old enough to do this.

b. Walk carefully lest you should slip.

c. He was not worth reaching the final.

d. Meera seemed quite happy this morning.

e. You are strong enough and will get over it.

Answer 4:

a. is

b. of

c. for

d. to

e. were

Answer 5:

a. Be careful not to touch that!

b. Wake me up at 6:30. / Wake me up at half past 6.

c. Why are you looking at me like this?

d. Rohan and Meera have decided to split.

e. Does she spend much money on clothes?

Exercise 24 - Answer Sheet

Answer 1:

a. did

b. shall

c. once

d. just

e. with

Answer 2:

a. bygones be bygones

b. come loose

c. came up

d. roof over

e. within a few

Answer 3:

a. Correct

b. Correct

c. Incorrect

d. Incorrect

e. Incorrect

Answer 4:

a. this road

b. Don't open

c. play cricket

d. Excuse me

e. back of the packet

Answer 5:

a. He follows the orders of his boss without question.

b. Here, try some of this – it's delicious!

c. Here's the book I said I'd lend you.

d. How many days a week do you work?

e. How many languages do you speak?

Exercise 25 - Answer Sheet

Answer 1:

a. I need some money for tonight.

b. I still have a lot to do.

c. I think you have too many things.

d. I don't want to bother you.

e. I was going to the park.

Answer 2:

a. fortune

b. ashamed

c. explain

d. hardly

e. flaw

Answer 3:

a. Having such a house was my dream.

b. It will take plenty of time.

c. We were standing on the right.

d. He has been writing a letter for half an hour.

e. Turn the cup right side up.

Answer 4:

a. driving

b. forget

c. rent

d. lived

e. coming

Answer 5: (Possible Answers)

a. I'm not much good at knitting.

b. I'm so sorry to keep you waiting.

c. I've worked there for five years.

d. I've wasted a lot of money on this car.

ENGLISH - HINDI DICTIONARY

S. No.	Words	Hindi Synonyms	Usages in English	Usages in Hindi
1.	abandon	(v) - **छोड़ देना, त्याग देना, परित्याग करना**	The SECL had to **abandon** the flood-affected coal mines.	एसईसीएल को बाढ़ प्रभावित कोयला खदानों को **छोड़ना पड़ा।**
2.	abandoned	(adj) - **छोड़ा हुआ, त्यागा हुआ, परित्यक्त**	The Finance Ministry has decided to put up its **abandoned** claim on revenue afresh.	वित्त मंत्रालय ने अपने राजस्व संबंधी **छोड़े हुए** दावे को नए सिरे से पेश करने का निर्णय लिया है।
3.	abandoned assets	(n) - **छोड़ी हुई परिसंपत्ति***, **त्यागी हुई परिसंपत्ति***, **परित्यक्त परिसंपत्ति***	The Government has decided to auction the **abandoned** assets of the company.	सरकार ने कंपनी की **छोड़ी हुई परिसंपत्तियों** की नीलामी का फैसला किया है।
4.	abandoned cargo	(n) - **छोड़ा हुआ कार्गो, त्यागा हुआ कार्गो, परित्यक्त कार्गो**	There is a problem in keeping **abandoned cargo** in the Air Port.	विमान पत्तन में **छोड़े हुए कार्गो** को रखने की समस्या आ रही है।
5.	abandonment	(n) - **त्याग, छोड़ना**, परित्याग	The process of **abandonment** of the dilapidated buildings has been initiated by the Estate Department.	संपदा विभाग द्वारा जर्जर भवनों को **छोड़ने** की प्रक्रिया शुरू की गई है।
6.	abate	(v) - **1. समाप्त करना, दूर करना 2. कम करना, घटाना** 3. उपशमन करना, उपशमन होना 4. कमी करना, कमी होना	1. Steps are to be taken to **abate** pollution. 2. The Government is taking steps to **abate** the Import Duty. 3. This section of the Act is now **abated**.	1. प्रदूषण **समाप्त करने** के लिए कदम उठाने हैं। 2. सरकार आयात शुल्क **कम करने** के लिए कदम उठा रही है। 3. कानून की इस धारा का **उपशमन** हो चुका है।
7.	abatement	(n) - 1. कमी* 2. **छूट*** 3. उपशमन (विधि)	1. The proposal for **abatement** of the rent of Government accommodations is under consideration. 2. Tax on passenger transport is collected @ 12.36 % with an **abatement** of 60%.	1. सरकारी आवासों के किराये में **कमी** का प्रस्ताव विचाराधीन है। 2. यात्री परिवहन पर 60% की **छूट** के साथ 12.36% की दर से कर वसूला जाता है।
8.	abatement certificate	(n) - **कटौती**	The officer failed to provide an **abatement**	अधिकारी समय पर **कटौती प्रमाण**

S. No.	Words	Hindi Synonyms	Usages in English	Usages in Hindi
		प्रमाण पत्र	certificate in time.	पत्र नहीं दे सका।
9.	abbreviate	(v) - **संक्षिप्त करना, सार निकालना**	The report should be **abbreviated** before submission.	प्रस्तुत करने से पहले रिपोर्ट को **संक्षिप्त करना** चाहिए।
10.	abbreviation	(n) - संक्षिप्ति*	A list of **abbreviations** should be attached with the note.	टिप्पणी के साथ **संक्षिप्ति** की सूची भी दी जाए।
11.	abdicate	(v) - **(पद, सत्ता, अधिकार) छोड़ना, (पद, सत्ता, अधिकार) त्यागना**	The Chairman was forced to **abdicate** his post.	अध्यक्ष को विवश होकर अपना **पद छोड़ना पड़ा**।
12.	abdication	(n) - पदत्याग, **सत्तात्याग, अधिकार-त्याग**	1. The **abdication** of the Dictator was received with great relief. 2. The merged company has agreed for **abdication** of its rights.	1. तानाशाह का **सत्तात्याग** बड़ी राहत लेकर आया। 2. विलयित कंपनी अपने **अधिकार-त्याग** के लिए सहमत हो गई।
13.	abduct	(v) - **अपहरण करना, अगवा करना**	The terrorists **abducted** the policemen to persuade their demands.	उग्रवादियों ने अपनी मांग मनवाने के लिए पुलिसकर्मियों का **अपहरण** किया।
14.	abduction	(n) - अपहरण, **अगवा**	The **abduction** case has been discussed.	**अगवा** के मामले पर चर्चा की गई।
15.	abet	(v) - **दुष्प्रेरित करना**	The employee **abetted** his colleague in the crime.	कर्मचारी ने अपने सहकर्मी को अपराध के लिए **दुष्प्रेरित किया**।
16.	abetment	(n) - दुष्प्रेरण	**Abetment** of a crime is also an offense.	अपराध के लिए **दुष्प्रेरित** करना भी अपराध है।
17.	abeyance	(n) - **स्थगन, अस्थायी रोक,** प्रास्थगन	Nowadays the production is in **abeyance** in the company due to strike.	हड़ताल के कारण, इन दिनों कंपनी में उत्पादन **स्थगित** है।
18.	abide	(v) - 1. **पालन करना** 2. **दृढ़ रहना, कायम रहना** 3. **मान लेना**	1. We should **abide** by the rules. 2. We **abide** by our oath. 3. The players have to **abide** by the referee's decision.	1. हमें नियमों का **पालन करना** चाहिए। 2. हम अपनी शपथ पर **दृढ़ हैं**। 3. खिलाड़ियों को रेफरी के फैसले को **मानना होगा**।
19.	ability	(n) - योग्यता*	The **ability** of the vigilance officer cannot be questioned.	सतर्कता अधिकारी की **योग्यता** पर प्रश्न नहीं उठाया जा सकता है।
20.	able	(adj) - योग्य	He is an **able** administrator.	वे **योग्य** प्रशासक हैं।
21.	abnormal	(adj) - 1.	1. Due to shortage of food-	1. बाजार में अनाज की कमी के

S. No.	Words	Meaning	Usages in English	Usages in Hindi
1.	backdated	(adj) - पूर्व-दिनांकित	A **backdated** cheque is needed to adjust the advance.	अग्रिम के समायोजन के लिए **पूर्व-दिनांकित** चेक की जरूरत है।
2.	backlog	(n) - पिछला बकाया	Recruitment process may be initiated to fill up **backlog** vacancies.	**पिछली बकाया** रिक्तियों को भरने के लिए भर्ती प्रक्रिया शुरू की जाए।
3.	back out	(pv) - **पीछे हटना**, मुकर जाना, मुकरना, हटना	The company **backed out** of the deal at the last minute.	कंपनी अंतिम समय में सौदे से **पीछे हट गई**।
4.	back reference	(n) - पिछला संदर्भ	Mention the **back reference** in this case.	इस मामले में **पिछले संदर्भ** का उल्लेख करें।
5.	back up	(n) - **आपात-आपूर्ति***, **आपात-सहायता***, पूर्तिकर, आपातोपयोगी	Suitable power **back up** system may be installed in the computer lab.	कंप्यूटर लैब में उपयुक्त **आपात विद्युत आपूर्ति** प्रणाली स्थापित करें।
6.	backward class	(n) - पिछड़ा वर्ग	The Government has launched several schemes for the welfare of the **backward classes**.	सरकार ने **पिछड़े वर्गों** के कल्याण के लिए कई स्कीमें शुरू की हैं।
7.	bad bargain	(n) - अलाभकर सौदा, घाटे का सौदा	The acquisition of the sick industries had been proved **a bad bargain** to the Government.	अलाभकारी इस्पात कंपनियों का अधिग्रहण सरकार के लिए **घाटे का सौदा** साबित हुआ।
8.	bad conduct	(n) - दुराचरण	A penalty has been imposed on him **for bad conduct** in office.	कार्यालय में **दुराचरण** के लिए उस पर शास्ति लगाई गई।
9.	bad debt	(n) - **डूबंत ऋण**, **डूबा ऋण**, अशोध्य ऋण	The bank set aside Rs. Ten crore to cover **bad debts**.	बैंक ने **डूबे हुए ऋण** की भरपाई करने के लिए दस करोड़ रुपए अलग से निर्धारित किए हैं।
10	bail	(n) - ज़मानत*	The judge granted **bail** to the accused.	न्यायाधीश ने अभियुक्त को **जमानत** दे दी।
11	balance	(n) - 1. शेष, बाकी 2. संतुलन (v) - 3. **संतुलित करना / होना**	1. The **balance** of Rs. ten thousand must be paid within 90 days. 2. The Government **balanced** its budgets by rigid control over public expenditure.	1. 90 दिनों के भीतर दस हजार रुपए की **शेष** राशि का भुगतान अवश्य किया जाए। 2. सरकार ने सार्वजनिक व्यय पर कठोर नियंत्रण के द्वारा अपने बजट को **संतुलित किया**।
12	balanced	(n) - संतुलित बजट	The Finance Minister has	वित्त मंत्री ने **संतुलित बजट** पेश

S. No.	Words	Meaning	Usages in English	Usages in Hindi
	budget		presented a **balanced budget**.	किया है।
13	balance sheet	(n) - तुलन पत्र	The **balance sheet** of the company shows its sound financial position.	कंपनी का **तुलन पत्र** इसकी अच्छी वित्तीय स्थिति को दर्शाता है।
14	ballot	(n) - 1. मतपत्र 2. मतदान (v) - 3. **मतदान करना**	1. The EVM will count the **ballots** automatically. 2. Ten members of the committee will be elected by direct **ballot**. 3. The union **balloted** its members on the proposed changes.	1. ई.वी.एम. स्वचालित रूप से **मतपत्रों** की गिनती करेगी। 2. समिति के दस सदस्यों का चुनाव प्रत्यक्ष **मतदान** से किया जाएगा। 3. यूनियन ने प्रस्तावित परिवर्तनों पर अपने सदस्यों से **मतदान करवाया।**
15	ban	(n) - 1. **निषेध**, प्रतिबंध, रोक*, पाबंदी* (v) - 2. **प्रतिबंध/ रोक लगाना, निषेध करना**	1. There is to be a total **ban** on smoking in the office. 2. Chemical weapons are **banned** internationally. 3. The Reserve Bank of India has **banned** zero interest loans on EMI to credit card holders.	1. कार्यालय में धूम्रपान पर पूर्ण **निषेध** होना चाहिए। 2. अंतरराष्ट्रीय स्तर पर रासायनिक हथियार **प्रतिबंधित** हैं। 3. भारतीय रिजर्व बैंक ने क्रेडिट कार्ड धारकों के लिए ईएमआई पर शून्य ब्याज ऋण पर **रोक लगा दी है।**
16	bank	(n) - 1. बैंक (v) - 2. **बैंक में खाता होना** 3. **बैंक खाते में राशि जमा करना**	1. The salary of the employee is paid directly into the **bank**. 2. The office had banked with State **Bank** of India. 3. The company has **banked** Rs. 10 crore in last two years.	1. कर्मचारी के वेतन का भुगतान सीधे **बैंक में** किया जाता है। 2. कार्यालय का भारतीय स्टेट **बैंक में खाता था**। 3. कंपनी ने पिछले दो साल में 10 करोड़ रूपए **बैंक खाते में जमा किए।**
17	banking	(n) - बैंकिंग, बैंककारी	A large amount of reserves was added to the **banking** system.	रिजर्व के रूप में एक बड़ी राशि **बैंकिंग** प्रणाली में जोड़ी गई।
18	bank account	(n) - बैंक खाता	The **bank accounts** of the defaulting company are under screening.	बकायादार कंपनी के **बैंक खातों** की जांच चल रही है।
19	bank charges	(n) - बैंक प्रभार	The Reserve Bank of India has insisted for the uniform **bank charges.**	भारतीय रिजर्व बैंक ने एक समान **बैंक प्रभार** पर बल दिया है।
20	bank credit	(n) - 1. बैंक साख 2. **बैंक ऋण**, बैंक उधार	1. The **bank credit** has been enhanced due to increase in lending. 2. The bank refused further **credit**	1. बैंक द्वारा दिए जाने वाले ऋण में बढ़ोत्तरी के कारण **बैंक** साख बढ़ी है। 2. बैंक ने कंपनी को और अधिक **ऋण** देने से

S. No.	Words	Hindi Synonyms	Usages in English	Usages in Hindi
1.	cabin baggage	(n) - **सामान, असबाब**, केबिन असबाब	In air travel passengers are allowed only one bag as **cabin baggage**.	हवाई यात्रा में यात्री को अपने साथ केवल एक **सामान** ले जाने की अनुमति होती है।
2.	cabinet	(n) - 1. मंत्रिमंडल* 2. कैबिनेट 3. पेटिका	1. The **cabinet** passed the bill for economic reforms. 2. The matter regarding increase in DA of government employees will be taken up in the next meeting of the **cabinet**. 3. All the confidential files were kept in the **cabinet**.	1. **मंत्रिमंडल** ने आर्थिक सुधार के लिए विधेयक पारित कर दिया। 2. सरकारी कर्मचारियों के महंगाई भत्ते में वृद्धि का मामला **कैबिनेट** की अगली बैठक में उठाया जाएगा। 3. सभी गोपनीय फाइलें पेटिका में रखी गईं।
3.	cadre	(n) - **कैडर**, काडर, संवर्ग	The proposal for restructuring of **the cadre** is under consideration.	**कैडर** के पुनर्गठन का प्रस्ताव विचाराधीन है।
4.	calamity	(n) - **आपदा**, विपत्ति*	The Uttrakhand Government was not prepared for such devastating natural **calamity**.	उत्तराखंड सरकार ऐसी विनाशकारी प्राकृतिक **आपदा** के लिए तैयार नहीं थी।
5.	calculation	(n) - **गणना***, **हिसाब**, परिकलन	The **calculation** of the pension has been done by the Assistant.	सहायक द्वारा पेंशन की **गणना** कर दी गई है।
6.	calendar year	(n) - कैलेंडर वर्ष	The profit of the corporation has increased many folds in last three **calendar years**.	पिछले तीन **कैलेंडर वर्षों** में निगम का लाभ कई गुणा बढ़ा है।
7.	campaign	(n) - **प्रचार**, अभियान	1. He is **campaigning** for the local candidate in the assembly election. 2. The **campaign** of cleaning Ganga River has been launched by the Chief Minister.	1. वह लोकसभा चुनाव में स्थानीय उम्मीदवार के लिए **प्रचार** कर रहा है। 2. गंगा नदी की सफाई का **अभियान** मुख्यमंत्री द्वारा शुरू किया गया है।
8.	campus	(n) - परिसर	The JNU **campus** is spread over 1000-acre rocky terrain of Aravali hills.	जवाहरलाल नेहरू विश्वविद्यालय **परिसर** अरावली पहाड़ियों के 1000 एकड़ चट्टानी इलाके में फैला हुआ है।
9.	cancel	(v) - **निरस्त करना**, रद्द	The tour programme has been **cancelled**.	दौरा कार्यक्रम **निरस्त** कर दिया गया है।

S. No.	Words	Hindi Synonyms	Usages in English	Usages in Hindi
		करना		
10.	candidate	(n) - **प्रत्याशी**, उम्मीदवार, अभ्यर्थी	1. The **candidates** must reach by 9:00 A.M. for interview. 2. The **candidates** are required to pass the written examination.	1. **प्रत्याशियों** को साक्षात्कार के लिए प्रात: 9:00 बजे तक पहुँचना होगा। 2. **उम्मीदवारों** को लिखित परीक्षा मे उत्तीर्ण होना जरूरी है।
11.	canvassing	(n) - 1. प्रचार 2. संयाचना, मत-याचना	As soon as the election was announced the party workers started **canvassing.**	चुनाव घोषित होते ही पार्टी के कार्यकर्ता **प्रचार** में जुट गए।
12.	capability	(n) - सामर्थ्य	One should be confident of one's **capability**	व्यक्ति को अपने **सामर्थ्य** पर विश्वास होना चाहिए।
13.	capable	(adj) - समर्थ	The company is **capable** of handling large projects.	कंपनी बड़ी परियोजनाओं का संचालन करने में **समर्थ** है।
14.	capacity	(n) - 1. हैसियत* 2. क्षमता* 3. सामर्थ्य 4. धारिता*	1. He attended the meeting in his **capacity** as the chairman of the safety committee. 2. The **capacity** of the Tank should be not less than 1000 liters. 3. The employees have the **capacity** to finish the work before the deadline.	1. उसने सुरक्षा समिति के अध्यक्ष की **हैसियत** से बैठक में भाग लिया। 2. टंकी की **क्षमता** 1000 लीटर से कम की नहीं होनी चाहिए। 3. कर्मचारियों में समयसीमा से पहले काम पूरा करने का **सामर्थ्य** है।
15.	capital	(n) - 1. पूंजी*, मूलधन 2. राजधानी	1. The businessman invested a **capital** of Rupees 10 lakh to start a textile business. 2. Bhopal is the **Capital** of Madhya Pradesh.	1. व्यापारी ने 10 लाख रुपए **पूँजी** लगाकर कपड़े का कारोबार शुरू किया। 2. भोपाल मध्य प्रदेश की **राजधानी** है।
16.	capital expenditure	(n) - पूंजीगत व्यय	The company incurred a **capital** expenditure of Rs. 15 lakh in the financial year 2006-07.	वित्त वर्ष 2006-07 में कंपनी का **पूँजीगत व्यय** 15 लाख रुपये था।
17.	capital punishment	(n) - **फांसी**, मृत्युदंड	The criminal was awarded **capital punishment** by the court.	न्यायालय ने अपराधी को **फांसी** की सजा दी।
18.	captive market	(n) - **आबद्ध बाजार**	There is a huge **captive market** for electronic items in rural India.	ग्रामीण भारत इलैक्ट्रानिक वस्तुओं का बड़ा **आबद्ध बाजार** है।
19.	capitation fee	(n) - **कैपिटेशन फीस**, प्रति व्यक्ति शुल्क	**Capitation fee** in Medical Colleges should not be permissible.	मेडिकल कॉलेजों में **कैपिटेशन फीस** पर रोक होनी चाहिए।
20.	capture	(v) - 1. पकड़ना	1. The police have	1. पुलिस ने चोर को उसके पैतृक

Sl. No.	Words	Meaning	Usages in English	Usages in Hindi
1.	daily	(n) - 1. **दैनिक समाचार पत्र** (adj) - 2. दैनिक (adv) - 3. **प्रतिदिन**	1. The incident was in all the dailies. 2. The average **daily** turnover of the company is about Rs. 50 lac. 3. The Information Centre is open **daily** 8.30 a.m. to 4.30 p.m.	1. सभी **दैनिक समाचार पत्रों** में इस घटना का जिक्र था। 2. कंपनी की औसत दैनिक कुल बिक्री लगभग 50 लाख रूपए है। 3. सूचना केंद्र **प्रतिदिन** सुबह 8.30 से सायं 4:30 तक खुला रहता है।
2.	daily allowance	(n) - दैनिक भत्ता	The rate of **Daily Allowance** has been increased by 25%.	**दैनिक भत्ते** की दर 25% बढ़ाई गई है ।
3.	daily diary	(n) - **दैनिक डायरी***, दैनिकी*, दैनंदिनी*	**Daily Diary** contains all entries.	सारी प्रविष्टियाँ **दैनिक डायरी** में उपलब्ध हैं।
4.	daily report	(n) - दैनिक रिपोर्ट*	The **daily reports** are being sent regularly.	**दैनिक रिपोर्ट** नियमित रूप से भेजी जा रही हैं।
5.	daily wages	(n) - दैनिक मजदूरी*, दिहाड़ी*	The rates of **daily wages** for skilled labourers and unskilled labourers have been revised.	कुशल मजदूरों और अकुशल मजदूरों के लिए **दैनिक मजदूरी** की दरें संशोधित की गई हैं।
6.	dak book	(n) - **डाक बही***, डाक पुस्तक*	The proper maintenance of **Dak Book** may be ensured.	**डाक बही** का उचित रखरखाव सुनिश्चित किया जाए।
7.	damage	(n) - 1. क्षति*, हानि*, नुकसान (v) - 2. **क्षति पहुंचना/पहुंचाना, हानि पहुंचना/पहुंचाना, नुकसान पहुंचना/पहुंचाना**	1. The devaluation of Rupee could cause serious **damage** to the country's economy. 2. The fire badly **damaged** the town hall.	1. रुपए का अवमूल्यन देश की अर्थव्यवस्था के लिए अत्यधिक **नुकसान** का कारण बन सकता है। 2. आग से टाउन हॉल को अत्यधिक **क्षति पहुंची**।
8.	data	(n) - 1. आंकड़े, डाटा 2. आधार सामग्री*	These **data** show that most accidents caused due to drunk driving.	इन **आंकड़ों** से पता चलता है कि अधिकांश सड़क दुर्घटनाएं नशे में गाड़ी चलाने के कारण हुई हैं।
9.	data analysis	(n) - 1. **डाटा विश्लेषण,** आंकड़ा विश्लेषण 2. आधार	The first phase of **data analysis** has been completed.	**डाटा विश्लेषण** का पहला चरण पूरा हो चुका है।

Sl. No.	Words	Meaning	Usages in English	Usages in Hindi
		सामग्री विश्लेषण		
10.	data bank	(n) - **डाटा बैंक**, आंकड़ा बैंक	The department is considering to set up a **data bank** of the beneficiaries.	विभाग लाभार्थियों का **डाटा बैंक** स्थापित करने पर विचार कर रहा है।
11.	data base	(n) - **आधारभूत डाटा, आधारभूत आंकड़े,** आंकड़ा संचय	A **database** for all depositors is being created at the branch.	शाखा में सभी जमाकर्ताओं के बारे में **आधारभूत डाटा** तैयार किया है।
12.	data collection	(n) - 1. **डाटा संग्रहण**, आंकड़ा संग्रहण 2. आधार सामग्री संग्रहण	**Data collection** may be completed in the given time- frame.	**डाटा संग्रहण** निश्चित समय-सीमा में पूरा कर लिया जाए।
13.	data entry	(n) - **डाटा प्रविष्टि***	The work of **data entry** has been outsourced.	**डाटा प्रविष्टि** का काम बाहरी स्रोत से कराया गया है।
14.	data feeding	(n) - **डाटा भरना**, आंकड़ा भरण	Utmost care should be taken during **data feeding**.	**डाटा भरने** के दौरान अत्यंत सावधानी बरती जानी चाहिए।
15.	data processing	(n) - **डाटा संसाधन,** आंकड़ा संसाधन	Nowadays, Super-Computers are used for expeditious **data processing**.	आजकल, तेज गति से **डाटा संसाधन** के लिए सुपर कंप्यूटरों का उपयोग किया जाता है।
16.	date	(n)/(v) - दिनांक, तिथि*, तारीख़*	We need to fix a **date** for the next meeting.	अगली बैठक के लिए हमें तारीख तय करने की जरूरत है।
17.	date of arrival	(n) - आगमन तिथि*, आने की तारीख*	Please mention **date of arrival** in the T.A. Bill.	कृपया यात्रा भत्ता बिल में **आगमन तिथि** का उल्लेख करें।
18.	date of birth	(n) - जन्म-तिथि*, जन्म की तारीख*	**Date of birth** should be mentioned both in words and figures.	**जन्म-तिथि** का उल्लेख शब्दों और अंकों - दोनों में किया जाना चाहिए।
19.	date of departure	(n) - प्रस्थान तिथि*, जाने की तारीख*	The **date of departure** of the Secretary may be conveyed at the earliest.	सचिव के **प्रस्थान की तिथि** यथाशीघ्र सूचित करें।
20.	date of discharge	(n) - कार्यमुक्ति तारीख*	The **date of discharge** has been intimated to his parent office.	**कार्यमुक्ति तारीख** के बारे में उसके मूल कार्यालय को सूचित कर दिया गया है।
21.	date of maturity	(n) - परिपक्वता की तारीख*, पूर्णता	The final payment would be made after the **date of maturity**	बीमा पॉलिसी की **परिपक्वता की तारीख** के बाद अंतिम भुगतान

S. No.	Words	Meaning	Usage in English	Usage in Hind
1.	e-governance	(n) -ई- शासन, इलेक्ट्रनिक शासन	**E-governance** has the major role in providing good governance to the people.	जनता को सुशासन मुहैया कराने में **ई-शासन** की मुख्य भूमिका है।
2.	earliest possible	(adj) - यथाशीघ्र	The report may kindly be sent at the **earliest possible.**	कृपया रिपोर्ट **यथाशीघ्र** भेजें।
3.	early retirement	(n) - **समय से पहले सेवा-निवृति***, समयपूर्व सेवा-निवृति*	The officer has taken early retirement due to his personal reasons.	अधिकारी ने अपने निजी कारणों से **समय से पहले सेवानिवृत्ति** ले ली।
4.	earmark	(v) - **चिह्नित करना,** उद्दिष्ट करना	The government has **earmarked** sufficient fund for this scheme.	सरकार ने इस योजना के लिए पर्याप्त निधि **चिह्नित** की है।
5.	earned leave	(n) -अर्जित छुट्टी*	The Officials can take **earned leave** for going on LTC tour.	कर्मचारी छुट्टी यात्रा रियायत दौरे पर जाने के लिए **अर्जित छुट्टी** ले सकते हैं।
6.	earnest money	(n) -बयाना	The Dealer was given **earnest money** of Rs. 5000/- after finalization of the deal.	सौदा पक्का हो जाने के बाद विक्रेता को 5000 रुपए की **बयाना** राशि दी गई।
7.	earning capacity	(n) -अर्जन क्षमता*	High economic growth has enhanced the **earning capacity** of the people.	उच्च आर्थिक विकास से लोगों की **अर्जन क्षमता** में वृद्धि हुई है।
8.	eco-friendly	(adj) -पर्यावरण - अनुकूल	The project may be sanctioned for having eco-friendly design.	**पर्यावरण-अनुकूल** डिजाइन होने के कारण इस परियोजना को मंजूर किया जा सकता है।
9.	ecology	(n) -पारिस्थितिकी*	The forest dwelling tribal people have been given forest rights keeping in view the **ecology** of the place.	वन में रहने वाले जनजातीय लोगों को उस स्थान की **पारिस्थितिकी** को ध्यान में रखकर वन अधिकार दिए गए हैं।
10.	economical	(adj) - 1.**कम खर्चीला, सस्ता**, मितव्ययी, किफायती,	Under the **economical** measure, more than one official may be provided transport facility by the same	**मितव्ययी** उपाय के तहत, एक से अधिक अधिकारियों को एक ही वाहन से यातायात की सुविधा मुहैया कराई जाए।

S. No.	Words	Meaning	Usage in English	Usage in Hind
			vehicle.	
11.	economy	(n) - अर्थव्यवस्था* 2. **इकॉनामी*** 3. **बचत***	1. Indian **economy** has successfully coped with the present economic crisis. 2. The office will make economies by employing a few part-time workers.	1. भारतीय **अर्थव्यवस्था** ने वर्तमान आर्थिक संकट का सफलता से सामना किया है। 2. कार्यालय कुछ अंशकालिक कामगारों की सेवा लेकर **बचत** कर करेगा।
12.	editing	(n) -संपादन	This collection of office- orders has been **edited** by an experienced administrator.	कार्यालय-आदेशों के इस संकलन का **संपादन** अनुभवी प्रशासक द्वारा किया गया है।
13.	education	(n) - शिक्षा*	**Education** is the most effective medium for women empowerment.	**शिक्षा** महिला सशक्तीकरण का सबसे प्रभावी माध्यम है।
14.	effect	(n) - 1. प्रभाव, **लागू** 2. **आशय** 3. परिणाम (v) -4. **होना**	1. The 6th Pay Commission has come into **effect** since 01.01.2006. 2. The candidate has submitted an undertaking to the **effect** that he will submit the documents in original within the stipulated period. 3. The **effect** of the new economic policies has been perceived in a short time. 4. The new legislation has **effected** some important changes in tax- assessment.	1. छठा वेतन आयोग 01.01.2006 से **लागू किया गया** है। 2. उम्मीदवार ने इस **आशय** का वचनबंध प्रस्तुत किया है कि वह निर्धारित अवधि के भीतर मूल प्रमाणपत्र प्रस्तुत कर देगा। 3. नई आर्थिक नीतियों का **प्रभाव** कम समय में ही देखा गया है। 4. नए विधान से कर निर्धारण में महत्वपूर्ण बदलाव **हुए** हैं।
15.	effects	(n) - **सामान**	The actual cost of transportation of personal **effects** shall admissible subject to the prescribed limits.	निजी **सामान** के परिवहन की वास्तविक लागत निर्धारित सीमा के अधीन देय होगी
16.	efficiency	(n) - **(कार्य) क्षमता*, कार्य (कुशलता)*** दक्षता*, कार्यकुशलता*	The training has included the **efficiency** of the workers.	प्रशिक्षण से कर्मचारियों की **कार्यक्षमता** बढ़ गई है।

Sl. No.	Words	Meaning	Usages in English	Usages in Hindi
1.	fabricate	(v) -1. **गढ़ना** 2. निर्माण करना	The defence had fabricated the evidence.	बचाव पक्ष ने साक्ष्य गढ़ा था।
2.	fabricated	(adj) - **गढ़ा हुआ**, **मनगढ़ंत**	The enquiry officer has found it a fabricated case.	जांच अधिकारी ने इस मामले को **मनगढ़ंत** पाया है।
3.	fabrication	(n) – **गढ़ा होना**, संविरचन	The statement of the convict was a complete fabrication from start to finish.	अपराधी का बयान शुरू से लेकर अंत तक पूरी तरह **गढ़ा हुआ** था।
4.	face value	(n) – अंकित मूल्य	The shares of the company were selling at twice their face value.	कंपनी के शेयर उनके अंकित मूल्य से दो गुणा मूल्य पर बेचे जा रहे थे।
5.	facilitate	(v) - **बढ़ावा देना**, सुकर बनाना	The new trade agreement should facilitate rapid economic growth.	नए व्यापार समझौते से तेज आर्थिक विकास को **बढ़ावा** मिलेगा।
6.	facility	(n) – सुविधा*	It is very useful to have an overdraft facility.	ओवरड्राफ्ट सुविधा का होना अत्यंत उपयोगी है।
7.	facsimile	(n) – 1. अनुलिपि* 2. प्रतिकृति*	Please, attach a facsimile signature of the borrower duly attested by a gazetted officer.	कृपया, उधारकर्ता का राजपत्रित अधिकारी द्वारा विधिवत रूप से सत्यापित अनुलिपि हस्ताक्षर संलग्न करें।
8.	fact	(n) – तथ्य	The judge instructed both lawyers to stick to the facts of the case.	न्यायाधीश ने दोनों वकीलों को मामले के तथ्यों पर केंद्रित रहने का निदेश दिया।
9.	fact-finding	(adj) – **तथ्यान्वेषी**, तथ्यान्वेषण	A fact-finding committee has been constituted to probe the stampede.	भगदड़ की घटना की जांच के लिए **तथ्यान्वेषी** समिति गठित की गई है।
10.	factionalism	(n) – 1. **गुटबाजी***, गुटबंदी* 2. गुटवाद	There is factionalism within the Student movement.	इस छात्र आंदोलन में **गुटबाजी** मौजूद है।
11.	factor	(n) - कारक (v) – **शामिल करना**	(n) - The rise in crime is mainly due to social and economic factors. (v) – Remember to factor in staffing costs while planning	(n) - अपराध में वृद्धि के लिए मुख्यतः सामाजिक और आर्थिक कारक जिम्मेदार हैं। (v) - परियोजना को तैयार करते समय स्टाफ पर आने वाली लागत

Sl. No.	Words	Meaning	Usages in English	Usages in Hindi
			the project.	को भी **शामिल करें**।
12.	factory	(n) – कारखाना, फैक्टरी*, निर्माणी*	The Government has decided to shift the factories to the newly established industrial area.	सरकार ने कारखानों को हाल ही में स्थापित औद्योगिक क्षेत्र में स्थानांतरित करने का निर्णय लिया है।
13.	factual	(adj) – तथ्यपूर्ण, तथ्यात्मक	The inquiry officer has sought for factual information regarding the case.	जांच अधिकारी ने मामले के बारे में तथ्यात्मक जानकारी मांगी है।
14.	faculty	(n) – 1. संकाय 2. शिक्षण-स्टाफ 3. **क्षमता***, शक्ति*	1. Faculty of science has been established in the college. 2. A faculty meeting was held to discuss the matter. 3 The employee had a faculty for seeing his own mistakes.	1. कॉलेज में विज्ञान संकाय स्थापित किया गया है। 2. मामले पर चर्चा करने के लिए शिक्षण-स्टाफ की बैठक आयोजित की गई थी। 3. कर्मचारी के पास अपनी गलतियों को पहचानने की **क्षमता** थी।
15.	fail	(v) – 1. **विफल होना, नाकाम होना**, असफल होना 2. चूकना 3. **फेल होना**, अनुत्तीर्ण होना 4. **नष्ट होना, खराब होना** 5. दिवालिया हो जाना	1. The committee has failed to submit its report in time. 2. The companies which fail to take advantage of the new technology will go out of business. 3. The candidate has failed in the written test. 4. In fact many crops failed because of the drought. 5. The engine of the Air Bus failed on take-off. 6. A number of banks failed due to recession.	1. समिति समय पर अपनी रिपोर्ट पेश करने में **विफल** रही है। 2. जो कंपनियां नई तकनीक का लाभ लेने से चूक जाएंगी, उन्हें कारोबार छोड़ना होगा। 3. उम्मीदवार लिखित परीक्षा में **फेल हो गया** है। 4. वास्तव में, सूखे के कारण कई फसलें **नष्ट हो** गईं। 5. उड़ान भरते समय एयर बस का इंजन **खराब हो गया।** 6. मंदी के कारण कई बैंक दिवालिया हो गए।
16.	fair	(n) – मेला (adj) – 1. स्वच्छ 2. उचित 3. निष्पक्ष 4. पर्याप्त 5. (गोपनीय रिपोर्ट) साधारण	(n) – The World Trade Fair is being organized in Delhi. (adj) – 1. The draft has been approved and the fair copies are to be prepared. 2. The candidates	(n) – दिल्ली में विश्व व्यापार मेला आयोजित किया जा रहा है। (adj) – 1.मसौदा अनुमोदित हो गया है, स्वच्छ प्रतियां तैयार की जानी हैं। 2. उम्मीदवारों को कंप्यूटर का पर्याप्त ज्ञान होना चाहिए।

S. No.	Words	Hindi Synonyms	Usages in English	Usages in Hindi
1.	gadget	(n) – **उपकरण, गैजेट**	Electronic gadgets should be switched off during takeoff and landing of aeroplanes.	इलेक्ट्रॉनिक **उपकरणों** को विमानों के उड़ान भरने और उतरने के दौरान बंद रखा जाना चाहिए।
2.	gain	(n) - अभिलाभ, फायदा,लाभ (v) – 1.**लाभ होना/ लाभ प्राप्त करना**	1. These policies have resulted in great gains in public health. 2. The bank has gained more profit this year. 3. Trainees can gain valuable experience by working in the field.	1. इन नीतियों का लोक स्वास्थ्य के क्षेत्र में बहुत अच्छा लाभ हुआ है। 2. बैंक को इस वर्ष अधिक **लाभ हुआ** है। 3. प्रशिक्षार्थी फ़ील्ड में काम करके मूल्यवान अनुभव **प्राप्त कर सकते** हैं।
3.	gainful employment	(n) - लाभकारी रोजगार	The Government is providing gainful employment to the youths.	सरकार युवाओं को लाभकारी रोजगार प्रदान कर रही है।
4.	gainsay	(v) – **अस्वीकार करना, चुनौती देना**	Nobody can gainsay the claims of the social activist.	कोई भी सामाजिक कार्यकर्ता के दावों को **अस्वीकार नहीं कर सकता** है।
5.	gainful worker	(n) - अर्जक कामगार	The number of gainful workers has been worked out.	अर्जक कामगारों की संख्या की गणना की गई है।
6.	gallantry award	(n) - शौर्य पुरस्कार	The gallantry awards were presented by the President.	राष्ट्रपति ने शौर्य पुरस्कार प्रदान किए।
7.	game	(n) – 1. खेल 2. आखेट	The winter games have been organized by the Sports Authority of India.	भारतीय खेल प्राधिकरण ने शीतकालीन खेलों का आयोजन किया है।
8.	game changer	(n) – **दिशा-परिवर्तक**	Financial sector reform could be a game changer for the economy.	वित्तीय क्षेत्र में सुधार अर्थव्यवस्था के लिए दिशा-परिवर्तक हो सकता है।
9.	game-plan	(n) – **रणनीति***, **योजना***	The game plan for marketing has been discussed in the board meeting.	बोर्ड की बैठक में विपणन की **रणनीति** पर चर्चा की गई है।
10.	gang	(n) – **गिरोह** (v) – **एकजुट होना**	(n) – The police have arrested a gang of drug dealers. (v) – The small	(n) – पुलिस ने नशीले पदार्थों के धंधेबाजों को गिरफ्तार किया है। (v) – छोटे दुकानदार सुपरबाज़ारों से

S. No.	Words	Hindi Synonyms	Usages in English	Usages in Hindi
			shopkeepers ganged together to beat off competition from the supermarkets.	मिल रही चुनौती का सामना करने के लिए **एकजुट हुए।**
11.	gap	(n) – 1. **अंतराल** 2. **अंतर** 3. **कमी**	1. The meeting of the committee took place after a gap of six months. 2. The widening gap between the rich and the poor should be addressed. 3. There are gaps in the officer's knowledge of administration.	1. समिति की बैठक छह महीने के **अंतराल** के बाद हुई। 2. अमीर और गरीब के बीच बढ़ते **अंतर** को पाटना चाहिए। 3. अधिकारी के प्रशासन संबंधी ज्ञान में **कमी** है।
12.	garrison	(n) -1. **सैन्य टुकड़ी** 2. **दुर्ग** (v) – **रक्षा करना**	(n) – 1.The garrison was called out when news of the enemy's advance was received. 2. The approaches to the garrison have been heavily mined. (v) – Two regiments were sent to garrison the border town.	(n) – 1. दुश्मन के आगे आने की खबर मिलते ही **सैन्य टुकड़ी** को मोर्चे पर बुला लिया गया था। 2. **दुर्ग** की ओर जाने वाले मार्ग में भारी मात्रा में बारूदी सुरंगें बिछाई गई है। (v) – सीमावर्ती शहर की **रक्षा करने** के लिए दो रेजिमेंटों को भेजा गया।
13.	gate pass	(n) – 1. गेट पास 2. प्रवेश-पत्र 3. द्वार-पत्र	The gate passes of the visitors are being checked.	आगंतुकों के गेट-पासों की जाँच की जा रही है।
14.	gateway	(n) – 1.**प्रवेश द्वार** 2. **अवसर**	1. Rohtang pass is the gateway to the Leh, Laddakh. 2. The professional training offered a gateway to success in the field of marketing.	1. रोहतांग दर्रा लेह, लद्दाख के लिए **प्रवेश द्वार** है। 2. व्यावसायिक प्रशिक्षण विपणन के क्षेत्र में सफलता के लिए **अवसर** प्रदान करता है।
15.	gather	(v)- 1. **एकत्रित करना** 2. **एकत्र होना**	1. The researcher's job is to gather information about wildlife. 2. We are gathered here today to discuss the problem.	1. इस शोधकर्ता का काम वन्यजीव के बारे में जानकारी **एकत्रित करना** है। 2. हम समस्या पर चर्चा करने के लिए आज यहां **एकत्र हुए** हैं।
16.	gathering	(n) – 1.जमाव,	1. The Leader	1. नेता ने **जनसमूह** को संबोधित

S. No.	Words	Hindi Synonyms	Usage in English	Usage in Hindi
1.	habit	(n) - आदत, अभ्यास, स्वभाव	The employee has been advised to get rid of the **habit** of late coming in duty.	कर्मचारी को ड्यूटी में देर से आने की **आदत** छोड़ने की सलाह दी गई है।
2.	habitable	(adj)- 1. **बसने योग्य** 2. **रहने योग्य, निवास योग्य**	1. The Government is planning to make the area habitable. 2. The house would be habitable by the next month.	1. सरकार इस क्षेत्र को **बसने योग्य** बनाने की योजना बना रही है। 2. मकान अगले महीने तक **रहने योग्य** बन जाएगा।
3.	habitat	(n)- **प्राकृतिक आवास, पर्यावास**	The Government has done a lot to protect the wildlife habitat.	सरकार ने वन्यजीवों के **प्राकृतिक आवास** की रक्षा के लिए बहुत कुछ किया है।
4.	habitation	(n)- **आवास, बसाहट, निवास**	There was no sign of human habitation in the area.	इस क्षेत्र में मानव **आवास** का कोई अता-पता नहीं था।
5.	habit-forming	(adj) – **व्यसनकारी**	According to a report the drug may become habit-forming.	रिपोर्ट के अनुसार यह दवा **आदत व्यसनकारी** हो सकती है।
6.	habitual	(adj) – 1. आदी, अभ्यस्त 2. आदतन	1. The employee is habitual of late coming. 2. The police suspicion goes to the habitual criminal.	1. कर्मचारी देर से आने का अभ्यस्त है। 2. पुलिस को आदतन अपराधी पर संदेह है।
7.	habitual defaulter	(n)- **आदतन बकायादार**, आदतन चूककर्ता	The bank has prepared a list of habitual defaulters.	बैंक ने **आदतन बकायादारों** की सूची तैयार की है।
8.	habitual indebtedness	(n) - आदतन ऋणग्रस्तता*	The habitual indebtedness should be discouraged.	आदतन ऋणग्रस्तता को हतोत्साहित किया जाना चाहिए।
9.	habitual offender	(n) - आदतन अपराधी, **अभ्यासिक अपराधी**	The Government will penalize habitual offenders.	सरकार आदतन अपराधियों को दंडित करेगी।
10.	habituated	(adj) – **आदी, अभ्यस्त**	The trainees have become habituated to thinking and reacting in certain ways.	प्रशिक्षार्थी विशिष्ट तरीके से सोचने और प्रतिक्रिया करने के **अभ्यस्त** हो गए हैं।
11.	hack	(v) – **हैक करना**	Somebody hacked the company's secret data.	किसी ने कंपनी का गोपनीय डेटा **हैक कर लिया।**
12.	hacker	(n) – **हैकर**	Hackers again hacked the company's website.	**हैकरों** ने कंपनी की वेबसाइट फिर से हैक कर ली।

S. No.	Words	Hindi Synonyms	Usage in English	Usage in Hindi
13.	hail	(n) –1. **ओला** (v) – 2. **सराहना करना** 3. **अभिवादन करना**	1. Hail can damage crops and property. 2. The conference was hailed as a success. 3. The people lined the streets to hail the returning military men.	1. **ओले** फसलों और संपत्ति को नुकसान पहुंचा सकते हैं। 2. सम्मेलन की सफलता की **सराहना की गई**। 3. लोग लौट रहे सैनिकों का **अभिवादन करने** के लिए सड़कों के किनारे खड़े हो गए।
14.	hail storm	(n) – **ओला-वृष्टि***	The hail storm caused heavy damage to the crops.	**ओला-वृष्टि** से फसलों को भारी नुकसान पहुंचा।
15.	hairpin bend	(n) – **दोहरा मोड़**	The hairpin bend of the road is an accident prone zone.	सड़क का **दोहरा मोड़** दुर्घटना प्रवण क्षेत्र है।
16.	half	(n) –1. **आधा** (adj) – 2. **आधा** (adv) - 3. **आधा**	1. We will need to cut the expenditure by half. 2. The technician did only a half job. 3. The job is half done.	1. हमें खर्च में **आधी** कटौती करनी होगी। 2. तकनीशियन ने केवल **आधा** काम किया। 3. काम **आधा** हुआ है।
17.	half-century	(n)- 1. **अर्धशती, आधी सदी** 2. **अर्धशतक**	1. In a mere half-century the country has more than tripled its urban status. 2. The cricketer scored half-century.	1. मात्र **आधी सदी** में देश में शहरी क्षेत्र तीन गुना से भी अधिक हो गई है। 2. क्रिकेट खिलाड़ी ने **अर्धशतक** बनाया।
18.	half day leave	(n) – आधे दिन की छुट्टी	The employee has applied for half day leave.	कर्मचारी ने आधे दिन की छुट्टी के लिए आवेदन दिया है।
19.	half holiday	(n)- **आधे दिन का अवकाश,** आधा अवकाश	The Government has declared half holiday for the rehearsal of Republic Day Parade.	सरकार ने गणतंत्र दिवस परेड के पूर्वाभ्यास के लिए **आधे दिन का अवकाश** अवकाश घोषित किया है।
20.	half hourly	(adj) – 1. **आधा घंटा** (adv) – **2. आधे घंटे में**	1. There is a half-hourly Metro train service from the railway station to the airport. 2. The buses run half-hourly for the trade fair.	1. रेलवे स्टेशन से हवाई अड्डे के लिए प्रत्येक **आधे घंटे** पर की मेट्रो रेल सेवा उपलब्ध है। 2. व्यापार मेले के लिए प्रत्येक **आधे घंटे में** बसें चलती है।
21.	half mast	(n) – आधा झुका हुआ	Flags were flown at half mast during the national mourn.	राष्ट्रीय शोक के दौरान झंडे आधे झुके हुए थे।
22.	half measures	(n) – **अप्रभावी उपाय***, **आधे अधूरे**	Half measures will not fix the health care	**आधे अधूरे उपाय** से स्वास्थ्य देखभाल व्यवस्था को कोई लाभ

S. No.	Words	Meaning	Usage in English	Usage in Hindi
1.	idea	(n) -विचार	This is a good idea to disburse subsidy and scholarships through direct cash transfer in the account.	खाते में प्रत्यक्ष नकदी अंतरण के माध्यम से आर्थिक सहायता और छात्रवृत्ति वितरण का **विचार** अच्छा है।
2.	ideal	(n) - 1. आदर्श (adj) - 2. आदर्श	1. Mahatma Gandhi lived up to his high ideals of truth and non-violence. 2. The account Officer is the ideal candidate for the job.	1. महात्मा गाँधी ने सत्य और अहिंसा के अपने उच्च **आदर्शों** के अनुसार जीवन जिया। 2. लेखा अधिकारी इस नौकरी के लिए **आदर्श** उम्मीदवार है।
3.	identical	(adj) - एक जैसा,एक-सा, समरुप, समान	Both the parties have almost identical manifestos.	दोनों पार्टियों के घोषणा पत्र लगभग **एक जैसे** हैं।
4.	identical case	(n) - **समान मामला, इसी तरह का मामला,** एक-सा मामला	The precedence of an identical case may be put in file.	**इसी तरह के मामले** का पूर्व उदाहरण फाइल में प्रस्तुत करें।
5.	identical representation	(n) - समान अभ्यावेदन	This rule applies to all the identical representations.	यह नियम सभी **समान अभ्यावेदनों** पर लागू होता है।
6.	identical scale (of pay)	(n) - समान वेतनमान	The 6th pay commission has recommended for identical pay scales for same rank of employees.	छठे वेतन आयोग ने एक रैंक के कर्मचारियों के समान पद के लिए **समान वेतनमान** की सिफारिश की है।
7.	identification	(n) - पहचान*, शिनाख्त*	The video footage of the incident has been seen for identification of the culprit.	अपराधी की **पहचान** के लिए घटना का वीडियो फुटेज देखा गया है।
8.	identification mark	(n) - पहचान चिह्न, शिनाख्त चिह्न	The candidate should mention his two identification marks in the application.	उम्मीदवार आवेदन में अपने दो **पहचान चिह्नों** का उल्लेख करे।
9.	identification number	(n) - पहचान-संख्या*	Each worker has been given one identification number.	प्रत्येक कामगार को एक **पहचान-संख्या** दी गई है।
10.	identity	(n) - पहचान	The police are trying to discover the identity of the offender.	पुलिस अपराधी की **पहचान** करने की कोशिश कर रही है।

S. No.	Words	Meaning	Usage in English	Usage in Hindi
11.	identity card	(n) - पहचान-पत्र	The employee submitted the attested photocopy of his service identity card to get a SIM card.	कर्मचारी ने सिम कार्ड प्राप्त करने के लिए अपने सेवा **पहचान-पत्र** की सत्यापित फोटोप्रति प्रस्तुत की।
12.	identity certificate	(n) - पहचान प्रमाणपत्र	The Section Officer issued identity certificates to the employees on contract basis.	अनुभाग अधिकारी ने संविदा आधार पर कार्यरत कर्मचारियों को **पहचान प्रमाणपत्र** जारी किया।
13.	idle capacity	(n) - **बेकार क्षमता***, अप्रयुक्त क्षमता*	The Manager has motivated the workers to give their best reducing the idle capacity of the office.	प्रबंधक ने कामगारों को बेहतर से बेहतर काम करने के लिए प्रेरित कर कार्यालय की **बेकार क्षमता** को कम किया।
14.	idle resources	(n) - **बेकार संसाधन**, अप्रयुक्त संसाधन	In the absence of adequate technology, vast deposits of thorium in India have been just idle resources.	समुचित प्रौद्योगिकी के आभाव में भारत में थोरियम के विशाल भंडार **बेकार संसाधन** के रूप में पड़े हुए हैं।
15.	ignorance	(n) - **जानकारी न होना, नासमझी***, अनभिज्ञता*	Widespread ignorance of disease in poor countries makes the problem all the more serious.	गरीब देशों में इस बीमारी के प्रति व्यापक स्तर पर **जानकारी न होने** से समस्या और गंभीर हो गई है।
16.	ignorance of law	(n) - **कानून की जानकारी न होना**, कानून की अनभिज्ञता, विधि की अनभिज्ञता*	Ignorance of law cannot be the pretext to get away from the punishment.	**कानून की जानकारी न होना** सजा से बचने का बहाना नहीं हो सकता।
17.	ignore	(n) - उपेक्षा करना, नजरअंदाज करना	The employee deliberately ignored his duty.	कर्मचारी ने जानबूझ कर अपने कर्तव्य की **उपेक्षा की**।
18.	illegal	(n) - **गैर- कानूनी**, अवैध	The builder's occupation on the land was illegal.	बिल्डर का भूमि पर कब्जा **गैर-कानूनी** था।
19.	illegal construction	(n) - अवैध निर्माण	The state government took serious action against illegal construction.	राज्य सरकार ने **अवैध निर्माण** के खिलाफ कड़ी कार्रवाई की।
20.	illegal gratification	(n) - **घूस**, अवैध परितोषण	The police booked the contractor for offering illegal gratification to the	पुलिस ने ठेकेदार पर इंजीनियर को **घूस** देने का मामला दर्ज किया।

S. No.	Words	Hindi Synonyms	Usages in English	Usages in Hindi
1.	jail	(n) – 1. **जेल, कारागार** (v) – 2. **जेल में बंद करना, कारावास होना**	1. The demonstrators have been released from jail. 2. The convict was jailed for four years.	1. प्रदर्शनकारियों को **जेल** से रिहा कर दिया गया है। 2. अपराधी को चार वर्षों के लिए **जेल में बंद किया** गया।
2.	jail break	(n) - **जेल तोड़ना**	An incident of jail break has been reported from Jagdalpur.	जगदलपुर से **जेल तोड़ने** की घटना की सूचना मिली है।
3.	jailer	(n) - **जेलर**	A report has been received from the jailer regarding the security of the jail.	जेल की सुरक्षा के बारे में **जेलर** से रिपोर्ट मिली है।
4.	jam	(n) –**1. अवरोध, जाम** (v) – 2. **अवरुद्ध करना, जाम करना**	1. A traffic jam has been reported due to heavy rainfall. 2. The agitators jammed the traffic.	1. भारी वर्षा के कारण यातायात **अवरोध** की सूचना मिली है। 2. आंदोलनकारियों ने यातायात **अवरुद्ध किया।**
5.	jam-packed	(adj) - **खचाखच भरा हुआ**	The train was jam-packed with commuters.	रेल यात्रियों से **खचाखच भरी हुई** थी।
6.	jammer	(n) - **जैमर**	The electronic jammer has been activated to block the mobile communication in the campus.	परिसर में मोबाइल संचार को अवरोधित करने के लिए इलेक्ट्रॉनिक **जैमर** को सक्रिय किया गया है।
7.	jamming	(n) – **अवरोधन, जैमिंग**	The system provides radar-threat warning and electronic jamming capabilities.	यह सिस्टम राडार-खतरा चेतावनी और इलेक्ट्रॉनिक **अवरोधन** क्षमता उपलब्ध करता है।
8.	janitor	(n) – **द्वारपाल, चौकीदार,** द्वाररक्षक	The janitor takes care of the security of the office building.	**चौकीदार** कार्यालय भवन की इमारत की सुरक्षा का ध्यान रखता है।
9.	jargon	(n) – **वृत्ति भाषा**	Try to avoid using too much jargon in drafting.	मसौदा तैयार करने में बहुत ज्यादा **वृत्ति भाषा** का उपयोग करने से बचने की कोशिश करें।
10.	jeopardize	(v) - **ख़तरे में डालना, जोखिम में डालना, संकट में डालना**	We should not jeopardize the UN peace process.	हमें संयुक्त राष्ट्र शांति प्रक्रिया को **ख़तरे में डालना** नहीं चाहिए।
11.	jeopardy	(n)- **ख़तरा, जोखिम, संकट**	Setbacks have put the whole project in jeopardy.	असफलताओं ने पूरी परियोजना को **संकट** में डाल दिया है।

S. No.	Words	Hindi Synonyms	Usages in English	Usages in Hindi
12.	jet	(n)- **जेट, जेट विमान**	The accident happened as the jet was about to take off.	**जेट विमान** के उड़ान भरने के समय हादसा हुआ।
13.	jet fuel	(n) - **जेट ईंधन**	The airlines have increased the airfares due to increase in the price of jet fuel.	**जेट ईंधन** की कीमत में वृद्धि के कारण, विमानन कंपनियों ने विमान किराया बढ़ा दिया है।
14.	jibe	(n) – 1. **व्यंग्य, ताना** (v) – 2. **ताना मारना, ताना कसना**	1. The Election Commission has taken cognizance of jibes made during the election campaign. 2. It is inelegant to jibe other employees.	1. चुनाव आयोग ने चुनाव अभियान के दौरान किए गए **व्यंग्य** का संज्ञान लिया है। 2. अन्य कर्मचारियों को पर **ताना मारना** अशोभनीय है।
15.	jingoism	(n) - **कट्टर राष्ट्रवाद**	We should differentiate between patriotism and jingoism.	हमें देशभक्ति और **कट्टर राष्ट्रवाद** के बीच अंतर करना चाहिए।
16.	job	(n)-1. **रोजगार, व्यवसाय,** नौकरी, जॉब 2. कार्य	1. Thousands of youths have lost their jobs due to recession. 2. The job should be completed within the stipulated period.	1. हजारों युवाओं ने मंदी की वजह से अपने **रोजगार** खो दिए। 2. कार्य को निर्धारित अवधि के भीतर पूरा किया जाना चाहिए।
17.	job analysis	(n) - कार्य विश्लेषण, जॉब विश्लेषण	The job analysis has been done and the report has been submitted for necessary action.	कार्य विश्लेषण किया गया है और रिपोर्ट आवश्यक कार्रवाई के लिए प्रस्तुत की गई है।
18.	job card	(n) – **कार्य-पत्री,** कार्य कार्ड, जॉब कार्ड	All labourers have been displayed in the work place.	सभी श्रमिकों को **कार्य-पत्री** जारी किए गए हैं।
19.	job centre	(n) - **रोजगार केंद्र**	The job centers have been identified for outsourcing the house-keeping work.	बाह्य स्रोतों से साफ-सफाई के कार्य करवाने के लिए **रोजगार केंद्रों** की पहचान की गई है।
20.	job classification	(n) - कार्य वर्गीकरण, जॉब वर्गीकरण	The job classification has been submitted for further action.	आगे की कार्रवाई के लिए कार्य वर्गीकरण प्रस्तुत है।
21.	job creation	(n) - **रोजगार सृजन**	The job creation for the youths should be the top priority in the agenda.	कार्यसूची में युवाओं के लिए **रोजगार सृजन** सर्वोच्च प्राथमिकता होनी चाहिए।
22.	job description	(n) - कार्य विवरण	The job description is attached with the circular.	कार्य विवरण परिपत्र के साथ संलग्न है।

S. No.	Words	Hindi Synonyms	Usage in English	Usage in Hindi
1.	kangaroo court	(n) - **जन अदालत**	The **kangaroo court** of the extremist group convicted the hostages and killed them.	उग्रवादी संगठन की **जन अदालत** ने बंधकों को दोषी ठहराया और उन्हें मार डाला।
2.	keen	(adj) - 1. उत्सुक 2. **प्रतिस्पर्धी** 3. **कड़ा, सख्त** 4. **कुशाग्र, तीक्ष्ण बुद्धि** 5. अत्यधिक, **प्रबल**	1. The government is **keen** for peace talks to start again. 2. The company hopes its **keen** pricing policy will increase sales. 3. There is expected to be a **keen** fight in the local elections. 4. The scientist is a man of **keen** intellect. 5. The economist has been a **keen** supporter of the open economy.	1. सरकार फिर से शांति वार्ता शुरू करने के लिए **उत्सुक** है। 2. कंपनी को आशा है कि उसकी **प्रतिस्पर्धी** मूल्य निर्धारण नीति के कारण बिक्री में वृद्धि होगी। 3. स्थानीय चुनावों में **कड़ा** मुकाबला होने की आशा है। 4. वैज्ञानिक **कुशाग्र** हैं। 5. अर्थशास्त्री खुली अर्थव्यवस्था के **प्रबल** समर्थक रहे हैं।
3.	Keep (away, from)	(v) - 1.**पूरा करना, निबाहना** 2. **रखना** 3. **तैयार करना** 4. **संभालकर रखना** 5. **ध्यान रखना पालन करना** 6. **बनाए रखना** 7. **वापस लौटाना**	1. The supplier has failed to **keep** the deadline for supply. 2. **Keep** the files in a safe place. 3. **Keep** a record of the meeting. 4. The library decided to **keep** the old books instead of selling them. 5. **Keep** to the speed limits. 6. Costs must be **kept** to a minimum. 7. The police put up barriers to **keep** the crowds back.	1. आपूर्तिकर्ता निर्धारित समय-सीमा में आपूर्ति **पूरा करने** में नाकाम हुआ है। 2. फ़ाइलें किसी सुरक्षित जगह में **रखें**। 3. बैठक का रिकॉर्ड **तैयार करें**। 4. पुस्तकालय ने पुरानी किताबें बेचने की बजाय **संभालकर रखने** का फैसला किया। 5. गति सीमा का **ध्यान रखें**। 6. लागत को कम से कम **बनाए रखनी** चाहिए। 7. पुलिस ने भीड़ को **वापस लौटाने** के लिए अवरोध लगाया।
4.	keep-out pricing	(n) - **लागत से कम मूल्य निर्धारण**	The **keep-out pricing** by the large companies is harmful for smaller competitors.	बड़ी कंपनियों द्वारा **लागत से कम मूल्य निर्धारण** छोटे प्रतियोगियों के लिए हानिकारक है।
5.	keeper	(n) - **रक्षक**	Only the **keeper** was allowed in the animal cages.	पशु के पिंजड़ों में केवल **उनके रक्षक** को जाने की अनुमति है।
6.	keeping	(n)-1. **देख-रेख, देख-**	1. The office left the	1. कार्यालय ने स्टाफ-कार की **देख-**

		भाल 2. **अनुरक्षण, रख-रखाव** 3. **भरण-पोषण** 4. **अधिकार**	staff car in the caretaker's **keeping**. 2. The office building is in good keeping. 3. The orphanage has been paid for the children's **keeping**. 4. The office entrusted the warden's **keeping** for the hostel.	**रख** का काम केयरटेकर को सौंपा है। 2. कार्यालय भवन का **रख-रखाव** अच्छा है। 3. बच्चों के **भरण-पोषण** के लिए अनाथालय को धन दिया गया है। 4. कार्यालय ने हॉस्टल को वार्डन के **अधिकार** में सौंपा।
7.	keepsake	(n) - **निशानी, स्मृति-चिह्न**	The office has kept the Rajbhasha Shield as a **keepsake** of its achievement.	कार्यालय ने अपनी उपलब्धि के **स्मृति-चिह्न** के रूप में राजभाषा शील्ड रखी है।
8.	kernel	(n) - **सार**	The **kernel** of the message is that peace process should not be disrupted.	संदेश का **सार** यह है कि शांति प्रक्रिया को बाधित नहीं किया जाना चाहिए।
9.	key	(n) - 1. कुंजी 2. **उपाय** 3. **महत्वपूर्ण (बात)** (adj) - 4. आधारभूत, मूल 5. मुख्य (v) - 6. **परिवर्तन करना** 7. **घटना-बढ़ना**	1. Press the 'ESCAPE' **key** to exit from a programme. 2. The economic support is the **key** to the success of the project. 3. The **key** is, how long can the Reserve Bank control the inflation rate? 4. The cabinet has made some **key** changes in the export policy. 5. The **key** person of the rescue team is responsible for this event. 6. The daycare hours of the crèche are **keyed** to the needs of working parents. 7. Industrial Dearness Allowance is **keyed** to the rate of inflation.	1. किसी प्रोग्राम से बाहर निकलने के लिए 'ESCAPE' **कुंजी** दबाएं। 2. आर्थिक सहायता इस परियोजना की सफलता का **उपाय** है। 3. **महत्वपूर्ण बात** यह है कि केंद्रीय बैंक कब तक मुद्रास्फीति की दर को नियंत्रित कर पाता है? 4. मंत्रिमंडल ने निर्यात नीति में कुछ **आधारभूत** परिवर्तन किए हैं। 5. इस घटना के लिए बचाव दल का **मुख्य** व्यक्ति जिम्मेदार है। 6. शिशु सदन के कार्य-समय में कामकाजी माता-पिता की जरूरतों के अनुसार **परिवर्तन किए जाते हैं**। 7. औद्योगिक महंगाई भत्ता मुद्रास्फीति की दर के अनुसार **घटता-बढ़ता** है।
10.	keyhole journalism	(n) - **क्षुद्र पत्रकारिता**, ताक-झाक पत्रकारिता	The hospital has been the target of **keyhole journalism**.	अस्पताल को **क्षुद्र पत्रकारिता** का निशाना बनाया गया है।
11.	key industry	(n) - **बुनियादी उद्योग**, आधारभूत उद्योग	We need to develop **key industries** in rural areas too.	हमें ग्रामीण क्षेत्रों में भी **बुनियादी उद्योगों** को विकसित करने की जरूरत है।

S. No.	Words	Hindi Meaning	Usage in English	Usage in Hindi
1.	label	(n) - परची, लेबल	All the products are **labeled** with comprehensive instructions.	सभी उत्पादों पर व्यापक निर्देश देते हुए **परची** लगाई गई है।
2.	laboratory	(n) - प्रयोगशाला*	The seized drugs were sent for chemical examination in government **laboratory**.	जब्त की गई दवाओं को सरकारी **प्रयोगशाला** में रासायनिक परीक्षण के लिए भेजा गया।
3.	labour	(n) - 1. श्रम 2. **मजदूर,** श्रमिक वर्ग 3. **प्रसव** 4. **श्रमदान**	1. The company has been blacklisted on account of non-compliance of the **labour** law. 2. There is restriction on engaging casual **labour** in the Govt. Departments. 3. Due to stressful lifestyle women tend to develop complications during labour. 4. Villagers **laboured** a road in the village at their own initiative.	1. **श्रम** कानून का पालन न करने के कारण कंपनी का नाम काली सूची में डाल दिया गया है। 2. सरकारी विभागों में अनियत **मजदूर** रखने पर प्रतिबंध है। 3. तनावपूर्ण जीवन शैली के कारण महिलाओं को प्रसव के दौरान समस्याएं आती हैं। 4. ग्रामीणों ने अपनी पहल से **श्रम दान** कर सड़क का निर्माण किया।
4.	labour appellate tribunal	(n) - श्रम अपील अधिकरण	Bank will approach to the **Labour Appellate Tribunal.**	बैंक **श्रम अपील अधिकरण** के समक्ष अपना मामला प्रस्तुत करेगा।
5.	labour charges	(n) - 1. मजदूरी* 2. श्रम प्रभार	Increase in **labour charges** results in increase in production cost.	श्रम प्रभार में वृद्धि के परिणामस्वरूप **उत्पादन लागत** बढ़ जाती है।
6.	labour cost	(n) - **मजदूरी लागत,** श्रम लागत	The company wants to keep down **labour costs.**	कंपनी **मजदूरी लागत** को कम रखना चाहती है।
7.	labour court	(n) - श्रम न्यायालय	The case is filed in **labour court.**	मामला **श्रम न्यायालय** में फाइल किया गया है।
8.	labour dispute	(n) - श्रम विवाद	The strike in the company was the outcome of **labour dispute.**	कंपनी में हड़ताल **श्रम विवाद** के कारण हुई।
9.	labourer	(n) - श्रमिक,	The rates of daily wages for skilled and	कुशल और अकुशल श्रमिकों की

S.No.	Words	Hindi Synonyms	Usages in English	Usages in Hindi
1.	machine	(n) - मशीन, यंत्र	The photocopy **machines** have been received in working condition.	फोटोकॉपी **मशीनें** चालू हालात में प्राप्त हुई हैं।
2.	machine-made	(adj) - **मशीन-निर्मित**	In spite of the fact that **machine-made** products are cheaper, homemade products should be purchased for promoting the cottage industries.	**मशीन-निर्मित** उत्पाद सस्ते होने के बावजूद कुटीर उद्योगों को बढ़ावा देने के लिए घरों में बने उत्पाद खरीदे जाने चाहिए।
3.	machinery	(n) - 1. मशीनरी* 2. तंत्र, व्यवस्था	1. The use of heavy **machinery** has damaged the road. 2. The Department has no effective **machinery** for resolving disputes.	1. भारी **मशीनरी** के उपयोग से सड़क क्षतिग्रस्त हो गई है। 2. विभाग के पास विवादों को हल करने के लिए कोई प्रभावी **तंत्र** नहीं है।
4.	machine translation	(n) - **मशीन अनुवाद**	The software is being developed for **machine translation.**	**मशीनी अनुवाद** के लिए सॉफ्टवेयर विकसित किया जा रहा है।
5.	macro	(n) – **मैक्रो** (कंप्यूटर) (adj) – 1.**बृहत्** 2. **समष्टि**	(n) – One can run a **macro** to change fonts. (adj) - Certain **macro** projects are being developed in the area.	(n) – फ़ॉन्ट परिवर्तित करने के लिए **मैक्रो** का उपयोग कर सकते हैं।(adj) - क्षेत्र में कुछ **बृहत्** परियोजनाएं विकसित की जा रही है।
6.	macro-economic policy	(n) – **समष्टि आर्थिक नीति***	The Government should work out on **macro-economic policies** for rapid development.	द्रुत विकास के लिए सरकार को **समष्टि आर्थिक नीतियों** पर काम करना चाहिए।
7.	magazine	(n) -1. पत्रिका* 2. बारूदघर, शस्त्रागार 3. गोदाम 4. मैगजीन*	1. Copies of the **magazine** were withdrawn from circulation. 2. The army has destroyed the **magazine** of the terrorists.3. There was an explosion in the ship's **Magazine.**4. The **magazine** of the seized gun was	1. **पत्रिका** की प्रतियां परिचालन से वापस ले ली गईं। 2. सेना ने आतंकवादियों का **शस्त्रागार** नष्ट कर दिया। 3. जहाज के **गोदाम** में विस्फोट हुआ था। 4. जब्त बंदूक की **मैगजीन** खाली थी।

S.No.	Words	Hindi Synonyms	Usages in English	Usages in Hindi
			empty.	
8.	maiden name	(n) - विवाह-पूर्व नाम, कुमारी नाम	The employee made an application for reverting to her **maiden name** after her divorce.	तलाक के बाद, कर्मचारी ने अपने नाम को **विवाह-पूर्व नाम** से बदलने के लिए आवेदन किया है।
9.	maiden speech	(n) - **पहला भाषण**	The **maiden speech** of the Prime Minister will be telecasted by the National Channel of Doordarshan.	दूरदर्शन के राष्ट्रीय चैनल द्वारा प्रधानमंत्री के **पहले भाषण** का सीधा प्रसारण किया जाएगा।
10.	mailing list	(n) - डाक-सूची	The **mailing list** is available with the despatch section.	**डाक-सूची प्रेषण** अनुभाग में उपलब्ध है।
11.	mail transfer	(n) - डाक अंतरण	The payment has been made through **mail transfer**.	भुगतान **डाक अंतरण** के माध्यम से किया गया है।
12.	main office	(n) - मुख्य कार्यालय	The **main office** has issued directions in this regard.	**मुख्य कार्यालय** ने इस संबंध में निदेश जारी किए हैं।
13.	maintenance	(n) -1. अनुरक्षण, रखरखाव 2. **बनाए रखना** 3. भरण-पोषण 4. रखना	1. The office building needs **maintenance**. 2. The purpose of the Summit is the **maintenance** of international peace and security. 3. The employee pays Rs. 20000 a month for the **maintenance** of the children.	1. कार्यालय की इमारत के **रखरखाव** की जरूरत है। 2. शिखर सम्मेलन का उद्देश्य अंतरराष्ट्रीय शांति और सुरक्षा **बनाए रखना** है। 3. कर्मचारी बच्चों के **भरण-पोषण** के लिए प्रतिमाह 20000 रुपए का भुगतान करता है।
14.	maintenance allowance	(n) - भरण-पोषण भत्ता	The **maintenance allowance** is being paid regularly by the employee.	कर्मचारी द्वारा नियमित रूप से **भरण-पोषण भत्ते** का भुगतान किया जा रहा है।
15.	maintenance contract	(n) - अनुरक्षण संविदा*	The **maintenance** contract of the computers has been awarded to the lowest bidder firm.	कंप्यूटर की **अनुरक्षण संविदा** सबसे कम बोली लगाने वाली फर्म को दी गई है।
16.	maintenance cost	(n) - **रखरखाव लागत***, **अनुरक्षण लागत***	The **maintenance cost** of the office building has been increased by 10%.	कार्यालय भवन की **रखरखाव लागत** में 10% की वृद्धि हुई है।

S. No.	Words	Meanings	Usage in English	Usage in Hindi
1.	nation	(n)- राष्ट्र, **देश**	The nation is above self.	**देश** स्व-हित से बड़ा है।
2.	national	(adj)- राष्ट्रीय, राष्ट्रिक	The national election is to be held this year.	राष्ट्रीय चुनाव इस साल होंगे|
3.	national anthem	(n)- राष्ट्र गान	Our national anthem was composed by Rabindra Nath Tagore.	रवींद्र नाथ टैगोर ने हमारे राष्ट्र गान की रचना की|
4.	national calender	(n)- राष्ट्रीय कैलेंडर, राष्ट्रीय पंचांग	The Saka era is the national calendar of India.	शक संवत भारत का राष्ट्रीय कैलेंडर है।
5.	national capital territory	(n)- राष्ट्रीय राजधानी क्षेत्र	This telephone tariff is applicable only in the national capital territory.	यह टेलीफोन टैरिफ केवल राष्ट्रीय राजधानी क्षेत्र में लागू है।
6.	national emblem	(n)- **राष्ट्रचिन्ह,** राष्ट्रीय संप्रतीक	The national emblem has been taken from Ashoka's pillar.	**राष्ट्रचिन्ह** अशोक स्तंभ से लिया गया है।
7.	national flag	(n)- राष्ट्रध्वज, राष्ट्रीय झंडा	The national flag of India is tri – colour.	भारत का राष्ट्रध्वज तिरंगा है।
8.	national highway	(n)- राष्ट्रीय राजमार्ग	The national highways are backbone of road transport in India.	भारत में राष्ट्रीय राजमार्ग सड़क परिवहन की रीढ़ हैं।
9.	national income	(n)- राष्ट्रीय आय	The national income has considerably improved due to sustained growth.	सतत विकास के कारण राष्ट्रीय आय में काफी बढोत्तरी हुई है।
10.	national integration	(n)- **राष्ट्रीय एकता**, राष्ट्रीय अखंडता	The Naxalism is a threat to national integration.	नक्सलवाद **राष्ट्रीय एकता** के लिए खतरा है।
11.	nationalism	(n)- राष्ट्रवाद, राष्ट्रीयता	The fierce nationalism in European countries proved dangerous.	यूरोपीय देशों में उग्र राष्ट्रवाद खतरनाक साबित हुआ।
12.	nationality	(n)- राष्ट्रीयता, राष्ट्रिकता	The applicant must mention his nationality.	आवेदक अपनी राष्ट्रीयता का उल्लेख अवश्य करें।
13.	nationalization	(n)- राष्ट्रीयकरण	The nationalization of banks led to better control over the financial system.	बैंकों के राष्ट्रीयकरण से वित्तीय प्रणाली पर बेहतर नियंत्रण हो पाया।
14.	national language	(n)- राष्ट्रभाषा	Hindi is our national language.	हिंदी हमारी राष्ट्रभाषा है।

S. No.	Words	Meanings	Usage in English	Usage in Hindi
15.	national song	(n)- राष्ट्रगीत	The national song is sung on the official ceremonies.	राष्ट्रगीत सरकारी समारोहों में गाया जाता है।
16.	national symbol	(n)- राष्ट्रीय प्रतीक	The national symbol represents culture and values of the nation.	राष्ट्रीय प्रतीक राष्ट्र की संस्कृति और मूल्यों का प्रतिनिधित्व करता है
17.	native	(n)- 1 मूल निवासी 2. **प्राकृतिक (प्राणी, पौधा, किस्म)**, प्राकृतिक, सहज 3 देशी, देशज, देशीय	1. Mother Teresa was a native of Albania. 2. The tiger is native to India. 3. The leader knows several languages besides his native language.	1.मदर टेरेसा अल्बानिया की मूल निवासी थी। 2. बाघ भारत का **प्राकृतिक प्राणी** है। 3. नेता को अपनी देशी भाषा के अलावा कई भाषाओं की जानकारी होती है।
18.	natural	(adj)- 1 प्राकृतिक 2 स्वाभाविक, नैसर्गिक	1. The country is rich in natural resources. 2. The modern education aims at development of natural talent of the students.	1. देश प्राकृतिक संसाधनों से समृद्ध है। 2. आधुनिक शिक्षा का उद्देश्य छात्रों की स्वाभाविक प्रतिभा का विकास करना है।
19.	natural justice	**स्वाभाविक न्याय,** नैसर्गिक न्याय	The verdict of the court in favour of the victims of industrial disaster is a natural justice.	औद्योगिक आपदा के पीड़ितों के पक्ष में अदालत का फैसला एक **स्वाभाविक न्याय** है।
20.	natural resources	(n)-प्राकृतिक संसाधन	The country is rich in natural resources.	देश प्राकृतिक संसाधनों से समृद्ध है।
21.	nature of work	(n)-कार्य की प्रकृति	The nature of work has been mentioned in the advertisement of the post.	काम की प्रकृति का उल्लेख पद के विज्ञापन में किया गया है।
22.	nayes	(n)- 'नहीं' पक्ष	There were more numbers in nayes in the voice vote.	ध्वनि मत में 'नहीं' पक्ष में अधिक संख्या में मत थे।
23.	near relative	(n)- नातेदार, **नजदीकी रिश्तेदार,** निकट-संबंधी	Only near relatives may accompany the officer to the function.	केवल **नातेदार** अधिकारी के साथ समारोह में जा सकते हैं।
24.	necessary action	(n)-आवश्यक कार्रवाई	The necessary action may be taken in this regard.	इस संबंध में आवश्यक कार्रवाई की जाए।
25.	needful	(adj)-आवश्यक, जरूरी	Please, do the needful in this case.	इस मामले में आवश्यक कार्रवाई करें।

S. No.	Words	Hindi Synonyms	Usages in English	Usages in Hindi
1.	oath	(n) - शपथ	He has taken the judicial oath.	उसने न्यायिक शपथ ली है।
2.	oath of allegiance	(n) - निष्ठा-शपथ	He is required to take an oath of allegiance before assumption of charge.	कार्यभार ग्रहण करने से पहले उसे निष्ठा-शपथ लेनी होगी।
3.	oath of office	(n) - पद-शपथ	The Minister took the oath of office and secrecy.	मंत्री ने पद और गोपनीयता की शपथ ली।
4.	oath of secrecy	(n) - गोपनीयता-शपथ	CBI officials are required to take an oath of secrecy.	सी.बी.आई अधिकारियों को गोपनीयता की शपथ लेनी होती है।
5.	oath taking ceremony	(n) - शपथ-ग्रहण समारोह	The oath-taking ceremony was well publicized by the media.	शपथ-ग्रहण समारोह का मीडिया द्वारा खूब प्रचार किया गया।
6.	obedience	(n) - आज्ञापालन	Obedience is must for smooth functioning of government.	सरकार के सुचारू संचालन के लिए आज्ञापालन अनिवार्य है।
7.	obituary	(n)- **स्मृति शेष,** निधन-सूचना पुण्यस्मृति	The obituary was published in all the leading dailies.	**स्मृति शेष** सभी प्रमुख दैनिक समाचार पत्रों में प्रकाशित किया गया था।
8.	object	(n) - वस्तु (v)- आपत्ति करना, आक्षेप करना,	(n)- Unclaimed objects were put up for auction after a formal notification. (v)-She objected to the unfair comments.	(n) -औपचारिक अधिसूचना के बाद दावा न की गई वस्तुओं को नीलामी के लिए रखा गया। (v)-उसने अनुचित टिप्पणियों पर आपत्ति की।
9.	objection	(n) - आपत्ति	One of the employees raised an objection to the seniority list finalized by the department.	एक कर्मचारी ने विभाग द्वारा तैयार की गई वरिष्ठता सूची पर आपत्ति की।
10.	objective	(n)- उद्देश्य (adj)- वस्तुनिष्ठ, विषयपरक, **वस्तुपरक, विषयनिष्ठ, वस्तुगत**	(n)- PSU was established with a multiplicity of objectives. (adj)- Objective evaluation of papers should be carried out.	(n)- पीएसयू की स्थापना कई उद्देश्यों को लेकर की गई थी। (adj)-प्रश्नपत्रों का **वस्तुपरक** मूल्यांकन किया जाना चाहिए।
11.	objective type test	(n)- वस्तुनिष्ठ परीक्षा	Objective type tests measure an individual's	वस्तुनिष्ठ परीक्षा किसी व्यक्ति की विशेषताओं को इस तरह

S. No.	Words	Hindi Meaning	Usage in English	Usage in Hindi
1.	package	(n) - पैकेज, संपुट	1. The Government has announced a relief **package** for riot victims. 2. The **package** prepared for farmers is awaiting approval of parliament. 3. He is working in a Multinational Company on a **package** of 10 Lacs.	1. सरकार ने दंगा पीड़ितों के लिए राहत **पैकेज** की घोषणा की है। 2. किसानों के लिए तैयार किया गया **प्रस्ताव** संसद के अनुमोदन की प्रतीक्षा कर रहा है। 3. वह 10 लाख रू के **वार्षिक वेतन** पर बहुराष्ट्रीय कंपनी में नौकरी कर रहा है।
2.	package benefits	(n) - पैकेज हितलाभ, संपुट हितलाभ	For employees, a **package benefit** can help plan for old age and unexpected events.	कर्मचारियों के लिए **पैकेज हितलाभ** से वृद्धावस्था और अप्रत्याशित घटनाओं के लिए पूर्व तैयारी करने में मदद मिल सकती है।
3.	package deal	(n) - पैकेज सौदा, संपुट सौदा	Tourists prefer **package deal** to negotiating with hotel and transports people separately.	पर्यटक होटल और परिवहन की व्यवस्था करने वाले लोगों से अलग से बातचीत करने की तुलना में **पैकेज सौदा** करना पसंद करते हैं।
4.	packer	(n) - पैकर	Fragile articles are packed individually by professional **packers**.	नाज़ुक वस्तुओं को व्यवसायिक **पैकरों** द्वारा अलग-अलग पैक किया जाता है।
5.	packet	(n) - पुलिंदा, पैकेट	The postman has delivered a sealed **packet**.	डाकिए ने एक सीलबंद **पैकेट** सौंपा है।
6.	packing	(n) - पैक करना, बांधना	**Packing** of fragile material should be done with due care.	नाज़ुक सामान **को पैक करते** समय पर्याप्त सावधानी बरतनी चाहिए।
7.	packing and marking	(n) - पैक करना और चिह्न लगाना	**Packing and marking** of export consignments should be done carefully.	निर्यात माल को **पैक करने** और चिह्न लगाने का काम सावधानी से किया जाना चाहिए।
8.	packing list	(n) - पैकिंग-सूची*	The **packing list** should include food	**पैकिंग सूची** में खाद्य पदार्थ

S. No.	Words	Hindi Meaning	Usage in English	Usage in Hindi
			pockets.	भी शामिल किए जाने चाहिए।
9.	pact	(n) - समझौता	The two parties agreed on electoral **pact**.	दोनों दल चुनावी **समझौते** के लिए सहमत हो गए।
10.	pagination	(n) - पृष्ठ-संख्या डालना, पृष्ठ-संख्यांकन,	The **pagination** of this file is incomplete.	इस फाईल में **पृष्ठ-संख्या डालने** का कार्य अपूर्ण है।
11.	paid	(n) - 1. प्रदत्त 2. **वैतनिक**, सवेतन 3. भुगतान किया, चुकता	The number of volunteers outnumbers **paid** staff in the relief work.	राहत कार्य में स्वैच्छिक कार्यकर्ताओं की संख्या **वैतनिक** स्टाफ से अधिक है।
12.	paid-up capital	(n) - प्रदत्त पंजी*	The **paid- up capital** of the company is 1 crore.	कंपनी की प्रदत्त पूंजी 1 करोड़ रुपए है।
13.	painstaking	(adj) - 1. अति परिश्रमी 2. कष्टसाध्य	After years of **painstaking** research a cure was found for the disease.	वर्षों के **कष्टसाध्य** शोध के बाद बीमारी का इलाज ढूंढ लिया गया।
14.	pamphlet	(n) - ***पत्रक,*** पुस्तिका*, पैम्फ्लेट	This **pamphlet** contains important information about the project.	इस **पत्रक** में परियोजना के संबंध में महत्वपूर्ण सूचनाएं हैं।
15.	panel	(n) - नामिका*, पैनल	A **panel** of experts has looked at the proposal.	विशेषज्ञों का एक **पैनल** इस प्रस्ताव पर विचार कर रहा है।
16.	panic	(n) - आतंक, खलबली	The whole nation is in a state of **panic** following the attacks.	पूरा देश हमलों के बाद आतंक के साए में है।
17.	paper	(n) - 1. कागज 2. पत्र, कागज-पत्र 3. लेख 4 समाचार-पत्र 5. प्रश्न-पत्र 6. ***पर्चा*** 7. ***शोध-पत्र***	1. The scholar presented his **paper** in the conference. 2. The **paper** was approved by the academic committee.	1. विद्वान ने सम्मेलन में अपना **पर्चा** प्रस्तुत किया। 2. **शोध-पत्र** का अनुमोदन अकादमिक समिति द्वारा किया गया।
18.	paper seal	(n) - कागजी मुहर	**Put paper seal** on the document.	दस्तावेज पर **कागजी मुहर** लगाएं।
19.	paper work	(n) - **कागजी कार्यवाही***, कागजी कामकाज	The police was given order to complete the **paperwork** immediately.	पुलिस को **कागजी कार्यवाही** तुरंत पूरी करने के लिए आदेश दिए गए।
20.	para	(n) - पैरा	Please read **para** 3 of	किसी निष्कर्ष पर पहुंचने से

S. No.	Words	Hindi Meaning	English Usage	Hindi Usage
1.	quadruplicate	(n) - 1. चौहरा 2. चार प्रतियां* (adj) - 3. चौथी प्रति*	1. The document was signed in **quadruplicate**. 2. Only the **quadruplicate** copy of the document shall be returned to the section.	1. दस्तावेज की **चार प्रतियों** पर हस्ताक्षर किए गए। 2. दस्तावेज की केवल **चौथी प्रति** अनुभाग को लौटाई जाएगी।
2.	qualification	(n) - 1. अर्हता 2. *विशेषक 3. शर्त**	1. The eligibility criteria for different posts depend upon the nature of duties, educational **qualifications** and experience. 2. The contract has several **qualifications** for both parties. 3. The plan was approved without **qualification**.	1. विभिन्न पदों के लिए पात्रता मानदंड कार्यों के स्वरूप,शैक्षिक **अर्हता** और अनुभव पर निर्भर करते हैं। 2. संविदा में दोनों पक्षों के लिए कुछ **विशेषक** हैं। 3. योजना बिना किसी **शर्त** के स्वीकार कर ली गई।
3.	qualified support	(n) - सशर्त समर्थन	Regional parties have given **qualified support** to the Government.	क्षेत्रीय दलों ने सरकार को **सशर्त समर्थन** दिया है।
4.	qualify	(v) - अर्हता प्राप्त करना	He is **qualified** for the post.	वह इस पद के लिए **अर्हता प्राप्त** है।
5.	qualifying service	(n) - अर्हक सेवा*	The **qualifying service** required for this post is five years.	इस पद के लिए अपेक्षित **अर्हक सेवा** पांच वर्ष है।
6.	qualitative	(n) - गुणात्मक	There are **qualitative** differences between the two products.	इन दो उत्पादों के बीच **गुणात्मक** अंतर हैं।
7.	Quality	(n) - 1. गुण, विशेषता 2. *गुणवत्ता**, गुणता* 3. कोटि*, प्रकार	1. Every state has a **quality** of its own. 2. The **quality** of the water in rural areas is poor. 3. Only high **quality** ingredients are used in this canteen.	1. प्रत्येक राज्य की अपनी एक **विशेषता** है। 2. ग्रामीण क्षेत्रों में जल की **गुणवत्ता** ठीक नहीं है। 3. इस कैंटीन में केवल उच्च **कोटि** की सामग्री का उपयोग किया जाता है।
8.	quality control	(n) - **गुणवत्ता नियंत्रण,** गुणता नियंत्रण	Put **quality control** measures in place to check water	जल प्रदूषण नियंत्रित करने के लिए **गुणवत्ता नियंत्रण** उपायों की व्यवस्था करें।

S. No.	Words	Hindi Synonyms	Usages in English	Usages in Hindi
1.	race	(n) - 1. नस्ल 2.प्रजाति 3.(**मूल**)**वंश** 4.दौड़ 5.होड़	1. This custom is found in people of all races throughout the world. 2. Animals from the same race have some common characteristic. 3. The law forbids discrimination on the grounds of race or religion. 4. He is no longer in the race for the post of minister. 5. More and more drug companies are joining the race to beat cancer.	1.यह प्रथा संसार में सभी **नस्लों** के लोगों में पाई जाती है। 2. एक ही प्रजाति के पशुओं में कुछ समान विशेषताएं होती हैं। 3. कानून में **वंश** अथवा धर्म के आधार पर भेदभाव का निषेध है। 4. वह मंत्री पद की **दौड़** में अब शामिल नहीं हैं। 5.अधिक से अधिक दवा कंपनियां कैंसर को मात देने की **होड़** में शामिल हो रहीं है।
2.	racial discrimination	(n) - **नस्लीय भेदभाव, मूलवंशीय विभेद,** प्रजातीय भेदभाव	A high level committee will be set up to suggest measures to combat the racial discrimination.	**नस्लीय भेदभाव** से निपटने के उपाय सुझाने के लिए एक उच्च स्तरीय समिति का गठन किया जाएगा।
3.	rack	(n) - रैक	Files should be kept in a rack in the prescribed manner.	फाइलों को निर्धारित तरीके से **रैक** में रखा जाना चाहिए।
4.	radiation	(n) - विकिरण	1. An accident at the power station could result in large amounts of radiation being released. 2.The satellite will study energy radiation from stars.	1. पावर स्टेशन में दुर्घटना के परिणामस्वरूप बड़ी मात्रा में **विकिरण** फैल सकता था। 2. यह उपग्रह सितारों से निकलने वाले ऊर्जा **विकिरण** का अध्ययन करेगा।
5.	radio diagnosis	(n) - विकिरण-निदान	1. Modern imaging methods in Radio diagnosis help to detect cancer and other diseases. 2. The expenditure on radio diagnosis will be reimbursed in full	1. **विकिरण-निदान** की आधुनिक इमेजिंग विधियों से कैंसर और अन्य बीमारियों का पता लगाने में सहायता मिलती है। 2. **विकिरण-निदान** पर हुए व्यय

S. No.	Words	Hindi Synonyms	Usages in English	Usages in Hindi
			as per rules	की नियमानुसार पूर्ण प्रतिपूर्ति की जाएगी।
6.	radio link	(n) - रेडियो संपर्क	Fixed radio links are frequently used for various purposes within telecommunications and broadcasting networks.	दूरसंचार और प्रसारण नेटवर्क के अंतर्गत विभिन्न प्रयोजनों के लिए स्थायी **रेडियो संपर्क** का उपयोग किया जाता है।
7.	radiology	(n) - विकिरणविज्ञान	Radiology is a medical specialty that employs the use of imaging to both diagnose and treat the disease.	**विकिरण विज्ञान** एक प्रकार की चिकित्सा विशेषज्ञता है, जिसमें रोग का निदान और उसका उपचार करने के लिए इमेजिंग का उपयोग किया जाता है।
8.	radius	(n) -1. **दायरा,** घेरा 2. अर्धव्यास, **त्रिज्या**	1. The project must be situated within a 20-mile radius of the office. 2. The radius of a circle is the distance from its centre to its periphery.	1. परियोजना कार्यालय से 20 मील के **घेरे** में स्थित होनी चाहिए। 2. वृत्त का **अर्धव्यास** इसके केंद्र से परिधि तक की दूरी होता है।
9.	raid	(n) - 1. छापा, धावा, (v) - 2. छापा मारना, धावा बोलना	1.No information about tax evasion and black money was obtained in the raid. 2. The police force raided on terrorists' hideout	1. **छापे** में कर चोरी और कालेधन के बारे में कोई सूचना नहीं मिली। 2. पुलिसबल ने आतंकवादियों के छिपने के ठिकाने पर **धावा बोला**।
10.	rail car	(n) - रेल कार	The rail car fare will be admissible as per entitlement under these rules.	इन नियमों के अंतर्गत हकदारी के अनुसार **रेल कार** किराया स्वीकार्य होगा।
11.	railway	(n) - 1.रेलमार्ग, 2.रेलवे, 3.रेल	1. Goods can be sent by railway. 2. Please use railway codes for Station and full name for District/State. 3.The Railway Administration shall	1.सामान **रेलमार्ग** से भेजा जा सकता है। 2. कृपया स्टेशन के लिए **रेलवे** कोड और जिला/राज्य के लिए पूरे नाम का प्रयोग करें। 3.**रेल** प्रशासन यह सुनिश्चित

S.N.	Words	Meanings	Usage in English	Usage in Hindi
1.	sabbatical leave	(n)- **अनुसंधान सह दक्षता वृत्ति छुट्टी***, सबैटिकल छुट्टी*	The Sabbatical Leave is admissible to the academic staff.	**अनुसंधान सह दक्षता वृत्ति छुट्टी** अकादमिक स्टाफ के लिए स्वीकार्य है।
2.	sabotage	(n)- 1 तोड़-फोड़, भितरघात (v)- विफल करना, ध्वंस करना,	1. The train derailment may be an act of sabotage. 2. Protesters tried to sabotage the peace talks.	(n)- ट्रेन के पटरी से उतरने के पीछे तोड़फोड़ की आशंका है। (v)- प्रदर्शनकारियों ने शांति वार्ता को विफल करने की कोशिश की।
3.	saboteur	(n)- **ध्वंसक, तोड़फोड़ करने वाला,** भितरघाती	Saboteurs blew up a small section of the rail track.	**ध्वंसकों** ने रेल ट्रैक के एक छोटे हिस्से को उड़ा दिया।
4.	sack	(v)- 1. निकाल देना, बर्खास्त करना 2. **ध्वस्त करना, लूटपाट करना**	1. The company sacked the corrupt employees. 2. The invading army sacked the city.	1. कंपनी ने भ्रष्ट कर्मचारियों को निकाल दिया। 2. आक्रमणकारी सेना ने शहर में लूटपाट की।
5.	safe	(adj)-1. सुरक्षित, संरक्षित, भयरहित **2. शुद्ध 3. सही** (n)- तिजोरी	1. The security forces keep the country safe from terrorist attacks. 2. The government has provided safe drinking water in schools. 3. It is safe to say that teaching quality has improved in schools. (n)- The files have been kept in a safe in the section.	1. सुरक्षा बल देश को आतंकवादी हमलों से सुरक्षित रखते हैं। 2. सरकार ने स्कूलों में **शुद्ध** पेय जल उपलब्ध कराया है। 3. यह कहना **सही** होगा कि स्कूलों में शिक्षण की गुणवत्ता में सुधार हुआ है। (n)- फाइलों को अनुभाग में एक तिजोरी में रखा गया है।
6.	safe and secure	(adj)- सुरक्षित और संरक्षित	The valuables may be kept in the bank locker safe and secure.	मूल्यवान वस्तुओं को बैंक लॉकर में सुरक्षित और संरक्षित रखा जाए।
7.	safely	(adv)- **सुरक्षित रूप से**	The plane landed safely.	विमान **सुरक्षित रूप से** उतरा।
8.	safe custody	(n)- **सुरक्षित अभिरक्षा**	The important documents are kept in the safe custody of the Manager.	महत्वपूर्ण दस्तावेज मैनेजर की **सुरक्षित अभिरक्षा** में रखे गए हैं।
9.	safe deposit vault	(n)- संरक्षित जमा	Many hotels offer the service of safe	कई होटल ग्राहकों को संरक्षित

S.N.	Words	Meanings	Usage in English	Usage in Hindi
		कक्ष	deposit vault to the customers.	जमा कक्ष की सेवा प्रदान करते हैं।
10.	safeguard	(v)- **संरक्षा करना** , **सुरक्षोपाय करना** (n)- **सुरक्षोपाय**, संरक्षण, संरक्षोपाय	1. The international summit has decided to safeguard the ozone layer. 2. The Scheduled Tribes in India have been provided safeguards in the constitution.	(v)- अंतरराष्ट्रीय शिखर सम्मेलन ने ओजोन परत की **संरक्षा करने** का निर्णय लिया है। (n)- भारत की अनुसूचित जनजातियों के लिए संविधान में **सुरक्षोपायों** की व्यवस्था की गई है।
11.	safeguarding	(n)- **सुरक्षित रखना,** संरक्षित रखना	The government has adopted some measures for safeguarding the interest of the weaker section of the society.	सरकार ने समाज के कमजोर वर्ग के हितों की **सुरक्षा** के लिए कुछ प्रभावी उपाय किए हैं।
12.	safe keeping	(n)- संरक्षा में रखना	The documents are in the safe keeping of the office.	दस्तावेज कार्यालय की संरक्षा में रखे गए हैं।
13.	safety	(n)- सुरक्षा, संरक्षा, क्षेम	The report suggests some effective measures to improve safety on aircraft.	रिपोर्ट में विमान पर सुरक्षा में सुधार के लिए कुछ प्रभावी उपायों के सुझाव दिए गए हैं।
14.	safety appliance	(n)- **सुरक्षा साधन**, संरक्षा साधन	Safety appliances have been installed in the office to avert any mishap from fire.	आग से किसी भी तरह की दुर्घटना से बचने के लिए कार्यालय में **सुरक्षा साधन** स्थापित किए गए हैं।
15.	safety certificate	(n)- **सुरक्षा प्रमाणपत्र**, संरक्षा प्रमाणपत्र	The course of Safety Certificate imparts safety knowledge to the trainees.	**सुरक्षा प्रमाणपत्र** के पाठ्यक्रम में प्रशिक्षुओं को सुरक्षा संबंधी जानकारी प्रदान की जाती है।
16.	safety device	(n)- **सुरक्षा युक्ति**, संरक्षा युक्ति, **निरापद युक्ति**	The passengers may use safety device on board.	यात्री जहाज पर उपलब्ध **सुरक्षा युक्ति** का उपयोग कर सकते हैं।
17.	safety regulations	(n)- **सुरक्षा विनियम**, संरक्षा विनियम	India follows safety regulations of international standard in the field of nuclear energy.	भारत परमाणु ऊर्जा के क्षेत्र में अंतरराष्ट्रीय स्तर के **सुरक्षा विनियमों** का पालन करता है।
18.	safe working	(n)-**सुरक्षित कार्य-**	The safe working	कार्यालय में **सुरक्षित कार्य-**

S. No	Words	Hindi Meaning	Usage in English	Usage in Hindi
1.	table	(n) - 1. तालिका*, सारणी* 2. पटल 3. मेज़*	1. All information regarding employees should be given in the prescribed **table**. 2. The government puts the bill on the **table** of the house.	1. कर्मचारियों से संबंधित सभी सूचनाएँ निर्धारित **तालिका** में दी जानी चाहिए। 2. सरकार बिल को सदन के **पटल** पर रखती है।
2.	tabulation	(v) - **तालिका बनाना, सारणी बनाना**, सारणीयन, सारणीबद्ध करना	**Tabulation** of data on population is classified by characteristics like religion, sex and literacy etc.	**सारणी बनाते समय** जनगणना से संबंधित आँकड़ों को धर्म, लिंग और साक्षरता आदि जैसी विशिष्टताओं में वर्गीकृत किया जाता है।
3.	tackle	(v) - 1. सुलझाना 2. निपटना, निपटाना	1. The administration has called an emergency meeting to **tackle** the dispute. 2. The government is looking for new measures to **tackle** the problem of unemployment.	1. प्रशासन ने विवाद को **सुलझाने** के लिए आपात बैठक बुलाई है। 2. सरकार बेरोज़गारी की समस्या से **निपटने** के लिए नए उपाय तलाश रही है।
4.	tact	(n) - 1. युक्ति* 2. **कौशल**	1. The administration will need a lot of **tact** to handle the situation after the strike. 2. The Settlement of the dispute requires great **tact** and diplomacy.	1. प्रशासन को हड़ताल के बाद की परिस्थितियों से निपटने के लिए काफी **युक्तियाँ** लगानी पड़ेंगी। 2. विवाद को निपटाने के लिए अधिक **कौशल** और कूटनीति की आवश्यकता होती है।
5.	tactful	(adj) - 1. व्यवहारकुशल 2. **चातुर्यपूर्ण**, चतुर	1. A diplomat should be **tactful** while answering the political queries. 2. The officer handled the questions of financial management in a **tactful** manner.	1. राजनयिक को राजनीति से संबंधित प्रश्नों के उत्तर देते समय **व्यवहारकुशल** होना चाहिए। 2. अधिकारी ने वित्त प्रबंधन संबंधी प्रश्नों का **चातुर्यपूर्ण** ढंग से जवाब दिया।
6.	take over	(v) - 1. कार्यभार लेना 2. अधिकार में लेना	1. After governor's retirement, the Chief Justice will temporarily **take**	1. राज्यपाल की सेवा-निवृत्ति के बाद मुख्य न्यायाधीश अस्थायी रूप से **कार्यभार**

S. No	Words	Hindi Meaning	Usage in English	Usage in Hindi
			over the charge. 2. The government will **take over** 50 percent shares of the company.	संभालेंगे। 2. सरकार कंपनी के 50 प्रतिशत शेयर अपने **अधिकार** में ले लेगी।
7.	tally	(n) - 1. संख्या*, गिनती* (हिसाब) 2. (कंप्यू.) टैली (v) - 3. मिलान करना, मेल खाना 4. गिनती करना	1. The dealing hand keeps a **tally** of the letters received in Hindi. 2. **Tally** number of members attended the meeting with attendance record. 3. Assistant was asked to **tally** the forms before distributing.	1. संबंधित कर्मचारी हिंदी में प्राप्त पत्रों की **गिनती (हिसाब)** रखता है। 2. बैठक में भाग लेने वाले सदस्यों की संख्या का उपस्थिति-रिकॉर्ड से **मिलान** करें। 3. सहायक से, फार्म बांटने से पहले उनकी **गिनती करने** के लिए कहा गया था।
8.	tampering	(v) - 1. हेर-फेर करना, छेड़छाड़ करना 2. गड़बड़ करना, बिगाड़ना	1. **Tampering** of government documents is a punishable offence. 2. Breakdown of the machine was due to deliberate **tampering**.	1. सरकारी दस्तावेजों के साथ **छेड़छाड़** करना दण्डनीय अपराध है। 2. मशीन खराब होने का कारण उसमें जानबूझ कर की गई **गड़बड़ी** है।
9.	tangible	(adj) - 1. **वास्तविक,** मूर्त 2. **ठोस**	1. His brief period as Prime Minister brought a few **tangible** benefits to the poor. 2. There should be some **tangible** evidence that the economy has started to recover.	1. प्रधानमंत्री के रूप में उनके संक्षिप्त कार्यकाल के दौरान गरीबों को कुछ **वास्तविक** लाभ प्राप्त हुए। 2. अर्थव्यवस्था में सुधार होने के कुछ **ठोस** सबूत मिलने चाहिए।
10.	tangible asset	(n) - मूर्त परिसंपत्ति	The company's future looks bright, but at the moment it has very few **tangible assets.**	कंपनी का भविष्य तो उज्जवल लग रहा है, लेकिन इस समय उसके पास **मूर्त परिसंपत्ति** बहुत कम है।
11.	tangible gains	(n) - **ठोस लाभ**	Investment in education has resulted in **tangible gains** in rural sector.	शिक्षा में निवेश से ग्रामीण क्षेत्र को **ठोस लाभ** हुए हैं।
12.	tap	(n) - 1. **नल** (v) - 2. **उपयोग करना** 3.	1. The department should **tap** the expertise of its	1. विभाग को, अपनी जनशक्ति की विशेषज्ञता का

S. No.	Words	Meaning	Usage in English	Usage in Hindi
1.	ulterior	(adj.)-1. **गुप्त,छिपा हुआ भेद** 2.प्रच्छन्न, गूढ़, 3. परतर ,	He may have some **ulterior** motive in not complying with the office order within stipulated time.	निर्धारित समय-सीमा में कार्यालय के आदेश का पालन न करने में उसका कुछ **गुप्त** उद्देश्य हो सकता है।
2.	ultimate	(adj.)-1. **चरम (सर्वोच्च)** 2.अंतिम	1. The Head of Office has the **ultimate** responsibility for the performance of all the employees. 2. The soldiers made **ultimate** sacrifice for the nation.	1. कार्यालय के सभी कर्मचारियों के कार्य - निष्पादन की **अंतिम** जिम्मेदारी कार्यालय प्रमुख की है।2. सैनिकों ने राष्ट्र के लिए अपना **सर्वोच्च** बलिदान दिया।
3.	ultimatum	(n.)- अंतिम चेतावनी*	The state government has issued an **ultimatum** to the Naxalites to free the hostages within twenty four hours.	राज्य सरकार ने बंधकों को चौबीस घंटे के भीतर मुक्त करने के लिए नक्सलियों को **अंतिम चेतावनी** जारी की है।
4.	unacceptable	(adj.)- **नामंज़ूर,** अस्वीकार्य	The demands of the Employees Union are **unacceptable** to the management .	कर्मचारी यूनियन की मांगें प्रबंधन को **अस्वीकार्य** हैं।
5.	unaided	(adj.)1. गैर-सहायताप्राप्त 2. **बिना सहायता के**	1. The Education department ensures proper implementation of Mid- Day Meal programme also in all the **unaided** schools. 2 After undergoing the training, the employees can work **unaided.**	1.शिक्षा विभाग सभी **गैर-सहायताप्राप्त** स्कूलों में भी मध्याह्न भोजन कार्यक्रम का समुचित कार्यान्वयन सुनिश्चित करता है। 2. प्रशिक्षण प्राप्त करने के बाद, कर्मचारी **बिना किसी सहायता** के काम कर सकते हैं।
6.	unambiguous	(adj.) 1.**स्पष्ट** 2. असंदिग्ध	1. The message is quite **unambiguous.** 2. The statement should be **unambiguous.**	1. संदेश बिल्कुल **स्पष्ट** है। 2. वक्तव्य **असंदिग्ध** होना चाहिए।
7.	unanimous	(adj.) एकमत, सर्वसम्मत	The committee was **unanimous** in accepting the proposal.	समिति ने प्रस्ताव को **सर्वसम्मति** से स्वीकार किया।

S. No.	Words	Meaning	Usage in English	Usage in Hindi
8.	unanimously	(adv.)- **सर्वसम्मति से**	The Chairman was selected **unanimously**.	अध्यक्ष का निर्वाचन **सर्वसम्मति से** हुआ।
9.	unauthorized	(adj.) **अनधिकृत, अवैध,** अप्राधिकृत	The entry of an **unauthorized** person in the office premises is not permissible.	कार्यालय परिसर में किसी **अनधिकृत /अवैध** व्यक्ति के प्रवेश की अनुमति नहीं है।
10.	unavoidable	(adj.) **अनिवार्य**, अपरिहार्य	The vacancy was cancelled due to **unavoidable** reasons.	रिक्ति **अपरिहार्य** कारणों से रद्द कर दी गई।
11.	unbecoming	(adj.) अशोभनीय, अशोभन	His conduct is **unbecoming** of a government servant.	उनका आचरण एक सरकारी कर्मचारी के लिए **अशोभनीय** है।
12.	uncertain	(adj.)1. **अस्थिर 2.** अनिश्चित	1. It is still **uncertain** when the scheme will be started. 2. The project should not be led by a man of **uncertain** temper.	1. योजना कब शुरू की जाएगी यह अभी भी **अनिश्चित** है। 2. परियोजना **अस्थिर** स्वभाव वाले व्यक्ति के नेतृत्व में नहीं चलाई जानी चाहिए।
13.	unclaimed	(adj.) **बेदावा** 2. लावारिस, अदावी	In the absence of nominee, the amount in GPF has remained **unclaimed**. 2. The government took over the **unclaimed** property.	1. नामिती के अभाव में सामान्य भविष्य निधि की राशि **बेदावा** रही। 2. सरकार ने **लावारिस** संपत्ति को अपने कब्जे में लिया।
14.	unclassfied	(adj.)1. अवर्गीकृत 2.	The Department has issued the advertisement in the **unclassified** column of the newspaper.	विभाग ने सामाचारपत्र के **अवर्गीकृत** कॉलम में विज्ञापन दिया है।
15.	uncommon	(adj.) **असाधारण,** असामान्य	The workers showed **uncommon** courage to meet the targets in the face of serious odds.	श्रमिकों ने गंभीर मुश्किलों का सामना करके लक्ष्य को पूरा करने में **असाधारण** साहस दिखाया।
16.	unconditional	(adj.) - 1.बिना शर्त, अशर्त	The UNO has appealed for the **unconditional** release of all the political prisoners.	संयुक्त राष्ट्र संघ ने सभी राजनीतिक कैदियों की **बिना शर्त** रिहाई के लिए अपील की है।
17.	unconfirmed	(adj.) अपुष्ट	The administration cannot act on **unconfirmed** reports.	प्रशासन **अपुष्ट** रिपोर्ट पर कार्रवाई नहीं कर सकता।
18.	uncontrolled	(adj.) अनियंत्रित	The government	सरकार **अनियंत्रित** मुद्रास्फीति

S. No.	Words	Meaning	Usage in English	Usage in Hindi
1	vacancy	(n.) 1. **खाली पद** , रिक्त पद, रिक्ति* 2. **खाली जगह***	1. There is a **vacancy** for the post of Section Officer in the Department of Official Language. 2. There is no **vacancy** in the hostel to accommodate the trainees.	1. राजभाषा विभाग में अनुभाग अधिकारी का एक **पद खाली** है। 2. छात्रावास में प्रशिक्षणार्थियों को ठहराने के लिए **जगह खाली** नहीं है।
2	vacate	(V.) 1. **रद्द करना,** 2. छोड़ना 3. खाली करना, 4.निष्प्रभाव करना	1. The room was **vacated** for his accommodation. 2. The Manager has **vacated** the seat by resigning his post.3. The High Court has **vacated** the order of the lower court.	1.उनको ठहराने के लिए कमरा **खाली किया** गया। 2. प्रबंधक ने त्यागपत्र देकर अपना पद **छोड़ दिया**। 3. उच्च न्यायालय ने निचले न्यायालय के निर्णय को **निष्प्रभावी** कर दिया।
3	vacation	(n.)- 1. **अवकाश, लंबी छुट्टी*,** प्रावकाश, दीर्घावकाश	The Principal has gone to Kolkata in the summer **vacation.**	प्रधानाचार्य गर्मियों की लंबी **छुट्टियों** में कोलकाता गए हैं।
4	vague	(adj.)- 1. **धुंधला** 2. अस्पष्ट	1. The minister made only the vague promises about tax cut. 2. The Officer could not put the matter in the right perspective, as he had only a vague memory of the details.	1. मंत्री ने टैक्स में कमी करने के संबंध में **अस्पष्ट** वादे ही किए। 2. अधिकारी विवरणों की **धुंधली** स्मृति होने के कारण मामले को सही परिप्रेक्ष्य में प्रस्तुत नहीं कर पाया।
5	valedictory address	(n.) -1. विदाई भाषण 2. समापन भाषण	1. The Secretary made an impassioned valedictory address. 2. The Chairman made a very inspiring valedictory address for the trainees.	1. सचिव ने भावपूर्ण **विदाई भाषण** दिया । 2. अध्यक्ष का **समापन भाषण** प्रशिक्षणार्थियों के लिए अत्यंत प्रेरणापद था।
6	valid	(adj.) - **वैध, प्रामाणिक,** विधिमान्य, 2.	1. The ticket was valid only for the day. 2. The Officer gave valid reasons for	1. टिकट उसी दिन के लिए **वैध** था। 2. अधिकारी ने लेखा-परीक्षक को व्यय के संबंध में

S. No.	Words	Meaning	Usage in English	Usage in Hindi
		संगत, ठोस	the expenditure to the Auditor.	**ठोस** तर्क दिए।
7	validation	(n.) - 1. विधिमान्यकरण 2. **प्रमाणन, पक्षसमर्थन, समर्थन,** अधिप्रमाणन	1. The delegated power can be exercised by the authority for validation of an action of an officer. 2. There was no evidence for validation of his statement.	1. प्रत्यायोजित शक्ति का प्रयोग प्राधिकारी द्वारा अधिकारी के कार्यों के **अधिप्रमाणन** के लिए किया जा सकता है। 2. उनके बयान के **समर्थन** में कोई साक्ष्य नहीं था।
8	validity	(n.) - 1. वैधता*, मान्यता*, विधिमान्यता* 2.**प्रामाणिकता***	1. The period of validity of the agreement will be for 10 years. 2. We had no doubt about the validity of his arguments.	1. इस समझौते की **वैधता** 10 वर्षों के लिए होगी। 2. उनके तर्कों की **प्रामाणिकता** के विषय में हमें कोई शंका नहीं है।
9	valuable	(adj.) - 1. मूल्यवान, बहुमूल्य (n.) - 2. **मूल्यवान वस्तु, कीमती, बेशकीमती**	1. The guidance of the experienced officers proved very valuable. 2. Cash and valuables should be kept in joint custody of the Cashier and the DDO.	1. अनुभवी अधिकारी के दिशा-निर्देश अत्यंत **मूल्यवान** सिद्ध हुए। 2. नकदी और **मूल्यवान वस्तुएं** खजांची और आहरण एवं संवितरण अधिकारी की संयुक्त अभिरक्षा में रखे जाने चाहिए।
10	valuation	(n.) - **मूल्यांकन, मूल्य निर्धारण,** मूल्यन	The cost of construction indicated in the enclosed valuation report was financed by own savings.	संलग्न **मूल्यांकन** रिपोर्ट में उल्लिखित निर्माण की लागत का वित्त पोषण स्वयं की बचत से किया गया।
11	value	(n.) - 1. मूल्य (v.) 2. (गणित) मान 3. **कीमत,** महत्व देना	1. The value of the taxable property may kindly be ascertained. 2. The Officer attached proper value to the case.	1. कर योग्य संपत्ति का **मूल्य** निर्धारित करने की कृपा करें। 2. अधिकारी ने कार्य को उचित **महत्व दिया।**
12	variable	(adj.)-परिवर्ती, **परिर्वतनीय** **2. अस्थिर**	1. Workers have to take care of variable temperatures. 2. The Manager has to be prepared for variable conditions of the market.	1. कामगारों को **परिवर्तनीय** तापमान का ध्यान रखना होता है। 2. प्रबंधक को बाजार की **अस्थिर** स्थिति के लिए तैयार रहना होता है।

S. No.	Words	Hindi Meaning	Usage in English	Usage in Hindi
1.	wage	(n) - 1. ***तनख्वाह***, मजदूरी 2. वेतन (v) - **युद्ध छेड़ना, लड़ाई छेड़ना, अभियान छेड़ना**	The State Governments are authorised to fix the minimum **wages** in their states.	राज्य सरकारें अपने राज्यों में न्यूनतम **मजदूरी** नियत करने के लिए अधिकृत हैं।
2.	wage board	(n) - 1. वेतन बोर्ड 2. मजदूरी बोर्ड	Minimum wages set for the working journalists were reviewed by the **Wage board**.	**वेतन बोर्ड** ने कार्यरत पत्रकारों के लिए निर्धारित न्यूनतम मजदूरी की समीक्षा की।
3.	wage ceiling	(n) - ***वेतन की अधिकतम सीमा***, मजदूरी की अधिकतम सीमा	**Wage ceiling** for the executives of the public undertakings has been raised.	सार्वजनिक उपक्रमों के कार्यपालकों के **वेतन की अधिकतम सीमा** बढ़ा दी गई है।
4.	wage floor	(n) - ***वेतन की निम्न सीमा***, ***मजदूरी की निचली सीमा***, मजदूरी की निम्न सीमा	Trade Unions are demanding increase in the **wage floor**.	मजदूर संघ **वेतन की निचली सीमा** बढ़ाने की मांग कर रहे हैं।
5.	wage policy	(n) - मजदूरी नीति	The **wage policy** of the Government has undergone many changes in the last two decades.	पिछले दो दशकों में भारत सरकार की **मजदूरी नीति** में बहुत परिवर्तन हुए हैं।
6.	waiting list	(n) - प्रतीक्षा-सूची	The administrative Ministries / Departments / Offices are not required to prepare a **waiting list** for appointment on compassionate ground.	प्रशासनिक मंत्रालयों / विभागों / कार्यालयों के लिए अनुकंपा आधार पर नियुक्ति की **प्रतीक्षा सूची** तैयार करना आवश्यक नहीं हैं।
7.	waive	(v) - **स्थगित करना,** अधित्याग करना, छोड़ देना	1. The Government has **waived** the decision for one month. 2. The ambassador **waived** his right to diplomatic immunity	1. सरकार ने निर्णय एक महीने के लिए **स्थगित कर दिया** है। 2. राजदूत ने अपना राजनयिक उन्मुक्ति का अधिकार **छोड़ दिया** और दंड

S. No.	Words	Meaning	Usage in English	Usage in Hindi
1.	yard	(n) - 1. याई 2. गज 3. अहाता	1. The train has been sent in the **yard**. 2. The office is just a few **yards** away from the metro station. 3. The employees are not permitted to play cards in the **yard** in front of the office building.	1. रेल **याई** में भेजी गई है। 2. कार्यालय मैट्रो स्टेशन से कुछ ही **गज** दूर है। 3. कर्मचारियों को कार्यालय भवन के सामने **अहाते** में ताश खेलने की अनुमति नहीं है।
2.	yardstick	(n) - मानदंड, मापदंड	The personality of that employee is considered to be the **yardstick** of honesty.	उस कर्मचारी के व्यक्तित्व को ईमानदारी का **मानदंड** समझा जाता है।
3.	year	(n) - वर्ष, साल	The confidential reports of all the employees of the **year** 2012-13 have been prepared.	सभी कर्मचारियों की **वर्ष** 2012-13 की गोपनीय रिपोर्ट तैयार की गई है।
4.	yearly	(adv) - वार्षिक, सालाना	The Department must examine the outcome of its schemes on a **yearly** basis.	विभाग अपनी योजनाओं के परिणाम की **वार्षिक** आधार पर जांच करे।
5.	yield	(n) - 1. **आय*** प्राप्ति*, लब्धि* 2. उपज*, पैदावार* (v) - 3. **प्राप्ति होना, उपजना, पैदावार होना**	1. The annual **yield** from the investment will increase more than 10%. 2. The **yield** of this field is below normal.	1.निवेश से वार्षिक **आय** में 10% से अधिक वृद्धि होगी। 2. इस खेत की **उपज** सामान्य से कम है।

S. No.	Words	Meaning	Usage in English	Usage in Hindi
1.	zero cost	(n) - शून्य लागत*	The Government has decided to disburse scholarships through electronic transfer system at **zero cost**.	सरकार ने **शून्य लागत** पर इलेक्ट्रॉनिक अंतरण प्रणाली के माध्यम से छात्रवृत्ति वितरित करने का निर्णय लिया है।
2.	zero hour	(n) - 1. शून्य काल, 2. **आक्रमण समय, निर्णायक समय**	The opposition parties raised questions about the scam during the **zero hour**.	विपक्षी दलों ने घोटाले के बारे में **शून्य काल** के दौरान प्रश्न उठाए।
3.	zero interest	(n) - 1. शून्य ब्याज, 2. **बिना ब्याज**	1. The state government has started the scheme of giving loans to the poor farmers at **zero interest**. 2. The Government is providing loans to the members of the Scheduled Casts on **zero interest**.	1. राज्य सरकार ने गरीब किसानों को **शून्य ब्याज** पर ऋण देने की योजना शुरू की है। 2. सरकार अनुसूचित जाति के सदस्यों को **बिना ब्याज** के ऋण प्रदान कर रही है।
4.	zero tolerance	(n) - **बिल्कुल बर्दाश्त नहीं करना,** शून्य सहनशीलता*	India has urged all the nations at UN summit to have **zero tolerance** for terrorism.	भारत ने संयुक्त राष्ट्र शिखर सम्मेलन में सभी देशों से आग्रह किया है कि आतंकवाद को **बिल्कुल बर्दाश्त न** किया जाए।
5.	zonal	(n) - आंचलिक	The **zonal** meeting was held in Kolkata to review the progress of the implementation of the Official Languages policy.	राजभाषा नीति के कार्यान्वयन की प्रगति की समीक्षा करने के लिए कोलकाता में **आंचलिक** बैठक आयोजित की गई।
6.	zone	(n) - अंचल, ज़ोन	In order to ensure effective implementation of the policy, the implementation offices across the country have been divided into different **zones**.	नीति का प्रभावी कार्यान्वयन सुनिश्चित करने के लिए, देश भर में कार्यान्वयन कार्यालयों को विभिन्न **अंचलों** में विभाजित किया गया है।